7
裁判実務シリーズ

行政関係訴訟の実務

定塚 誠 編著

商事法務

● はしがき

　行政事件訴訟は、心ある法律実務家にとって実に面白いし、とてもやりがいがあると言われます。

　それは解説書などが乏しい様々な分野で、原理原則から説き起こし、自分の頭で考え抜いた純粋で透徹した法解釈論をすることができ、また、権力分立の最前線に位置し、社会的に有用性の高い事件が少なくないからでしょう。

　しかしながら、多くの法律実務家は、行政事件訴訟に少なからず苦手意識を持っています。

　この本は、そのような行政事件訴訟に苦手意識を持っている実務家や学生さんたちを応援し、一緒にこの面白くてやりがいのある世界に是非入り込んでいただこうと思い、東京地裁行政訴訟専門部等で日夜議論をした少数精鋭の若い仲間たちと一緒に作った本です。

　しかし、この本は、処分性、原告適格、訴えの利益……など行政事件訴訟特有の概念を解説するものではありません。行政事件訴訟の実務で登場することが多い様々な分野について、実際の訴訟を念頭においた解説をしてみようという全く新しい試みです。

　実は、面白くてやりがいがある行政事件訴訟なのに、躊躇を覚える人が多いのは、一方で、行政事件訴訟には、上記のように民事訴訟とは異なる特有の概念が多数あるからであり、他方で、行政事件訴訟が守備範囲とする分野が気の遠くなるほど広いからだと思います。

　すなわち、1件の行政事件訴訟を時系列的にみると、原告適格、訴えの利益、処分性、関連請求、主張制限……等々の通常の民事訴訟とは異なる「縦のハードル」がありますが、他方で、行政事件訴訟が取り扱う分野の横の広がりみると、その対象範囲があまりにも広く、しかも、各分野が特有の考え方で構築されていることで、戦闘意欲を失いがちになるという「横のハードル」があるのです。

　「縦のハードル」の跳び方については優れた解説書が多数ありますが、

「横のハードル」については、各分野それぞれの専門書があっても、訴訟実務の視点から、そのポイントや法解釈論に不可欠な当該分野の基本的な考え方などをコンパクトに解説したものはなかなかないようです。そこで、この「横のハードル」と戦おうとする心ある法律実務家や学生さんたちの手助けとなるように作ってみたのが、この本です。

　ところが、実は、この作業は困難を極めました。当然のことですが、それぞれの分野にはそれぞれ特有の多種多様な問題点があり、その中から法律実務家にとって重要と思われる点について限られた枚数でコンパクトにまとめることは、その構成や切り口を考えるだけでも何度も何度も書き直しを迫られました。一騎当千の能力を持つ執筆陣の方々も、何度も投げ出したくなったようです。忙しい実務の合間を縫って、この新しい企画に熱心に取り組み、最後までやり遂げてくれた仲間たちに、この場をお借りして心から感謝を申し上げます。

　もし、この本を手にとって、行政事件訴訟というまだまだ未開拓な宝の山を一緒に探検しようという気持ちになった方がいらっしゃるならば、執筆者一同、望外の幸せであります。

　そして、行政事件訴訟は『民事訴訟実務のイロハであり到達点だ』と言われるように、行政事件訴訟の実務を通じて体得した純粋で透徹した法解釈論の手法を、通常の民事訴訟の実務でもどんどん活かしていただき、民事訴訟全体の法解釈がさらに進化し発展していくことを、誠に僭越ではありますが執筆者一同心より願っております。

　最後になりましたが、この本を、「縦のハードル」ではなく「横のハードル」に対応するという新しい企画にすることや、それに相応しい少数精鋭の有志からなる執筆陣で進めたいという編者のわがままを受け容れ、長期間にわたって励まし続けてくださった商事法務の岩佐智樹さん、そして、30項目の選定作業など当初からこの企画に参加して核となって活動してくれた元東京地裁行政訴訟専門部所属の馬場俊宏判事、渡邉哲判事に心からの感謝を捧げさせていただきます。

平成 26 年 12 月

  東京高等裁判所判事
  （前東京地裁行政事件訴訟専門部（民事3部、民事38部）・部総括判事）
               定塚　誠

● もくじ

[第1部　外国人関係]

第 1 講　外国人の退去強制、在留資格等をめぐる紛争　定塚　誠　2
　Ⅰ　はじめに　2
　Ⅱ　法務大臣による在留特別許可（入管法50条1項）について　4
　Ⅲ　在留期間の更新（入管法21条）、在留資格の変更（同法20条）について　11
　Ⅳ　強制退去手続の瑕疵をめぐる争い　15
　Ⅴ　在留資格認定証明書（入管法7条の2）をめぐる争い　17

第 2 講　難民認定手続に関する紛争　渡邉　哲　20
　Ⅰ　はじめに　20
　Ⅱ　難民不認定処分に係る訴訟　24
　Ⅲ　入管法61条の2の2第2項に基づく在特不許可処分の取消訴訟　32
　Ⅳ　難民認定申請者に係る入管法49条3項に基づく裁決の取消訴訟　34

[第2部　社会保障関係]

第 3 講　公的年金給付をめぐる紛争　馬場俊宏　38
　Ⅰ　はじめに　38
　Ⅱ　年金給付をめぐる紛争一般について　39
　Ⅲ　遺族年金について　41
　Ⅳ　障害年金について　52
　Ⅴ　その他　55
　Ⅵ　おわりに　57

第 4 講　生活保護申請却下処分、保護廃止処分をめぐる紛争　内野俊夫　58
　Ⅰ　はじめに　58
　Ⅱ　「生活に困窮する者」　62
　Ⅲ　保護の補足性（及び無差別平等の原則）　69
　Ⅳ　国内に居住地を有すること　73
　Ⅴ　原告側の主張立証上の留意点　75
　Ⅵ　被告側の主張立証上の留意点　83
　Ⅶ　おわりに　84

[第3部　租税関係]

第5講　租税法の基本事項　　　　　　　　　　　　　定塚　誠　86
    Ⅰ　はじめに　86
    Ⅱ　租税平等（公平）主義　87
    Ⅲ　租税法律主義　89
    Ⅳ　租税法の法源　95
    Ⅴ　租税法の解釈指針　96
    Ⅵ　租税回避とその否認　99

第6講　所得税　　　　　　　　　　　　　　　　　　定塚　誠　103
    Ⅰ　はじめに　103
    Ⅱ　所得税に関する訴訟について　103
    Ⅲ　所得税をめぐる問題点　108

第7講　法人税をめぐる紛争(1)　　　　　　　　　　澤村智子　121
    Ⅰ　はじめに　121
    Ⅱ　法人税の納税義務者をめぐる問題　122
    Ⅲ　法人税の課税標準をめぐる問題(1)　123

第8講　法人税をめぐる紛争(2)　　　　　　　　　　澤村智子　139
    Ⅰ　はじめに　139
    Ⅱ　法人税の課税標準をめぐる問題(2)　139
    Ⅲ　税額の計算　142
    Ⅳ　グループ法人税制をめぐる問題　143
    Ⅴ　組織再編税制をめぐる問題　144
    Ⅵ　同族会社に関する税制　145
    Ⅶ　国際取引に関連する課税をめぐる問題　147

第9講　相続税　　　　　　　　　　　　　　　　　　田中一彦　153
    Ⅰ　はじめに　153
    Ⅱ　納税義務者　154
    Ⅲ　相続税の課税価格と税額　156
    Ⅳ　相続税の申告及び納付　164

第10講　過少申告加算税　　　　　　　　　　　　　進藤壮一郎　168
    Ⅰ　はじめに　168

Ⅱ 「正当な理由」についての近時の最高裁判決　170
　　Ⅲ 主張、立証上の留意点　177
　　Ⅳ おわりに　181

第 11 講　重加算税　　　　　　　　　　　　　　　　　進藤壮一郎　182
　　Ⅰ はじめに　182
　　Ⅱ 重加算税の課税要件等　183
　　Ⅲ 課税割合、計算等　190
　　Ⅳ 主張、立証上の留意点　191

第 12 講　地方税（固定資産の登録価格に係る不服の訴訟）
　　　　　　　　　　　　　　　　　　　　　　　　　　貝阿彌　亮　194
　　Ⅰ はじめに　194
　　Ⅱ 固定資産課税台帳に登録された価格の意義等　195
　　Ⅲ 判例の考え方、実務上の運用——登録価格の適否の判断枠組み　197
　　Ⅳ 被告側の主張立証上の留意点　203
　　Ⅴ 原告側の主張立証上の留意点　208
　　Ⅵ おわりに　211

第 13 講　徴収関係をめぐる紛争　　　　　　　　　　　澤村智子　212
　　Ⅰ はじめに　212
　　Ⅱ 滞納処分取消・無効確認訴訟　214
　　Ⅲ 第二次納税義務告知処分取消訴訟等　220
　　Ⅳ 過誤納金還付請求訴訟等　225

第 14 講　いわゆる租税回避行為の「否認」について
　　　　　　――近時の最高裁判決の動向等を踏まえて　進藤壮一郎　228
　　Ⅰ はじめに　228
　　Ⅱ 近時の最高裁判決について　230
　　Ⅲ 下級審裁判例　234
　　Ⅳ 主張、立証上の留意点　236

［第 4 部　建築関係］

第 15 講　開発許可、建築確認に関する紛争　　　　　　渡邉　哲　244
　　Ⅰ はじめに　244
　　Ⅱ 開発許可の取消訴訟　246

Ⅲ　建築確認に関する紛争　253
　　Ⅳ　おわりに　258

[第5部　公用負担関係]

第16講　都市計画事業をめぐる紛争　　　　　　　　　澤村智子　262
　　Ⅰ　はじめに　262
　　Ⅱ　判例の考え方等　264
　　Ⅲ　当事者の主張立証上の留意点等　269

第17講　土地区画整理をめぐる紛争　　　　　　　　　林　史高　275
　　Ⅰ　はじめに　275
　　Ⅱ　事業計画決定や施行（設立）等の認可についての訴訟　276
　　Ⅲ　仮換地の指定に関する訴訟　282
　　Ⅳ　建築物等の移転、除却に関する訴訟　290
　　Ⅴ　換地処分に関する訴訟　293
　　Ⅵ　清算金等に関する訴訟　295

第18講　土地収用をめぐる紛争　　　　　　　　　　　家原尚秀　299
　　Ⅰ　はじめに　299
　　Ⅱ　事業認定手続について　300
　　Ⅲ　収用又は使用の手続　306
　　Ⅳ　損失の補償をめぐる行政訴訟　312

[第6部　運転免許関係]

第19講　運転免許に関する争訟　　　　　　　　　　　日暮直子　320
　　Ⅰ　はじめに　320
　　Ⅱ　運転免許制度の概要等　321
　　Ⅲ　運転免許停止処分又は運転免許取消処分の取消しの訴え　326
　　Ⅳ　運転免許停止処分又は運転免許取消処分の執行停止　329
　　Ⅴ　違反点数付加行為の取消しの訴えの適否　329
　　Ⅵ　違反点数を付加されていないことの確認を求める訴え等の適否　330
　　Ⅶ　一般運転者として扱われ、優良運転者である旨の記載のない免許証を交付されて更新処分を受けた場合の取消しの訴えの可否　333
　　Ⅷ　優良運転者の記載のある免許証を交付してする更新処分の義務付けの訴えの適否等　335
　　Ⅸ　おわりに　337

[第7部　営業許可、事業許可関係]

第20講　医師免許、弁護士資格等をめぐる紛争　　　　馬場俊宏　340
　Ⅰ　はじめに　340
　Ⅱ　医師免許等をめぐる紛争について　341
　Ⅲ　弁護士資格をめぐる紛争について　352
　Ⅳ　おわりに　359

第21講　道路運送事業をめぐる紛争　　　　　　　　　福井章代　360
　Ⅰ　はじめに　360
　Ⅱ　増車に係る事業計画変更の認可　367
　Ⅲ　運賃の認可　369
　Ⅳ　許可取消処分等　373

第22講　廃棄物処理、墓地をめぐる紛争　　　　　　　家原尚秀　378
　Ⅰ　はじめに　378
　Ⅱ　廃棄物処理をめぐる訴訟　379
　Ⅲ　墓地をめぐる訴訟　389

[第8部　営造物関係]

第23講　学校関係をめぐる紛争　　　　　　　　　　富澤賢一郎　398
　Ⅰ　はじめに　398
　Ⅱ　就学校の指定をめぐる争いについて　399
　Ⅲ　学生、生徒及び児童に対する懲戒をめぐる争いについて　404
　Ⅳ　学校の廃止をめぐる争いについて　409

第24講　公共施設等の利用をめぐる紛争　　　　　　　馬場俊宏　416
　Ⅰ　はじめに　416
　Ⅱ　公共施設等に関する概念等について　416
　Ⅲ　公の施設の利用に関する処分をめぐる紛争について　420
　Ⅳ　行政財産の目的外使用に関する処分をめぐる紛争について　431
　Ⅴ　おわりに　434

第25講　上水道・下水道に関する紛争　　　　　　　　渡邉　哲　436
　Ⅰ　はじめに　436
　Ⅱ　上水道に関する紛争　438

Ⅲ　下水道に関する紛争　445
　　Ⅳ　おわりに　449

第26講　公共用物（道路、公園、公有水面など）をめぐる紛争
　　　　　　　　　　　　　　　　　　　　　　　　財賀理行　451
　　Ⅰ　はじめに　451
　　Ⅱ　道路などの供用開始や供用廃止をめぐる争い　452
　　Ⅲ　道路などの使用許可をめぐる争い　456
　　Ⅳ　公有水面の埋立免許をめぐる争い　460
　　Ⅴ　監督処分をめぐる争い　463

[第9部　情報公開関係]

第27講　情報公開訴訟　　　　　　　　　　　　　　定塚　誠　468
　　Ⅰ　はじめに　468
　　Ⅱ　不服申立ての方法　469
　　Ⅲ　取消訴訟における問題点　470
　　Ⅳ　不開示事由と部分開示　479

[第10部　住民訴訟関係]

第28講　住民監査請求手続　　　　　　　　　　　　谷口　豊　486
　　Ⅰ　はじめに　486
　　Ⅱ　住民監査請求の要件　488
　　Ⅲ　監査請求期間　496
　　Ⅳ　おわりに　503

第29講　住民訴訟（4号請求）　　　　　　　　　　貝阿彌　亮　504
　　Ⅰ　はじめに　504
　　Ⅱ　判例の考え方、実務上の運用　508
　　Ⅲ　原告側の主張立証上の留意点　518
　　Ⅳ　被告側の主張立証上の留意点　521
　　Ⅴ　おわりに　523

[第11部　手続の違法]

第30講　行政手続等の瑕疵をめぐる紛争　　　　　　馬場俊宏　526
　　Ⅰ　はじめに　526
　　Ⅱ　行政手続の瑕疵と行政処分の効力　526

Ⅲ　行政調査の瑕疵と行政処分の効力　539
　Ⅳ　おわりに　542

事項索引　543
判例索引　549

● 凡例

[法令名]

行訴法	行政事件訴訟法

[判例]

最大判（決）	最高裁判所大法廷判決（決定）
最○判（決）	最高裁判所第○小法廷判決（決定）
高　判（決）	高等裁判所判決（決定）
地　判（決）	地方裁判所判決（決定）
支　判（決）	支部判決（決定）

[判例集・雑誌]

民　集	最高裁判所民事判例集
刑　集	最高裁判所刑事判例集
集　民	最高裁判所裁判集民事
集　刑	最高裁判所裁判集刑事
高民集	高等裁判所民事判例集
行　集	行政事件裁判例集
訟　月	訟務月報
裁　時	裁判所時報
判　時	判例時報
判　タ	判例タイムズ
金　判	金融・商事判例
ジュリ	ジュリスト
重　判	重要判例解説
曹　時	法曹時報
判　評	判例評論
法　教	法学教室
民　商	民商法雑誌
税　資	税務訴訟資料
労　判	労働判例

・単行本

宇賀・概説Ⅰ	宇賀克也『行政法概説Ⅰ〔第5版〕』（有斐閣、2013）
宇賀・概説Ⅱ	宇賀克也『行政法概説Ⅱ〔第4版〕』（有斐閣、2013）
宇賀・概説Ⅲ	宇賀克也『行政法概説Ⅲ〔第3版〕』（有斐閣、

小澤・土地収用法（上）（下）	小澤道一『逐条解説 土地収用法（上）（下）〔第3次改訂版〕』（ぎょうせい、2012）
概観（2）	最高裁判所事務総局行政局監修『主要行政事件裁判例概観2〔改訂版〕』（法曹会、2001）
概観（4）	最高裁判所事務総局編『主要行政事件裁判例概観4』（法曹会、1990）
概観（5）	最高裁判所事務総局編『主要行政事件裁判例概観5』（法曹会、1991）
概観（6）	最高裁判所事務総局編『主要行政事件裁判例概観6』（法曹会、1992）
概観（10）	最高裁判所事務総局行政局監修『主要行政事件裁判例概観10』（法曹会、1998）
概観（11）	最高裁判所事務総局行政局監修『主要行政事件裁判例概観11』（法曹会、2008）
金子・租税法	金子宏『租税法〔第19版〕』（弘文堂、2014）
北村・環境法	北村喜宣『環境法〔第2版〕』（弘文堂、2013）
木村・解説	木村忠二郎『改正生活保護法の解説』（時事通信社、1950）
小林・行訴法	小林久起『司法制度改革概説3 行政事件訴訟法』（商事法務、2004）
小山・解釈と運用	小山進次郎『生活保護法の解釈と運用〔改訂増補版〕』（中央社会福祉協議会、1951）
最判解民事篇	最高裁判所判例解説民事篇
塩野Ⅰ	塩野宏『行政法Ⅰ〔第5版補訂版〕』（有斐閣、2013）
塩野Ⅱ	塩野宏『行政法Ⅱ〔第5版補訂版〕』（有斐閣、2013）
塩野Ⅲ	塩野宏『行政法Ⅲ〔第4版〕』（有斐閣、2012）
実務的研究	司法研修所編『改訂 行政事件訴訟の一般的問題に関する実務的研究』（法曹会、2000）
品川・事例研究	品川芳宣『附帯税の事例研究〔第4版〕』（財経詳報社、2012）
条解	南博方＝高橋滋編『条解 行政事件訴訟法〔第3版補正版〕』（弘文堂、2009）
新大系（25）	藤山雅行＝村田斉志編著『新・裁判実務大系25 行政争訟〔改訂版〕』（青林書院、2012）
大系（29）	中野哲弘＝飯村敏明編『裁判実務大系29（公用負担・建築基準関係訴訟法）』（青林書院、2000）

谷口・税法	谷口勢津夫『税法基本講義〔第4版〕』(弘文堂、2014)
土地区画整理法	土地区画整理法制研究会編著『よくわかる土地区画整理法〔第2次改訂版〕』(ぎょうせい、2013)
西川・リーガル	西川知一郎編著『リーガル・プログレッシブ・シリーズ6　行政関係訴訟』(青林書院、2009)
百選Ⅱ	宇賀克也ほか編『行政判例百選Ⅱ〔第6版〕』(有斐閣、2012)
藤田ほか・諸問題	藤田耕三ほか『行政事件訴訟法に基づく執行停止をめぐる実務上の諸問題』(法曹会、1983)
堀	堀勝洋『年金保険法〔第3版〕』(法律文化社、2013)
松本・地方自治法	松本英昭『新版 逐条地方自治法〔第7次改訂版〕』(学陽書房、2013)
水野・租税法	水野忠恒『租税法〔第5版〕』(有斐閣、2011)

● 執筆者一覧（五十音順）

家原　尚秀（東京地方裁判所判事）
内野　俊夫（札幌地方裁判所判事）
貝阿彌　亮（福岡高等裁判所判事）
財賀　理行（広島地方裁判所判事）
澤村　智子（盛岡地方裁判所判事）
定塚　誠（東京高等裁判所判事）
進藤　壮一郎（広島高等裁判所岡山支部判事）
田中　一彦（青森地方・家庭裁判所判事）
谷口　豊（東京地方裁判所判事）
富澤　賢一郎（名古屋地方裁判所判事）
馬場　俊宏（大阪地方裁判所判事）
林　史高（福岡地方裁判所判事）
日暮　直子（広島高等裁判所判事）
福井　章代（名古屋地方裁判所判事）
渡邉　哲（札幌地方・家庭裁判所判事）

＊　所属・肩書は平成 26 年 10 月 31 日現在。

第1部

外国人関係

第1講
外国人の退去強制、在留資格等をめぐる紛争

定塚　誠

I　はじめに

1　はじめに

　外国人の我が国における在留関係に関しては、出入国管理及び難民認定法（昭和26年政令第319号。以下「入管法」という）が規定している。入管法は、昭和56年法律第86号「難民の地位に関する条約等への加入に伴う出入国管理令その他関係法律の整備に関する法律」による改正により、大きく分けて第7章までの「出入国管理」に関する規定と、第7章の2の「難民認定」に関する規定の2つの異質な手続について定めることとされた。

　本書では、「難民認定」に関する事件については第2講で扱い、本講では、前者の「出入国管理」に関する事件を扱うこととする。

　入管法は、出入国管理の各段階について、要件効果等を定めた実体規定と各種の手続に関する規定を設けている。外国人の出入国管理の事件を担当することになったならば、いきなり当該行政処分の規定だけを検討するのではなく、まず入管法が定める出入国管理制度全体をざっと眺めるとよいと思う。このことは他の行政事件を担当する場合でも同じであり、当該法規ばかりじっと見つめているのではなく、制度全体を鳥瞰して、その制度の趣旨目的や全体の構造や流れなどを見ると、その行政法規の内容や位置付けが分かりより的確な法令の解釈が可能となる。ここに本書の1つの主眼がある。

2　出入国管理規定の概要

　そこで、入管法が出入国管理について、どのような規定を置いているかをざっと見ると、まず、目的規定や定義規定等を定めた第1章の総則（1条から2条の2まで）がある。これに続いて第2章及び第3章（3条から18条の2）として、外国人の「入国及び上陸」に関する規定を置いており、第2章が、外国人の入国及び上陸の実体要件（どのような要件があれば入国や上陸ができるか）について、第3章が、上陸の手続等について定めている。

　第4章及び第5章（19条から55条）は、外国人が我が国に在留できるための実体要件とそれに関する手続、反対に、外国人が我が国から退去強制される要件や手続などについて定めている。実務上は、在留資格と退去強制をめぐる事件が「出入国管理」に関する事件の多くを占める。在留資格と退去強制は裏腹の関係になっており、在留の条件を定めた第4章第3節（23条から24条の3）の中の24条に、退去強制の実体的要件、いわゆる退去強制事由が定められている。

　実務上問題となることが多い退去強制については、第5章（27条から55条）が定めている。いろんな官職と手続が登場するので、骨組みを押さえた上で、手続の流れを概観しておくことが有用である。すなわち、退去強制手続きは、①入国警備官による違反調査（27条から38条）→②主任審査官の発付する収容令書による収容（39条から44条）→③入国審査官による退去強制事由（24条）該当性についての審査（45条）→（異議がある場合）→④特別審理官による口頭審理（48条）→（異議がある場合）→⑤法務大臣に対する異議（49条）→⑥主任審査官による退去強制令書発付（49条6項、51条以下）と進んでいく。一見すると複雑そうでわかりにくいが、よく見ればこのようにシンプルな構造であるので安心していただきたい。

3　実務上の主たる論点

先述のとおり、出入国管理についての実務上の論点は、第4章及び第5章の在留資格と退去強制（19条から55条）に関するものが多い。

最も多いのが、法務大臣による在留特別許可（50条）をめぐるものであり、次が、在留資格に関するもの、すなわち、在留資格の変更（20条）や在留期間の更新（21条）が拒否されたことに関するものである。また、退去強制に関してその「手続」の違法性を争うものも少なからず存する。

第2章及び第3章の入国及び上陸（3条から18条の2）についての主な論点としては、上陸の申請が拒否されたことに関し、日本に在留して行う活動が入管法の別表第1の下欄の活動や別表第2の下欄に掲げる身分若しくは地位を有する者としての活動に該当するか否か（7条1項2号）をめぐる争い、在留資格認定証明書（7条の2）をめぐる争いなどがある。

以下、訴訟の実務で問題となることが多い事案について、判例の考え方や実務の運用、当事者の主張立証上の留意点等について順次見ていくことにする。

Ⅱ　法務大臣による在留特別許可（入管法50条1項）について

1　概要

上記Ⅰ2で概要を見た退去強制手続中の④にある特別審理官による口頭審理（入管法48条）の結果、当該外国人が退去強制対象者に該当すると入国審査官が認定したことに誤りがないと判定したとき（同法48条8項、47条3項）に、その判定に異議がある外国人が、法務大臣に対して異議を申し出ることができるとされており（同法49条1項）、法務大臣による在留特別許可は、その異議に対する応答として登場する。

すなわち、法務大臣は、異議の申し出に理由があるかないかの裁決をする（同法49条3項）のであるが、その際に、異議の申し出に理由がない

と認める場合でも、在留を特別に許可することができるとされている（同法50条1項）。

そして、法務大臣が、在留特別許可をすることなしに異議の申し出に理由がないとする裁決をした場合に、退去強制対象者とされた外国人が、自らが不法入国者（入管法24条1項）や不法残留者（同条4号ロ）であることなど退去強制事由に該当することは争わないが、自分には法務大臣が在留を特別に許可すべき事情があるのに、在留特別許可をすることなしに異議の申し出に理由がないとした法務大臣の裁決は違法であると主張してその取消しを求める訴えを提起することがあり、これが、この在留特別許可をめぐる典型的な訴えの類型である。

2 最高裁判例の考え方

法務大臣の在留特別許可に関しては、出入国管理令（昭和26年10月4日政令第319号）50条に関する最高裁判例がある。この出入国管理令とは、いわゆるポツダム政令の1つとして公布、施行され、ポツダム宣言の受諾に伴い発する命令に関する件に基く外務省関係諸命令の措置に関する法律（昭和27年法律第126号）第4条により、日本国との平和条約発効日（昭和27年4月28日）以降も「法律としての効力を有する」という存続措置がとられ、法令番号は政令のまま法律の効力を有するものとして扱われているものである。そして、日本国が、難民条約・難民議定書に加入したことに伴い昭和57年1月1日に題名が現在のものに改められた。したがって、出入国管理令は、入管法と同一性・連続性を有するものであって、出入国管理令に関する判例は、現在の入管法の解釈論において先例的価値を有する。

出入国管理令50条に基づく法務大臣の在留特別許可について、最三判昭和34年11月10日民集13巻12号1493頁は、法務大臣が同条に基づき在留許可を与えるか否かは法務大臣の自由裁量に属するものと解すべきであると判示した。もっとも、その裁量が広汎であるにせよ限界があると解されており、その限界については、在留資格の更新について判示した

最大判昭和 53 年 10 月 4 日民集 32 巻 7 号 1223 頁（いわゆるマクリーン判決）がその基準を示した。

　すなわち、このマクリーン判決は、法務大臣は「外国人に対する出入国の管理及び在留の規制の目的である国内の治安と善良の風俗の維持、保健・衛生の確保、労働市場の安定などの国益の保持の見地に立つて、申請者の申請事由の当否のみならず、当該外国人の在留中の一切の行状、国内の政治・経済・社会等の諸事情、国際情勢、外交関係、国際礼譲など諸般の事情をしんしやくし、時宜に応じた的確な判断をしなければならないのであるが、このような判断は、事柄の性質上、出入国管理行政の責任を負う法務大臣の裁量に任せるのでなければとうてい適切な結果を期待することができないものと考えられ」、このような「法務大臣の裁量権の性質にかんがみ、その判断が全く事実の基礎を欠き又は社会通念上著しく妥当性を欠くことが明らかである場合に限り、裁量権の範囲をこえ又はその濫用があつたものとして違法となるものというべきである。」と判示した。

3　審理・判断の方法

　2 で述べたマクリーン判決は、上記の基準に続けて、裁判所の審理、判断の方法について次のように述べている。「……したがつて、裁判所は、法務大臣の右判断についてそれが違法となるかどうかを審理、判断するにあたつては、右判断が法務大臣の裁量権の行使としてされたものであることを前提として、その判断の基礎とされた重要な事実に誤認があること等により右判断が全く事実の基礎を欠くかどうか、又は事実に対する評価が明白に合理性を欠くこと等により右判断が社会通念に照らし著しく妥当性を欠くことが明らかであるかどうかについて審理し、それが認められる場合に限り、右判断が裁量権の範囲をこえ又はその濫用があつたものとして違法であるとすることができるものと解するのが、相当である。」

　そこで、法務大臣の在留特別許可をめぐる裁判の実務においては、一般に、「その判断の基礎とされた重要な事実に誤認があること等により右判断が全く事実の基礎を欠くかどうか」、「事実に対する評価が明白に合理性

を欠くこと等により右判断が社会通念に照らし著しく妥当性を欠くことが明らかであるかどうか」についての審理がされることになる。

4　実務の運用

　上記の「その判断の基礎とされた重要な事実に誤認があること等により右判断が全く事実の基礎を欠くかどうか」、「事実に対する評価が明白に合理性を欠くこと等により右判断が社会通念に照らし著しく妥当性を欠くことが明らかであるかどうか」について、当該事案に即して具体的に審理・判断する方法として、実務上多く採られているものが、当該外国人について、在留特別許可をすべきとされる積極的事由と在留特別許可をすべきでないとされる消極的事由をそれぞれ具体的に検討し、それらを総合的に判断するというものである。

　その際に1つの参考とされるのが、法務省作成のガイドラインである（法務省入国管理局「在留特別許可に係るガイドライン」平成18年10月。平成21年7月改訂）。このガイドラインには、積極的事由と消極的事由が記載されている。ただし、ガイドライン掲記の積極的事由に該当する事情があれば在留特別許可が認められることになったり、あるいは逆に掲記の消極的事由に該当する事情があれば在留特別許可が認められないことになったりするわけではない。結局のところ、当該事案に表れた積極的事由と消極的事由を総合的に判断して、「その判断の基礎とされた重要な事実に誤認があること等により右判断が全く事実の基礎を欠くかどうか」、「事実に対する評価が明白に合理性を欠くこと等により右判断が社会通念に照らし著しく妥当性を欠くことが明らかであるかどうか」について審理がされ、それが認められれば「裁量権の範囲をこえ又はその濫用があつたものとして違法である」と判断されることになる。

5　東京地裁における審理の実情

　在留関係をめぐる事件については、前記I 2記載のとおり、多重的に

調査や審査が行われ、その際に、当該外国人の出入国履歴、身分関係、就業や学業など生活状況についての資料が蒐集され、また、担当官と外国人本人や関係者のやりとりが記載された調書が作成されるのが一般的である。そして、東京地裁においては、平成19年ころからは、充実した審理を効率的に進めるために、第1回口頭弁論期日までに、被告国側が、それらの資料を書証として提出すると共に、いかなる判断過程を経て裁量権の逸脱や濫用はないと判断したのかについて記載した答弁書が提出される運用が行われるようになり、現在においてはほぼ定着してきている。

　第1回期日に、被告国側からこれらが提出されると、裁判所から原告側に、第2回口頭弁論期日までに、これらに対する反論の準備書面と反証の書証があればそれを、そして本人や関係者の陳述書を提出するように求めるのが一般的である。

　これらの双方の主張や書証を検討して、裁判所は、心証を形成できれば、早ければ第2回期日に弁論を終結することも十分に可能になるので、被告側は第1回期日までの準備、原告側は第2回期日までの準備が勝負どころとなる。

　実は、従前は、行政事件訴訟全般において、それぞれの当事者が、相手方の出方をみて、五月雨式に小出しに主張立証がされることが多かった。それは、行政処分の適法性についての主張立証責任が一般的には行政庁側にあるとされるものの、当該行政処分につき実体上手続上の全ての関係法令に適合していることを処分行政庁側で主張立証することは膨大な労力と時間の無駄であることから、処分の適法性を争う原告側でどの部分が違法であると特定して指摘することが実務上の通例であることによって自然発生してしまった悪しき因習であったと思われる。すなわち、ある行政処分がされた理由ないし考え方などの全体像がわからない原告側としては処分行政庁の詳しい主張を待ってから当該行政処分の違法性の指摘を完了させたいと考えるし、処分行政庁としては、原告側で指摘された違法事由については詳細な主張立証をするものの、他の部分については無駄な主張立証をする時間と労力を省きたいと考える。そのために、筆者が東京地裁行政事件訴訟専門部の部総括判事に着任した平成19年ころには、外国人関係

事件でも提訴から4年も5年もかかっている事件が少なからず存在した。このような行政事件訴訟の審理の長期化は、行政事件訴訟による救済を求める原告側にしても、その対応をする被告側にしても、もとより裁判所としても、決して望むところではない。

　そこで、双方当事者に次のような考え方を示して、行政事件訴訟一般について、早期に充実した審理判断を可能にする審理方式を提案し、心ある代理人らの協力を得て新たな審理方法を開始した。すなわち、処分の取消訴訟や無効確認訴訟は、既に行われた行政処分を問題にするものであるから、その行政処分を行ったときの行政庁側の考え方の道筋及びそれに用いた資料であれば、早ければ第1回期日より前に、複雑な事案であっても第2回期日の前までには裁判所に提出できるはずである。他方で、取消訴訟等の訴訟物は行政処分の違法性一般であるから、審理途上での処分理由の差替えは、懲戒処分などの特別な場合を除いて当然に認められることになる。そこで、まず、第1回期日又は第2回期日までに処分行政庁側で当該行政処分を行ったときの考え方の道筋とそれに用いた資料を主張書面（答弁書又は準備書面）及び書証として出していただき、その次の期日（第2回期日又は第3回期日）までに、これらを原告側で検討し、当該行政処分の違法事由性として指摘する点を確定すると共に必要な証拠があればそれを提出していただく。そして、行政庁側で処分理由の差替えがあれば、それをしていただくし、処分理由の差替えがなければ、この第2回期日又は第3回期日で訴訟の土俵作りがほぼ完了し、事案によっては終結して判決することが可能になるというものである。

　現在では、東京地裁行政事件訴訟専門部ではこの審理方法がほぼ定着し、五月雨式の主張立証はほぼ絶滅し、効率的かつ充実した審理が行われるようになっている。この仕組みは、上記のように多くの関係者の理解と努力によってもたらされたものであって、このような審理方法がそれぞれの地方の実情等に応じて多くの裁判所で定着していくと共に、今後のさらなる進展や工夫が期待されている。

　なお、多くの出入国管理に関する事件について、従前は、原告である外国人本人や関係者の尋問が長時間にわたって行われることが少なくなかっ

たが、近時は、他の行政事件訴訟と同様に、書証等によって心証が形成できれば、尋問を行わないで終結するケースが増えている。特に、出入国管理に関する事件は大部の書証が提出されるのが通常であり、陳述書をなぞるような尋問であれば不要である。もちろん陳述書に対する反対尋問権を行使したいということで被告国側からも要請があれば別であるが、出入国管理に関する事件だけは必ず尋問を行うなどというような特別扱いをする理由は乏しいので、尋問を行わずに終結するか尋問を実施するかは、事案の内容や被告国側の対応によって決定されることになろう。

6 在留特別許可をめぐる他の論点

(1) 難民該当性の主張

　在留特別許可をしない旨の裁決の違法事由として、難民該当性を主張できるかという問題がある。

　この点については、難民に該当するという当然に考慮すべき極めて重要な要素を一切考慮せずにされた裁決は裁量権の範囲を逸脱するとした東京地判平成 19 年 1 月 31 日判タ 1247 号 138 頁、入管法 53 条 3 項が、退去強制を受ける者が送還される国には「難民条約第 33 条第 1 項に規定する領域」の属する国を含まないものとすると規定していることから、難民に該当する者を、難民条約（難民の地位に関する条約）33 条 1 項に規定する「人種、宗教、国籍若しくは特定の社会的集団の構成員であること又は政治的意見のためにその生命又は自由が脅威にさらされるおそれのある領域」に送還することは入管法 53 条 3 項違反の違法な行為となるとした東京地判平成 19 年 8 月 31 日判時 2001 号 28 頁などがある。

(2) 義務付け訴訟の類型

　在留特別許可の義務付けの訴えは、行政事件訴訟法 3 条 6 項 1 号のいわゆる非申請型か 2 号のいわゆる申請型かという問題がある。

　素朴に考えると、在留特別許可の申請権を直接規定した条文はないので 1 号の非申請型ではないかとも考えられるが、入管法 49 条 1 項の異議の

申出権は、同法50条1項の在留特別許可を求める申請権としての性質も有し、法務大臣に在留特別許可について応答義務を課したものであって2号の申請型であるとした東京地判平成20年2月29日判時2013号61頁がある。

Ⅲ 在留期間の更新（入管法21条）、在留資格の変更（同法20条）について

1 概要

在留資格については、入管法19条並びに同法別表第1及び第2が、各在留資格によって本邦で行うことができる活動（別表第1参照）や本邦において有する身分又は地位（別表第2参照）について定めている。

各在留資格には、一定の在留期間が定められており、その期間を超えて在留することはできず、違反すれば退去強制事由（入管法24条4号ロ）になることから、更新を受けようとする者は、更新の申請をし、法務大臣は、当該外国人が提出した文書により「在留期間の更新を適当と認めるに足りる相当の理由があるときに限り」これを許可することができる（同法21条3項）とされる。

また、入管法別表第1及び第2に記載されている在留資格を変更しようとする者は、変更の申請をし、法務大臣は、当該外国人が提出した文書により「在留資格の変更を適当と認めるに足りる相当の理由があるときに限り」これを許可することができる（同法20条3項）とされている。

これらが許可されなかったときに、不許可処分の取消しの訴えなどが提起される。

2 判例の考え方

(1) 基本的な考え方

上記Ⅱ2に掲げた最大判昭和53年10月4日（いわゆるマクリーン判決）

は、在留期間更新申請の不許可処分の取消しを求めた事案について、判示したものである。また、在留資格の変更申請についても、入管法20条3項が、法務大臣は、当該外国人が提出した文書により「在留資格の変更を適当と認めるに足りる相当の理由があるときに限り」これを許可することができるとして、在留期間の更新許可についての同法21条3項と同じ文言を用いて規定しており、基本的に同様の考え方に立って審理判断されている。

このように、在留期間の更新や在留資格の変更についても、一般に、上記のいわゆるマクリーン判決の基準に基づいて判断されることになろう。

⑵　在留資格の判断

当該外国人が、その申請する在留資格に相応する活動をするかどうかの判断は、入管法別表第1の下欄における活動及び同第2の下欄における身分又は地位を有する者としての活動について、個々の外国人が本邦において行おうとする活動に着目し、一定の活動を行おうとする者のみに対してその活動内容に応じた在留資格を取得させるという入管法の趣旨に基づいて判断されるべきであるとされる（最一判平成14年10月17日民集56巻8号1823頁）。

すなわち、同判決は、入管法別表第2所定の「日本人の配偶者等」の在留資格について、日本人の配偶者の身分を有する者としての活動を行おうとする外国人が「日本人の配偶者等」の在留資格を取得することができるものとされているのは、当該外国人が、日本人との間に、両性が永続的な精神的及び肉体的結合を目的として真しな意思をもって共同生活を営むことを本質とする婚姻という特別な身分関係を有する者として本邦において活動しようとすることに基づくものと解されるから、日本人との間に婚姻関係が法律上存続している外国人であっても、その婚姻関係が社会生活上の実質的基礎を失っている場合には、その者の活動は日本人の配偶者の身分を有する者としての活動に該当するということはできないとした。そして、婚姻関係が社会生活上の実質的基礎を失っているかどうかの判断は客観的に行われるべきであり、有責配偶者からの離婚請求が信義則上制約

されることがあることは、この客観的な判断を左右する事由になり得ない旨判示した。

このように、当該外国人が、更新後又は変更後に取得すべき在留資格が、その各下欄で定められている活動に該当するかどうかは、当該在留資格が設けられた趣旨に鑑み、実質的・客観的に判断されることになる。

3 審理・判断の方法

上記2(1)で見たように、最終的には上記マクリーン判決の枠組みで審理判断されることになるため、「その判断の基礎とされた重要な事実に誤認があること等により右判断が全く事実の基礎を欠く」あるいは「事実に対する評価が明白に合理性を欠くこと等により右判断が社会通念に照らし著しく妥当性を欠くことが明らか」であることを、原告側で主張立証することになる。

在留期間更新や在留資格変更が不許可とされる場合は、大きく分けると次の2つに分類できる。①第1が、当該外国人が更新後あるいは変更後の在留資格に相応する活動、すなわち当該在留資格について、入管法別表第1の下欄における活動及び同第2の下欄における身分又は地位を有する者としての活動に該当するとはいえないと法務大臣が判断した場合である。②第2は、別表第1又は第2の活動に該当するとしても、当該外国人が犯罪的行為や不良な活動をしたなど総合的に見て在留期間の更新や在留資格の変更が相当ではないとする場合である。

①の場合は、上記2(2)で述べたように、当該在留資格の別表下欄に記載される活動を行うことを、資料等によって実質的・客観的に主張立証することになる。また、②の場合は、一般的には、長年にわたって日本で誠実に暮らしてきたことなどの積極事情と、たとえば、罪を犯したといっても過失に基づく軽微なものであるとか、素行不良といっても一回的偶発的なものであるなど消極事情とを対比させて、更新や変更が不許可とされるのは、法務大臣の裁量権の範囲の逸脱又は濫用があることを主張立証することになる。

在留期間更新不許可処分の取消しが認められた裁判例として大阪高判平成7年10月27日判タ892号172頁、在留資格変更不許可処分の取消訴訟が容認された裁判例として、大阪高判平成10年12月25日判時1742号76頁などがある。

4　東京地裁における審理の実情

Ⅱ5で述べたところと基本的に同じである。すなわち、被告国側で、第1回期日までに、不許可処分をした理由とその際に調査検討した資料が出され、原告側がそれを精査して、第2回口頭弁論期日までに不許可処分の違法性を具体的に指摘した準備書面や、関係者の陳述書等の書証の提出することになるのが一般的である。

5　在留期間更新や在留資格変更をめぐる他の論点

(1) 出国準備のための「短期滞在」

在留期間更新や在留資格変更の申請をした場合に、当該外国人については、更新あるいは変更後の在留資格に該当する活動（入管法別表第1）や身分又は地位（同法別表第2）に該当しないことから、実務上、出国準備のための「短期滞在」の在留資格を求める申請に変更させて許可するという取扱いがされることがある。この取扱いをめぐって争いになることがあるが、そのような事案で、当初に申請した在留資格（日本の配偶者等）には該当しないと判断して「短期滞在」の在留資格を付与したものの、その後、婚姻関係を有効とする裁判が確定し、それにもかかわらず、「短期滞在」の更新申請を不許可にした処分は、法務大臣がその裁量権の範囲を逸脱し、又は濫用したものであって違法であるとした裁判例として、最三判平成8年7月2日集民179号435頁がある。

(2) 在留期間について

在留期間更新や在留資格変更が許可された場合に、その許可された在留

期間は短期間にすぎ、より長期の在留期間が認められるべきだとして争うことがある。この点につき、3年間の在留期間を求めて申請したが在留期間を1年間と定めてされた在留期間更新許可処分は違法であるとして訴えた事案について、当該在留資格で本邦に在留する外国人について、当然に一定期間本邦に在留する権利が保障されているものということはできないから、在留期間を1年間と指定して許可した処分は当該外国人の権利ないし法律上保護された利益を侵害するものではなく、その取消しの訴えは、訴えの利益を欠くとして却下した裁判例として最一判平成8年2月22日集民178号279頁がある。

Ⅳ 強制退去手続の瑕疵をめぐる争い

1 概要

　入国審査官による審査（入管法45条1項）の結果、退去強制対象者であると認定され（同法47条3項）、それに対して口頭審理を請求しない旨を記載した文書に署名をした（同条5項）が、それは入国審査官から十分な説明がなく理解できないまま署名したもので、退去強制手続に手続上の違法があるから退去強制令書発付処分が違法であると主張する事案のように、退去強制手続に手続上の違法を指摘して退去強制令書発付処分の取消しや無効確認を求める事案がある。

2 審理・判断の方法

　このような場合は、まさに、その手続が強制退去手続の中でいかなる意味を有するかについて条文の文言や立法趣旨に基づいて主張すると共に、当該事実の存否について具体的な資料等に基づいて主張立証することになる。すなわち上記の例でいえば、誤って口頭審理請求権を放棄させられれば、本来受けられるべき爾後の審理を受けられず、退去強制についての手続的保障が害されるなどと主張した上で、入国審査官からどのような書類

に基づいて何語で説明を受けて、どのような理解をしたかなどについて主張立証することになろう。

　東京地裁においては、前記Ⅱ5で述べたように、第1回期日までに被告側から、上記の事例でいえば、入国審査官が説明の際に用いた資料や、原告が了解したことを示す原告の署名がある書面などが書証として提出され、これらを引用して、口頭審理の状況等が記載された準備書面が提出されることになろう。そこで、原告代理人としては、第2回期日までに、これらの資料を実際に原告に見せて十分に記憶を喚起してもらい、入国審査官の説明の内容やそれに対する原告の理解、そしてなぜ原告は関係書類に署名をしたのかなどについて、原告の陳述書を作成し主張を整理した準備書面を提出することになろう。

　これらの事案においては、原告側からは原告本人尋問の、被告側からは、当該事案を担当した入国警備官の証人尋問の申請がされ、両者の尋問がされることが少なくない。

　そして、法が当該手続を定めた趣旨が全うされないような瑕疵があったと判断されれば、退去強制令書発付処分が違法として取り消されることになろう。

3　裁判例等

　このような手続的な瑕疵について、口頭審理で告知すべき内容について検討し、退去強制令書発付処分は違法ではないとした裁判例として、大阪地判平成18年11月2日判タ1234号68頁がある。

　なお、退去強制手続に手続的な瑕疵があったとして退去強制令書発付処分が違法と判断されても、それによって直ちに日本に在留する資格が与えられるわけではなく、違法とされた手続の履践の段階に遡って手続が進められることになるにすぎない。そのためか、このような訴訟の数は必ずしも多くない。

Ⅴ 在留資格認定証明書（入管法7条の2）をめぐる争い

1 概要

　入管法7条の2は、その第1項で、法務大臣は、本邦に上陸しようとする外国人から予め申請があったときは、当該外国人が同法7条1項2号に掲げる条件に適合している旨、すなわち、申請に係る本邦において行おうとする活動が虚偽のものではなく、同法別表第1の下欄に掲げる活動又は同法別表第2の下欄に掲げる身分若しくは地位を有する者としての活動のいずれかに該当するなどの要件を満たしている旨の証明書を交付することができるとしている。そして、同法7条の2の第2項は、この申請は、当該外国人を受け入れようとする機関の職員その他の法務省令で定める者を代理人としてこれをすることができる旨定めている。

　すなわち、たとえば日本人男性との婚姻届を出した外国人女性が、本邦で行おうとする活動が同法別表第2の「日本人の配偶者等」に掲げる身分又は地位を有する者としての活動であるとして、その日本人男性が外国人女性の代理人となって、我が国において在留資格認定証明書の交付を求めることができる制度で、外国人が入国する際の在留資格の存否の審査を事前に行うことでその効率化を図ろうとするものである。

2 審理・判断の方法

(1) 原告適格

　まず、代理申請者は不交付処分取消しの訴え等について原告適格を有するかという問題がある。

　すなわち、入管法7条の2第2項によって代理人となった者が、在留資格証明書を交付しない処分に対する取消し又は無効確認の訴えをする原告適格があるかという問題である。

この点については、入管法7条の2第2項及び入国管理規則（出入国管理及び難民認定法施行規則（昭和56年法務省令第54号））6条の2第3項が在留資格認定証明書を交付する旨の処分によってその代理人が受ける利益をその代理人の固有の利益として保護しようとしていると認めることはできないなどとしてこれを否定した裁判例として東京地判平成16年10月22日判例秘書05934222、東京地判平成18年9月15日判例秘書06133734、東京地判平成19年4月27日判例秘書06231995などがある。

(2) 東京地裁における審理の実情
　在留資格認定証明書の交付を受けられなかった外国人が我が国の弁護士を代理人とするなどしてその取消しや無効確認を求めて訴えを提起した場合には、被告側は、Ⅱ5で述べたように、原則として第1回期日までに不交付とした事情をまとめた書面や関係資料を書証として提出するので、原告代理人においては、当該外国人が本邦において行おうとする活動が真に入管法別表第1の下欄に掲げる活動又は同法別表第2の下欄に掲げる身分若しくは地位を有する者としての活動に該当することを主張し立証することになる。
　在留資格認定証明書を交付しない旨の処分が違法とされた裁判例として、東京地判平成21年10月16日判タ1337号123頁、京都地判平成23年10月18日判タ1383号197頁などがある。

参考文献

- 坂中英徳＝齋藤利男『出入国管理及び難民認定法逐条解説〔改訂第4版〕』（日本加除出版、2012）。
- 児玉晃一ほか編『コンメンタール出入国管理及び難民認定法2012』（現代人文社、2012）。
- 出入国管理法令研究会編『出入国管理実務六法〔平成26年版〕』（日本加除出版、2013）。
- 山田鐐一＝黒木忠正『よくわかる入管法〔第3版〕』（有斐閣、2012）。
- 出入国管理関係法令研究会編『ひと目でわかる外国人の入国・在留案内——外国人の在留資格一覧〔14訂版〕』（日本加除出版、2012）。

第2講
難民認定手続に関する紛争

渡邉　哲

I　はじめに

1　我が国における難民認定制度

(1)　難民認定制度の創設

　難民認定制度については、出入国管理及び難民認定法（昭和26年政令第319号。以下「入管法」という）第7章の2（61条の2ないし61条の2の14）に規定されている。これは、我が国が難民の地位に関する条約（以下「難民条約」という）及び難民の地位に関する議定書（以下「難民議定書」という）に加入したことに伴い、昭和56年法律第86号による入管法の改正により新設されたものである。

(2)　平成16年の入管法改正

　その後、難民認定制度は、平成16年法律第73号による入管法の改正により、主に以下の3点につき、改正がなされた。
　ア　難民認定申請の期間制限の撤廃
　改正前の入管法61条の2第2項は、難民認定申請は、原則として本邦に上陸するなどした日から60日以内に行わなければならない旨規定しており、同規定の難民条約への適合性が1つの大きな争点であったが、上記改正により、かかる期間制限は撤廃された。
　イ　難民認定手続と退去強制手続との関係の整備
　改正前の入管法では、難民認定手続と退去強制手続とは別個独立の手続

とされており、例えば、在留資格を有しない難民認定申請者の処遇等は、実務の運用に委ねられていたが、上記改正により、両者の関係が整備された。

詳しくは、後記2（難民認定手続の概略）で述べるが、①在留資格を有しない難民認定申請者が一定の要件を充たす場合には、仮滞在の許可をし、適法な在留を認めることとしたこと（入管法61条の2の4）、②仮滞在の許可を受けた者については退去強制手続を停止し、仮滞在の許可を受けられなかった者についても、難民認定手続が終了するまでの間は送還を停止することとしたこと（61条の2の6）等である。

ウ　難民審査参与員制度の導入

改正前の入管法では、難民の認定をしない処分（以下「難民不認定処分」という）等に対する異議申立手続は、法務大臣が指定する入国審査官である難民調査官が調査を行い、法務大臣が決定することとされていたが、上記改正により、法務大臣は、難民不認定処分等に対する異議申立てにつき、難民認定に関する意見を提出させるため、「難民審査参与員[1]」を任命することとされ（入管法61条の2の10）、その意見を聴いた上で、異議申立てに対する決定をすることとされた。（61条の2の9第3項）。

2　難民認定手続の概略

(1)　申請

難民認定を受けようとする外国人は、法務大臣に対し、難民認定の申請を行う（入管法61条の2）。具体的には、地方入国管理局に対し、必要事項を記載した難民認定申請書及び難民に該当することを証する資料等を提出する（入管法施行規則55条）。

---

[1] 難民審査参与員は、人格が高潔であって、公正な判断をすることができ、かつ、法律又は国際情勢に関する学識経験を有する者のうちから法務大臣が任命する。平成26年8月1日現在、難民審査参与員は80名であり、主に法曹関係者（元裁判官、元検察官、弁護士）や大学教授、元外交官（大使経験者）、海外協力・難民支援等に係るNPO・NGOの関係者等から選任されている。

(2) 仮滞在の許可

法務大臣は、在留資格未取得外国人[2]から難民認定申請があったときは、一定の除外事由に該当する場合を除き、当該外国人に本邦への仮滞在を許可する（入管法61条の2の4第1項）。

ただし、除外事由として、重大な退去強制事由に該当すると疑うに足りる相当の理由があるとき（同項5号）、本邦に上陸した日から6月を経過した後に難民認定申請を行ったものであること（ただし、やむを得ない事情がある場合を除く）又は迫害されるおそれのあった領域から直接本邦に入ったものでないことが明らかであるとき（同項6号）、退去強制令書の発付を受けているとき（同項8号）等が定められており、実際に仮滞在が許可される例は、あまり多くないようである。

(3) 難民認定と在留資格に係る許可

ア　法務大臣は、難民認定申請をした外国人から提出された資料に基づき、当該外国人が難民の要件に該当するときは、難民認定を行う（入管法61条の2）。

なお、法務大臣は、難民認定等の処分を行うため必要がある場合には、難民調査官に事実の調査をさせることができる（61条の2の14第1項）。

イ　また、法務大臣は、難民認定を行う場合であって、当該外国人が在留資格未取得外国人であるときは、一定の除外事由に該当する場合を除き、当該外国人に「定住者」の在留資格の取得を許可する（入管法61条の2の2第1項）。

もっとも、ここでも除外事由として、本邦に上陸した日から6か月を経過した後に難民認定申請を行ったものであるとき（ただし、やむを得ない事情がある場合を除く。同項1号）又は迫害されるおそれのあった領域から直接本邦に入ったものでないことが明らかであるとき（同項2号）、重大な退去強制事由に該当すると疑うに足りる相当の理由があるとき（同項

---

[2] 別表第1又は別表第2の上欄の在留資格をもって本邦に在留する者、一時庇護のための上陸の許可を受けた者で当該許可書に記載された期間を経過していないもの及び特別永住者以外の者をいう。

3号）等が定められており、これらの除外事由に該当する者については、難民不認定処分を受けた者と同様、次に述べる在留特別許可をするか否かが判断されることとなる。

(4) **難民不認定処分と在留特別許可**
　法務大臣は、当該外国人が難民の要件に該当しないときは、難民不認定処分を行う（入管法61条の2）。
　ただし、この場合でも、当該外国人の在留を特別に許可すべき事情があるか否かを審査し、当該事情があると認めるときは、その在留を特別に許可することができる。（61条の2の2第2項）。

(5) **不服申立て**
　難民不認定処分に不服がある外国人は、その通知を受けた日から7日以内に異議申立てをすることができる（入管法61条の2の9第1項・2項）。法務大臣は、難民審査参与員の意見を聴いた上で、上記異議申立てに対する決定を行う（同条3項）。

(6) **難民認定手続と退去強制手続の関係**
　ア　退去強制手続の停止
　難民認定申請をした在留資格未取得外国人で、仮滞在の許可を受けた者については、当該許可に係る仮滞在期間が経過するまでの間は、退去強制手続は停止される（入管法61条の2の6第2項）。よって、新たに収容令書や退去強制令書が発付されることはなく、収容令書に基づき収容されていた者については、その執行が停止されることとなる。
　他方、仮滞在の許可を受けていない者又は仮滞在期間が経過することとなった者については、①難民不認定処分に対して所定の期間内に異議申立てがなかったこと、②難民不認定処分に対する異議申立てが取り下げられ、又はこれを却下若しくは棄却する決定があったこと、③難民認定がされた場合において在留資格に係る許可をしない処分があったことのいずれかに該当することとなるまでは、送還は停止される（同条3項）。よって、

この場合には、送還はされないものの、収容令書や退去強制令書の発付、収容令書に基づく収容の継続は妨げられない。

　　イ　退去強制手続における在留特別許可との関係

　法務大臣は、退去強制手続において、特別審理官の判定に対する異議の申出について裁決をするに当たり、異議の申出に理由がないと認める場合でも、特別に在留を許可すべき事情があると認めるときには、その者の在留を特別に許可することができる（入管法50条1項）。

　しかし、この規定は、①難民不認定処分に対して所定の期間内に異議申立てをしなかった者、②難民不認定処分に対する異議申立てを取り下げた者又はこれを却下若しくは棄却する決定があった者、③難民認定処分がされた者で在留資格に係る許可をしない処分があったもの、④難民認定申請をした在留資格未取得外国人で仮滞在許可を受けていないもの又は仮滞在期間が経過することとなったものに対する退去強制手続については、適用されない（同法61条の2の6第2項・4項）。

3　難民認定手続に係る訴訟の類型

　難民認定手続に係る訴訟としては、難民不認定処分の取消訴訟等、入管法61条の2第2項に基づく在留特別許可をしない処分（以下「在特不許可処分」という）の取消訴訟等が多く、この両者を併合提起したり、退去強制手続における同法49条3項に基づく裁決や退去強制令書発付処分の取消訴訟等と併合提起されることも多い。

　そこで、以下では、上記の訴訟の類型ごとに見ていくこととする。

Ⅱ　難民不認定処分に係る訴訟

1　入管法における「難民」の意義

(1)　「難民」の意義

　入管法における「難民」とは、難民条約1条の規定又は難民議定書1

条の規定により難民条約の適用を受ける難民をいう（入管法2条3号の2）。すなわち、①人種、宗教、国籍若しくは特定の社会的集団の構成員であること又は政治的意見を理由に、②迫害を受けるおそれがあるという十分に理由のある恐怖を有するために、③国籍国の外にいる者であって、④その国籍国の保護を受けることができないもの又はそのような恐怖を有するためにその国籍国の保護を受けることを望まないもの及び③'常居所を有していた国の外にいる無国籍者であって、④'当該常居所を有していた国に帰ることができないもの又はそのような恐怖を有するために当該常居所を有していた国に帰ることを望まないものをいう。

(2) 「迫害を受けるおそれがあるという十分に理由のある恐怖を有する」の意義

上記(1)の難民の要件のうち、訴訟においてその解釈が争われることが多いのは、②の「迫害を受けるおそれがあるという十分に理由のある恐怖を有する」との要件である。

ア 「迫害」の意義

まず、「迫害」の意義については、生命又は身体の自由に対する侵害と捉える説（いわゆる狭義説）と、それ以外の重大な人権侵害を含むとする説（いわゆる広義説）とがある。

裁判例では、「迫害」の意義につき、「生命、身体又は重要な自由権に対する侵害」（名古屋地判平成16年3月18日判タ1248号137頁）や「生命又は身体の自由の侵害又は抑圧並びにその他の人権の重大な侵害」（東京高判平成17年5月31日公刊物未登載）等と定義するものも散見される。

しかしながら、大半の裁判例では、「迫害」とは、「通常人において受忍し得ない苦痛をもたらす攻撃ないし圧迫であって、生命又は身体の自由の侵害又は抑圧」と定義している（東京地判平成元年7月5日行集40巻7号913頁、東京地判平成22年6月8日判タ1354号98頁、東京高判平成24年9月12日訟月59巻6号1654頁等）。

イ 「十分に理由のある恐怖を有する」の意義

迫害を受けるおそれがあるという「十分に理由のある恐怖を有する」と

いえるためには、「当該人が迫害を受けるおそれがあるという恐怖を抱いているという主観的事情のほかに、通常人が当該人の立場に置かれた場合にも迫害の恐怖を抱くような客観的事情が存在していること」が必要である（前掲東京地判平成元年7月5日、同東京地判平成22年6月8日、同東京高判平成24年9月12日等）。

ウ　迫害の主体

迫害の主体としては、一般には国家機関が想定され、例えば、対立する政治団体や宗派による侵害又は抑圧行為は、直ちに「迫害」に当たるとはいえない。もっとも、国籍国の政府がそれを知りながら黙認し又はそのような状況を放置するなど、迫害対象者を効果的に保護することが期待できない状況にある場合には、「迫害」に当たるといえる場合もあろう（東京地判平成19年2月2日判夕1268号139頁）。

2　難民該当性の立証と判断

(1)　立証責任の所在

難民該当性の立証責任は、①入管法61条の2は、難民認定申請者の「提出した資料に基づき」と規定していること、②自己の難民該当性を最もよく知るものは難民認定申請者自身であること、③難民認定は、授益的な処分であることなどからすれば、難民認定申請者にあると解される（名古屋地判平成15年3月7日判例秘書05850356、東京高判平成16年1月14日判時1863号34頁、東京地判平成20年2月21日判例秘書06330828等）。

もっとも、難民認定申請者において、申請に当たり、自らの供述以外にその裏付けとなる文書や写真その他の物的証拠を提出することが困難な場合も少なくなく、難民認定申請者の立証のみに基づいて難民該当性を判断し、その立証が不十分な場合に直ちに難民不認定処分を行うとすれば、真に迫害を受けている者が難民認定を受けられずに送還されるという事態を生じかねない。したがって、法務大臣は、そのような事態が生じることのないように難民認定申請者に十分な主張、立証の機会を与えるとともに、難民調査官に必要な資料の収集を適切に行わせた上で、これらの資料を公

正かつ慎重に吟味、評価し、その供述の真偽を判断すべきであり、立証責任に従って安易に難民不認定処分をするようなことがあってはならない（前掲東京高判平成16年1月14日）。

　そうすると、難民不認定処分の取消訴訟でも、原告において、自らが難民に該当する旨を積極的に立証すべきは当然であるが、被告においても、原告が難民に該当しない旨を積極的に主張・反証することが求められ、これにより充実し、かつ、迅速な審理が実現されることになろう。

(2) 難民該当性の判断

　上記のとおり、難民認定申請者は、その供述の裏付けとなる物的証拠を有しないことも多いことから、難民該当性の判断に当たっては、供述の信用性の吟味が非常に重要である。そこで、以下では、裁判例を挙げつつ、実務上、供述の信用性の判断に当たり、問題となることが多い点について触れるが、これらの点は、あくまでも供述の信用性を検討する上での視点にすぎず、最終的な信用性の判断は、諸々の視点から検討した上で総合的に判断すべきであることはいうまでもない。

　ア　難民認定申請の時期やその経緯

　平成16年の入管法改正により難民認定申請の期間制限は廃止された（上記Ⅰ1(2)ア）が、難民認定申請の時期やその経緯は、供述の信用性を判断するに当たり、1つの重要な視点となる。例えば、本邦に入国後直ちに難民認定申請を行った場合と、長期間にわたり不法残留や不法就労を継続し、退去強制令書が発付されるなどした後で初めて難民認定申請を行った場合とを比べれば、後者における事情は、一般的には、その供述の信用性を減殺する事情といえよう。

　もっとも、出国当時に我が国で就労して得た金銭を本国の家族に送りたいとの気持ちを有しており、現にその後送金をしているとしても、そのことと当該外国人が難民であることとは直ちに矛盾しないとして難民該当性を肯定した裁判例として、東京高判平成17年12月1日判例秘書06021094があり、同様の裁判例として、東京地判平成20年2月8日判例秘書0633064等がある。

また、入国後、相当期間の経過後に難民認定申請を行った者の難民該当性が認められた裁判例として、東京地判平成16年5月28日判タ1189号195頁、前掲東京地判平成20年2月8日、東京地判平成22年1月29日判タ1359号93頁等がある。

　イ　供述の一貫性や変遷の有無

　難民認定申請者の難民該当性に係る供述が、その根幹部分において難民認定手続から訴訟を通じて一貫しているか、仮に変遷があるとして合理的な理由を見出すことができるかという点も、供述の信用性を判断する上で重要な視点となる。退去強制手続が先行している場合には、同手続における供述との比較も行うべきであり、例えば、同手続では、難民該当性に係る供述を一切しておらず、送還先としても本国を希望していた場合は、その後になされた難民該当性に係る供述の信用性を減殺する事情といえよう。

　供述に変遷があり、かつ、その変遷に合理的な理由を見出せないとして、その供述の信用性を否定して難民該当性を否定した裁判例として、前掲名古屋地判平成15年3月7日、東京地判平成25年5月15日判例秘書06830394等がある。

　他方、供述に一定の変遷が見られるが、その根幹部分には変遷が見られないとして、その信用性を肯定して難民該当性を認めた裁判例として、東京地判平成17年3月25日判タ1210号98頁、前掲東京地判平成22年6月8日等がある。

　ウ　物的証拠の有無とその信用性

　(ア)　上記(1)のとおり、難民認定申請者は、その供述を裏付ける物的証拠を有しないことも多いから、そのことをもって直ちに供述の信用性を否定することは妥当ではない。

　裁判例も、上記のような態度は取っておらず、本国における活動等につき、その供述が全体として信用することができ、かつ、本国の客観的情勢と矛盾しない場合には、他の証拠がなくともその供述の信用性が認められるとして難民該当性を認めた裁判例として、前掲東京地判平成16年5月28日がある。

(イ)　一方で、難民認定申請者がその供述を裏付ける物的証拠として、例えば、政治団体等に所属する旨の身分証明書、本国における逮捕状や裁判関係書類等を提出することがある。しかしながら、これらの書類の有する意味や性質が我が国と当該国とで必ずしも同じであるとは限らない上、国や地域によっては、裁判関係書類等についても偽造や売買が横行しているとの報告がされている例もあり、その信用性は慎重に検討することが必要である。

　難民認定申請者が提出した物的証拠につき、偽装されたものとは認められないとして難民該当性を認めた裁判例として、東京地判平成22年10月1日判タ1362号73頁等がある。

　他方、物的証拠につき、偽造された疑いがあるとして難民該当性を否定した裁判例として、東京地判平成19年8月29日判例秘書06233679、東京地判平成20年4月15日判例秘書06331110等がある。もっとも、仮に原告自らが提出した客観的資料の一部に偽造の書証を意図的に提出したとしても、これによって原告の供述が全体として信用性に欠けるものとなるということはできないとした裁判例として、東京地判平成16年5月27日判時1875号24頁がある。

　エ　真正な旅券による適法な出国

　難民認定申請者が本国から自己名義の真正な旅券により適法な手続を経て出国していることは、一般的には、本国政府が同人に対し、迫害の対象として特段の関心を寄せていないことをうかがわせる事情といえる。

　もっとも、国や地域によっては、捜査・訴追機関と入管機関との連携が不十分であり、逮捕状等の発付があっても旅券発給や出国手続が停止されるとは限らず、旅券発給や出国手続に賄賂その他の不正手段が横行していることもあり得るほか、出国後における当該難民認定申請者の活動や本国の一般情勢の変化等もあるため、さほど重視することはできない。

　真正な旅券による適法に出国していることを難民該当性を否定する一事情として考慮した裁判例として、前掲東京地判平成20年2月21日、同東京地判平成20年4月15日等がある。

　他方、真正な旅券による適法に出国していることは難民該当性を肯定す

ることを妨げるものではないとした裁判例として、前掲東京高判平成17年12月1日、同東京地判平成20年2月8日等がある。

(3) 東京地裁における審理の実情

ア　難民不認定処分に係る訴訟の東京地裁における審理の実情は、概ね在留関係をめぐる事件の審理の実情（第1講参照）と同様である。すなわち、第1回期日又は遅くとも第2回期日までには、被告側において、難民認定手続において収集した資料（当該難民認定申請者が提出した資料、難民調査官や難民審査参与員による当該難民認定申請者や関係者に対する聴取結果を記載した審査・調査調書等）や当該国の国内情勢等に関する国際機関や各国機関による報告書等を書証として提出し、当該国の国内情勢等の一般事情及び当該難民認定申請者の主張を踏まえた上で、当該難民認定申請者が難民には該当しないと判断した根拠及びその正当性を記載した答弁書ないし準備書面を提出する運用が定着している。

また、書証について、被告側では、個別事情に係る書証（例えば、当該難民認定申請者の審査・調査調書等）と一般事情に係る書証（例えば、当該国の国内情勢等に関する国際機関や各国機関による報告書等）とに分け、前者を「乙A号証」、後者を「乙B号証」として提出する運用が定着している。

イ　他方で、在留関係をめぐる事件では、事案によっては原告本人尋問を実施しないことも少なくないが、難民不認定処分に係る訴訟では、原告本人尋問が行われないというケースは少ないと思われる。

これは、①原告が主張するとおりの事実（原告本人の陳述書記載の事実）を前提としても明らかに難民に該当しないといえるようなケースは少なく、被告も積極的に事実関係を争うことが多いこと、②前記(1)で述べたとおり、原告が難民該当性の立証責任を負うところ、原告本人尋問以外には有効な立証手段がないことも多いことなどによるものと思われる（ただし、再度の難民不認定処分の取消訴訟につき、後記3参照）。

(4) その他の問題点

入管法61条の2は、「本邦にある外国人」と規定しているところ、難

民認定申請時には本邦にいた外国人であっても、その後、何らかの事情により出国し、現に本邦にいない外国人に対しては、その理由のいかんを問わず、もはや難民認定をされる余地はなく、難民不認定処分の取消しを求める訴えの利益は失われる（最二判平成8年7月12日集民179号563頁）。

　難民不認定処分に対する異議申立てがなされ、これを棄却又は却下する決定があるまでの間は、退去強制令書のうち送還部分は停止される（前記Ⅰ2(6)ア参照）が、その後、難民不認定処分の取消訴訟を提起したとしても、当然にその効力は停止されない（行訴法25条1項参照）ので、法的に退去強制令書の効力を停止させるためには、執行停止の申立て（同条2項）をすることが必要である[3]。

3　再度の難民不認定処分の取消訴訟

　入管法上、難民認定申請の回数を制限する旨の規定はないところ、上記Ⅰ1(2)のとおり、平成16年の入管法改正により入国から60日以内との難民認定申請の期間制限が廃止され、本邦に滞在する限り、いつでも難民認定申請を行うことができるようになったこともあり、同一外国人が複数回にわたり難民認定申請を行い、難民不認定処分の取消訴訟を繰り返し提起するケースもまま見られる。

　もとより、各申請に対する難民不認定処分は別個の処分であるから、仮に、1回目の申請に係る難民不認定処分につき取消訴訟を提起し、請求棄却判決が確定している場合であっても、2回目の申請に係る難民不認定処分につき提起された取消訴訟も適法であり、改めて2回目の申請に係る難民不認定処分の適法性が審理されることとなるのは当然である。

　もっとも、実際には、当該外国人の主張・立証には共通する部分が多く、それらの点については、既に1回目の取消訴訟において主張・立証

---

[3]　ただし、近年の東京地裁における実務では、執行停止を認める場合でも、特段の事情がない限り、送還部分に限って効力を停止するのが通例である。また、当該外国人につき、具体的な送還予定がない場合には、本案判決と同時に執行停止の申立てに対する決定がなされることもある。

が尽くされているはずであるから、2回目の取消訴訟における主張・立証の中心は、例えば、①2回目の申請において難民該当性の理由が追加・変更された点、②1回目の取消訴訟後に当該国の一般情勢や当該難民認定申請者の個別事情に変化があった点等に置かれることになる。場合によっては、改めて原告本人尋問を実施することなく、審理を終える事案もあろう。

Ⅲ 入管法61条の2の2第2項に基づく在特不許可処分の取消訴訟

1 審理・判断の方法等

(1) 入管法50条1項に基づく在留特別許可について

　入管法50条1項に基づく在留特別許可に関する審理・判断の方法は、第1講において詳述されているとおりである。

　すなわち、入管法50条1項に基づく在留特別許可をするか否かの判断は、法務大臣の自由裁量に属するものであり、その法務大臣の判断が全く事実の基礎を欠き又は社会通念上著しく妥当性を欠くことが明らかである場合に限り、裁量権の範囲を超え又はその濫用があったものとして違法となるものというべきである。そして、裁判所は、同判断が法務大臣の裁量権の行使としてされたものであることを前提として、その判断の基礎とされた重要な事実に誤認があること等により同判断が全く事実の基礎を欠くかどうか、又は事実に対する評価が明白に合理性を欠くこと等により同判断が社会通念に照らし著しく妥当性を欠くことが明らかであるかどうかについて審理し、それが認められる場合に限り、同判断が裁量権の範囲を超え又はその濫用があったものとして違法であるとすることができるものと解するのが相当であるとされている（最三判昭和34年11月10日民集13巻12号1493頁、最大判昭和53年10月4日民集32巻7号1223頁）。

(2) 入管法61条の2の2第2項に基づく在特不許可処分について

　入管法61条の2の2第2項に基づく在留特別許可についても、「難民認定を申請した在留資格未取得外国人について、難民不認定処分をするとき又は難民認定をする場合であって、その者に定住者の在留資格の取得を許可しないときに在留を特別に許可すべき事情があると認めるときにすることができる」とされているほかは、その許否の判断の要件又は基準とすべき事項は定められていないことからすれば、同法50条1項に基づく在留特別許可と同様、法務大臣の自由裁量に属するものであり、その法務大臣の判断が全く事実の基礎を欠き又は社会通念上著しく妥当性を欠くことが明らかである場合に限り、裁量権の範囲を超え又はその濫用があったものとして違法となるものと解することになろう。

　そうすると、入管法61条の2の2第2項に基づく在特不許可処分の取消訴訟の審理・判断の方法等は、同法50条1項に基づく在留特別許可をせずにした裁決の取消訴訟とほぼ同様に考えることができるから、その詳細は、第1講を参照されたい。

2　その他の問題点

　難民不認定処分と入管法61条の2の2第2項に基づく在特不許可処分とは別個の処分であるから、それぞれ取消訴訟の対象となり得るが、難民不認定処分に対する異議申立てのみを行い、その取消訴訟を提起する時点においては、既に同法61条の2の2第2項に基づく在特不許可処分の取消訴訟の出訴期間が経過してしまっていることも多い。このような場合、行訴法14条3項による出訴期間の特則の効力が入管法61条の2の2第2項に基づく在特不許可処分にも及ぶと解することができれば、上記出訴期間の問題をクリアできる。

　しかし、行訴法14条3項の趣旨は、適法な審査請求により不服申立てをしているにもかかわらず、その結論を待たずに原処分を基準として出訴期間を起算し、その期間内に取消訴訟の出訴を強制することは不合理であるためと考えられるところ、難民不認定処分に対する異議申立ては、あく

までも法務大臣の難民該当性の有無に係る判断に対する不服申立てであり、仮に異議申立てが認められたとしても、その効果は、難民認定がされるにとどまり、在留資格の取得が許可されるか否かは別途判断されることとなる（上記Ⅱ3参照）のであるから、難民不認定処分に対する異議申立てが、入管法61条の2の2第2項に基づく在特別不許可処分に対する不服申立てとしての性質を有するとはいえない。

よって、難民不認定処分に対する異議申立てがされた場合であっても、入管法61条の2の2第2項に基づく在特不許可処分の取消訴訟の出訴期間は、その処分があったことを知った日から起算されるといわざるを得ないであろう。

Ⅳ 難民認定申請者に係る入管法49条3項に基づく裁決の取消訴訟

上記Ⅰ2(6)で述べたとおり、難民認定申請をした在留資格未取得外国人で仮滞在許可を受けていないもの等に対する退去強制手続については、入管法50条1項は適用されないから、これらの者に対し、法務大臣等が同法49条3項に基づく裁決を行う際には、専ら当該外国人が退去強制事由に該当するか否かに係る特別審理官の判定につき、異議の申出に理由があるか否かのみを判断すべきこととなる。

もっとも、難民不認定処分及び入管法61条の2の2第2項に基づく在特不許可処分を受けた外国人に対し、同法50条1項の在留特別許可をせずにした裁決につき、当該外国人が難民に該当することがその違法事由となるか否かについては裁判例が分かれており、前掲東京地判平成22年1月29日はこれを否定するが、これを肯定する裁判例もある（東京地判平成19年8月31日判タ1278号69頁、東京地判平成20年1月16日判時1998号30頁）。

>参考文献

- 坂中英徳＝齋藤利男『出入国管理及び難民認定法逐条解説〔改訂第4版〕』（日本加除出版、2012）。
- 児玉晃一ほか編『コンメンタール出入国管理及び難民認定法2012』（現代人文社、2012）。
- 法務省ホームページ（http://www.moj.go.jp/nyuukokukanri/kouhou/nyuukokukanri08_00009.html）。

第2部

社会保障関係

第3講
公的年金給付をめぐる紛争

馬場　俊宏

I　はじめに

　我が国の公的年金制度は、老齢、障害及び生計稼得者の死亡による長期的な所得喪失・減少に対する所得補償を目的として、保険料の拠出に応じた年金給付を行うという社会保険方式を採用するとともに、20歳以上の者全てがいずれかの公的年金制度に加入するという国民皆年金体制をとっている。

　具体的には、一階部分として、20歳以上の者全てが加入する基礎年金（国民年金）が存在し、二階部分として、民間労働者を対象とする厚生年金及び公務員等を対象とする各種の共済年金が存在するという二階建て構造となっている[1]。なお、厚生年金に対する上乗せとなるいわば三階部分として、厚生年金基金、確定給付企業年金及び確定拠出年金が存在する。

　急速に高齢化が進行している我が国の社会において、公的年金制度が果たす役割は非常に大きく、公的年金制度に基づく各種の年金給付をめぐる紛争が適正迅速に解決される重要性は増す一方であろう。

　本講では、IIにおいて、公的年金給付をめぐる紛争一般に共通する論点を検討した上で、III及びIVにおいて、行政訴訟として争われることが比較的多い遺族年金及び障害年金をめぐる紛争に関する論点、Vにおいて、その他の論点をそれぞれ検討することとする。

---

1)　被用者年金制度の一元化等を図るための厚生年金保険法等の一部を改正する法律（平成24年法律第63号）により、平成27年10月1日から公務員等も厚生年金に加入することになり、二階部分は厚生年金に統一される予定である。

II　年金給付をめぐる紛争一般について

1　給付請求権の発生時期

　公的年金制度に関する各法（国民年金法（以下「国年法」という）、厚生年金保険法（以下「厚年法」という）、国家公務員共済組合法及び地方公務員等共済組合法等）は、年金給付の支給要件及び支給額（又はその算出式）について具体的に規定しているが、客観的に支給要件を満たすことによって直ちに年金の支給を請求することができるという構成にはせず、受給権者の請求に基づく、厚生労働大臣の裁定（国年法16条、厚年法33条）や共済組合の決定（国家公務員共済組合法41条1項、地方公務員等共済組合法43条1項）等の行政処分によって、具体的な給付請求権を発生させることとしている[2]。上記各法がこのような方式をとっているのは、画一公平な処理により無用な紛争を防止し、給付の法的確実性を担保するため、その権利の発生要件の存否や金額等について行政庁が公権的に確認するのが相当であるという理由に基づくものである（最三判平成7年11月7日民集49巻9号2829頁）。

　したがって、受給権者としては、上記各法に定める保険事故（老齢、障害及び死亡）が発生した場合であっても、直接的に給付訴訟を提起することはできず、年金受給権の裁定等の請求に対する行政処分についての不服申立て及び抗告訴訟で争うべきことになる[3]。

2）　現行制度上、社会保障給付の受給権の発生については、形成行為型、確認行為型、当然発生型の3類型に分類され、公的年金制度については、確認行為型の制度となっている（川神裕・最判解民事篇（下）平成7年度939頁）。
3）　労働保険の分野においても、行政庁の行政処分により具体的な保険給付請求権が発生するという確認行為型の制度とされていることが多い（労働者災害補償保険法、地方公務員災害補償法等）が、例外的に、国家公務員災害補償法に基づく災害補償給付については、当然発生型の制度がとられており、行政庁の行政処分を経ることなく、公法上の当事者訴訟としての給付訴訟を提起することになる。

2　不服申立前置

　国民年金法及び厚生年金保険法（以下「国民年金法等」という）においては、年金給付に関する処分に不服がある者は、社会保険審査官に対して審査請求をし、更にその決定に不服のある者は、社会保険審査会に対して再審査請求をすることができるものとされている（国年法101条1項、厚年法90条1項）。そして、年金給付に関する処分の取消しの訴えは、再審査請求に対する社会保険審査会の裁決を経た後でなければ提起することができないものとされている（国年法101条の2、厚年法91条の3）。このように、年金給付に関する処分に対する不服については、二段階の審査請求手続が定められるとともに、処分の取消しの訴えと審査請求の関係について、行訴法が採用している自由選択主義（同法8条1項本文）の例外である不服申立前置主義（同項ただし書）がとられている。

　ただし、二段階の不服申立前置を義務付けることは国民に大きな負担を強いるものであるとの批判もあり、行政不服審査法の全面改正に伴い、「行政不服審査法の施行に伴う関係法律の整備等に関する法律」（平成26年法律第69号）[4] により国民年金法等が改正され、二段階の不服申立前置が廃止されて、審査請求に対する社会保険審査官の決定を経れば、保険給付に関する処分の取消しの訴えを提起することができるものとされた（改正後の国年法101条の2、厚年法91条の3）。

　したがって、年金給付に関する処分に不服がある場合は、上記の不服申立てを経た上で、裁決ではなく、原処分の取消しを求めることになる（原処分主義。行訴法10条2項）。この場合、訴え提起前に経由する不服申立ては適法なものでなければならず、審査請求期間を徒過するなどした不適法な審査請求に対する却下裁決がされたとしても、不服申立前置を満たしたことにはならない（労働者災害補償保険法について、最二判昭和30年1月28日民集9巻1号60頁）だけでなく、本来不適法として却下すべき審査

---

4)　行政不服審査法の施行日（公布の日である平成26年6月13日から起算して2年を超えない範囲内において政令で定める日）から施行される。

請求に対して誤って実体的裁決がされたとしても、不服申立前置を満たしたことにはならない（恩給法について、最一判昭和48年6月21日訟月19巻10号51頁）。

3　主張立証責任

　年金給付をめぐる紛争の多くは、年金受給権の裁定請求に対する不支給処分がされたことを不服とするものであるところ、このような場合には、自らが国民年金法等の規定する支給要件を満たしているとして請求をしたものであるから、支給要件を満たしていることについて、原告（受給権者）が主張立証責任を負うものと解される[5]。ただし、実務においては、原告（受給権者）が複数ある支給要件を網羅的に主張立証するのではなく、満たしていない支給要件を被告（国）が特定した上で（多くの場合は審査請求手続において特定されている）、その特定された支給要件について原告が主張立証することになる。

III　遺族年金について

1　概要

　遺族基礎年金又は遺族厚生年金（以下、併せて「遺族年金」という）は、国民年金又は厚生年金の被保険者又は被保険者であった者（以下「被保険者等」という）が死亡した場合に、被保険者等の遺族に支給されるものである（国年法37条、厚年法58条）。この「遺族」の範囲について、遺族基礎年金では、被保険者等の配偶者又は子であって、死亡の当時その者によって生計を維持していたことなどの要件を満たす者とされており（国年法37条の2第1項）、遺族厚生年金では、被保険者等の配偶者、子、父母、孫又は祖父母であって、死亡の当時その者によって生計を維持していたこ

---

[5]　実務的研究178頁。

となどの要件を満たす者とされている（厚年法59条1項）。

　このように、被保険者等の配偶者が遺族年金の支給を求める場合、被保険者等の「配偶者」であるという要件（以下「配偶者要件」という）に加え、被保険者等によって生計を維持していたという要件（以下「生計維持要件」という）を満たしていることが必要となり、遺族年金の支給をめぐっては、これらの要件を満たしているかどうかが争われることが多い。

2　配偶者要件

(1)　判例の考え方等
ア　事実上の離婚状態にある配偶者

　上記1のとおり、遺族年金は被保険者等の「配偶者」等に対して支給されるものであるところ、国民年金法等は、被保険者等の死亡について年金給付を行い、その遺族の生活の安定と福祉の向上に寄与することを目的とするものであり、遺族年金は社会保障的性格を有する公的給付であることなどからすれば、上記の「配偶者」についても、被保険者等との関係において、互いに協力して社会通念上夫婦としての共同生活を現実に営んでいた者をいうと解される。

　そのため、戸籍上届出のある「配偶者」であっても、その婚姻関係が実態を失って形骸化し、かつ、その状態が固定化して近い将来解消される見込みのないとき、すなわち、事実上の離婚状態にある場合には、もはや遺族年金の支給を受けるべき「配偶者」に該当しないと解されている（廃止前の農林漁業団体職員共済組合法について、最一判昭和58年4月14日民集37巻3号270頁)[6]。

イ　内縁関係にある者（以下「内縁関係者」という）

　国民年金法等は、配偶者要件について、「配偶者」には、婚姻の届出を

---

[6]　これに対し、堀483頁は、重婚的内縁関係者が存在しない場合、事実上の離婚状態にある法律上の配偶者であっても配偶者要件を満たし得るという考え方を示している（ただし、同書も、このような場合には生計維持要件を満たさないことが多いであろうとしている）。

していないが、事実上婚姻関係と同様の事情にある者を含むと規定している（国年法5条8項、厚年法3条2項）。なお、恩給法においては、国民年金法等と異なり、「配偶者」に内縁関係者を含む旨の規定が存在しない（恩給法72条1項）から、同法における「配偶者」は法律上の婚姻関係にある者に限られると解されている（最二判平成7年3月24日判タ875号68頁）。

　国民年金法等が、被保険者等と内縁関係にある者にも遺族年金の支給を認めることとしたのは、被保険者等の死亡について年金給付を行い、その遺族の生活の安定と福祉の向上に寄与するという国民年金法等の目的にかんがみ、遺族年金の受給権者である「配偶者」については、必ずしも民法上の配偶者の概念と同一のものとしなければならないものではなく、被保険者等との関係において、互いに協力して社会通念上夫婦としての共同生活を現実に営んでいた者にこれを支給することが、遺族年金の社会保障的な性格や国民年金法等の上記目的にも適合すると考えられたことによるものと解される（最一判平成19年3月8日民集61巻2号518頁）。

　一方、国民年金及び厚生年金の制度は、政府の管掌する公的年金制度であり、強制的に徴収される保険料に国庫負担を加えた財源により運営されていることを考慮すると、民法の定める婚姻法秩序に反する内縁関係にある者は、一般的に遺族年金の支給を受けることができる「配偶者」に該当するとはいえないと解されている（前掲最一判平成19年3月8日）。そのため、被保険者等と直系姻族関係にある内縁関係者は、「配偶者」に該当しない（具体的には、亡夫の連れ子（被保険者）と内縁関係にあった者について、最一判昭和60年2月14日訟月31巻9号2204頁）。

　ただし、三親等の傍系血族間の内縁関係については、それが形成されるに至った経緯、周囲や地域社会の受け止め方、共同生活期間の長短、子の有無、夫婦生活の安定性等に照らし、反倫理性・反公益性が婚姻法秩序維持等の観点から問題とする必要がない程度に著しく低いと認められる例外的な場合には、そのような内縁関係にある者も「配偶者」に該当すると解されている（具体的には、叔父（被保険者）と内縁関係にある者について、前掲最一判平成19年3月8日）。

なお、配偶者要件及び生計維持要件の認定に関する厚生労働省の通達（以下「本件取扱通達」という）[7]は、民法の近親婚禁止等（民法734条等）に違反する内縁関係にある者は一律に「配偶者」に該当しないとしていたが、前掲最一判平成19年3月8日を受けて、同判決が示したような例外的な場合には「配偶者」に該当する余地を認めるようになっている。また、さいたま地判平成23年3月23日判例秘書06650537は、前掲最一判平成19年3月8日の判断枠組みに基づき、被保険者の姪であり、養子縁組もしていた者を「配偶者」に該当するとしている。

　ウ　重婚的内縁関係にある者（以下「重婚的内縁関係者」という）

　我が国の民法は、法律婚主義をとるとともに（民法739条1項）、重婚を禁止している（民法732条）から、届出による婚姻関係にある者が重ねて他の者と内縁関係にある場合（いわゆる重婚的内縁関係にある場合）、このような重婚的内縁関係者を「配偶者」と扱って遺族年金を給付することは、民法の定める婚姻法秩序と抵触するものである。

　一方、上記アのとおり、法律上の婚姻関係が実態を失って形骸化し、かつ、その状態が固定化して近い将来解消される見込みのないとき、すなわち、事実上の離婚状態にある場合については、その内縁関係の反倫理性・反公益性が婚姻法秩序維持等の観点から問題とする必要がない程度に著しく低いということができる[8]。そこで、被保険者等とその法律上の配偶者との間の婚姻関係が、上記のような事実上の離婚状態にある場合については、被保険者等と重婚的内縁関係にある者であっても、「配偶者」に該当するとして、遺族年金の支給を受けられるものと解されている（前掲最一判昭和58年4月14日、私立学校教職員共済法について最一判平成17年4月21日判タ1180号171頁）。

---

[7]　生計維持関係等の認定基準及び認定の取扱いについて〔国民年金法〕（平成23年3月23日年発0323第1号日本年金機構理事長あて厚生労働省年金局長通知）、生計維持関係等の認定基準及び認定の取扱いについて〔厚生年金保険法〕（平成23年3月23日年発0323第1号日本年金機構理事長あて厚生労働省年金局長通知）。

[8]　清野正彦・最判解民事篇平成19年度（上）208頁。

なお、重婚的内縁関係者が複数存在する場合においては、先行する内縁関係がその実体を全く失っていない限り、先行する内縁関係者が「配偶者」に該当すると解され（東京地判昭和63年12月12日判タ699号189頁）、本件取扱通達も同様の扱いを定めている。

(2)　審理・判断の方法
ア　訴訟形態
　現行の国民年金法等においては、遺族年金の受給権者である「配偶者」は1人に限られている（東京地判昭和60年3月20日判時1154号80頁、東京高判平成18年7月26日訟月54巻12号3027頁）ことから、実務においては、法律上の配偶者と重婚的内縁関係者の間で、遺族年金の受給権をめぐって争いになることが多い。具体的には、例えば、行政庁が、法律上の配偶者が「配偶者」に該当するとして、その者に遺族年金を支給する旨の処分をするとともに、重婚的内縁関係者は「配偶者」に該当しないとして、その者に遺族年金を支給しない旨の処分をした場合、重婚的内縁関係者が上記不支給処分の取消しの訴えを提起し、法律上の配偶者が被告国に補助参加するという訴訟形態となることが多い（重婚的内縁関係者に遺族年金を支給する旨の処分がされた場合には、上記の逆となる）。

　なお、通常は、遺族年金の裁定請求に対する不支給処分を受けた者が、自らに対してされた同処分の取消しを求めることになるから、原告適格が問題となることはない。しかし、例えば、法律上の配偶者と重婚的内縁関係者のいずれもが遺族年金の裁定請求をし、行政庁は、法律上の配偶者が「配偶者」に該当すると判断して遺族年金支給処分をする一方、重婚的内縁関係者に対しては不支給処分をしたが、重婚的内縁関係者の不服申立てにより、重婚的内縁関係者に対して遺族年金を支給する旨の社会保険審査会の裁決がされ、これに伴い、法律上の配偶者に対しては、遺族年金支給処分の取消処分がされたような場合、重婚的内縁関係者を名宛人とする上記裁決について、法律上の配偶者の原告適格を認めることができるかが問題となり得る（法律上の配偶者が自らに対する遺族年金支給処分の取消処分の取消しの訴えを提起することができるのは当然である）。このような場合につ

いて、前掲東京地判昭和60年3月20日は原告適格を否定しているが、前掲東京高判平成18年7月26日は、上記の事例でいえば、法律上の配偶者は、上記裁決によって必然的に権利利益を侵害され、裁決が判決によって取り消されると権利利益を回復し得る立場にあるとして、原告適格を肯定している。また、東京地判平成20年3月26日判例秘書06331891、東京地判平成20年6月26日判例秘書06331479及び東京地判平成23年1月14日判例秘書06630116は、上記と同様の事案について、原告適格を問題とすることなく実体判断をしている。

イ　主張立証の在り方

上記のような訴訟においては、法律上の配偶者と重婚的内縁関係者のいずれが、遺族年金の支給を受けられる「配偶者」に該当するかが争われることになる。

ところで、このような訴訟においては、重婚的内縁関係者が、被保険者等との間の生活実態を根拠として、法律上の配偶者と比較し、自らがいかに配偶者らしかったかを主張立証することも見受けられる。しかし、上記(1)ウのとおり、法律上の婚姻関係が事実上の離婚状態にない限り、重婚的婚姻関係者に対して遺族給付が給付されることはないのであるから、法律上の配偶者と重婚的内縁関係者を同一平面に置いて、どちらが実質的な婚姻関係にあったかを相対的に判断すべきではなく、まずもって、法律上の婚姻関係が事実上の離婚状態にあったか否かを判断し、その上で、法律上の婚姻関係が事実上の離婚状態にあった場合、重婚的内縁関係が事実上婚姻関係と同様の事情にあったか否かが判断されるべきものである（上記の趣旨を明言する裁判例として、名古屋地判平成18年11月16日判タ1272号79頁）[9]。

当事者としては、上記のような観点を踏まえて主張立証すべきであるところ、多くの裁判例においては、法律上の婚姻関係が事実上の離婚状態にあるか否かについて、別居の経緯、別居の期間、婚姻関係を維持又は修復するための努力の有無、別居後における経済的依存の状況、別居後におけ

---

[9]　堀487頁。

る婚姻当事者間の音信・訪問の状況、重婚的内縁関係の固定性等の諸般の事情から、総合的に判断されている（東京地判昭和63年3月28日判タ670号77頁、東京地判平成5年3月3日判タ859号129頁、東京地判平成16年3月19日判時1866号34頁、前掲名古屋地判平成18年11月16日、東京高判平成19年7月11日判時1991号67頁、福岡地判平成20年8月26日判タ1291号82頁）。

　また、行政実務においては、本件取扱通達が「①『届出による婚姻関係がその実体を全く失ったものとなっているとき』には、次のいずれかに該当する場合等が該当するものとして取扱うこととすること。ア　当事者が離婚の合意に基づいて夫婦としての共同生活を廃止していると認められるが戸籍上離婚の届出をしていないとき、イ　一方の悪意の遺棄によって夫婦としての共同生活が行われていない場合であって、その状態が長期間（おおむね10年程度以上）継続し、当事者双方の生活関係がそのまま固定していると認められるとき、②『夫婦としての共同生活の状態にない』といい得るためには、次に掲げるすべての要件に該当することを要するものとすること。ア　当事者が住居を異にすること、イ　当事者間に経済的な依存関係が反復して存在していないこと、ウ　当事者間の意思の疎通をあらわす音信又は訪問等の事実が反復して存在していないこと」との認定要件を示しており、多くの裁判例の判断枠組みとほぼ共通している。

　なお、前掲最一判昭和58年4月14日は、被保険者と法律上の配偶者が事実上婚姻関係を解消することに合意した上、長期間別居していた事案であるが、このような婚姻関係の解消の合意の有無は、事実上の離婚状態にあるか否かを判断する上での重要な事情となるものではあるが、上記合意が存在しなければ、事実上の離婚状態と認められないものではないであろう（上記の趣旨を明言する裁判例として、前掲東京地判平成5年3月3日。事実上の離婚状態にあったと判断した前掲最一判平成17年4月21日においても、上記合意が存在したとは認定されていない）。また、重婚的内縁関係者の存在によって法律上の婚姻関係が事実上の離婚状態に至ったような場合、このような重婚的内縁関係者に遺族年金を給付することは、公平性を欠き、法律上の配偶者に酷な事態を招く面があることは否定し難いものの、

上記(1)で述べた遺族年金の社会保障的性格や国民年金法等の目的に照らせば、婚姻関係の実態がなくなったことについての有責性や法律上の配偶者の要保護性を考慮することは困難であろう（前掲東京地判昭和63年3月28日、名古屋地判平成13年9月14日判タ1086号124頁、前掲東京地判平成16年3月19日）。

(3) 具体的な事例

　実務においては、上記(2)で述べた各判断要素を踏まえて、個別具体的な事案に応じた判断がされることになるが、比較的最近の裁判例[10]を見ると、法律上の婚姻関係が事実上の離婚状態にあったと判断された事案としては、①重婚的内縁関係者との同居により法律上の配偶者との別居が開始され、別居期間は13年間にわたり、婚姻関係を維持又は修復しようとする努力はなく、法律上の配偶者は自ら働いて得た収入で生計を維持していて、被保険者が盆と正月に法律上の配偶者宅を訪れることがあったが、それは専ら娘に会う目的であった事案（前掲東京地判平成5年3月3日）、②被保険者の単身赴任により別居が開始されたが、退職後も別居は継続し、その期間は30年以上に及んでいて、別居開始後程なくして重婚的内縁関係が開始し、婚姻関係を修復するための積極的な措置は講じられておらず、法律上の配偶者は自ら働いて得た収入で生計を維持していて、被保険者は子らの結婚式にも出席しないなど関係も疎遠であった事案（前掲名古屋地判平成13年9月14日）、③被保険者が離婚を希望して法律上の配偶者との別居が開始され、別居期間は20年以上に及び、別居の数年後には重婚的内縁関係者との同居が開始したが、婚姻関係の修復の努力はされておらず、被保険者による婚姻費用の負担もなく、別居後に直接会ったことはないだけでなく、婚姻関係清算の趣旨も含めて1000万円が支払われ、被保険者から離婚届用紙も送付されていた事案（前掲東京地判平成16年3月19日）、④被保険者が自宅を出て別居が開始され、別居期間は20年以上に及び、別居後に反復・継続的な交渉や生活費の負担はなく、婚姻関係修

---

10)　それ以前の裁判例については、概観 (6) 256頁を参照。

復の努力もされておらず、婚姻関係を清算する趣旨を含む1000万円の給付がされていて、被保険者は別居後に重婚的内縁関係者と親密な関係になり、同居して夫婦同然の生活をしていた事案(前掲最一判平成17年4月21日)がある。

　一方、事実上の離婚状態になかったと判断された事案としては、①被保険者の暴力を理由に別居を開始し、その別居期間は約29年に及んでいて、被保険者は、別居の約2年後に重婚的内縁関係者との同居を開始し、法律上の配偶者に対する離婚調停及び離婚訴訟も提起していたが、これらは重婚的内縁関係者から経済的援助や看病を受けていたことへの負い目から渋々されたものであり、法律上の配偶者は被保険者からの送金により生計を維持していて、別居後も電話等での交流が継続していた事案(東京地判平成7年10月19日判タ915号90頁)、②重婚的内縁関係者との同居により法律上の配偶者との別居が開始し、その別居期間は約36年に及んでいたが、法律上の配偶者は被保険者からの定期的な送金に依存して生活しており、音信・訪問等も継続していて、離婚の話が出たこともあったものの、被保険者が離婚手続に及ぶことはなかった事案(前掲名古屋地判平成18年11月16日)、③被保険者と重婚的内縁関係者との同居により法律上の配偶者との別居が開始したが、別居期間は約6年5か月にとどまり、離婚の合意や事実上の離婚給付がされたこともなく、法律上の配偶者は被保険者からの毎月10万円の仕送りに依存して生活しており、勤務先や税務申告の関係でも法律上の配偶者が妻として扱われ、家族としての交渉も完全に失われていたわけではなく、被保険者が離婚請求をしてもこれが認容される余地はなかった事案(前掲東京高判平成19年7月11日)、④被保険者による子への性的虐待を契機に別居が開始したが、別居期間は約7年間であり、婚姻関係は破綻していないとする離婚訴訟の判決が確定していて、婚姻費用分担の審判に基づく婚姻費用の支払もされ、被保険者と重婚的内縁関係者の親密な関係は5年程度であった事案(前掲福岡地判平成20年8月26日)がある。

3　生計維持要件

(1)　国民年金法等の規定等

　国民年金法等は、「被保険者又は被保険者であつた者によつて生計を維持していたことの認定に関し必要な事項は、政令で定める」（国年法37条の2第3項、厚年法59条4項）と規定しており、これを受けて、政令は、被保険者等により生計を維持していた者とは、被保険者等の「死亡の当時その者と生計を同じくしていた者であつて厚生労働大臣の定める金額以上の収入を将来にわたつて有すると認められる者以外のものその他これに準ずる者として厚生労働大臣が定める者とする」（国年法施行令6条の4、厚年法施行令3条の10）と規定しているところ、上記の「厚生労働大臣が定める金額」は年額850万円とされている[11]。

　このように、国民年金法等の委任を受けた政令及び厚生労働大臣の定めは、生計維持要件について、①被保険者と生計を同じくしていたこと（以下「生計同一要件」という）、②年額850万円以上の収入を将来にわたって有すると認められないこと（以下「収入要件」という）という具体的な要件を定めている。

　また、本件取扱通達は、生計同一要件及び収入要件の認定基準を具体的に定めており、生計同一要件の認定については、「ア　住民票上同一世帯に属しているとき、イ　住民票上世帯を異にしているが、住所が住民票上同一であるとき、ウ　住所が住民票上異なっているが、次のいずれかに該当するとき　(ｱ)　現に起居を共にし、かつ、消費生活上の家計を一つにしていると認められるとき、(ｲ)　単身赴任、就学又は病気療養等の止むを得ない事情により住所が住民票上異なっているが、次のような事実が認められ、その事情が消滅したときは、起居を共にし、消費生活上の家計を一つにすると認められるとき　(ｱ)　生活費、療養費等の経済的な援助が行われ

---

[11]　「国民年金法等における遺族基礎年金等の生計維持の認定に係る厚生大臣が定める金額について」（平成6年11月9日庁保発第36号）。また、「その他これに準ずる者として厚生労働大臣が定める者」に関する厚生労働大臣の定めは存在しない。

ていること、(イ) 定期的に音信、訪問が行われていること」に該当する者と規定しており、収入要件については、「ア　前年の収入（前年の収入が確定しない場合にあっては、前々年の収入）が年額850万円未満であること、イ　前年の所得（前年の所得が確定しない場合にあっては、前々年の所得）が年額655.5万円未満であること、ウ　一時的な所得があるときは、これを除いた後、前記ア又はイに該当すること、エ　前記のア、イ又はウに該当しないが、定年退職等の事情により近い将来（おおむね5年以内）収入が年額850万円未満又は所得が年額655.5万円未満となると認められること」に該当する者と規定している。ただし、本件取扱通達は、上記認定基準により「生計維持関係の認定を行うことが実態と著しく懸け離れたものとなり、かつ、社会通念上妥当性を欠くこととなる場合には、この限りでない」としており、事案によっては、社会通念上の妥当性を考慮した柔軟な認定をすることを許容している。

(2) 判例の考え方等

　生計維持要件について明示的に述べた最高裁判例は見当たらないが、裁判例においては、被保険者等の「死亡の当時その者と生計を同じくしていた者であつて厚生労働大臣の定める金額以上の収入を将来にわたつて有すると認められる者以外のもの」（国年法施行令6条の4、厚年法施行令3条の10）とは、同居等により被保険者等と生計を同じくしていた配偶者であれば、原則として被保険者等により生計を維持していたものと推認されるから、当該配偶者が例外的に高額な収入を個人で得ている場合を除き、それだけで生計維持要件を満たすことを定めたものと解すべきであり、他方、これに該当しない場合であっても、その配偶者において、被保険者等からの援助がなければ、その生計の維持に支障を来していたであろうという関係にある場合には生計維持要件を満たすものと解するのが相当であるとされており（東京地判平成15年7月3日判例秘書05832771、東京地判平成23年11月8日判時2175号3頁）、生計維持要件のうちの生計同一要件について柔軟に解されている。

　多くの裁判例においては、本件取扱通達が示している認定基準も参考に

しつつ、生計維持要件(生計同一要件及び収入要件)について判断しているところ、当事者においても、上記認定基準に示されているような事情を中心に具体的な主張立証をしていく必要がある。

なお、上記2のとおり、法律上の配偶者が配偶者要件を満たしているかが争われる事案においては、経済的依存の状況等が検討されることになり、また、重婚的内縁関係者が配偶者要件を満たしているかが争われる事案では、事実上婚姻関係と同様の事情にあるかが検討されることになるから、配偶者要件と生計維持要件に関する判断は、相当程度重なり合うことが多いであろう。

(3) 具体的な事例

比較的最近の裁判例としては、生計同一要件を肯定した裁判例として、東京地判平成5年1月20日判タ833号181頁、東京高判平成19年5月31日判タ1277号91頁、前掲福岡地判平成20年8月26日、東京高判平成22年8月25日判例秘書06520757、前掲東京地判平成23年11月8日があり、同要件を否定した裁判例として、東京高判平成11年2月10日判タ1013号123頁、前掲東京地判平成15年7月3日がある。また、収入要件を肯定した裁判例として、前掲東京地判平成23年11月8日があり、同要件を否定した裁判例として、東京高判平成15年10月23日訟月50巻5号1613頁がある。

IV 障害年金について

1 概要

障害基礎年金又は障害厚生年金(以下、併せて「障害年金」という)は、国民年金等の被保険者が傷病(疾病又は負傷及びこれらに起因する疾病)により障害が残り、その障害の状態が政令で定める程度である場合等に支給されるものである(国年法30条以下、厚年法47条以下)。

障害年金の原則的な支給要件は、①傷病について初めて医師又は歯科医

師の診療を受けた日（以下「初診日」という）において、被保険者であったこと、②障害認定日（初診日から1年6か月が経過した日、又はその期間内に傷病が治ったか症状が固定した日）に政令で定める障害等級に該当すること、③初診日の前日において、その前々月までに被保険者期間があり、当該被保険者期間の3分の2以上が保険料納付済期間又は保険料免除期間であることである。

　このように、国民年金等の被保険者が障害年金の支給を求める場合、初診日において被保険者であったという要件（以下「初診日要件」という）、障害認定日において政令で定める障害等級に該当するという要件（以下「障害等級要件」という）及び所定の保険料納付済期間等が存在するという要件等を満たしていることが必要となるところ、障害年金の支給をめぐっては、これらの要件を満たしているかどうかが争われることが多い。

2　初診日要件

　国民年金法等は、発症日ではなく初診日を基準として障害年金の支給要件を定めているが、これは、年金事業を管掌する政府において個々の傷病について発症日を的確に認定するに足りる資料を有しないことにかんがみ、医学的見地から裁定機関の認定判断の客観性を担保するとともに、その認定判断が画一的かつ公平なものとなるよう、当該傷病につき医師等の診療を受けた日をもって障害年金の支給に係る規定の適用範囲を画することとしたものであると解されている（最二判平成20年10月10日判タ1285号57頁）。

　ここでいう「初診日」とは、医師等が当該傷病について初めて被保険者を診察し、医学的知見に基づきその者の当該傷病の病状を判断し（いわゆる確定診断である必要はない）、又は当該傷病に対し治療を施した日をいうものと解される。そして、東京地判平成23年8月23日判例秘書06630439は、医師が当該傷病の診断をしていなくとも、被保険者が当該傷病に関する症状を医師等に訴えていた形跡があり、当該医師等によって、事後的にせよ当該傷病が初診日当時に存在していたことを医学的に判

断することができるだけの客観的資料が収集されていれば足りるとしている。

また、厚生労働省令においては、障害年金の請求に当たって、「障害の原因となった疾病又は負傷に係る初診日を明らかにすることができる書類」を添付することとされている（国年法施行規則31条2項6号、厚年法施行規則44条2項6号）ところ、行政実務においては、初診の医療機関による受診状況等証明書の添付を求め、これが添付できない場合には、初診以後の一番古い医療機関の受診状況等証明書や身体障害者手帳等の添付を求めて、それらの書類や傷病の性質等を総合的に勘案して初診日を判断している[12]。

これに関し、診療録等は5年の保存期間（医師法24条）経過後に廃棄されていることも少なくないことから、初診日要件を満たすためには、上記のような資料が存在することが必須であるか問題となり得るが、診療録等は必須ではないとしても、現実的には、何ら客観的資料に裏付けられていない被保険者の供述等のみによって初診日を認定することは困難であろう。なお、いわゆる無年金障害者への救済措置として立法された「特定障害者に対する特別障害給付金の支給に関する法律」に基づく特別障害給付金の支給要件である「初診日」について、同法の趣旨及び目的等に照らし、診療録等が存在しない理由、申請者の初診日に関する供述の内容、傷病についての受診の経過、現に有する傷病の内容等から、初診日を総合的に判断すべきとした裁判例（東京地判平成21年4月17日判タ1312号72頁）がある。

---

[12] ただし、「20歳前障害による障害基礎年金の請求において初診日が確認できる書類が添付できない場合の取扱いについて」（平成23年12月16日年管管発1216第3号日本年金機構事業管理部門担当理事あて厚生労働省年金局事業管理課長通知）は、20歳前障害による障害基礎年金の請求については、例外的に、医療機関で診療を受けていたことを複数の第三者が証明した書類をもって、初診日を明らかにすることができる書類と扱うこととしている。

3 障害等級要件

　障害等級に該当する障害の状態については、国民年金法施行令別表及び厚生年金保険法施行令別表に規定されているところ、行政実務においては、国民年金・厚生年金保険障害認定基準（以下「障害認定基準」という）[13]に基づき、具体的な障害等級の認定が行われている。

　障害等級要件について明示的に述べた最高裁判例は見当たらないが、裁判例においては、障害認定基準は、統一的かつ公平な障害等級の認定のために定められたものであり、内容的にも国民年金法施行令別表等の解釈適用基準として相当なものであるとして、障害認定基準に基づき障害等級要件について判断されている（東京地判平成4年10月30日労判624号51頁、東京地判平成17年11月30日判例秘書06034575、東京地判平成19年8月31日判時1999号68頁）。

　障害の程度が障害等級に該当するかについては、医学的知見を踏まえた個別具体的な判断になるところ、比較的最近の裁判例[14]としては、心疾患に関する前掲東京地判平成4年10月30日、視野障害に関する東京高判平成15年11月26日判タ1223号135頁、上肢機能障害に関する前掲東京地判平成17年11月30日、下肢機能障害に関する前掲東京地判平成19年8月31日がある。

V　その他

　社会保険庁における過去の年金記録の不適切な管理をめぐり、いわゆる年金記録問題が社会問題化したことから、平成19年に、総務省組織令の改正により、年金記録確認中央第三者委員会及び年金記録確認地方第三者委員会（以下、併せて「第三者委員会」という）が設置されるとともに、厚生年金保険の保険給付及び国民年金の給付に係る時効の特例等に関する法

---

[13] 昭和61年3月31日庁保発第15号各都道府県知事あて社会保険庁年金保険部長通知。その後、何度か改正されている。
[14] それ以前の裁判例については、概観（6）316頁を参照。

律、厚生年金保険の保険給付及び保険料の納付の特例等に関する法律（以下「納付特例法」という）が制定された。

そして、被保険者期間や保険料納付済期間に漏れがあることなどを理由に年金記録の訂正を求める者は、総務大臣に対してあっせんを求める申立てをすることができ、第三者委員会は、調査及び審議の結果、年金記録の訂正の必要がある又は必要がないと判断した場合には、総務大臣に対してその旨の報告をし、報告を受けた総務大臣は、厚生労働大臣に対して、年金記録の訂正のあっせん又は年金記録の訂正は必要ない旨の通知を行うことになる。年金記録の訂正のあっせんを受けた厚生労働大臣は、これを尊重して、被保険者資格の取得の確認等及び年金記録の訂正を行って、訂正された期間についての年金受給権の裁定をすることになる（納付特例法1条）。

ここで、第三者委員会がした年金記録の訂正が必要ない旨の審議結果や、総務大臣による年金記録の訂正は必要ない旨の通知については、「行政庁の処分」（行訴法3条2項）には該当しないと解されている（東京高判平成23年5月26日訟月58巻5号2104頁）から、抗告訴訟において審議結果等を争うことはできない。また、年金原簿（国年法14条、厚年法28条）への記録自体は、被保険者の給付請求権に直ちに影響を及ぼすものではないから、年金原簿への記録そのものが「行政庁の処分」（行訴法3条2項）に該当するとして、その訂正の義務付けの訴え（同条6項）を提起することも困難であった。

このように、年金原簿に記録された被保険者期間や保険料納付状況に不服を有する被保険者等がどのような訴訟形態で争うことができるかについては難しい問題が存在したが、「政府管掌年金事業等の運営の改善のための国民年金法等の一部を改正する法律」（平成26年法律第64号）による国民年金法等の改正[15]により、被保険者等は厚生労働大臣に対して年金原簿の訂正請求をすることができ、厚生労働大臣は当該訂正請求に対して年金原簿の訂正をする又は訂正しない旨の決定をしなければならないとされ

---

[15] 当該改正部分は平成27年3月1日から施行される。

た（改正により新設される国年法 14 条の 2 及び 4、厚年法 28 条の 2 及び 4）。この改正によって、上記不服を有する被保険者等は、年金原簿の訂正請求をして、これに対する厚生労働大臣の決定を取消訴訟で争うことが可能となったため、上記改正法の施行後には、年金原簿訂正請求に対する訂正をしない旨の決定の取消訴訟が提起されるようになることが予想される。なお、年金原簿訂正請求に対する決定については、社会保障審議会の諮問を経なければならないこととされている（改正により新設される国年法 14 条の 4 第 3 項、厚年法 28 条の 4 第 3 項）ため、不服申立前置主義はとられていない。

年金記録問題をめぐる紛争は潜在的には多数存在すると思われるところ、現時点での裁判例としては、東京高判平成 23 年 4 月 20 日判例秘書 06620513、東京地判平成 25 年 9 月 24 日判例秘書 06830921、東京地判平成 25 年 11 月 14 日判例秘書 06830888 が見当たる程度である。

Ⅵ　おわりに

本講においては、公的年金給付をめぐる紛争に関する幾つかの論点について検討したが、公的年金制度及びこれを規定する国民年金法等は、幾度にもわたる制度改正に伴って、全体的にかなり複雑な制度となっている[16]だけでなく、様々な経過規定が設けられている。また、いわゆる年金記録問題など、裁判例が十分に集積されていない分野も多いことから、実務においては、制度や条文を的確に分析して、適切な主張立証を行っていくことが重要になろう。

---

16)　年金制度全般に関する概説的な文献として、堀のほか、菊池馨実『社会保障法』123 頁以下（有斐閣、2014）、加藤智章ほか『社会保障法〔第 5 版〕』80 頁以下（有斐閣、2013）、西村健一郎『社会保障法』221 頁以下（有斐閣、2003）がある。

第4講
生活保護申請却下処分、保護廃止処分をめぐる紛争

内野　俊夫

I　はじめに

1　生活保護法

　生活に困窮する国民に対する保護に関しては、生活保護法が規定している。生活保護法は、憲法25条に規定する理念に基き、国が生活に困窮するすべての国民に対し、その困窮の程度に応じ、必要な保護を行い、その最低限度の生活を保障するとともに、その自立を助長することを目的とするものである（1条）。生活保護法は、この目的を達成するため、生活に困窮する者に対し、厚生労働大臣の定める基準により測定した要保護者の需要を基とし、そのうち、その者の金銭又は物品で満たすことのできない不足分を補う程度において、保護を行うものとし（8条1項）、保護の種類及び範囲について定めた（11条ないし18条）上、保護の実施機関は、その管理に属する福祉事務所の所管区域内に居住地又は現在地を有する要保護者に対して、生活保護法の定めるところにより、保護を決定し、かつ、実施しなければならないとする（19条1項。保護の実施責任）。保護の決定及び実施に関する事務は、生活保護法19条4項の規定により、実施機関からその管理に属する行政庁である福祉事務所の長に委任されている。

2　生活保護法の基本原理及び原則

　生活保護法は、すべて国民は、生活保護法の定める要件を満たす限り、

それによる保護を、無差別平等に受けることができるとする（2条。無差別平等の原則）とともに、保護は、生活に困窮する者が、その利用し得る資産、能力その他あらゆるものを、その最低限度の生活の維持のために活用することを要件として行われるとし（4条1項。保護の補足性の原則）、民法に定める扶養義務者の扶養及び他の法律に定める扶助は、すべて生活保護法による保護に優先して行われるとする（同条2項。ただし、これらの規定は、急迫した事由がある場合に、必要な保護を行うことを妨げるものではない。同条3項）。これらの原則は、生活保護法の基本原理であって、その解釈及び運用は、すべてこれらの原理に基づいてされなければならない（5条）。

　保護は、要保護者、その扶養義務者又はその他の同居の親族の申請に基いて開始される（生活保護法7条本文。申請保護の原則）が、実施機関は、要保護者が急迫した状況にあるときは、保護の申請がなくても、必要な保護を行うことができる（同条ただし書）。保護は、世帯を単位としてその要否及び程度が定められる（同法10条本文。世帯単位の原則）が、これによりがたいときは、個人を単位として定めることができる（同条ただし書）。

3　保護の決定及び実施

(1)　保護の開始

　保護の実施機関は、保護の開始の申請があったときは、保護の要否、種類、程度及び方法を決定し、申請者に対して書面をもって、これを通知しなければならない（生活保護法24条3項。申請による保護の開始）。この書面には、決定の理由を付さなければならず（同条4項）、上記通知は、原則的に、申請のあった日から14日以内にしなければならない（同条5項）。保護の申請をしてから30日以内に通知がないときは、申請者は、保護の実施機関が申請を却下したものとみなすことができる（同条7項）。保護の実施機関は、要保護者が急迫した状況にあるときは、すみやかに、職権をもって保護の種類、程度及び方法を決定し、保護を開始しなければならない（同法25条1項。職権による保護の開始）。

Ⅰ　はじめに　　59

(2) 保護の実施

　生活扶助は、原則的に、被保護者の居宅において、金銭給付により、保護金品を1か月分以内を限度として前渡する方法によって、行う（生活保護法30条1項、31条1項・2項）。居宅において生活扶助を行う場合の保護金品は、世帯単位に計算し、原則的に、世帯主又はこれに準ずる者に対して交付する（同条3項）。住宅扶助は金銭給付によって、医療扶助は現物給付によって、それぞれ原則的に、行う（同法33条1項、34条1項）。住宅扶助のための保護金品は世帯主又はこれに準ずる者に対して、医療扶助のための保護金品は被保護者に対して、それぞれ交付する（同法33条4項、34条5項）。被保護者は、常に、能力に応じて勤労に励み、支出の節約を図り、その他生活の維持、向上に努めなければならず（同法60条）、収入、支出その他生計の状況について変動があったとき等は、すみやかに、保護の実施機関又は福祉事務所長にその旨を届け出なければならない（同法61条）。保護の実施機関は、被保護者に対して、生活の維持、向上その他保護の目的達成に必要な指導又は指示をすることができる（同法27条1項）ところ、被保護者は、保護の実施機関が必要な指導又は指示をしたときは、これに従わなければならない（同法62条1項）。被保護者が、急迫の場合等において資力があるにもかかわらず、保護を受けたときは、保護に要する費用を支弁した都道府県又は市町村に対して、すみやかに、その受けた保護金品に相当する金額の範囲内において保護の実施機関の定める額を返還しなければならない（同法63条）。

(3) 保護の変更、停止及び廃止

　保護の実施機関は、保護の変更の申請があったときは、保護の要否、種類、程度及び方法を決定し、申請者に対して書面をもって、これを通知しなければならない（生活保護法24条3項・9項。申請による保護の変更）。保護の実施機関は、常に、被保護者の生活状態を調査し、保護の変更を必要とすると認めるときは、すみやかに、職権をもってその決定を行い、書面をもって、これを被保護者に通知しなければならない（同法25条2項。職権による保護の変更）。保護の実施機関は、被保護者が保護を必要としな

くなったときは、すみやかに、保護の停止又は廃止を決定し、書面をもって、これを被保護者に通知しなければならない（同法26条。保護の停止及び廃止）。保護の実施機関は、要保護者が資産状況等の調査を拒むなどし又は医師等の検診を受けるべき旨の命令に従わないときや（同法28条4項）、被保護者が生活の維持、向上その他保護の目的達成に必要な指導又は指示に従う義務に違反したときも（同法62条3項）、保護の変更、停止又は廃止をすることができる（なお、保護の実施機関は、要保護者が資産状況等の調査を拒むなどし又は医師等の検診を受けるべき旨の命令に従わないときは、保護の開始又は変更の申請を却下することもできる）。

4　生活保護申請却下処分、保護廃止処分をめぐる紛争

　生活保護法に関連して提起される行政事件訴訟のうちの代表的なものとしては、①保護の実施機関が申請者に対してした保護の開始の申請を却下する旨の決定（以下「保護申請却下処分」という）の取消しの訴えや、②保護の実施機関が被保護者に対してした保護の変更、停止又は廃止の決定（以下「保護廃止処分等」ともいう）の取消しの訴えが挙げられ、上記①の訴えには、一定の保護の開始決定の義務付けを求める（申請型）義務付けの訴えが併合提起されることもある。また、③保護の実施機関が被保護者に対してした生活保護法63条の規定による保護費返還金決定の取消しの訴えが提起されることもある。

　これらの訴えにおいては、原告が保護の実施機関による資産状況等の調査を拒むなどし又は保護の実施機関がした医師等の検診を受けるべき旨の命令に従わなかったか否か（生活保護法28条4項の規定による保護申請却下処分の取消しの訴え又は保護廃止処分等の取消しの訴えの場合）や、原告が保護の実施機関の指導又は指示に従う義務に違反したか否か（同法62条3項の規定による保護廃止処分等の取消しの訴えの場合）が争点となることもあるが、多くの場合、原告が生活保護法による保護の受給資格を有するか否かが主要な争点となる。この生活保護法による保護の受給資格の要件（生活保護法による保護の被保護者となるための要件）については、一般に、

同法2条及び4条1項に定められているとされ[1]、具体的には、①その者が「生活に困窮する者」であること、及び、②その者に対する保護が同項の保護の補足性の要件を満たすものであることであるとされる[2]が、判例法理においては、これらに加えて、③その者が国内に居住地を有する者であることも、保護の受給資格の要件であるとされている。

そこで、以下では、これらの要件についてそれぞれみることとし、保護の補足性の要件についてみる際には併せて生活保護法2条の無差別平等の原則についてもみることとする。

Ⅱ 「生活に困窮する者」

1 「生活に困窮する者」の意義

生活保護法4条1項の「生活に困窮する者」とは、同法12条以下の各規定にいう「困窮のため最低限度の生活を維持することのできない者」であり、ここに「最低限度の生活」というのは、健康で文化的な生活水準を維持することができるものである（同法3条）。そして、困窮のため最低限度の生活を維持することができないとは、最低限度の生活の需要を満たすに足りる収入がないということであるから、ある者が「生活に困窮する者」であるか否かは、その者の収入がその者の最低生活費（その者の年齢、性別、世帯構成、所在地域その他の事情を考慮した最低限度の生活の需要を満たすに十分なものであり、かつ、これを超えない費用）を満たすに足りないか否かによって判定されるということになり、問題は最低生活費と収入の認定に収斂する[3]。

---

1) 小山・解釈と運用 85 頁。
2) 小山・解釈と運用 106 頁。
3) 小山・解釈と運用 123 頁。

2　最低生活費の認定

　最低生活費の認定は、生活保護法8条1項にいう「厚生労働大臣の定める基準」である昭和38年4月1日厚生省告示第158号「生活保護法による保護の基準」によって行われる[4]。この基準については、昭和36年4月1日厚生省発社第123号厚生事務次官通知「生活保護法による保護の実施要領について」（以下「次官通知」という）、昭和38年4月1日社発第246号厚生省社会局長通知「生活保護法による保護の実施要領について」（以下「局長通知」という）及び昭和38年4月1日社保第34号厚生省社会局保護課長通知「生活保護法による保護の実施要領の取扱いについて」（以下「課長通知」という）が発出されている。保護の基準は、本来、保護の内容（種類、程度）及び方法を決定するためのものであり、保護の要否（生活保護法による保護の受給資格の有無）を判定するためのものではない。保護の要否の判定については、保護の基準は準用されているものである[5]。

　最低生活費の認定に誤りがある場合としては、①基準そのものが違法である場合、②基準の適用の前提となる生活状況その他の事実認定が誤っている場合、③基準の適用が誤っている場合が考えられる。このうち、①については、基準が、その時の社会通念からみて、生活保護法8条2項にいう「要保護者の年齢別、性別、世帯構成別、所在地域別その他保護の種類に応じて必要な事情を考慮した最低限度の生活の需要を満たすに十分なもの」でなく、同法3条に定める「最低限度の生活」を下回るようなときは、その基準は、これらの規定に違反し、違法であることになる[6]。もっとも、このように、保護の基準は、8条2項に定める事項を遵守したものであることを要し、憲法の定める健康で文化的な最低限度の生活を維持するに足りるものでなければならないが、「健康で文化的な最低限度の生活」は、抽象的な相対的概念であり、その具体的内容は、文化の発達、

---

4)　小山・解釈と運用124頁。
5)　小山・解釈と運用169頁。
6)　小山・解釈と運用117頁。

国民経済の進展に伴って向上するのはもとより、多数の不確定要素を総合的に考慮して初めて決定することができるものであるから、何が「健康で文化的な最低限度の生活」であるかの判断は、厚生労働大臣の合目的的な裁量に委ねられているのであって、たとえそれが誤っているとしても、当不当の問題を生ずるにとどまり、直ちに違法の問題を生ずることはなく、それが現実の生活条件を無視して著しく低い基準を設定するなど、憲法及び生活保護法の趣旨目的に反し、厚生労働大臣の裁量権の範囲を逸脱又はこれを濫用するものである場合に限り、違法となるというべきである（最大判昭和42年5月24日民集21巻5号1043頁）。

　保護の基準の設定の適否について判示した判例として、最三判平成24年2月28日民集66巻3号1240頁がある。この判例は、生活扶助の老齢加算の廃止を内容とする保護基準の改定について、生活保護法3条によれば、同法により保障される最低限度の生活は健康で文化的な生活水準を維持することができるものでなければならず、同法8条2項によれば、保護基準は、要保護者の年齢別、性別、世帯構成別、所在地域別その他保護の種類に応じて必要な事情を考慮した最低限度の生活の需要を満たすに十分なものであって、かつ、これを超えないものでなければならないのであるから、仮に老齢加算の支給の根拠となっていた高齢者の特別な需要が認められないというのであれば、老齢加算の減額又は廃止をすることは同項の規定に沿うということができるところ、これらの規定にいう最低限度の生活は抽象的かつ相対的な概念であって、その具体的な内容はその時々における経済的・社会的条件、一般的な国民生活の状況等との相関関係において判断決定されるべきものであり、これを保護基準において具体化するに当たっては高度の専門技術的な考察とそれに基づいた政策的判断を必要とするから、保護基準中の老齢加算に係る部分を改定するに際し、最低限度の生活を維持する上で老齢であることに起因する特別な需要が存在するということができるか否か、及び、高齢者に係る改定後の生活扶助基準の内容が健康で文化的な生活水準を維持することができるものであるか否かを判断するに当たっては、厚生労働大臣に上記のような専門技術的かつ政策的な見地からの裁量が認められるものというべきであり、また、老齢

加算の全部についてその支給の根拠となる上記の特別な需要が認められない場合であっても、老齢加算の廃止は、これが支給されることを前提として現に生活設計を立てていた被保護者に関しては、保護基準によって具体化されていたその期待的利益の喪失を来す側面があることも否定し得ないところであり、厚生労働大臣は、老齢加算の支給を受けていない者との公平や国の財政事情といった見地に基づく加算の廃止の必要性を踏まえつつ、被保護者のこのような期待的利益についても可及的に配慮するため、その廃止の具体的な方法等について、激変緩和措置の要否などを含め、上記のような専門技術的かつ政策的な見地からの裁量を有しているものというべきであるとした上、判示の事情の下においては、その改定に係る厚生労働大臣の判断に裁量権の範囲の逸脱又はその濫用があるということはできず、上記保護基準の改定は生活保護法3条又は8条2項の規定に違反しないとしている（その後現れた最二判平成24年4月2日民集66巻6号2367頁も同旨。なお、これらの判例は、被保護者は「正当な理由」がなければ既に決定された保護を不利益に変更されることがないと定める生活保護法56条は、既に保護の決定を受けた個々の被保護者の権利及び義務について定めた規定であって、保護の実施機関が被保護者に対する保護を一旦決定した場合には、当該被保護者について、同法の定める変更の事由が生じ、保護の実施機関が同法の定める変更の手続を正規に執るまでは、その決定された内容の保護の実施を受ける法的地位を保障する趣旨のものであると解され、同条にいう「正当な理由」がある場合とは、既に決定された保護の内容に係る不利益な変更が同法及びこれに基づく保護基準の定める変更、停止又は廃止の要件に適合する場合を指すものと解するのが相当であるから、保護基準自体が減額改定されることに基づいて保護の内容が減額決定されるような場合については、同条が規律するところではないというべきであるとしている）。

　生活扶助の老齢加算の廃止を内容とする保護基準の改定は、生活扶助の基準の算定に当たり一般消費水準との関係において均衡が保たれるように生活扶助の基準を調整する水準均衡方式の下で、一般消費水準と生活扶助の基準との比率自体すなわち割合関係そのものを引き下げたものではなく、高齢者の特別な需要が認められないという一般消費水準の実態に合わ

せ、その一般消費水準に生活扶助の基準との均衡の基準を適用して生活扶助の基準を引き下げたものであると考えることができるところ、最高裁判所は、最低限度の生活の具体化に関する厚生労働大臣の専門技術的かつ政策的な見地からの裁量を認め、また、厚生労働大臣が、老齢加算が支給されることを前提として現に生活設計を立てていた被保護者の期待的利益についても可及的に配慮する観点から、最低限度の生活を具体化した保護の基準をどのように実施するか（方法）についても、専門技術的かつ政策的な見地からの裁量を有していることを認めた上、判断過程統制型の司法審査の方法を採用して、厚生労働大臣の判断に裁量権の範囲の逸脱又はその濫用があるということはできないとしたものである。この点に関連して、近時行われた生活扶助の本体部分の減額を内容とする保護基準の改定の適否が問題となるが、この保護基準の改定がデフレの進行による一般消費水準の低下という一般消費水準の実態に合わせ、その一般消費水準に生活扶助の基準との均衡の基準を適用して生活扶助の基準を引き下げたものであると考えることができるとするならば、この保護基準の改定は、生活扶助の老齢加算の廃止を内容とする保護基準の改定と同じ類型のものであるということができることとなる。もっとも、生活保護法による保護に要する費用は、被保護者となった者が納付した保険料等によって賄われるものではなく、国民一般が納付する租税によって賄われるものであるから、生活保護法による保護として現に行われている給付が将来も存続することに対する信頼を保護すべき要請は、基本的には高いものではないといわざるを得ないと思われ（この点において、生活保護は、給付に要する費用の一部が保険料によって賄われており、保険料の支払と保険給付との間に牽連関係がある社会保険とは異なる）、老齢加算の場合には、一定の年齢に達している者（高齢者）は支給を受けることができるという事実上の期待があると考えることができるものの、生活扶助の本体部分の減額の場合には、そのような事情はなく、かえって、デフレの下においては、給付額が引き下げられたとしても、デフレ前と同等の財貨及びサービスを購入することができるという意味で、現に行われている給付が将来も存続することに対する信頼は裏切られてはいないと考えることもできるように思われる。

3　収入の認定

　収入の認定は、収入金額から当該収入を得るための必要経費を控除して行われる[7]。収入の認定に当たっては、当該収入が、常用の勤労（被用）収入のように確実性の高いものであるか、それとも、農業収入やその他の事業（自営）収入のように確実性において劣るものであるかを考慮する必要があり、恩給、年金、失業保険金その他の公の給付も、その実際の受給額が収入として認定される。他からの仕送り、贈与等による金銭は、社会通念上収入として認定することを適当としないものを除き、収入として認定される（以上、次官通知第8の2並びに3(1)及び(2)）。

　このように、就労に伴う収入及び就労に伴う収入以外の収入は、いずれも基本的には収入として認定されるのであるが、保護の補足性の原則の観点から被保護者が給付を受けた金銭等を全て収入として認定したのでは、生活保護法の目的である生活に困窮する者の自立の助長の見地からみて、あるいは社会通念に照らして、相当でない場合が生ずるおそれがある。そこで、当該金銭等の給付の趣旨目的、その給付が臨時的か、継続的か、その金銭等の使途が被保護者の自立の助長に資するものであるか否かを総合的に考慮し、一定の収入については収入として認定しないこととされている（次官通知第8の3(3)。収入認定除外）。最三判平成16年3月16日民集58巻3号647頁は、被保護者がした貯蓄等が同法4条1項にいう「資産」又は同法8条1項にいう「金銭又は物品」に該当するか否かについて、被保護者が保護金品又は被保護者の金銭若しくは物品を貯蓄等に充てることは本来同法の予定するところではないが、同法の趣旨目的にかなった目的と態様で保護金品等を原資としてされた貯蓄等は収入認定の対象とすべき資産には当たらないというべきであるとした上、生活保護を受けながら子の高等学校修学費用に充てる目的をもって保護金品及び収入認定を受けた収入を原資として積み立てた学資保険の満期保険金について、被保護世帯において、最低限度の生活を維持しつつ、子弟の高等学校修学のための

---

　　7)　小山・解釈と運用180頁。

費用を蓄える努力をすることは、同法の趣旨目的に反するものではなく、親が同一世帯の構成員である子の高等学校修学の費用に充てることを目的として学資保険に加入し、保護金品及び収入認定を受けた収入を原資として保険料を支払っていたことは、同法の趣旨目的にかなったものであるということができるから、その満期保険金は、それが同法の趣旨目的に反する使われ方をしたなどの事情がうかがわれない限り、同法4条1項にいう「資産」又は同法8条1項にいう「金銭又は物品」には当たらず、収入認定すべき資産に当たらないというべきであると判示している。

　被保護者が海外に渡航した場合であっても、それが一時的かつ短期のものであり、当該被保護者が引き続き国内に居住の場所を有しているときは、海外に渡航したことのみをもって、当該被保護者に対する保護の停止又は廃止をすることはできないが、当該被保護者は、海外渡航費用を支出することができるだけの額の本来その最低限度の生活の維持のために活用すべき金銭を有していたのであるから、当該金銭は、収入認定の対象となり、それが単なる遊興を目的とする海外旅行等に充てられていたのであれば、その交通費及び宿泊費に充てられた額について収入として認定される。ただし、親族の冠婚葬祭、危篤の場合や、墓参の目的でおおむね2週間以内の期間で海外へ渡航した場合等には、その使途が必ずしも生活保護の趣旨目的に反するものとは認められないため、当該海外渡航に要した費用の全額を収入として認定しないものとして差し支えないとされる（課長通知第10の問19）。後掲の最一判平成20年2月28日は、被保護者が保護を受け始めて間もない時期に外国への渡航費用として約7万円という金額の支出をすることができたなど判示の事実関係の下においては、同人がそのころ少なくとも上記渡航費用を支出することができるだけの額の本来その最低限度の生活の維持のために活用すべき金銭を保有していたことが明らかであり、同人に給与された生活扶助は同人の保有する金銭で満たすことのできない不足分を補う程度を超えてされたこととなるから、生活保護法25条2項の規定により上記金額を超えない金額を生活扶助から減ずる必要があり、保護の変更には同法56条の「正当な理由」があるとして、保護の変更決定は適法であるとしている。

4　世帯単位の原則

保護は、原則的に、世帯を単位としてその要否及び程度を定める（10条）のであり（上記 I 2）、最低生活費及び収入の認定も、世帯員の需要及び収入を一括し、世帯を単位として行われる。なお、世帯単位の原則は、保護の要否及び程度を定めるためのものであり、この原則があることによって、保護が世帯を対象として行われるものとなるものではない。保護は、本質的には各世帯員（要保護者）個人を対象として行われるものである[8]。

III　保護の補足性（及び無差別平等の原則）

1　保護の補足性の位置付け

生活保護法による保護は、生活に困窮する者が、「その利用し得る資産、能力その他あらゆるものを、その最低限度の生活の維持のために活用すること」を要件として行われ（同法4条1項）、また、民法に定める扶養義務者の扶養及び他の法律に定める扶助は、すべて生活保護法による保護に優先して行われる（同条2項）。このように、保護の補足性の原則は、2つの原則的事項によって構成されている。すなわち、1項の原則的事項は、近代資本主義社会の基本原則の1つである自己責任の原則に基づいて、生活保護法による保護は、生活に困窮する者が自らの力でその最低限度の生活を維持することができない場合に初めて、補足的に行われること（自らの資産、能力等の活用との関係における保護の補足性）を明らかにするものであり、2項の原則的事項は、生活保護法による保護は国民に対する最低限度の生活の保障のための施策のうちの最後のものであるという建前から、その保護は、原則として民法に定める扶養義務者の扶養や他の法律に定める扶助に劣後して行われること（扶養義務者の扶養や他法他施策の活用

---

[8]　小山進次郎編『社会保障関係法2』26頁（日本評論新社、1953）。

との関係における保護の補足性）を明らかにするものである[9]。そうであるところ、1項の保護の補足性は、実質的には生活保護法による保護の受給資格を定めるものである[10]のに対して、2項の保護の補足性は、生活保護法による保護ほかの公的扶助と民法に定める扶養義務者の扶養との関係について、公的扶助に優先して扶養が行われることを期待しつつ、これを公的扶助の受給資格の要件とすることなく、実際に扶養が行われたときにこれを被扶助者の収入として取り扱うにとどめるものであり[11]、また、生活保護法による保護と他の法律に定める公的扶助との関係について、他の法律に定める公的扶助が優先して行われるという方針を定めるにとどまり、他の法律に定める公的扶助が行われるべき領域において生活保護法による保護の実施が絶対的に排除されるべきであることを定めているものではない[12]。そのため、1項の保護の補足性については、その者に対する保護がその保護の補足性の要件を満たすものであることが生活保護法による保護の受給資格の要件となるのに対して、2項の保護の補足性については、それを満たすことは生活保護法による保護の受給資格の要件とならないのであって、生活に困窮する者が、その利用し得る資産、能力その他あらゆるものを、その最低限度の生活の維持のために活用してもなお、その最低限度の生活の維持をすることができないときは、その者は生活保護法による保護の受給資格を有することとなる。

2　保護の補足性の意義

そこで、生活保護法4条1項の保護の補足性（「その利用し得る資産、能力その他あらゆるものを、その最低限度の生活の維持のために活用すること」）についてみると、ここに「利用し得る」とは、資産については、現実に当該資産を使用収益し又は処分する権能を有していることを、能力（稼働能

---

9) 木村・解説52頁、小山・解釈と運用118頁。
10) 小山・解釈と運用119頁。
11) 小山・解釈と運用120頁。
12) 小山・解釈と運用122頁。

力）については、現実に直ちに発揮することができることを、それぞれいい、総じて利用するか否かがその者の意思だけで左右することができることをいう[13]。「その他あらゆるもの」とは、いまだ資産になっていないが、その者の一挙手一投足の労により資産とすることができるものをいい[14]、社会保険の給付を受ける資格がある者については、社会保険の給付がこれに該当する[15]。「活用する」とは、その資産、能力等を何らかの意味で最低限度の生活の維持に役立てることをいい[16]、資産の活用について、最低生活の内容としてその所有又は利用を容認するに適しない資産は、原則として処分の上、最低限度の生活の維持のために活用させることとされている（次官通知第3）。宅地のうち当該世帯の居住の用に供される家屋に付属した土地で建築基準法52条及び53条に規定する必要な面積のもの及び当該世帯の居住の用に供される家屋は基本的に保有が認められる（局長通知第3）。

　稼働能力の活用について、行政解釈においては、稼働能力を活用しているか否かは、①稼働能力があるか否か、②その具体的な稼働能力を前提として、その能力を活用する意思があるか否か、③実際に稼働能力を活用する就労の場を得ることができるか否かにより判断することとされ、稼働能力があるか否かの評価については、年齢や医学的な面からの評価だけではなく、その者の有している資格、生活歴・職歴等を把握・分析し、それらを客観的かつ総合的に勘案して行うことと、稼働能力を活用する意思があるか否かの評価については、求職状況報告書等により本人に申告させるなど、その者の求職活動の実施状況を具体的に把握し、その者がその稼働能力を前提として真摯に求職活動を行ったか否かを踏まえて行うことと、それぞれされ、就労の場を得ることができるか否かの評価については、本人

---

13) 小山・解釈と運用121頁。
14) 小山・解釈と運用121頁。
15) 小山・解釈と運用143頁。そのため、その者が、その受け得る給付を最大限に受け、それをその最低限度の生活の維持のために活用してもなお、困窮のため最低限度の生活を維持することができない場合でない限り、その者は、生活保護法による保護を受給することができない。
16) 小山・解釈と運用121頁。

の稼働能力を前提として、地域における有効求人倍率や求人内容等の客観的な情報や、育児や介護の必要性などその者の就労を阻害する要因を踏まえて行うこととされている（局長通知第4）。そして、このことを踏まえた上、保護の補足性の原則は、近代資本主義社会の基本原則の1つである自己責任の原則に基づいて、生活保護法による保護は、生活に困窮する者が自らの力でその最低限度の生活を維持することができない場合に初めて、補足的に行われるという理を明らかにするものであることに照らして考えると、①生活に困窮する者がその意思のみに基づいて直ちに利用することができる稼働能力を有しているのに、現にこれが活用されていない場合には、同法4条1項所定の「その利用し得る能力を、その最低限度の生活の維持のために活用すること」という稼働能力の活用要件を充足していないことになり、また、②生活に困窮する者が稼働能力を有しているものの、それは当該生活困窮者の意思のみに基づいて直ちに利用することができるものではなく、現にこれが活用されていない場合で、当該生活困窮者においてその稼働能力を活用する意思を有していないときも、稼働能力の活用要件を充足していないことになるが、③上記の場合であっても、当該生活困窮者においてその稼働能力を活用する意思を有していることを求職活動の状況等から客観的に認めることができるときは、なお稼働能力の活用要件を充足しているということができると解するのが相当であって、同項所定の「その利用し得る能力を、その最低限度の生活の維持のために活用すること」という稼働能力の活用要件は、生活に困窮する者が稼働能力を有しているのに、現にこれが活用されていない場合であっても、直ちにそれを充足することが否定されるものではなく、当該生活困窮者が、その具体的な稼働能力を前提として、それを活用する意思を有しているときには、当該生活困窮者の具体的な環境の下において、その意思のみに基づいて直ちにその稼働能力を活用する就労の場を得ることができると認めることができない限り、なお当該生活困窮者はその利用し得る能力を、その最低限度の生活の維持のために活用しているものであり、稼働能力の活用要件を充足するということができる（東京地判平成23年11月8日判例秘書L06630706）。

3　無差別平等の原則

　すべて国民は、生活保護法の定める要件を満たす限り、それによる保護を、無差別平等に受けることができる（同法2条）。この無差別平等の原則は、日本国民であれば、要保護状態に陥った原因、人種、信条、性別、社会的身分又は門地等のいかんを問わず、平等に生活保護法による保護を受けることができること（すなわち、保護の要否の決定について機会均等であり、差別的又は優先的な取扱いをされることがないこと）を意味する[17]　ところ、ここに「この法律（生活保護法）の定める要件」とは、その者が「生活に困窮する者」であること、及び、その者に対する保護が同法4条1項の保護の補足性の要件を満たすものであることという生活保護法による保護の受給資格の内容を成す事項をいう[18]から、保護申請却下処分の取消しの訴えにおいて、原告が無差別平等の原則違反の主張をしたとしても、原告が「生活に困窮する者」であること、及び、原告に対する保護が同項の保護の補足性の要件を満たすものであることが論証されない限り、無差別平等の原則違反の主張は、前提を欠く違法の主張にほかならないことになる。

Ⅳ　国内に居住地を有すること

1　保護の実施機関による従前の取扱い

　保護の実施機関においては、「生活保護法は、国外に滞在している者に対する保護を想定していない。国外に滞在している者は、国内に居住地を有しているか否かや、滞在期間の長短を問わず、その滞在期間中、およそ

---

[17]　木村・解説50頁及び59頁。これに対して、保護の内容（種類、程度）及び方法の決定は、同法8条に定める基準及び程度の原則並びに同法9条に定める必要即応の原則により要保護者の個別的事情を考慮して行われるため、斉一的なものとはなり得ない。

[18]　小山・解釈と運用107頁。

生活保護法による保護の対象となるものではなく、生活保護法による保護の受給資格を有しない。」という考え方が採用され、その考え方による取扱い（滞在期間中の生活扶助費に相当する金額を後の月の分の生活扶助費から差し引く旨の保護の変更決定等）が従前行われていたようである（なお、保護の実施機関における現在の取扱いについては上記Ⅱ3参照）。

2　最高裁判所の考え方

　しかし、生活保護法19条は、1項において、都道府県知事等は、その管理に属する福祉事務所の所管区域内に居住地を有する要保護者（1号）及び居住地がないか、又は明らかでない要保護者であって、その管理に属する福祉事務所の所管区域内に現在地を有するもの（2号）に対して、保護を決定し、かつ、実施しなければならないと規定した上、2項において、居住地が明らかである要保護者であっても、その者が急迫した状況にあるときは、その急迫した事由が止むまでは、その者の現在地を所管する福祉事務所を管理する都道府県知事等が保護を行うものとしている。保護の方法に関しても、同法30条が、生活扶助は原則として被保護者の居宅において行うものと規定している。同法がこのような居住地主義及び居宅保護の原則を採用した趣旨は、要保護者がその居住地を有する限り、そこにおける継続的、安定的な生活に着目して生活状態、資産状況等の事項を把握し、それを基に必要な扶助を与えるとともに自立の助長のための措置を講ずることとしたものと考えられる。以上のことに同法2条の規定をも考慮すると、被保護者が、当初の居住地を離れて国外に滞在し続けるなどした結果、国内に居住地も現在地も有しないこととなった場合には、その者は、もはや生活保護法による保護を受けることができず、保護の実施機関は、保護の停止又は廃止の決定をすべきであるが、国外に現在している被保護者であっても、同法19条の「居住地」に当たると認められる居住の場所を国内に有しているものは、同条の規定により当該居住地を所管する実施機関から保護の実施を受けることができると解すべきである。このように解しても、その居住地における被保護者の生活状態、資産状況等の事

項を調査して把握し、その結果に基づいて所要の保護の変更、停止又は廃止を決定し、また、自立の助長のための措置を講ずることは可能であるから、保護の決定及び実施に関する制度の趣旨は損なわれない（最一判平成20年2月28日集民227号313頁）。

V　原告側の主張立証上の留意点

1　保護申請却下処分の取消しの訴えの場合

(1)　保護申請却下処分の性質

　保護申請却下処分は、生活保護法による保護の受給資格の要件が充足されておらず、保護の必要性があるということができないこと等の理由により、保護の開始の申請を却下する旨の決定である。保護の実施機関は、保護の開始の申請があったときは、保護の要否、種類、程度及び方法を決定し、申請者に対して書面をもって、これを通知しなければならず（生活保護法24条3項）、また、保護の開始決定は、要保護者に対し生活保護法による保護を開始する旨の設権行為の性質を有する形成的行政行為であり、公権力の主体たる国又は公共団体が行う行為のうち、その行為によって、直接国民の権利義務を形成し、又はその範囲を確定することが法律上認められているものであるから、抗告訴訟の対象たる行政庁の処分その他公権力の行使に当たる行為に該当する[19]。したがって、保護の開始の申請は、法令に基づき、要保護者に対し生活保護法による保護という利益を付与する処分を求める行為であって、当該行為に対して保護の実施機関が諾否の応答をすべきこととされているものであり、保護申請却下処分は、法令に基づく申請により求められた生活保護法による保護を拒否する処分とし

---

19) 小山・解釈と運用305頁。なお、ここに「保護の開始」というのは、全一的・始源的な保護の開始のことであり、生活保護法11条1項に規定する各種類の扶助の開始は、保護の開始ではない。単給を併給とするような場合、併給される扶助の開始は、保護の開始ではなく、全一的な保護の種類の変更である。小山・解釈と運用391頁。

て、抗告訴訟の対象たる行政庁の処分その他公権力の行使に当たる行為に該当する。

　保護の決定は、いずれも、保護の実施機関による自由裁量の行為ではなく、保護の補足性の原則（生活保護法4条1項）、基準及び程度の原則（同法8条）、必要即応の原則（同法9条）等の生活保護法の基本原理ないし原則に基づいて保護の要否、種類、程度及び方法を決定する覊束裁量の行為である[20]。保護の実施機関は、保護の開始の申請があったときは、これに対し保護の要否等について何らかの決定をすべき義務（応答義務）を負うことは、上記のとおりであるが、保護の開始の申請に対する応答として、保護の開始決定をするときであっても、保護の種類、程度及び方法を決定するに当たり、申請の内容には拘束されない[21]。申請者は、保護の開始の申請書に、受給を希望する保護の種類、程度又は方法を記載することができる（そのような記載をしたからといって不適式の申請書となるわけではない）が、そのような記載に対し、保護の実施機関から諾否の応答がされるわけではなく、保護の実施機関は、生活保護法の基本原理ないし原則に基づいて保護の種類、程度及び方法を決定する[22]。そうすると、申請書に、受給を希望する保護の種類、程度又は方法を記載してした保護の開始の申請に対し、保護の実施機関が、上記希望に係る保護の種類、程度又は方法の一部のみを開始する旨の決定をした場合、その保護の開始決定（これ自体は利益処分であり、その取消しの利益は存在しない）に、保護開始申請の一部却下処分が包含されているとみて、その取消しの訴えを提起することができるか否かが問題となり得るところ、①申請保護の原則は保護が申請に基づいて開始されることを意味するにとどまることを貫くのであれば、上記のような保護の開始決定に保護開始申請の一部却下処分が包含

---

20) 小山・解釈と運用214頁。
21) 申請保護の原則は、保護が申請に基づいて開始されることを意味するにとどまる。小山・解釈と運用216頁。
22) 申請書の記載は、その決定の際の参考とされ得るにとどまり、申請書に受給を希望する旨記載されていない保護や申請書の記載を超える保護が保護の実施機関によって決定されることもあり得る。小山・解釈と運用396頁。

されているとみることはできず、その取消しの訴えは、取消しの対象となる行為の不存在により、不適法なものであることとなるが、②そのように解したのでは保護の実施機関による保護の種類、程度及び方法の決定に誤りがあった場合における権利救済の途を閉ざすこととなることからすれば、上記のような保護の開始決定には保護開始申請の一部却下処分が包含されており、その取消しの訴えを提起することができると考えることもできる（後掲の東京地判昭和61年7月10日は、保護の開始決定の無効確認を求める訴えの利益を上記①の趣旨により否定する被告の主張を排斥している。この判決は、申請保護の原則について、保護が申請に基づいて開始されることを意味するだけではなく、保護の種類、程度及び方法が申請に基づいて決定されることまでも意味するとしているようである。また、名古屋地判平成8年10月30日判時1605号34頁は、保護の開始の申請に対し稼働能力を活用していないとしてされた、医療扶助のみを内容とし生活扶助及び住宅扶助を含まない保護の開始決定を違法として取り消しており、上記のような保護の開始決定の取消しの訴えを提起することができることを前提としているようである。なお、この立場の中にも、保護の全一性の観点から保護の開始決定の全部取消しを求めるべきであるとする立場と、その決定のうちの保護開始申請の一部却下処分の取消しを求めれば足りるとする立場があり得るように思われる）。

(2) 原告側の主張立証

保護申請却下処分の取消しの訴えにおいては、多くの場合、原告が生活保護法による保護の受給資格を有するか否かが主要な争点となるところ、①その者が「生活に困窮する者」であること、②その者に対する保護が同法4条1項の保護の補足性の要件を満たすものであること、及び、③その者が国内に居住地を有する者であることが、生活保護法による保護の受給資格の要件（生活保護法による保護の被保護者となるための要件）であることは、上記I4のとおりである。保護の開始決定は、利益処分（授益処分）であり、保護の開始の申請は、私人が生活保護法による保護の受給資格を有することを主張して保護の実施機関に対し自己の権利利益の拡張を求めるものであるから、保護申請却下処分の取消しの訴えにおいて、原告

は、生活保護法による保護の受給資格の要件を満たしていることについて、主張立証責任を負う[23]。なお、生活保護法の規定に基づき保護の実施機関がした処分の取消しの訴えについては、審査請求前置主義が採用されており、当該処分についての審査請求に対する裁決を経た後でなければ、提起することができない（同法69条）。

保護申請却下処分の取消しの訴えの原告が、再度の保護の開始の申請に基づいて保護の開始決定を受け、保護の実施を受けているとしても、要保護状態にあった者は、保護の開始の申請をしたものである限り、その申請の当時に遡って過去の保護の実施を受けることができると解するのが相当であるから、当初の保護の開始の申請を却下する旨の決定の取消しを求める訴えの利益は失われるものではない（東京地判昭和47年12月25日行集23巻12号946頁）。また、保護の廃止の決定がされたとしても、要保護状態にあった者の未実施分の保護を受ける権利は消滅するものではないから、保護の開始決定（原告がこれを超える保護を受けることができると主張するもの）の取消しを求める訴えの利益は失われるものではない（処分の無効確認の訴えにつき、東京地判昭和61年7月10日判タ630号122頁）。

生活保護法による保護を受ける権利は、被保護者の最低限度の生活を維持するため被保護者個人に与えられた一身専属の権利であり、他に譲渡することができず、相続の対象とならない。このことは、被保護者の生存中の扶助で既に遅滞にあるものの給付を受ける権利についても同様であり、その権利は、被保護者の死亡により当然消滅し、相続の対象とならない。そのため、保護廃止処分等の取消しを求める訴えは、被保護者の死亡により当然終了し、その相続人において承継する余地はない（前掲最大判昭和42年5月24日）。

(3) 執行停止・仮の義務付け

保護申請却下処分の取消しの訴えに付随して、その執行停止の申立てがされた場合、仮に保護申請却下処分の効力の停止をしたとしても、単に当

---

23) 実務的研究172頁及び178頁。

該却下処分がされなかった状態を暫定的に回復するにすぎず、保護の開始決定がされた状態を暫定的に形成することにはならないから、保護申請却下処分の執行停止の申立ては、申立ての利益を欠く不適法なものであるといわざるを得ない[24]。保護申請却下処分の取消しの訴えに、保護の開始決定の義務付けを求める義務付けの訴えが併合提起された場合には、それに付随して、保護の開始決定の仮の義務付けの申立てをすることができる。このような仮の義務付けの申立てが認容された事例として、那覇地決平成21年12月22日判タ1324号87頁がある。

2　保護廃止処分等の取消しの訴えの場合

(1)　保護廃止処分等の性質

　保護の変更、停止又は廃止の決定は、被保護者について、生活保護法による保護の受給資格の要件が充足されておらず、保護の必要性があるということができないこと等の理由により、一旦開始された保護の変更、停止又は廃止をする旨の決定である[25]。保護の変更の決定は、被保護者が受給している保護を変更する旨の設権行為の性質を有する形成的行政行為であり、保護の停止又は廃止の決定は、被保護者が受給している保護を一時的又は終局的に廃絶する旨の剥権行為の性質を有する形成的行政行為であり、いずれも、公権力の主体たる国又は公共団体が行う行為のうち、その行為によって、直接国民の権利義務を形成し、又はその範囲を確定することが法律上認められているものであるから、抗告訴訟の対象たる行政庁の処分その他公権力の行使に当たる行為に該当する[26]。保護の変更、停止及び廃止の決定の効力は遡及せず、将来に向かってのみ生ずる[27]。保護の停止及び廃止は、保護の開始と同様、保護を全一的なものとして把握し

---

24)　藤田ほか・諸問題9頁及び219頁。
25)　小山・解釈と運用410頁。
26)　小山・解釈と運用305頁。
27)　小山・解釈と運用394頁及び411頁。ただし、その基準時は、保護の変更、停止又は廃止の原因が発生した時であり、保護の変更、停止又は廃止の決定がされた時から上記原因が発生した時までは遡及的効力がある。小山・解釈と運用412頁。

た観念であり、生活保護法 11 条 1 項に規定する各種類の扶助の停止又は廃止は、保護の停止又は廃止ではない。併給を単給とするような場合、支給されなくなる扶助の廃止は、保護の廃止ではなく、全一的な保護の種類の変更である[28]。保護は、本質的には要保護者個人を対象として行われるものであるが、世帯単位の原則により、世帯を単位としてその要否及び程度を定めるものとされているため、世帯を構成する複数の世帯員のうちの一部のものの保護の必要性がなくなった場合、当該世帯を単位としてみた保護の必要性の程度が低くなる。このような場合の処理としては、当該世帯について保護の停止又は廃止の決定をし、保護の必要性がなくなった世帯員を除外した世帯員をもって世帯認定をした上、その世帯について改めて保護の開始決定をするのではなく、保護の必要性がなくなった世帯員を当該世帯から分離し、独立の世帯とした上、その世帯員によって構成される世帯については保護の停止又は廃止の決定をし、他の世帯員によって構成される世帯については保護の変更の決定をするという処理がされるようである[29]。

なお、保護の開始又は変更の決定に瑕疵がある場合、保護の実施機関は、法の一般原則により、その保護の開始又は変更の決定を遡及的に取り消すことができる[30]が、保護の開始又は変更の決定は、利益処分（授益処分）であるから、瑕疵ある行政行為の取消しにより法律による行政の原理に適合する状態を回復する利益と、その相手方たる被保護者の信頼を保護する利益との比較衡量の問題が生ずる[31]。

(2) 原告側の主張立証

保護廃止処分等の取消しの訴えにおいては、多くの場合、原告が生活保護法による保護の受給資格を有するか否かが主要な争点となることは、上記Ⅰ4のとおりである。保護廃止処分等は、侵害処分であり、保護の実施

---

[28] 小山・解釈と運用 411 頁。
[29] 小山・解釈と運用 411 頁。
[30] 小山・解釈と運用 411 頁。
[31] 塩野Ⅰ 170 頁。

機関は、被保護者について、生活保護法による保護の受給資格の要件が充足されておらず、保護の必要性があるということができないとして、一旦開始された保護の変更、停止又は廃止をするのであるから、保護廃止処分等の取消しの訴えにおいて、被保護者が生活保護法による保護の受給資格の要件を満たしていないことについての主張立証責任は、被告が負い、原告は、取消しを求める保護廃止処分等を特定し、その違法性を一般的に主張すれば足りる。保護廃止処分等の取消しの訴えについても、審査請求前置主義が採用されており、当該処分についての審査請求に対する裁決を経た後でなければ、提起することができない（生活保護法 69 条）ことは、保護申請却下処分の取消しの訴えと同様である。

　保護廃止処分等においては、世帯単位の原則により、被保護世帯の世帯主がその名宛人とされる。しかし、保護は、本質的には要保護者個人を対象として行われるものであって、世帯員も、生活に困窮する者として生活保護法による保護を受給する権利を有し、違法な保護廃止処分等がされればそれによりその固有の保護受給権を侵害されることとなるから、世帯主のみならず、その世帯の世帯員も、保護廃止処分等の取消しを求めるにつき法律上の利益を有する者として、保護廃止処分等の取消しの訴えの原告適格を有する。また、世帯主は、世帯を代表して処分の名宛人となるのであるから、これに対する審査請求も世帯を代表してしているとみることができるのであって、世帯主がした審査請求の効力は、処分のうち世帯員に係る部分にも生ずると解され、世帯員は、自ら審査請求を経ていなくとも、世帯主において審査請求を経ている限り、審査請求前置主義を満たし、保護変更処分等の取消しの訴えを提起することができる（福岡高判平成 10 年 10 月 9 日判時 1690 号 42 頁）。

(3) 執行停止

　保護申請却下処分の執行停止の申立ての場合とは異なり、保護廃止処分等の取消しの訴えに付随してされたその執行停止（効力停止）の申立ては、当然に申立ての利益を欠くものではない[32]。そして、保護廃止処分等の執行停止の申立ての申立人が従前保護の必要性があるとして保護の開

始決定を受けたものであることからすると、相手方において申立人が資産や収入を有していること等を積極的に疎明しない限りは、処分により生ずる重大な損害を避けるため緊急の必要があるということができると解される[33]。

3 保護費返還金決定の取消しの訴えの場合

(1) 保護費返還金決定

　被保護者が、急迫の場合等において、保護の補足性の原則に違反し、資力があるにもかかわらず、保護を受けたときは、保護の実施機関は、被保護者の受けた保護金品に相当する金額の範囲内において返還すべき額を決定し、被保護者に対し、保護に要する費用を支弁した都道府県又は市町村に対して、すみやかにその額を返還すべき義務を課することができる（生活保護法63条）。保護は、保護の補足性を要件として行われるのが原則であるが、急迫した事由がある場合には必要な保護が行われるし、保護の実施機関が資力がある者を資力がないと誤認して保護を行う場合や、保護の実施機関が保護の程度の決定を誤り不相当に高額の金銭の給付を行う場合もある。このような場合、保護の実施機関がした決定は、そのまま有効なものとして維持しつつ、保護の実施に要した費用は、被保護者（又は被保護者であった者）が資力があるものであるから、可能な範囲で返還させる必要があるということがあるのであって、生活保護法63条は、このような必要に応ずる規定である。そして、資力があるにもかかわらず保護を受けた被保護者であっても、保護を受けた時から期間が経過するなどしてからその受けた保護金品に相当する金額を全て返還すべきものとすると、その自立の助長の妨げになるなど生活保護法の趣旨目的に反することになる場合もあるため、被保護者の生活状況を知悉し得る保護の実施機関に、保護に要する費用を支弁した都道府県又は市町村に対して返還すべき額を諸般の事情を考慮して定める裁量が付与されている[34]。

32) 藤田ほか・諸問題219頁。
33) 藤田ほか・諸問題221頁。

(2) 原告側の主張立証

　保護費返還金決定の取消しの訴えにおいては、原告が資力があるにもかかわらず保護を受けたものであるか否かが主要な争点となる。保護費返還金決定は、侵害処分であり、保護の実施機関は、被保護者について、資力があるにもかかわらず保護を受けたものであるとして、一旦行われた保護について保護費返還金決定をするのであるから、保護費返還金決定の取消しの訴えにおいて、原告が資力があるにもかかわらず保護を受けたものであることについての主張立証責任は、被告が負い、原告は、取消しを求める保護費返還金決定を特定し、その違法性を一般的に主張すれば足りる。保護費返還金決定の取消しの訴えについても、審査請求前置主義が採用されており、当該処分についての審査請求に対する裁決を経た後でなければ、提起することができない（生活保護法69条）ことは、保護申請却下処分の取消しの訴えと同様である。

VI　被告側の主張立証上の留意点

　保護廃止処分等の取消しの訴えにおいて、被保護者が生活保護法による保護の受給資格の要件を満たしていないことについての主張立証責任は、被告が負うこと、及び、保護費返還金決定の取消しの訴えにおいて、原告が資力があるにもかかわらず保護を受けたものであることについての主張立証責任は、被告が負うことは、上記V 2(2)及び3(2)のとおりである。また、保護申請却下処分の取消しの訴えにおいて、生活保護法による保護の受給資格の要件を満たしていることについての主張立証責任は、原告が負うことは、上記V 1(2)のとおりであるが、被告の公益的な立場からするならば、被告においては、原告の主張立証に対し、形式的な対応に終始することなく、積極的に争点の明確化及び審理の充実に協力することが望まれる。

---

34) 小山・解釈と運用649頁。

VII おわりに

　生活保護をめぐる紛争については、従前必ずしも十分な議論がされていない問題があるように思われるが、国民の権利意識の高まりと、保護の実施の適正化の流れにより、今後この種の紛争は増加すると考えられる。本稿の小見がその処理の一助となれば幸いである。

第3部

租税関係

第5講
租税法の基本事項

定塚　誠

I　はじめに

　法律実務家としてビジネス法務に携わるためには税法は避けて通れないし、所得税、相続税をはじめ、個々人の日常生活の様々な場面においても税法は重要な意味を持つ。そして、その必要性、重要性は、今後とも高まるであろう。
　しかしながら、法律実務家の多くは、税法が必ずしも得意ではない。
　その大きな原因の1つは、民法その他の私法の世界とは異なる租税法特有の基本的考え方や概念があり、その土俵の上に立って特有の各個別論点の議論をしなければならないため、その土俵を学ぶのに時間と労力が必要になることにあると思われる。
　租税訴訟の実務を担当していると、この土俵に対する基本的な理解が不十分なせいか、争いたい課税処分等について、「租税平等主義に反する」などと言って憲法論を長々と述べて終わってしまう訴状や、「租税法律主義」を大上段に掲げて、個別条文について、立法趣旨や租税法体系全体に目配りしないまま、独自の解釈論を展開する準備書面に少なからず遭遇する。
　そこで、第5講においては、まず、租税訴訟を扱う法律実務家として押さえておくべき基本的な事項について、最高裁判例を中心に概観したい。
　なお、付言するに、租税訴訟は、行政事件訴訟一般と同様に、未だ解決されていない法律論の宝庫であり、基本的な事項を踏まえた上で議論を発

展させていくことは、特に通常民事訴訟に飽き足らなくなった好奇心旺盛な法律実務家の方々にとってはワクワクするほど面白いと思う。

II　租税平等（公平）主義

1　意義と問題点

　租税平等主義又は租税公平主義とは、一般に、税負担は国民の間に担税力に即して公平に分担されなければならず、各種の租税法律関係において国民は平等に取り扱われなければならないという原則をいうものである。

　この租税平等（公平）主義は、憲法14条1項が要請するところであり、一見すると分かりやすいため、租税訴訟実務を行っていると、特定の課税処分等を争う準備書面等において目にする機会が少なくない。

　しかしながら、ある課税処分は、他の何々と比べると不平等であるから違憲違法であるといえば、その主張に裁判所がなるほどと思うほど単純なものではない。

　すなわち、実務においては、①まず、租税法の世界において「平等」か否かを検討する際にはどのようなことが考慮されるべきなのか、②次に、憲法違反の主張をした場合に、違憲立法審査権はどのような考慮の下で行使されるのかについて検討する必要がある。

2　租税法における「平等」

　たとえば、所得税における累進課税は、高所得者に不平等な負担を強いるもので違憲ではないのか、あるいは、消費税は、所得の有無に関わらず同率の税負担を強いることになり、低所得者に実質的に不平等を強いるもので違憲ではないのか。様々な税金について、このような「平等」議論がされる。何と比較するか、誰と比較するかなどによっては、多くの税金は「平等」ではないという議論が可能になる。

　しかしながら、そもそも憲法14条1項の解釈論として、憲法の要請す

る平等原則に反するか否かは、当該具体的な区別が合理性を有するか否かによって決まると考えるのが一般的である。そこで、租税法の世界において、「平等」かどうか、すなわち不合理な区別かどうかを考えるにあたっては、まず、租税の一般的な目的や機能、さらに当該紛争において問題とされている個別の税が設けられた趣旨目的を検討し、合理性を判断する必要がある。

この点について、いわゆる大嶋訴訟といわれる最大判昭和60年3月27日民集39巻2号247頁が、「租税は、今日では、国家の財政需要を充足するという本来の機能に加え、所得の再分配、資源の適正配分、景気の調整等の諸機能をも有しており……」と述べているが、たとえば、所得の再分配という機能を考えてみるならば、累進課税は、そのような税の機能や目的に合致することになる。

また、租税制度は、効率性（efficiency）や簡素性（simplicity）の要請にも適合する必要があるから[1]、そのような要請から平等や公平が完全に保たれなくても合理的であると解すべき場合が存在する。

このように租税法や租税制度をめぐる訴訟においては、単純に何かとの比較において「平等でない」「公平でない」と主張するのではなく、租税の一般的機能や目的はもとより、当該租税法規や制度の趣旨目的等を明確にした上で、他の要請をも含めて検討してもなお不合理な区別であると主張することによって初めて実のある議論がされることになる。

すなわち、裁判においては、当該税制の趣旨目的や考え方などを解説書や立法当時の国会議事録等の資料によって明らかにした上で、その趣旨目的や考え方自体が不合理なのかどうか、あるいは、趣旨目的や考え方はよいが、問題とする条項や制度が、それを実現する方法として不合理なのか否かなど、具体的に不合理であるとするポイントを定めて論争を深める必要がある。

---

1) 金子・租税法82頁参照。

3　違憲立法審査権について

このように、ある課税処分やその根拠法規が憲法に違反するとの主張がされた場合、次に検討すべきことは、違憲立法審査権の行使の在り方である。この点については、租税についての「租税法律主義」の意味や内容と関連することなので、次項で租税法律主義について概観した上で、Ⅲの3で検討する。

Ⅲ　租税法律主義

1　租税法律主義の意義

日本国憲法は、30条において「国民は、法律の定めるところにより、納税の義務を負ふ。」と定め、84条において「あらたに租税を課し、又は現行の租税を変更するには、法律又は法律の定める条件によることを必要とする。」と定めている。

この意義について、最大判昭和30年3月23日民集9巻3号336頁は、「おもうに民主政治の下では国民は国会におけるその代表者を通して、自ら国費を負担することが根本原則であつて、国民はその総意を反映する租税立法に基いて自主的に納税の義務を負うものとされ（憲法30条参照）その反面においてあらたに租税を課し又は現行の租税を変更するには法律又は法律の定める条件によることが必要とされているのである（憲法84条）。されば日本国憲法の下では、租税を創設し、改廃するのはもとより、納税義務者、課税標準、徴税の手続はすべて前示のとおり法律に基いて定められなければならないと同時に法律に基いて定めるところに委せられていると解すべきである。」と述べる。

すなわち、この最大判昭和30年3月23日は、自己統治を基本とする民主政治の下では、国民は自ら国費を負担し、国民の総意を反映する租税立法に基づいて自主的に納税義務を負うという基本理念を掲げた上で、「納税義務者、課税標準、徴税の手続はすべて……法律に基いて定められなけ

ればならない」として租税法律主義を謳い、さらに、「法律に基づいて定めるところに委せられている」として、国民の代表者からなる国会に広い立法裁量があることを示している。

2 租税法律主義の本質・実質的理由

前掲のいわゆる大嶋訴訟判決、すなわち最大判昭和60年3月27日は、「租税は、国家が、その課税権に基づき、……一定の要件に該当するすべての者に課する金銭給付であるが、およそ民主主義国家にあつては、国家の維持及び活動に必要な経費は、主権者たる国民が共同の費用として代表者を通じて定めるところにより自ら負担すべきものであり……。」「それゆえ、課税要件及び租税の賦課徴収の手続は、法律で明確に定めることが必要であるが、憲法自体は、その内容について特に定めることをせず、これを法律の定めるところに委ねているのである。」と述べ、前掲最大判昭和30年3月23日の考え方を基本的に踏襲した上で敷衍して説明を加えた。

そして、上記の最大判昭和60年3月27日は、このように課税要件等について法律にゆだねている実質的な理由について、「思うに、租税は、今日では、国家の財政需要を充足するという本来の機能に加え、所得の再分配、資源の適正配分、景気の調整等の諸機能をも有しており、国民の租税負担を定めるについて、財政・経済・社会政策等の国政全般からの総合的な政策判断を必要とするばかりでなく、課税要件等を定めるについて、極めて専門技術的な判断を必要とすることも明らかである。したがつて、租税法の定立については、国家財政、社会経済、国民所得、国民生活等の実態についての正確な資料を基礎とする立法府の政策的、技術的な判断にゆだねるほかはな（い）」と述べている。

このように、「租税法律主義」には、被治者として負担すべき税金の内容は、治者でもある国民自らがその代表者を通じて自ら定めるものであるという民主主義国家の理念に由来する本質的な理由と、実際に、租税は、財政・経済・社会政策等の国政全般に関わるものであるから、国民の代表者たる立法府によるその時々の政策的技術的な判断に委ねるのが相当であ

るという実質的な理由から成るものといえる。

3 租税法規の違憲立法審査権について

租税法律主義は、上記のような理由に基づくものであるから、ある租税法規について裁判所が違憲立法審査権を行使するに当たっても、そのような本質、実質を踏まえることが必要となる。

すなわち、前掲最大判昭和 60 年 3 月 27 日は、旧所得税法（昭和 22 年法律第 27 号）による給与所得者に係る課税関係規定は、事業所得者等他の所得者に比べて、必要経費の実額控除を認めずこれを著しく下回る給与所得控除を認めるにすぎないなど著しく不公平な所得税の負担を課すものであるから憲法 14 条 1 項に違反して無効であると主張した事案につき、上記 2 で述べたような租税法律主義の本質的理由、実質的理由を述べた上で、「したがつて、租税法の定立については、国家財政、社会経済、国民所得、国民生活等の実態についての正確な資料を基礎とする立法府の政策的、技術的な判断にゆだねるほかはなく、裁判所は、基本的にはその裁量的判断を尊重せざるを得ないものというべきである。そうであるとすれば、租税法の分野における所得の違い等を理由とする取扱いの区別は、その立法目的が正当なものであり、かつ、当該立法において具体的に採用された区別の態様が右目的との関連で著しく不合理であることが明らかでない限り、その合理性を否定することができず、これを憲法 14 条 1 項の規定に違反するものということはできないものと解するのが相当である。」と判示した。

このような考え方は、たとえば酒税法が酒類の販売についても免許制度を採用していることは、職業選択の自由について定めた憲法 22 条 1 項に違反するか否かが問題とされた事案について、最三判平成 4 年 12 月 15 日民集 46 巻 9 号 2829 頁においても踏襲されている。

しかし、立法裁量にも限界があることは当然のことであり、前掲最大判昭和 60 年 3 月 27 日が、租税法の定立については、国家財政、社会経済、国民所得、国民生活等の実態についての「正確な資料を基礎とする」立法

府の政策的、技術的な判断にゆだねるとしているように、もとより立法府の恣意性を許容するものではないこともまた明らかである。

4 課税要件法定主義

　課税要件法定主義とは、課税要件の全てと租税の賦課徴収の手続は、法律によって規定されなければならないとするものである。

　前述のとおり、前掲最大判昭和30年3月23日が、「納税義務者、課税標準、徴税の手続はすべて……法律に基いて定められなければならない」としているのは、治者と被治者の自同性という民主主義の理念に基づき、国民が負担すべき税金の内容は治者でもある国民自らがその代表者を通じて定めるという民主主義の本質に根ざすものであるから、この課税要件法定主義は、厳格に解される必要がある。

　この課税要件法定主義については、実務上、法律が政令や省令等に一定の委任をすることがこの課税要件法定主義に違反するかどうかという形で問題となることが多い。

　この点について、大阪高判昭和43年6月28日行集19巻6号1130頁は、「租税法律主義の原則から、法律が命令に委任する場合には、法律自体から委任の目的、内容、程度などが明らかにされていることが必要であり、損金益金への算入不参入といつた課税要件について、法律で概括的、白地的に命令に委任することは許されないと解するのが相当である。」と判示し、また、「命令では確認的な規定を設けることはできても創設的な規定は設けられない」と述べている。

　また、東京高判平成7年11月28日行集46巻10・11号1046頁は、「……憲法の趣旨からすると、法律が租税に関し政令以下の法令に委任することが許されるのは、徴収手続の細目を委任するとか、あるいは、個別的・具体的な場合を限定して委任するなど、租税法律主義の本質を損なわないものに限られるものといわねばならない。」と判示し、さらに、「租税法律主義のもとで租税法規を解釈する場合には、ある事項を課税要件として追加するのかどうかについて法律に明文の規定がない場合、通常はその

事項は課税要件ではないと解釈すべきものである。それにもかかわらず、「政令の定めるところによる」との抽象的な委任文言があることを根拠として、解釈によりある事項を課税要件として追加し、政令以下の法令においてその細目を規定することは、租税関係法規の解釈としては、許されるべきものではない。」と述べた。さらに、この判決は、具体的な委任文言の解釈論として、「そして、憲法の租税法律主義がこのようなものである以上、本件の委任文言は、その抽象的で限定のない文言にかかわらず、これを限定的に解釈すべきものであり、追加的な課税要件として手続的な事項を定めることの委任や、解釈により課税要件を追加しその細目を決定することの委任を含むものと解することはできない。」として、法律が政令等に広く委任している場合であっても、追加的な課税要件を定めることになる解釈をすることは、手続的事項も含めて許されないという厳格な態度を示している。

5　課税要件明確主義

　課税要件や租税の賦課・徴収の手続が不明確であると、一般的・白地的に行政機関に委任したのと同様の結果となってしまい、前述のような租税法律主義の本質に反する結果をもたらすことになりかねない。したがって、課税要件や租税の賦課・徴収の手続について、法律により明確に定めておく必要がある。

　この点、租税法規には「不相当に高額」（法人税法34条2項、36条）とか「不適当であると認められる場合」（所得税法18条1項・2項）など、必ずしも一義的に明確ではない不確定概念が用いられることがある。

　このような不確定概念が、法の趣旨・目的を踏まえた解釈によってもその意義が不明確であれば、課税要件明確主義、租税法律主義に反して無効となりえよう。他方で、法の趣旨・目的を踏まえた解釈論により判断基準が明らかになり、租税行政庁の恣意を許すものでない場合には、不確定にみえる文言であっても、課税要件明確主義、租税法律主義に反することにはならないと解することができよう。

この点について、同族会社の行為計算の否認について定めた法人税法132条1項の「法人税の負担を不当に減少させる結果となると認められる」という要件について、札幌高判昭和51年1月13日訟月22巻3号756頁は、「法人税法第132条は「法人税の負担を不当に減少させる結果になると認められるとき」同族会社等の行為計算を否認しうる権限を税務署長に付与しているのであるが、右行為計算否認の規定が、納税者の選択した行為計算が実在し私法上有効なものであつても、いわゆる租税負担公平の原則の見地からこれを否定し、通常あるべき姿を想定し、その想定された別の法律関係に税法を適用しようとするものであることにかんがみれば、右の「法人税の負担を不当に減少させる結果になると認められる」か否かは、もつぱら経済的、実質的見地において当該行為計算が純粋経済人の行為として不合理、不自然なものと認められるか否かを基準として判定すべきものと解される。一般に、かかる場合の判定基準は、法律上できる限り具体的、個別的、一義的に規定しておくことが望ましいのではあるが、複雑多岐にして激しく変遷する経済事象に対処しうるような規定を設けることは極めて困難であるから、法人税法が前記程度の規定をおいたにとどまることもやむをえないところであつて、これをもつて、いわゆる租税法律主義を宣明し、租税を創設し改廃するのはもとより、納税義務者、課税標準、納税の手続は、すべて法律に基づいて定められなければならない旨規定する憲法第84条に違反するものということはできない。」と判示している。

　なお、この高裁判決に対しては、上告がされたが、最二判昭和53年4月21日訟月24巻8号1694頁は、「法人税法132条の規定の趣旨、目的に照らせば、右規定は、原審が判示するような客観的、合理的基準に従つて同族会社の行為計算を否認すべき権限を税務署長に与えているものと解することができるのであるから、右規定が税務署長に包括的、一般的、白地的に課税処分権限を与えたものであることを前提とする所論違憲の主張は、その前提を欠く。原判決に所論の違法はなく、論旨は採用することができない。」として、上告を棄却した。

6　合法性の原則

　上記のような租税法律主義の考え方からすれば、国民の代表者が定めた法律により決められた課税要件が充足されている限り、租税行政庁にはそれらを減免する自由はなく、法律で定められたとおりの税額を徴収しなければならないことになる。これが「合法性の原則」である。合法性の原則により、実質的には、税負担の公平性が維持でき、また不正な行為が行われることを防ぐことができることになる。

　最三判平成22年7月6日集民234号181頁は、自動車の所有者が脅迫されて当該自動車を他人に引き渡したためにこれを利用し得ないという状況になり、自動車も行方不明となったため、自動車税の減免を申し立てたが却下された事案について、「課税庁による恣意を抑制し、租税負担の公平を確保する必要性にかんがみると、課税の減免は、法律又はこれに基づく命令若しくは条例に明確な根拠があって初めて行うことができるというべきである。」として、地方税法162条及びこれを受けて定められた愛知県県税条例72条の減免事由に該当しないとして、請求を認めた原審の判断を破棄し、減免申請を却下した処分に違法はないと判示した。

Ⅳ　租税法の法源

　租税法の法源として実務上問題となるのは、前述した法律から政令や省令等に委任された場合の問題のほか（Ⅲ4参照）、通達との関係がある。

　すなわち、通達とは、国家行政組織法14条2項に定めがあるが、これに限らず、一般に、上級行政機関が、その機関の所掌事務について下級行政機関に対し文書で命令することをいう。租税行政の分野においては、解釈や取扱いの統一性を確保するなどの要請から、多くの通達が発せられている。しかしながら、通達は、行政機関内部における命令にすぎず法規ではなく、租税法の法源とはならない。

　この点について、最二判昭和33年3月28日民集12巻4号624頁は、「なお、論旨は、通達課税による憲法違反を云為しているが、本件の課税

がたまたま所論通達を機縁として行われたものであつても、通達の内容が法の正しい解釈に合致するものである以上、本件課税処分は法の根拠に基づく処分と解するに妨げがなく、所論違憲の主張は、通達の内容が法の定めに合致しないことを前提とするものであつて、採用し得ない。」と判示し、通達が課税処分の法的根拠となり得ないことを当然の前提としつつ、通達を機縁としてされた課税処分であっても、それが法の正しい解釈に合致するものであれば、それは法の根拠に基づく処分であるから問題ないという判断を示した。

なお、租税行政実務は当然のことながら通達にしたがって行われているが、通達は課税処分等が適法か違法かを決する法規範とはなり得ないのであるから、課税処分取消訴訟などにおいては、通達の存在や内容は審理の対象とはならず、まさに法源となる租税法規の解釈論が焦点となる。すなわち、通達による租税行政実務が確立している分野であっても、法律との齟齬があれば、通達による解釈に基づいて行われた課税処分は違法となるのであって、ここに法解釈論のプロとしての法律実務家の大きな活躍の場がある。

解釈通達等にしたがって更正処分がされ、その取消しが認められたような事案の多くはこの範疇に入るもので、そのような事案としては、最三判平成22年7月6日民集64巻5号1277頁など多数のものがある。

V 租税法の解釈指針

1 租税法規の解釈の基本的な考え方

前記Ⅲで述べたような租税法律主義の本質的な考え方や、合法性の原則にかんがみれば、租税法規の解釈においては、納税者の有利不利にかかわらず、その文言から明らかにされる通常の意味を、拡張したり縮小したりして解釈すること、あるいは類推適用することは基本的に許されないと解されている。

この点について、最二判昭和48年11月16日民集27巻10号1333

頁は、不動産取得税が非課税とされる場合を定めた地方税法の規定につき、「地方税法73条の7第3号は信託財産を移す場合における不動産の取得についてだけ非課税とすべき旨を定めたものであり、租税法の規定はみだりに拡張適用すべきものではないから、譲渡担保による不動産の取得についてはこれを類推適用すべきものではでない。」と判示し、また、最三判平成22年3月2日民集64巻2号420頁は、所得税法施行令322条について、「「期間」とは、ある時点から他の時点までの時間的隔たりといった、時的連続性を持った概念であると解されているから、施行令322条にいう「当該支払金額の計算期間」も、当該支払金額の計算の基礎となった期間の初日から末日までという時的連続性を持った概念であると解するのが自然であり、これと異なる解釈を採るべき根拠となる規定は見当たらない。

原審は……のとおり判示するが、租税法規はみだりに規定の文言を離れて解釈すべきものではなく、原審のような解釈を採ることは、上記のとおり、文言上困難であるのみならず、ホステス報酬に係る源泉徴収制度において基礎控除方式が採られた趣旨は、できる限り源泉所得税額に係る還付の手数を省くことにあったことが、立法担当者の説明等からうかがわれるところであり、この点からみても、原審のような解釈は採用し難い。」と判示している。

このような基本的な解釈指針については、最三判平成9年11月11日集民186号15頁の物品税法（昭和63年法律108号により廃止）における「普通乗用自動車」、最二判平成18年6月19日集民220号539頁の当時の地方税法における「炭化水素とその他の物との混合物」、最二判平成23年2月18日集民236号71頁の贈与税における「住所」（後記2参照）など、多数の事件において当然の前提とされている。

2　借用概念と固有概念

租税法規が用いている用語には、租税法固有のものと他の法分野で用いられているものとがある。後者は借用概念といわれているが、借用概念に

ついては、他の法分野で用いられている意義と同じものとして考えるべきかどうかという問題がある。

この点については、相続税法（平成15年法律第8号による改正前のもの）1条の2が、贈与により取得した財産が国外にある場合には、受贈者が当該贈与を受けた時において「国内に住所を有すること」を当該贈与についての贈与税の課税要件としていたところ、前掲最二判平成23年2月18日は、原審が、受贈者は、贈与税回避を可能にする状況を整えるために香港に出国するものであることを認識し、国内での滞在日数が多くなりすぎないよう滞在日数を調整していたと認められるから、香港での滞在日数と国内での滞在日数を形式的に比較してその多寡を主要な考慮要素として「住所」を判断するのは相当ではないとして、贈与時の生活の本拠は国内にあったとして受贈者は贈与税の納税義務を負うと判断をしたのに対し、「法（相続税法（平成15年法律第8号による改正前のもの）1条の2によれば、贈与により取得した財産が国外にあるものである場合には、受贈者が当該贈与を受けた時において国内に住所を有することが、当該贈与についての贈与税の課税要件とされている（同条1号）ところ、ここにいう住所とは、反対の解釈をすべき特段の事由はない以上、生活の本拠、すなわち、その者の生活に最も関係の深い一般的生活、全生活の中心を指すものであり、一定の場所がある者の住所であるか否かは、客観的に生活の本拠たる実体を具備しているか否かにより決すべきものと解するのが相当である」と判示した。そして、「一定の場所が住所に当たるか否かは、客観的に生活の本拠たる実体を具備しているか否かによって決すべきものであり、主観的に贈与税回避の目的があったとしても、客観的な生活の実体が消滅するものではないから、上記の目的の下に各滞在日数を調整していたことをもって、……本件香港居宅に生活の本拠たる実体があることを否定する理由とすることはできない。このことは、法が民法上の概念である「住所」を用いて課税要件を定めているため、本件の争点が上記「住所」概念の解釈適用の問題となることから導かれる帰結であるといわざるを得ず、……このような方法による贈与税回避を容認することが適当でないというのであれば、法の解釈では限界があるので、そのような事態に対応できるような立

法によって対処すべきものである。」と述べた。

このように他の法分野で用いられている用語を借用して課税要件としている場合には、基本的に他の法分野におけるのと同じ意義に解すべきであることを明確にした。

Ⅵ 租税回避とその否認[2]

1 問題点

一般に、私的経済取引の世界では合理的理由がないのに、通常用いられない法形式を選択することによって、結果的には意図した経済的目的ないし経済的成果を実現しながら、通常用いられる法形式に対応する課税要件の充足を免れ、もって税負担を減少させあるいは排除することを「租税回避」という。

このように、通常は使わない異常というべき法形式を用いることで、経済的目的は達成しながらも租税の支払いを免れるということは、租税平等（公平）主義の見地からはもとより、法律実務家としての素朴な正義感、公平感からも、不当な脱税として許しがたいという感情が生じるであろう。そこで、このような租税回避行為を否認すること、すなわち、当事者が用いた法形式ではなく、通常用いられる法形式に対応する課税要件が充足されたものとして取り扱うことができないかという問題が生じる。

この点については、一方で租税法律主義との関係、他方で私的自治との関係において、素朴な正義感と必ずしも相容れないハードルがある。

2 租税法律主義との関係

そもそも、同族会社の行為又は計算についての否認規定（所得税法157条1項、法人税法132条1項、相続税法64条1項等）や法人組織再編成に

---

[2] 金子・租税法121頁以下、水野・租税法25頁以下、谷口・税法59頁以下参照。

かかる行為又は計算の否認規定（所得税法157条4項、法人税法132条の2、相続税法64条4項等）などのように、一定の要件を満たせば租税回避行為を否認して更正又は決定ができるという法律の根拠があれば、租税回避行為を否認することができることは明らかである。

しかしながら、そのような法律上の規定がないにもかかわらず、租税行政庁や裁判所が租税回避行為を否認することは租税法律主義に反するのではないかという問題がある。

この点について、正面から判示した最高裁判例はまだないが、租税回避行為の否認を一般的に認めたドイツ租税通則法42条（特に2007年改正前）のような規定が存在しない我が国においては、租税法律主義のハードルを正面から跳び越えるのはなかなか困難であると考えられている[3]。

3 私的自治との関係

本来、私的自治の原則あるいは契約自由の原則が支配する私法の世界では、ある経済的目的や経済的成果を実現するために、いかなる法形式を用いるか、いかなる契約を締結するかは本来自由である。そして、租税法は、そのようにして行われた私的経済活動を前提として、ある課税要件を充たす場合に一定の効果が生じるという構成がされている。そうすると、当事者が私的自治の原則あるいは契約自由の原則の下で選択し、その経済的効果を享受している内容について、何故、租税行政庁や裁判所が、それを否定することができるのかという問題である。

この点については、東京高判平成11年6月21日高民集52巻26頁は、「取引における当事者間の真の合意が……であるのに、……の合意があったものと仮装したという場合であれば、……課税を行うに当たっては、右の隠ぺいされた真の合意において採用されている契約類型を前提とした課税が行われるべきことはいうまでもないところである。しかし、本件取引にあっては、……本件取引において採用された右売買契約の法形式が仮装

---

[3] 金子・租税法125頁、水野・租税法26頁以下、谷口・税法69頁以下参照。

のものであるとすることは困難なものというべきである。」と判示している。

4　最高裁の裁判例

　最三判平成18年1月24日集民219号285頁（いわゆるオウブンシャホールディング事件）は、親会社が子会社に新株の有利発行をさせて、親会社の保有する子会社株式に表章された資産価値を上記発行を受けた関連会社に移転させたことが親会社の益金の額の計算において、法人税法22条2項にいう「取引」に当たると判断し、実質的には否認を認めたのと同様の結果を示した。だが、これは、上記の2及び3のいずれかのハードルを超えたものではなく、単に法人税法22条2項の文言の解釈論において上記のような結論に達したものといえよう。

　また、最二判平成17年12月19日民集59巻10号2964頁は、我が国の銀行が、本来は外国法人が負担すべき外国法人税（外国の法令により課される法人税に相当する税）について、法人税法（平成10年法律第24号による改正前のもの）69条の定める外国税額控除の対象とすることは、外国税額控除制度を濫用し税負担の公平を著しく害するものとして許されないとした。最一判平成18年2月23日集民219号491頁も同様の判断を示している。これらについては、外国税額控除制度の趣旨・目的に照らして、規定の限定解釈を行ったものであり、法律上の根拠なく否認を認めたものではないと解することができよう。この点は、「正当な事業目的の法理（proper business purpose doctrine）」を確立したとされる米国の著名なグレゴリー事件判決（Gregory v. Helvering, 293 U.S. 465 (1935)）が、租税回避行為の否認をすることなく、それと同じ結果に到達したこともまた参考になろう。

　そして、最三判平成18年1月24日民集60巻1号252頁（いわゆる映画フィルムリース事件）は、投資家による民法上の組合が、他者から購入した映画を同日第三者と配給契約を締結してこれにリースし、映画の減価償却費を損金処理することによって法人税の負担軽減を図った事案につ

いて、「本件組合は、本件売買契約により本件映画に関する所有権その他の権利を取得したとしても、本件映画に関する権利のほとんどは、本件売買契約と同じ日付で締結された本件配給契約により〇社に移転しているのであって、実質的には、本件映画についての使用収益権限及び処分権限を失っているというべきである。……本件映画は、本件組合の事業において収益を生む源泉であるとみることはできず、本件組合の事業の用に供しているものということはできないから、法人税法（平成13年法律第6号による改正前のもの）31条1項にいう減価償却資産に当たるとは認められない。」と判示し、売買契約やリース契約の有効性についての判断ではなく、法人税法の「減価償却資産」の解釈とそれについての事実認定によって、租税回避の否認と同じ結果に到達している。

　このように、租税回避及びその否認は、上記のような基本原則は踏まえつつも様々な考慮が求められる分野であって、法律実務家として興味深い世界の1つである（なお、第14講参照）。

参考文献

- 金子・租税法。
- 水野・租税法。
- 谷口・税法。
- 増井良啓『租税法入門』（有斐閣、2014）。
- 中里実ほか編『租税法概説』（有斐閣、2011）。
- 金子宏ほか編著『ケースブック租税法〔第4版〕』（弘文堂、2013）。
- 増井良啓＝宮崎裕子『国際租税法〔第2版〕』（東京大学出版会、2011）。

第6講
所得税

定塚　誠

I　はじめに

本稿においては、まず、所得税に関する行政訴訟の実務において重要事項と思われる点を概観した上で、所得税をめぐる訴訟において論点とされる事項や問題となることが多い事項などについて、裁判例を中心に概観してみる。

II　所得税に関する訴訟について

所得税をめぐる行政訴訟は、その大部分が処分取消訴訟である。そこで以下、処分取消訴訟について、実務上問題となる点をみていくことにする。

1　訴訟物[1]

課税処分取消訴訟の訴訟物に関しては、従前より「総額主義」と「争点主義」の2つの考え方がある。

すなわち、当該課税処分によって確定された税額の適否が審理の対象であり、確定された税額が総額において租税法規によって客観的に定められ

---

1) 司法研修所編『租税訴訟の審理について〔改訂新版〕』88頁以下（法曹会、2002）、中尾巧『税務訴訟入門〔第5版〕』199頁以下（商事法務、2011）参照。

た税額を上回らなければ適法であると考える「総額主義」と、当該課税処分において税務署長が現実に認定した理由に基づく税額の適否が審理の対象であり、税務署長が処分時に認定した理由に誤りがあれば、確定された税額が客観的な税額を下回っていても違法であると考える「争点主義」である。

　この点につき、最三判平成4年2月18日民集46巻2号77頁は、「課税処分の取消訴訟における実体上の審判の対象は、当該課税処分によって確定された税額の適否であり、課税処分における税務署長の所得の源泉の認定等に誤りがあっても、これにより確定された税額が総額において租税法規によって客観的に定まっている税額を上回らなければ、当該課税処分は適法というべきである。」と判示し、「総額主義」を採用することを明示しており、裁判実務は「総額主義」によって行われている。

2　処分性と訴訟形態

　国税通則法16条1項は、納税義務の確定の方式として、①申告納税方式と②賦課課税方式を定めている。申告納税方式とは、納税義務が、納税者の申告行為により確定することを原則とし、その申告がない場合又はその申告が正しくない場合に、税務官庁の処分により確定する方式をいい、所得税に関しては基本的に申告納税方式が採用されている。

　納税申告がされたが、その課税標準や税額等が法律に従っていなかったときは、更正処分がされる（国税通則法24条）。納税申告がされない場合には、税務官庁が決定によって課税標準や税額等を確定する（同法25条）。また、更正処分や決定がされた場合に、これを変更するためには、再更正が行われる（同法26条）。

　実務上、所得税をめぐる争いは、この更正処分、決定及び再更正についての処分取消訴訟及び無効確認訴訟が多数を占める。納税申告は、納税義務を確定させるなど公法上の効果を生じさせる行為ではあるが、私人の行為であって行政処分ではないから取消訴訟の対象とはならない（最二判昭和42年5月26日訟月13巻8号990頁）。

なお、納付した税金が法律上の原因を欠いており、不当利得であるとしてその返還を求める訴訟がされることがある。この点については、納付された税金が、その前提となる租税債務がないのであれば納税者に返還されるべきであるが、それは国税通則法56条に定める過誤納金にほかならず、この過誤納金に関する規定は民法の不当利得の特則を定めたもので、民法の不当利得の規定を排除するものであって、いきなり民法の不当利得返還請求をすることはできないと考えるのが一般的である（最一判昭和52年3月31日訟月23巻4号802頁参照）。

3　訴えの利益（訴えの対象）

　訴えの利益（訴えの対象）をめぐって問題になることが多いのは、再更正（国税通則法26条）がされた場合である[2]。

(1)　増額再更正について

　更正処分や決定がされた後に、増額再更正がされた場合、そもそも増額再更正は、更正・決定によって確定した税額の脱漏部分を追加するものにすぎず、更正・決定という処分と増額再更正に係る追加部分の処分の両者で一個の納税義務を確定させると解するいわゆる「併存説」と、増額再更正は、当該納税者の納付すべき税額を全体として見直し、更正・決定に係る税額を含めて全体としての税額を確定させる処分であると解するいわゆる「吸収説」がある。
　この点、最一判昭和32年9月19日民集11巻9号1608頁は、「政府は課税価格の更正後その更正した課税価格について脱漏あることを発見したときは調査により課税価格を更正することができるものであつて、……再びなされた課税価格の更正によつて当初なされた更正は当然消滅に帰したものと解しなければならない。何故ならば再更正は当初の更正をそのまゝとして脱漏した部分だけを追加するものでなく、再調査により判明した

---

[2]　司法研修所編・前掲注1) 41頁以下、中尾・前掲注1) 157頁以下参照。

結果に基いて課税価格を決定したものだからである。」とした原審の判断は当審においてもこれを是認することができるとして吸収説を採ることを明らかにした。

吸収説によれば、更正・決定の後に増額再更正がされた場合には増額再更正処分のみが取消訴訟の対象となり、更正・決定の取消しを求める訴えは、訴えの利益がなく不適法として却下されることになる（この点、最三判昭和 42 年 9 月 19 日民集 21 巻 7 号 1828 頁は、「第一次更正処分の取消を求めるにすぎない本件訴は、第二次更正処分の行なわれた時以降、その利益を失うにいたつたものというべく……」と判示している。）。

(2) 減額再更正について

他方で、減額再更正がされた場合については、最二判昭和 56 年 4 月 24 日民集 35 巻 3 号 672 頁が、「申告に係る税額につき更正処分がされたのち、いわゆる減額再更正がされた場合、右再更正処分は、それにより減少した税額に係る部分についてのみ法的効果を及ぼすものであり（国税通則法 29 条 2 項）、それ自体は、再更正処分の理由のいかんにかかわらず、当初の更正処分とは別個独立の課税処分ではなく、その実質は、当初の更正処分の変更であり、それによつて、税額の一部取消という納税者に有利な効果をもたらす処分と解するのを相当とする。」と判示している。

したがって、減額再更正処分に対する取消訴訟は訴えの利益はなく、不適法として却下されることになり、納税者は、専ら減額再更正がされる前の更正・決定の取消しを求めて訴訟をすることになる。

4　立証責任と審理の実情

一般に取消訴訟の立証責任の分配については諸説ある[3]が、所得税に関する取消訴訟については、収入金額はもとより必要経費についても、被告側（処分行政庁側）が立証責任を負うと解するのが一般的である。この

---

3) 実務的研究 170 頁以下参照。

点につき、最三判昭和38年3月3日訟月9巻5号668頁は、「所得の存在及びその金額について決定庁が立証責任を負うことはいうまでもないところである。」としている。なお、手続上の適法性についても、被告側が立証責任を負うと考えられる。そして、この基本的な考え方は、推計課税・実額反証の場合であっても異なることはなかろう。

　もちろん、実際の実務においては、被告側で更正処分や決定をした理由について資料を提出して具体的に主張立証しているにもかかわらず、原告側がたとえば必要経費の内容や額など、原告の支配領域内で行われ、その認識や資料収集も比較的容易な事象について具体的に主張立証しないのであれば、その必要経費の不存在が事実上推定されるということになろう。

　東京地裁の実務においては、まず、訴状において当該課税処分が違法であると主張する理由について原告側から具体的な指摘がされ、被告側では、その点を中心に、通常は第2回口頭弁論期日までに、具体的な主張と書証が提出されることになる。そして、原告側は、それらの内容を見て、第3回期日までに、これに対する反論や反証を行い、また、訴状で違法事由として指摘したもの以外にも指摘したい違法事由があれば、その点を主張することになる。新たな主張立証がなければ、この段階で終結して判断することが可能になる。この点については、第1講のⅡ5を参照されたい。

5　処分理由の差替え

　取消訴訟の訴訟物は、当該行政処分の違法性一般であると解されているところ、前記Ⅱ1で述べたとおり、所得税に関する更正処分や決定に対する取消訴訟の訴訟物を「争点主義」ではなく「総額主義」として捉えるならば、更正や決定によって確定された税額が、租税法規によって客観的に定められた税額を総額において上回らないことを基礎付ける事実上及び法律上の主張は、税務署長が現実に認定した理由であるか否かにかかわらず、訴訟において主張立証することができることになろう（いわゆる非制限説）。

この点については、最二判昭和36年12月1日集民57号17頁は、「上告会社の所得申告を更正するに際し、原判決が採用した所論の資料によつたものでないことは論旨のとおりである。しかし、その処分が、その後の資料によつて客観的に正当であれば、右更正を違法ということはできないのであつて論旨は理由がない。」と判示した。

　なお、青色申告（所得税法2条1項40号、143条以下）の更正について、最三判昭和56年7月14日民集35巻5号901頁は、「一般的に青色申告書による申告についてした更正処分の取消訴訟において更正の理由とは異なるいかなる事実をも主張することができると解すべきかどうかはともかく、」と留保しつつ、当該事案において「被上告人に本件追加主張の提出を許しても、右更正処分を争うにつき被処分者たる上告人に格別の不利益を与えるものではないから、……被告上告人が本件追加主張を提出することは妨げないとした原審の判断は、結論において正当として是認することができる。」としている。この点は、青色申告の場合に理由付記の特例（同法155条2項）があることなどを考慮して、留保を付けたものと思われるが、平成5年の行政手続法の制定により、白色申告であっても不利益処分には理由の提示が原則として義務付けられた（同法8条1項、14条1項）ことにかんがみれば、ことさら青色申告の場合について白色申告の場合と異なる取扱いをすべきかどうかについては議論があろう。

III 所得税をめぐる問題点

　実体上の問題点について、実務上重要と思われる点につき、裁判例を中心に概観する。

1　所得の意義

(1)　包括的所得概念

　所得税の課税物件である「所得」が何を意味するかについては、様々な歴史的政策的背景があるが、我が国の所得税法は、シャウプ勧告に基づく

昭和25年の税制改革以降、利子所得から一時所得までの9種類の所得のいずれにも該当しない所得についても「雑所得」という項目を設けて拾い上げ課税の対象としており（同法35条）、いわゆる包括的所得概念、すなわち、源泉のいかん、形式のいかん、合法性の有無にかかわらず、人の担税力を増加させる利得は、原則として全て所得を構成するという考え方を採用していると解されている[4]。

(2) 違法な所得

包括的所得概念の下では、その課税の原因となった行為が違法であっても、それが担税力を増加させる利得であれば、所得として課税されることになる。この点、最三判昭和38年10月29日集民68号529頁は、「おもうに、税法の見地においては、課税の原因となつた行為が、厳密な法令の解釈適用の見地から、客観的評価において不適法・無効とされるかどうかは問題でなく、税法の見地からは、課税の原因となつた行為が関係当事者の間で有効のものとして取り扱われ、これにより、現実に課税の要件事実がみたされていると認められる場合であるかぎり、右行為が有効であることを前提として租税を賦課徴収することは何等妨げられないものと解すべきである。」と判示している。

そして、最三判昭和46年11月9日民集25巻8号1120頁は、利息制限法による制限超過の利息・損害金として支払いがされた金員は弁済の効力を生ぜず、制限超過部分は元本に充当されること（最大判昭和39年11月18日民集18巻9号1868頁）を前提としつつ、貸主が受領した制限超過の利息・損害金について、「課税の対象となるべき所得を構成するか否かは、必ずしも、その法律的性質いかんによつて決せられるものではない。当事者間において約定の利息・損害金として授受され、貸主において当該制限超過部分が元本に充当されたものとして処理することなく、依然として従前どおりの元本が残存するものとして取り扱つている以上、制限

---

[4] 金子・租税法179頁以下、水野・租税法137頁以下、谷口・税法187頁以下参照。

超過部分をも含めて、現実に収受された約定の利息・損害金の全部が貸主の所得として課税の対象となるものというべきである。」と判示している。また、商法に反する違法な配当について、最二判昭和 35 年 10 月 7 日民集 14 巻 12 号 2420 頁は、旧所得税法の利益配当に含まれる旨判示している。

(3) 非課税所得

包括的所得概念からすれば、本来は課税の対象となる所得であるが、理論的、政策的考慮や執行上の考慮から法律の明文の規定によって課税所得から除外されるものがある。費用弁償的な性質を持つ給与所得者の通勤手当（所得税法 9 条 1 項 5 号）や旅費（同項 4 号）、損害の回復・補填の性質を持つ損害賠償金や保険金（同項 17 号）などをはじめ、その多くは所得税法 9 条 1 項に列記されている。実務上、これらの条項に列記された概念に該当するか否かをめぐって争いになることが少なくないが、その場合には、それが非課税とされた趣旨、すなわちいかなる理論的、政策的、あるいは執行上その他の考慮に基づいて設けられたのかという立法趣旨を探求することが、非課税条項の解釈と適用において重要な意味を持つ。

この点、たとえば最三判平成 22 年 7 月 6 日民集 64 巻 5 号 1277 頁は、非課税所得として規定された所得税法（平成 22 年法律第 6 号による改正前のもの）9 条 1 項 15 号の「相続、遺贈又は個人からの贈与により取得するもの（相続税法……の規定により相続、遺贈又は個人からの贈与により取得したものとみなされるものを含む。）」という条項について、「所得税法 9 条 1 項は、その柱書きにおいて「次に掲げる所得については、所得税を課さない。」と規定し、その 15 号において「相続……」を掲げている。同項柱書きの規定によれば、同号にいう「相続、遺贈又は個人からの贈与により取得するもの」とは、相続等により取得し又は取得したものとみなされる財産そのものを指すのではなく、当該財産の取得によりその者に帰属する所得を指すものと解される。そして、当該財産の取得によりその者に帰属する所得とは、当該財産の取得の時における価額に相当する経済的価値にほかならず、これは……相続税又は贈与税の課税対象となる経済的価値

に対しては所得税を課さないこととして、同一の経済的価値に対する相続税又は贈与税と所得税との二重課税を排除したものであると解される。」と判示した上で、具体的な事案について検討している。

2　納税義務者・課税単位

　我が国の所得税法は、「居住者」（所得税法5条1項）と「非居住者」（同条2項）という「個人」を納税義務者（課税単位）として、各個人の所得について税額を算定することとしている（同法21条、164条）。

　すなわち、我が国の所得税法は、個人を単位として、その個人の所得に課税するという方式を採用しており、家族を単位としたり夫婦を単位としたりする方式を採用していない。

　いかなる課税単位主義を採用するかは立法政策の問題であり、最大判昭和36年9月6日民集15巻8号2047頁は、上告人が、配偶者の一方名義で取得した財産は他方配偶者の協力の下で得たものであるから、夫婦の各自に2分の1ずつ帰属すると解すべきで、配偶者の一方名義で課税する所得税法は憲法24条に違反するとした主張につき、違憲ではないとして退けている。

3　所得の帰属——実質所得者課税の原則

　所得税法12条は、「資産又は事業から生ずる収益の法律上帰属するとみられる者が単なる名義人であつて、その収益を享受せず、その者以外の者がその収益を享受する場合には、その収益は、これを享受する者に帰属するものとして、この法律の規定を適用する。」と規定している。これが「実質所得者課税の原則」といわれているものである。同条で収益の帰属主体とされる「これ（収益）を享受する者」については、経済的にみて「収益を享受する者」と解する考え方（経済的帰属説）もあるが、そもそも課税が、私的自治の原則に基づいて形成される私法上の法律行為の効果を前提としてされるものであることなどを考慮し、法律的にみて、単なる名

義人ではなく真の法律上（私法上）の権利者をここにいう「収益を享受する者」と解する（法律的帰属説）のが通説的な見解である[5]。

この点については、最二判昭和37年3月16日集民59号393頁は、「収入が何人の所得に属するかは、何人の勤労によるかではなく、何人の収入に帰したかで判断される問題である。原判決の認定するところによれば、上告人Dの長男が上告人方の農業の経営主体で同人の業として農業が営まれているとは認められず、上告人が経営主体であつたと推認できるというのであるから、本件農業による収入は上告人に帰したものと解すべきである。」と判示している。また、課税要件の根幹についての重大な瑕疵があるという事案について、譲渡所得の課税処分を当然無効としたことで著名な最一判昭和48年4月26日民集27巻3号629頁は、上告人らは、対象不動産を「所有したことがなく、その真の譲渡人はDであり、したがつて、譲渡所得はほんらい同人に帰属し、上告人らについては全く発生していないのであるから、本件課税処分は、譲渡所得の全くないところにこれがあるものとしてなされた点において、課税要件の根幹についての重大な過誤をおかした瑕疵を帯有するものといわなければならない。」と判示している。

4　所得の年度帰属

(1)　権利発生主義、権利確定主義

ある所得がいつの年度に帰属すると解すべきかは、現実の収入の時点（現金主義）、所得が発生した時点（発生主義）など様々な考え方がある。

この点につき、所得税法36条1項は、「その年分の各種所得の金額の計算上収入金額とすべき金額又は総収入金額に算入すべき金額は、別段の定めがあるものを除き、その年において収入すべき金額（金銭以外の物又は権利その他経済的な利益をもつて収入する場合には、その金銭以外の物又は権利その他経済的な利益の価額）とする。」と定め、「その年において収入す

---

[5]　金子・租税法166頁以下、谷口・税法245頁参照。

べき金額」という文言を用いている。この「その年において収入すべき金額」という文言につき、最二判昭和49年3月8日民集28巻2号186頁は、旧所得税「法10条（筆者注：現行所得税法36条）が、右期間中の総収入金額又は収入金額の計算について、「収入すべき金額による」と定め、「収入した金額による」としていないことから考えると、同法は、現実の収入がなくても、その収入の原因たる権利が確定的に発生した場合には、その時点で所得の実現があつたものとして、右権利発生の時期の属する年度の課税所得を計算するという建前（いわゆる権利確定主義）を採用しているものと解される。」と判示し、「この建前のもとにおいては、一般に、一定額の金銭の支払を目的とする債権は、その現実の支払がされる以前に右支払があつたのと同様に課税されることとなるので、課税後に至りその債権が……回収不能となつた場合には、現実の収入がないにもかかわらず課税を受ける結果となることを避けられない。……」とし、続けてその場合の救済についても述べている。このように、最高裁判決は、所得税法は、権利発生主義の中の権利確定主義を採用していると解している（最二判昭和40年9月8日刑集19巻6号630頁、最二判昭和53年2月24日民集32巻1号43頁、最一判平成5年11月25日民集47巻9号5278頁も同旨）。

(2) 管理支配基準

権利確定主義といっても、実務上、具体的な事案においてはいつの時点をもって権利が確定したというのか難しい場面もある。

この点については、最高裁は、所得が実現されたか、すなわち納税者の管理支配下に入ったかどうかという視点も考慮しているようである。

すなわち、最二判昭和53年2月24日民集32巻1号43頁は、賃料増額請求をした賃料債権や契約解除後の賃料相当損害金の支払、さらには仮執行宣言に基づく給付について、所得税法が権利確定主義を採用した趣旨を述べた上で、「増額賃料債権又は契約解除後の賃料相当の損害賠償請求権についてなお係争中であつても、これに関しすでに金員を収受し、所得の実現があつたとみることができる状態が生じたときには、その時期の属する年分の収入金額として所得を計算すべきものであることは当然であ

り、この理は、仮執行宣言に基づく給付として金員を取得した場合についてもあてはまるものといわなければならない。」と判示した。また、最一判昭和60年4月18日訟月31巻12号3147頁は、農地の譲渡契約を締結した年に、各譲渡代金の全額を収受した上、その収入金額を譲渡所得の総収入金額に算入して、同年分の所得税の確定申告をした事案について、同年中に農地法所定の知事の許可がされていなくても、同年中に譲渡所得の実現があつたものとして、右収受した代金に対し課税することができる旨判示した。

5　必要経費

(1)　個別対応の必要経費と一般対応の必要経費

実務上、必要経費をめぐる争いは少なくない。

必要経費について、所得税法37条1項は、「……所得の総収入金額に係る売上原価その他当該総収入金額を得るため直接に要した費用の額及びその年における販売費、一般管理費その他これらの所得を生ずべき業務について生じた費用（償却費以外の費用でその年において債務の確定しないものを除く。）の額とする。」と定める。

一般に、前半の「売上原価その他当該総収入金額を得るため直接に要した費用」は、「個別対応（直接対応）の必要経費」、後半の「その年における販売費、一般管理費その他これらの所得を生ずべき業務について生じた費用」は、「一般対応（間接対応）の必要経費」といわれる。一般対応の必要経費は、原価を構成しない費用であり、人件費、広告宣伝費、運搬費、旅費、賃借料、光熱費、通信費、販売手数料、修繕費、公租公課、減価償却費など多様なものが含まれる。

(2)　必要経費の年度帰属──費用収益対応の原則、債務確定主義

条文をよく見ると、前半の個別対応の必要経費は「直接に要した」となっており、後半の一般対応の必要経費は、「その年における」という文言が用いられている。そもそも必要経費の控除は、投下資本を維持しつつ

拡大再生産を図るという資本主義経済の要請下において、投下資本の回収に当たる部分には課税しないというものであり、ある年度の収入が決まれば、その収入に対応する必要経費が控除されるべきことになる（費用収益対応の原則）。ここで、必要経費の年度帰属が問題となるが、「直接に要した」ことを求める個別対応の必要経費は、特定の収入との対応関係が明らかにできるので困難は少ない。問題は、一般対応の必要経費であるが、この場合は、「その年における」とされており、収入を得た年度（期間）に対応する年度（期間）における経費を対応させることで、形式的に費用収益対応の原則を適用させている。

そして、所得税法37条1項後半の括弧書は、「（償却費以外の費用でその年において債務の確定しないものを除く。）」と規定し、資産価値の減少を費用と擬制して控除する償却費（減価償却資産の減価償却費、繰延資産の償却費）を除き、「その年において債務の確定したもの」をその年の必要経費とすることを明らかにしている（債務確定主義）。

(3) 家事費及び家事関連費

所得税の必要経費をめぐって争いになるものに、家事費及び家事関連費がある。すなわち所得税法45条1項1号は、「家事上の経費及びこれに関連する経費で政令で定めるもの」は、必要経費に算入しない旨定め、所得税法施行令96条は、不動産所得、事業所得等一定の所得に関して、業務の遂行上必要であり、その部分を明らかに区分することができる場合など、一定の場合を除いて必要経費であることを否定している。

すなわち、個人は、収入を得る主体であると同時に消費活動の主体であるところ、消費のための支出である「家事費」が、収入を得るための支出である必要経費に混入することは許されない。また、たとえば店舗付き住宅の家賃など「家事上の経費に関連する経費」、いわゆる「家事関連費」についても白色申告と青色申告の場合に分けて厳格な要件を充たした場合に必要経費性を認めることとしている（同法施行令96条1号・2号）。

6　各区分所得について

(1)　課税標準と税額計算

　所得税の課税標準及び税額の計算については、所得税法21条、22条がその方法について定めている。すなわち、①まず、所得を10の所得に区分し（所得税法2条1項21号、第二編第二章第二節第一款参照）、各所得ごとに所得の金額を計算をする（同法21条1項1号）。②この金額を基礎として、損益通算（同法69条）及び損失の繰越控除（同法70条、71条）を行って、総所得金額（退職所得金額、山林所得金額以外のもの。同法22条2項）、退職所得金額及び山林所得金額を計算する（同法21条1項2号、22条3項）。③ここから基礎控除その他の所得控除をして、課税総所得金額、課税退職所得金額及び課税山林所得金額を計算する（同法21条1項3号、87条、89条2項）。④この課税総所得金額、課税退職所得金額又は課税山林所得金額に各税率（同法89条1項）を適用して計算し、所得税の額を算出する（同法21条1項4号）。⑤これらから、配当控除（同法92条）及び外国税額控除（同法95条）を行った後の額が、納付すべき所得税の額となる（同法21条1項5号）。

(2)　各区分所得をめぐる問題

　多数ある論点をカバーするのは不可能なので、それは他書に譲るとして、法律実務家が解釈論を展開する上で役立ちそうなものをいつくか概観してみる。いずれにしても、租税法の問題点については、この分野は「租税法律主義」が支配している世界であり、心ある法律実務家が得意とする立法趣旨・制度趣旨を踏まえた条文の解釈論と事例へのあてはめによって結論が導かれるという純粋な世界である。したがって、裁判例や解説書等でしっかり基礎を押さえておけば、初めての事例に出会っても臆することはない。むしろ、法律実務家の腕の奮いどころである。

　　ア　事業所得と給与所得

　所得税法27条1項は、「事業所得とは、農業、漁業、製造業、卸売業、小売業、サービス業その他の事業で政令で定めるものから生ずる所得（山

林所得又は譲渡所得に該当するものを除く。）をいう。」と定め、同法28条1項は、「給与所得とは、俸給、給料、賃金、歳費及び賞与並びにこれらの性質を有する給与（以下この条において「給与等」という。）に係る所得をいう。」と定める。

　弁護士の顧問料収入が、給与所得か事業所得かが争われた事案について、最二判昭和56年4月24日民集35巻3号672頁は、「およそ業務の遂行ないし労務の提供から生ずる所得が所得税法上の事業所得（同法27条1項、同法施行令63条12号）と給与所得（同法28条1項）のいずれに該当するかを判断するにあたつては、租税負担の公平を図るため、所得を事業所得、給与所得等に分類し、その種類に応じた課税を定めている所得税法の趣旨、目的に照らし、当該業務ないし労務及び所得の態様等を考察しなければならない。」と一般論を述べた上で、「……判断の一応の基準として、両者を次のように区別するのが相当である。すなわち、事業所得とは、自己の計算と危険において独立して営まれ、営利性、有償性を有し、かつ反復継続して遂行する意思と社会的地位とが客観的に認められる業務から生ずる所得をいい、これに対し、給与所得とは雇傭契約又はこれに類する原因に基づき使用者の指揮命令に服して提供した労務の対価として使用者から受ける給付をいう。なお、給与所得については、とりわけ、給与支給者との関係において何らかの空間的、時間的な拘束を受け、継続的ないし断続的に労務又は役務の提供があり、その対価として支給されるもので……なければならない。」と判示し、当該顧問料契約の内容を具体的かつ詳細に検討した上で、事業所得であるとした。

　具体的な所得がどの所得区分に当たるかは、基準やあてはめが一人歩きしがちであるが、記憶した基準に漫然と従うと誤る。たとえば使用者による指揮命令に服するものが給与所得であり、独立して職務を営むものが事業所得であるなどと軽々に思い込むと危うい。ちなみに、独立性の高い職務を行う裁判官の報酬も国会議員の歳費も給与所得とされている。

　　イ　退職所得
　所得税法30条1項は、「退職所得とは、退職手当、一時恩給その他の退職により一時に受ける給与及びこれらの性質を有する給与（以下この条

において「退職手当等」という。）に係る所得をいう。」と定める。

　退職所得は、給与所得と同様に累進課税の対象とすると不当な結果を生じさせることなどから、退職所得控除（所得税法30条2項ないし4項）、2分の1控除（同法30条2項）、分離課税（同法21条1項2号ないし4号、22条3項）などの優遇措置が設けられている。そのため、退職所得に当たると主張して争いになることが少なくない。

　この点につき、最二判昭和58年9月9日民集37巻7号962頁は、就職後5年ごとに「退職金」を支払うという規程を設けて退職金を実質的に前払いしていた会社の給付について、「退職所得について、所得税の課税上、他の給与所得と異なる優遇措置が講ぜられているのは、一般に、退職手当等の名義で退職を原因として一時に支給される金員は、その内容において、退職者が長期間特定の事業所等において勤務してきたことに対する報酬及び右期間中の就労に対する対価の一部分の累積たる性質をもつとともに、その機能において、受給者の退職後の生活を保障し、多くの場合いわゆる老後の生活の糧となるものであつて、他の一般の給与所得と同様に一律に累進税率による課税の対象とし、一時に高額の所得税を課することとしたのでは、公正を欠き、かつ社会政策的にも妥当でない結果を生ずることになることから、かかる結果を避ける趣旨に出たものと解される。」「従業員が退職に際して支給を受ける金員には、……種々の名称のものがあるが、それが法にいう対象所得にあたるかどうかについては、その名称にかかわりなく、退職所得の意義について規定した前記法30条1項の規定の文理及び右に述べた退職所得に対する優遇課税についての立法趣旨に照らし、これを決するのが相当である。」と述べ、当該「退職金」について具体的に検討をした上で、所得税法30条1項にいう退職所得に当たらないとした。

　　ウ　譲渡所得
　　㈦　譲渡所得の趣旨・対象
　所得税法33条1項は、「譲渡所得とは、資産の譲渡（建物又は構築物の所有を目的とする地上権又は賃借権の設定その他契約により他人に土地を長期間使用させる行為で政令で定めるものを含む。以下この条において同じ。）によ

る所得をいう。」と規定する。すなわち、譲渡所得は、いわゆるキャピタルゲインに対する課税、すなわち資産の値上がりによってその所有者に帰属する増加益につき、その資産が所有者の支配を離れる機会に、これを精算して課税するものである。

この点につき、最一判昭和43年10月31日集民92号797頁は、「譲渡所得に対する課税は、……資産の値上りによりその資産の所有者に帰属する増加益を所得として、その資産が所有者の支配を離れて他に移転するのを機会に、これを精算して課税する趣旨のものと解すべきであり……」と判示し、最三判昭和47年12月26日民集26巻10号2083頁も同旨の考え方を示している。また、最三判昭和50年5月27日民集29巻5号641頁は、譲渡所得の趣旨について同旨の内容を述べた上で、「その課税所得たる譲渡所得の発生には、必ずしも当該資産の譲渡が有償であることを要しない」「したがつて、所得税法33条1項にいう「資産の譲渡」とは、有償無償を問わず資産を移転させるいつさいの行為をいうものと解すべきである。」と判示し、財産分与による不動産の譲渡について譲渡所得の課税対象となるとした。

(イ) 譲渡所得の計算——資産の取得費

譲渡所得の計算方法については、所得税法33条3項が「総収入金額から当該所得の基因となつた資産の取得費及びその資産の譲渡に要した費用の額の合計額を控除し」と定め、同法38条1項は、この「資産の取得費」について、「……資産の取得費は、別段の定めがあるものを除き、その資産の取得に要した金額並びに設備費及び改良費の額の合計額とする。」と定めているところ、最三判平成4年7月14日民集46巻5号492頁は、不動産取得のための借入金の利子につき、「個人が他の種々の家事上の必要から資金を借り入れる場合の当該借入金の利子と同様、当該個人の日常的な生活費ないし家事費にすぎないものというべきである。」として、原則として資産の取得費には当たらないとしつつ、「居住のため当該不動産の使用を開始するまでの期間に対応するものは、当該不動産をその取得に係る用途に供する上で必要な準備費用ということができ、……当該不動産を取得するための付随費用に当たるものとして、右にいう「資産の取得

要した金額」に含まれると解するのが相当である。」と判示した。

参考文献

- 司法研修所編『租税訴訟の審理について〔改訂新版〕』(法曹会、2002)。
- 中尾巧『税務訴訟入門〔第5版〕』(商事法務、2011)。
- 佐藤英明『スタンダード所得税法〔補正3版〕』(弘文堂、2014)。
- 金子・租税法。
- 水野・租税法。
- 谷口・税法。
- 増井良啓『租税法入門』(有斐閣、2014)。
- 金子宏ほか編著『ケースブック租税法〔第4版〕』(弘文堂、2013)。
- 税務大学校『税大講本 所得税法(基礎編)平成26年度版』(国税庁HP)。

第7講
法人税をめぐる紛争(1)

澤村　智子

I　はじめに

　我が国の法人税法上の法人税は、各事業年度の所得に対する法人税（法人税法（以下本講及び次講において「法」という）5条、9条）、各連結事業年度の連結所得に対する法人税（法6条）及び退職年金等積立金に対する法人税（法8条、10条の2）を含むものである[1]が、その中でも最も重要なのは、内国法人の各事業年度の所得に対する法人税であり（法5条）、法人税収入は我が国の租税収入全体の中で大きな割合を占めている。近年の法人の経済活動の多様化や会社法の改正等による会社の組織形態の多様化などを受け、法人税の制度も変革を続けており、それに伴って、法人税をめぐる紛争も増加している。

　本講と次講では、法人税をめぐる紛争について概観することとするが、本講では、各事業年度の所得に対する法人税の課税要件等をめぐる紛争の一般的な問題のうち、納税義務者をめぐる問題及び課税標準をめぐる問題の一部について扱うこととし（本講及び次講において「法人税」という場合には、特に断らない限り、各事業年度の所得に対する法人税を指すものとする）、次講において、課税要件等をめぐる問題の残りとその他の問題について扱うこととする。なお、法人税をめぐる紛争は多種多様であり、その全てをカバーするものではないことはあらかじめお断りしておく。

---

[1]　平成22年度改正までは、これらのほかに清算所得に対する法人税があったが、同改正により廃止された。

Ⅱ 法人税の納税義務者をめぐる問題

1 法人税の納税義務者

　法人税の納税義務者は、内国法人（国内に本店又は主たる事務所を有する法人（法2条3号））及び外国法人（内国法人以外の法人（同条4号））である。内国法人は、所得の源泉が国内にあるか国外にあるかを問わず、全ての所得について納税義務を負うのに対し、外国法人は、国内源泉所得についてのみ納税義務を負う（次講Ⅶ3参照）。人格のない社団等（同条8号）も法人とみなされる（法3条）。

　内国法人は、①公共法人、②公益法人等、③人格のない社団等、④協同組合等、⑤普通法人に分類されている。これらのうち、協同組合等と普通法人は、全所得に課税される（法4条1項本文）が、公益法人等と人格のない社団等は、収益事業を行う場合等に限り収益から生じた所得に対してのみ課税され（同項ただし書、法7条）、公共法人は、法人税の納税義務を免除されている（法4条2項）。

2 納税義務を負う法人該当性をめぐる問題

　上記1のとおり、公益法人等及び人格のない社団等は、収益事業を行う場合にのみ納税義務を負うことから、ある法人が収益事業（法2条13号。具体的には法人税法施行令（以下本講及び次講において「施行令」という）5条に規定されている）を行っているか否かをめぐって争いになることがある。

　この点について最二判平成20年9月12日判時2022号11頁は、宗教法人が行うペット葬祭業が収益事業に当たるか否かが争いとなった事案において、法人税法が公益法人等の所得のうち収益事業から生じた所得を課税の対象としているのは、同種の事業を行うその他の内国法人との競争条件の平等を図り、課税の公平を確保するなどの観点からであり、宗教法

人の行うペット葬祭業が施行令5条1項10号に掲げる請負業等に該当するかについては、「事業に伴う財貨の移転が役務等の対価の支払として行われる性質のものか、それとも役務等の対価でなく喜捨等の性格を有するものか、また、当該事業が宗教法人以外の法人の一般的に行う事業と競合するものか否か等の観点を踏まえた上で、当該事業の目的、内容、態様等の諸事情を社会通念に照らして総合的に検討して判断するのが相当である。」との一般論を示し、当該宗教法人の営むペット葬祭業は、収益事業に当たると判断した。

したがって、課税処分を受けた公益法人等が、収益事業を営むものでない旨を主張して課税処分の取消訴訟等を提起する際には、上記一般論を前提に、当該法人の得た財貨の性質や、他の法人との事業の競合性の有無等を詳細に分析し、当該法人の事業の目的、内容、態様等を総合的に検討した上で、それが収益事業に当たらないことを説得的に説明する必要があろう[2]。

Ⅲ 法人税の課税標準をめぐる問題(1)

法は、内国法人に対して課する各事業年度の所得に対する法人税の課税標準は、各事業年度の所得の金額とするとし（法21条）、これは、当該事業年度の益金の額から損金の額を控除した金額とするとしており（法22条1項）、益金の額に算入すべき収益の額及び損金の額に算入すべき金額は、一般に公正妥当と認められる会計処理の基準に従って計算されるものとしている（同条4項）。ここでは、次講にかけて、法人税の課税標準に関して争いとなることの多い事項を概観する。

[2] 収益事業の範囲が問題となった最近の裁判例としては、東京高判平成7年10月19日判例秘書05020321（宗教法人が借地権譲渡の承諾料として得た収入が収益事業に係る収入に該当するとした事例）、東京高判平成16年3月30日訟月51巻7号1911頁（学校法人が製薬会社の委託により行う治験等が請負業に該当するとした事例）、東京高判平成16年11月17日判例秘書05920960（特定非営利活動法人の福祉サービスが請負業に該当するとした事例）、東京地判平成24年1月24日判時2147号44頁（宗教法人が得た永代使用料のうち墓石等に係る部分を物品販売業の収益とした事例）などがある。

1　益金・損金の算入の時期に関する問題

(1)　権利確定主義

　法人税の所得金額の算定に当たり、収益及び損金を計上すべき時期について、法人税法は、一般的な規定を置いていないが、企業会計上、損益は発生主義によって認識すべきものとされている（企業会計原則第2損益計算書原則1）ことから、法人税法上も、所得税法と同様に、原則として、所得の実現のとき、すなわち財貨の移転や役務の提供などによって債権が確定したときに収益が発生するとする権利確定主義が採られていると解されている（法22条4項参照）。

　この点につき、判例も、「ある収益をどの事業年度に計上すべきかは、一般に公正妥当と認められる会計処理の基準に従うべきであり、これによれば、収益は、その実現があった時、すなわち、その収入すべき権利が確定したときの属する年度の益金に計上すべきものと考えられる。」としている（最一判平成5年11月25日民集47巻9号5278頁）。その上で、上記最一判は、法22条4項は、現に法人のした利益計算が法人税法の企図する公平な所得計算という要請に反するものでない限り、課税所得の計算上もこれを是認するのが相当であるとの見地から、収益を一般に公正妥当と認められる会計処理の基準に従って計上すべきものと定めたものと解されるから、上記権利の確定時期に関する会計処理を、法律上どの時点で権利の行使が可能となるかという基準を唯一の基準としてしなければならないとするのは相当でなく、取引の経済的実態からみて合理的なものとみられる収益計上の基準の中から、当該法人が特定の基準を選択し、継続してその基準によって収益を計上している場合には、法人税法上も同会計処理を正当なものとして是認すべきであるが、その権利の実現が未確定であるにもかかわらずこれを収益に計上したり、既に確定した収入すべき権利を現金の回収を待って収益に計上するなどの会計処理は、一般に公正妥当と認められる会計処理の基準に適合するものとは認め難いとしていて、権利の確定時期については、ある程度弾力的な解釈を容認するものとしている[3]。

そうすると、損益の計上時期については、権利確定主義により決することになるが、当該法人がそれと異なる基準を会計処理の方法として採用している場合には、当該会計処理が一般に公正妥当と認められる会計処理の基準に適合するものといえるかという観点から判断されることになる。

(2) 具体的な収益の帰属の時期

権利の確定の意義については、取引の類型や態様に応じて、法人税法基本通達 2-1-1 以下に詳細な定めが置かれている。これまでに収益の帰属の時期について判断した裁判例は数多くあるが、その中には、認可を効力要件とする営業譲渡の代金について、認可時を代金取得時期としたもの（最二判昭和 51 年 10 月 1 日訟月 22 巻 10 号 2469 頁）、不動産販売収益について、所有権移転、すなわち引渡しの時点としたもの（東京高判平成 10 年 7 月 1 日判タ 987 号 183 頁）、宅地建物取引業者の仲介手数料について、取引の成立日としたもの（東京地判昭和 48 年 1 月 30 日判タ 302 号 283 頁）、誤って過大に請求・徴収されていた電気料金等が返還された場合について、返還すべき金額についての合意が成立した日としたもの（最一判平成 4 年 10 月 29 日判時 1489 号 90 頁）、船荷証券が発行されている商品の輸出取引による収益につき、船積みの時点としたもの（前掲最一判平成 5 年 11 月 25 日）、法人の従業員の詐欺による損害に係る損害賠償請求権について、法律上請求権が発生した事業年度ではなく、当該法人の会計担当役員が通常人の注意義務をもってすれば従業員の詐欺の存在と内容を認識し得た事業年度としたもの（東京高判平成 21 年 2 月 18 日訟月 56 巻 5 号 1644 頁）、有料老人ホームの入居一時金について、期間の経過により、その返

---

3) それまでの最高裁判例でも権利確定主義によるべきものとされており、所得税法に関するものであるが、売買代金債権についてこれを行使することができるようになったときとするもの（最二決昭和 40 年 9 月 8 日刑集 19 巻 6 号 630 頁）、現実の収入がなくても、その収入の原因たる権利が確定的に発生した場合には、その時点で所得の実現があったものとして、権利発生の時期の属する年度の課税所得を計算するという建前を権利確定主義の意味するところであるとしたもの（最二判昭和 49 年 3 月 8 日民集 28 巻 2 号 186 頁）、これを引用しつつ、収入の原因たる権利が確定する時期はそれぞれの権利の特質を考慮して決定すべきものとしたもの（最二判昭和 53 年 2 月 24 日民集 32 巻 1 号 43 頁）などがある。

還を要しないことが確定した額ごとに、その返還を要しないことが確定した時に実現し、権利として確定するから、その時の属する事業年度の益金としたもの（東京地判平成22年4月28日訟月57巻3号693頁）、法人役員の横領行為によって法人が被った損害は、その損害を被った事業年度の損金を構成し、上記役員に対する損害賠償請求権は同年度の益金を構成するから、経理上の処理としては、それぞれを損金、益金に計上した上、上記損害賠償請求権が債務者の無資力その他の事由によって実現不能が明白になったときの事業年度の損金として処理すべきであるとしたもの（最一判昭和43年10月17日訟月14巻12号1437頁）などがある。

2　益金に関する問題

　益金の意義については、法22条2項が定めており、資産の販売、有償又は無償による資産の譲渡又は役務の提供、無償による資産の譲受けその他の取引で資本等取引以外のものに係る当該事業年度の収益が、これに当たる。

(1)　無償による資産の譲渡又は役務の提供に係る収益

ア　無償による資産の譲渡等に係る収益が益金に該当する趣旨等

　ある収益が無償による資産の譲渡又は役務の提供に係る収益に当たるか否かはしばしば問題となるところである。法22条2項が資産の無償譲渡も収益の発生原因となることを認めているのは、法人が資産を他に譲渡する場合には、その譲渡が代金の受入れその他資産の増加を来すべき反対給付を伴わないものであっても、譲渡時における資産の適正な額に相当する収益があると認識すべきものを明らかにしたものとされている（最三判平成7年12月19日民集49巻10号3121頁参照。最二判昭和41年6月24日民集20巻5号1146頁も、判文からは同様の考え方にあったと解される）。役務の無償提供が収益の発生原因となるとされているのも同様の趣旨によるものと解される。

　したがって、ある収益が無償による資産の譲渡や役務の提供に係る収益

として益金に当たるか否かを判断するに当たっては、上記の趣旨を考慮する必要があることになる。

これに関連して問題となった事例としては、会社がその所有する増資会社の新株の割当てを重役に無償で受けさせた行為につき、同社に何ら利得をもたらさないことを理由として法人所得の益金を生ずる余地がないとすることはできないとしたもの（前掲最二判昭和41年6月24日。なお、その差戻後の控訴審である大阪高判昭和43年12月26日判タ230号206頁は、益金の計算について、基準時は新株割当ての直後であり、その時の気配価格がその基準になると解するのが相当であるとしている）、親会社が子会社に対してした無利息融資による利息相当額の益金発生の有無につき、親会社が子会社から当該融資と対価的意義を有するものと認められる経済的利益を受けているか、又は営利法人としてその供与を受けることなく無利息融資をすることを首肯させるに足りる合理的な経済的目的その他の事情が存しない限り、利息相当額は寄付金に該当し、寄付金の損金不算入の限度で益金に当たるとしたもの（大阪高判昭和53年3月30日判時925号51頁）、法人が土地所有者の承諾を得て無償で敷地を譲り受けて建築した建物を第三者に譲渡した場合につき、土地使用権の無償譲渡による売却益相当額を益金の額に算入すべきであるとしたもの（東京地判昭和54年3月5日訟月25巻7号1941頁）などがある。

イ　低額譲渡の場合

法人が資産を時価相当額よりも低廉な価額で譲渡した場合、法22条2項の規定により課税の対象となる収益の額は、時価によるべきか、譲渡価額によるべきかが問題となり得る。

この点について、前掲最三判平成7年12月19日は、上記アのような一般論に続けて、資産の低額譲渡が行われた場合は、当該資産の譲渡の対価の額のほか、これと当該資産の譲渡時における適正な価額との差額も収益の額に含まれるものと解するのが相当であるとし、譲渡時における当該資産の適正な価額をもって法22条2項にいう資産の譲渡に係る収益の額に当たると解するのが相当であると判示した。

(2) 無償による資産の譲受けに係る収益

　無償による資産の譲受けに係る収益も法22条2項により益金の額に算入すべきものとされている。なお、無償による役務の受入れについては規定されていない[4]。

　債務免除益（名古屋地判昭和52年11月14日訟月23巻13号2338頁）、メーカーの負担で店舗内に陳列販売コーナーを設置してもらった場合の経済的利益相当額（千葉地判昭和59年7月25日判時1143号67頁）、遺贈による資産の取得（東京高判平成3年2月5日判時1397号6頁）、株式を低額で譲り受けた場合の時価との差額に相当する受贈益（東京地判平成15年7月17日判時1871号25頁）等がこれに当たる。これらの場合の益金の額の算定方法も問題になり得るところであり、前掲東京高判平成3年2月5日は、遺贈による資産の取得があった場合の収益の額は、その資産の相続税評価額ではなく、通常の取引価額によるべきものとしている。

(3) 法22条2項にいう「取引」該当性

　法22条2項は、「取引」に係る収益の額を益金の額に算入すべきとしているところ、資産の移転が「取引」に該当するか否かが問題となった事例として、最三判平成18年1月24日判時1923号20頁（いわゆるオウブンシャホールディング事件）がある。これは、親会社が子会社に新株の有利発行をさせて親会社の保有する子会社の株式に表章された資産価値を上記発行を受けた関連会社に移転したことが親会社の益金の額の計算において「取引」に当たるとしたものである。本判決は、親会社が当該資産価値を確実に支配していたことや関係者の合意があったこと等の事情の下で、「取引」に当たる旨判示しているから、本判決の射程が、会社が新株を有利発行する場合一般について及ぶものかについては、慎重に考慮する必要があると考えられる。

---

[4] 平成22年改正により、完全支配関係がある他の内国法人から受けた受贈益の額（益金の額に算入されないこととされている）については、経済的な利益の無償の供与を受けた場合を含むことが明示的に規定された（法25条の2第2項）。

3 損金に関する問題(1)

損金の意義については、法22条3項1号から3号までが定めており、原価、費用及び損失がこれに当たる。なお、損金に関する規律の多くは所得税法におけるものと共通するので、適宜所得税法も参照されたい。

(1) 違法な支出の損金算入の可否

損金は、法人税の課税標準である所得の金額の算出に当たって、益金から控除されるものであり、課税標準額を減少させるものであるところ、違法な支出であっても損金に算入することができるかが問題となることがある。

この点につき、最大判昭和43年11月13日民集22巻12号2449頁は、いわゆる株主相互金融を営む会社が融資を希望しない株主に対し支払った株主優待金の損金算入の可否につき、経済的・実質的には事業経費であるとしても、それを法人税法上損金の額に算入することが許されるかどうかは、別個の問題であり、そのような事業経費の支出自体が法律上禁止されているような場合には、少なくとも法人税法上の取扱いの上では、損金の額に算入することは許されないとした上で、上記株主優待金のような金員の支払は法律上許されないから、少なくともその支出額を必要経費として法人税法上会社の損金の額に算入することは許されないと判示した（最一判昭和44年7月3日訟月15巻10号1194頁、最一判昭和45年7月16日判時602号47頁も同旨）。

また、最三決平成6年9月16日刑集48巻6号357頁は、架空の経費を計上して所得を秘匿することに協力した者に支払った手数料につき、同手数料は法22条4項にいう「一般に公正妥当と認められる会計処理の基準」に反する経理により法人税を免れるための費用というべきであって、このような支出を費用又は損失として損金の額に算入する会計処理も上記基準に従ったものとはいえないから、これを法人税の課税標準である所得の金額の計算上損金の額に算入することは許されないと判示している。

他の裁判例も、一般に違法な支出については損金の額に算入することを

否定しているようであり、損金算入した経費等について、課税当局から当該支出が違法であるから損金算入は許されないとして更正処分を受けた納税者がこれを争う場合には、当該支出が違法でない旨の主張立証を求められることになると考えられる。

なお、不正な支出の損金算入の可否については、平成18年改正で法55条が新たに設けられ、内国法人がその所得の金額若しくは欠損金額又は法人税の課税要件事実の全部又は一部の隠ぺい・仮装により法人税の負担を減少させ、又は減少させようとする場合には、その隠ぺい・仮装行為に要する費用の額又はそれにより生ずる損失の額は損金に算入しない旨が規定されている。したがって、不正な支出の損金算入の可否は、第一次的には、当該支出が法55条に該当するか否かの問題となると考えられる。

(2) 原価

法22条3項1号は、売上原価の額を損金の額に算入すべきとしており、一般に、売上原価は、期首棚卸資産の価額と当期仕入額の合計額から期末棚卸資産の評価額を控除した金額として示されるところ、法29条及び施行令28条以下は、期末棚卸資産の評価方法を法人が選択することができ、選択しなかった場合又は選択した評価方法によらなかった場合は、最終仕入原価法によることとしている。

なお、法人税法基本通達2-1-4においては、販売代金の額が当該事業年度の終了の日までに確定しない場合には、同日の現況によりその金額を適正に見積もって損金に計上することとされており、後記(3)の費用と異なる運用をしている。

(3) 費用

法22条3項2号は、原価以外の当該事業年度の販売費、一般管理費その他の費用（償却費以外の費用で当該事業年度終了の日までに債務の確定しないものを除く）の額は損金の額に算入すべき金額としている。費用の損金算入をめぐる争いはしばしば生じるものであるから、以下、主な費用の種類ごとに整理を試みる。

ア　減価償却費

　減価償却資産（法人税法2条23号、施行令13条）は、企業において長期間にわたって収益を生み出す源泉であるから、その取得に要した金額（取得価額）は、将来の収益に対する費用の一括前払の性質をもっており、費用収益対応の原則（収益とそれを生み出すのに要した費用とは、同一の会計年度に計上されなければならないとする会計原則で、法22条4項により法人所得の計算にも妥当する）から、使用又は時間の経過によってそれが減価するのに応じて徐々に事業年度ごとに減価償却費として費用化される[5]。この減価償却費として損金の額に算入されるのは、法人が当該事業年度において償却費として損金経理をした金額のうち、法人が選択した償却の方法に基づき計算した金額（償却限度額）に達するまでの金額である（法31条、施行令48条以下）。

　以下、減価償却費をめぐって訴訟上問題となり得る事項をいくつか掲げる。なお、減価償却費をめぐる問題は、必ずしも法22条3項2号の費用に関するものでないものもあるが、便宜上ここに整理することとする。

(ｱ)　減価償却資産に該当するか否かが問題となる場合

　減価償却資産の範囲は、法2条23号及び施行令13条が規定しているところ、減価償却資産として認められる要件としては、固定資産の所有権を取得し、かつ事業の用に供したことが必要であるとされている[6]。

　このうち、所有権取得の要件に関し、法人が減価償却資産の償却費を各事業年度の損金の額に算入するためには、当該事業年度以前にその減価償却資産を取得していたことを要するか否かが問題となった事案につき、名古屋地判平成3年10月30日判時1434号70頁は、当該事業年度以前に当該原価償却資産を取得し、これによって当該資産の取得価額を構成する費用が発生していることを要する旨判示している。なお、形式的には所有権を有していない場合でも、譲渡担保の場合（法人税基本通達2-1-18）や一定のリース取引の場合（法64条の2、施行令131条の2）などには、

---

[5]　金子・租税法332頁。
[6]　谷口豊・最判解民事篇平成18年度（上）179頁参照。

減価償却が認められることがある。

　他方、事業供用の要件を充足しているか否かの判断に当たっては、当該固定資産が当該企業において収益を生み出す源泉たるものといえるか、そもそも問題となっている「事業」が、社会通念上、事業としての実体を有するものかどうかなどが判断要素となる。この点について判断したものとして、最三判平成18年1月24日民集60巻1号252頁（いわゆるフィルムリース事件）がある[7]。

　減価償却資産には、営業権が含まれる（法2条23号、施行令13条8号ヲ）。その意義については何らの規定も設けられていないが、「当該企業の長年にわたる伝統と社会的信用、立地条件、特殊の製造技術及び特殊の取引関係の存在並びにそれらの独占性等を総合した、他の企業を上回る企業収益を稼得することができる……事実関係である」とされている（最三判昭和51年7月13日判時831号29頁）。営業権は、有償で譲り受け若しくは吸収分割あるいは合併によって取得した場合又は会社更生手続における評定による場合にのみ、減価償却資産たる営業権に含まれると解すべきとされている[8]。

　(イ)　減価償却資産の償却方法に関する問題

　減価償却資産の償却の方法については、法31条の委任を受けた施行令48条及び48条の2が、減価償却資産の種類別に納税者が選定し得る償却方法（定額法、定率法、生産高比例法等）を定めている。この償却方法に関連し、施行令133条は、減価償却資産の使用可能年数が1年未満であるか、又はその取得価額が10万円未満である場合には、その取得費は、損金経理を条件として損金に算入されるという少額減価償却について規定し、また、施行令133条の2は、取得価額が20万円未満の減価償却資産について、3年間の一括償却を認めている。少額減価償却資産等に該当

---

[7]　この裁判例は、租税回避行為につき、一般的な租税回避行為の否認の手法を採らず、個別の税法の要件解釈により対処する方向性を示したものとされている（谷口・前掲注(6) 184頁）。

[8]　金子・租税法337頁。平成18年度改正により、非適格組織再編成や事業譲受けの場合についての規定として法62条の8が設けられている。

するか否かは、減価償却資産の単位をどのように捉えるかによることになるが、この点について、判断した裁判例として、最三判平成20年9月16日民集62巻8号2089頁があり、同判決では、取引の単位と資産が機能を発揮することができる単位という観点から減価償却資産の単位をみているようである。

　イ　役員給与等[9]

　法人が使用人に対して支給する給与は、人件費として、原則として全て損金の額に算入されるが、法人の役員は、法人に対して委任関係に立つため、役員給与について、使用人と異なる取扱いがされてきた。具体的には、役員賞与は損金の額に算入されないとされ（平成18年改正前の法35条1項）、過大な役員報酬・退職給与の損金不算入の制度（同34条、36条）及び過大な特殊関係使用人給与・退職給与の損金不算入の制度（同36条の2、36条の3）が設けられていた。しかし、会社法が役員賞与を取締役の職務執行の対価として位置付けるなどの周辺的な制度の変化に対応して、平成18年改正では、役員賞与とか役員報酬という言葉を用いず、「役員給与」という概念の下、法34条を規定して、新たな課税ルールを設けた。平成18年改正前においては、役員に対して支給される金銭が役員報酬なのか役員賞与なのか、使用人兼務役員に支給される賞与が損金算入されたこと（同改正前の法35条2項・5項）との関係で、使用人兼務取締役に当たるかどうかなどをめぐって争いになることがしばしばあったが、平成18年改正以後は、後記の「不相当に高額な部分の金額」に該当するか否かの争いが主たるものとなっている。

　㋐　役員給与に関する規定

　法34条1項は、定期同額給与（1号）、事前確定届出給与（2号）及び利益連動給与（3号）は損金に算入されるがこれに該当しないものは損金不算入とする旨を、同条2項は、1項及び3項が適用されないもののうち、不相当に高額な部分を損金不算入とする旨を[10]、同条3項は、事実を隠

---

9)　この役員給与等と後記ウの寄附金及びエの交際費等は、厳密にいうと、法22条3項柱書にある「別段の定めがあるもの」に該当するものであるが、便宜上同項2号の費用の項目で検討する。

ぺいし又は仮装して経理することにより役員に支給する給与の額も不算入とする旨を規定している。さらに、特殊関係使用人（役員の親族等）に支給する給与の額のうち不相当に高額な部分の金額も損金不算入としている（法36条）。

　退職した役員に支給する退職給与は、不相当に高額な部分の金額は、損金に算入されない（法34条1項本文括弧書、2項）。

　(イ)　不相当に高額な役員給与の損金不算入をめぐる問題

　不相当に高額な役員給与の認定については争いとなることが多い。不相当に高額な部分の金額については、役員給与につき施行令70条1号（使用人兼役員の場合については同条3号）が、退職給与につき同条2号が、特殊関係使用人の給与につき施行令72条の2が、それぞれ認定基準を規定している。

　従来から、役員給与の適正額の認定方法には、最高功績倍率法、平均功績倍率法、1年当たり平均額法があるとされてきた。平成18年改正前のものであるが、退職給与に係るこれらの認定方法について判断した裁判例として、当該法人と同一事情により役員退職金を支給した同業種、同規模の3社を選び、各社の役員功績倍率（当該退職役員に支給した退職金額を当該退職役員の退職時における報酬月額に勤務年数を乗じた金額で除した数値）を算定し、その平均倍率をもって相当性の判断基準としたこと（平均功績倍率法）は、合理的であるとしたもの（東京高判昭和49年1月31日訟月20巻6号172頁、名古屋地判平成2年5月25日判夕738号89頁、浦和地判平成3年9月30日判夕773号108頁、東京地判平成9年8月8日判時1629号43頁、札幌地判平成11年12月10日判夕1046号112頁など）、当該法人と同業種、類似規模の7法人の役員退職金支給事例から算定した役員功績倍率の最高値を採用した事案（最高功績倍率法）につきその判断の合理性を認めたもの（東京地判昭和55年5月26日訟月26巻8号1452頁、静岡地判昭和63年9月30日判時1299号62頁など）、当該法人と同業種、

---

10)　これは、隠れた利益処分に対処するために設けられたものであり、不相当に高額な部分の金額の内容は、施行令70条1号に規定されている。

類似規模の3法人における在職期間、退職事由等が類似する役員に対する退職給与の額をその勤務年数で除した額の平均額に、当該役員の勤務年数を乗じて算出する方法（1年当たり平均額法）を採用し、これによって得た額をもって相当性の判断基準としたことを合理的であるとしたもの（札幌地判昭和58年5月27日判時1094号26頁）がある。

また、役員報酬について、施行令にいう「相当であると認められる金額を超える部分の金額」とは、当該役員の職務の内容、当該法人の収益及び使用人に対する給料の支給の状況、同業種・類似規模の法人の役員報酬の支給の状況等に照らして定まる客観的相当額を超える部分の金額であるとした上、上記会社の売上金額の増加、類似法人の役員の報酬等に照らすと、上記会社が役員報酬として損金の額に算入した額は不相当に高額であるとして、客観的相当額を超える報酬額について損金算入を否定したもの（名古屋地判平成6年6月15日訟月41巻9号2460頁）がある。

不相当に高額な額か否かが争いとなる場合には、更正処分において不相当に高額な額であると認定した課税庁が、これが不相当に高額な額に該当することについての主張立証責任を負うものと解される。その場合には、その認定過程において採用された方法（最高功績倍率法、平均功績倍率法、1年当たり平均額法）があればこれを当該法人について用いることの合理性、類似事例として採用された法人の事例の相当性などが争点となると考えられる。

㈦　ストック・オプションの行使と役員賞与等

平成18年改正により、会社が役務提供の対価としてストック・オプション（新株予約権）を発行した場合について、法54条に損金算入の時期と金額についての規定が設けられた。

ウ　寄附金

寄附金とは、その名義のいかんを問わず、金銭その他の資産又は経済的利益の贈与又は無償の供与のことをいい（法37条7項）、損金経理をしたときでも一定限度を超える部分の金額は損金の額に算入しないものとされている（同条1項・2項）。ただし、一定の公益に役立つような寄附金は、それが費用の性質を持つかどうかを問わず、その全額が、又は別枠で損金

に算入される（同条3項・4項）。

　この寄附金に該当するか否かが争われることはしばしばあるところ、東京地判平成21年7月29日判時2055号47頁は、「寄附金」とは、「民法上の贈与に限らず、経済的にみて贈与と同視し得る金銭その他の資産の譲渡又は経済的利益の供与をいう」とし、それは、対価なく他に移転する場合であって、「その行為について通常の経済取引として是認することができる合理的理由が存在しないものを指す」と判示している[11]。この判示に従うとすると、寄附金に該当するか否かは、対価なく他に資産又は経済的利益が移転することに加え、その行為が通常の経済取引からは合理的といえない事情があるか否かが主張立証の対象になるということになろう[12]。

　寄附金に該当するか否かが問題となるケースとしては、前掲東京地判平成21年7月29日がそうであるように、会社間の資金ないし経済的利益の移転が寄附金に該当するか否かが問題となる類型のものが多く[13]、そのようなケースでは、課税庁が、当該取引に税額減少以外の合理的な理由のないことを主張することが多い。これまでに寄附金に該当するとされた例としては、1個のグループ企業を構成する法人が仕入先の開発のために一定の金員を拠出し合っている場合における拠出額のうち還元額を上回っている額（大阪高判昭和60年7月30日行集36巻7・8号1191頁）、資産を譲り受けた法人が売主に正常な対価を下回る支払をした場合におけるその下回る額（大阪地判昭和54年6月28日行集30巻6号1197頁）、他人の所有する土地の上に存する建物をその時価相当額で譲渡した場合における

---

[11] その上で、同判決は、租税特別措置法（平成14年法律第79号による改正前のもの）66条の4の国外関連者に該当する法人への資金提供が寄附金に該当すると判断している。

[12] この観点からは、債権の回収が不能であるためこれを放棄する場合、損失を負担しなければより大きな損失を被ることが明らかであるため、やむを得ず負担を行う場合等、その経済的利益の供与につき経済取引として十分に首肯し得る合理的な理由がある場合には、経済的利益の供与は寄附金に当たらないことになろう（東京高判平成4年9月24日行集43巻8・9号1181頁参照）。

[13] その裁判例のリストとして、増井良啓『結合企業課税の理論』29頁（東京大学出版会、2002）参照。

その土地の使用権の時価相当額（東京地判昭和54年3月5日訟月25巻7号1941頁）、新株の時価に比して著しく過大な増資払込金（福井地判平成13年1月17日訟月48巻6号1560頁）などがある。

なお、資産の譲渡又は経済的利益の供与がその時価相当額よりも低い対価で行われたときは、その差額のうち実質的に贈与又は無償の供与をしたと認められる金額は、寄附金の額に含まれる（法37条8項）。

エ　交際費等

交際費・接待費その他の費用で法人がその得意先・仕入先その他事業に関係のある者に対する接待・供応・慰安・贈答その他これらに類する行為のために支出するものを交際費等という（租税特別措置法61条の4第4項）ところ、同条は、資本金が1億円を超える法人については、交際費等の損金算入を一切認めず、資本金が1億円以下の法人（ただし、資本金5億円以上の大法人の完全支配会社である法人を除く）についてのみ、一定の範囲内で交際費の損金算入を認めている。

したがって、交際費等の意義と範囲は、法人にとって重大な利害関係を有する問題であり、ある支出が交際費等に当たるのか、寄附金として損金算入限度額の範囲内で損金に算入されるのか、利益の処分としての役員賞与に当たるのか、広告・宣伝費として全額が損金に算入されるのか等、費用の分類をめぐって解釈問題が生ずる[14]。

交際費等に該当するための要件について判示した裁判例として、東京高判平成15年9月9日判時1834号28頁がある。同判決は、交際費等に該当するためには、①支出の相手が事業に関係ある者等であること、②支出の目的が相手方との親睦の度を密にして取引関係の円滑な進行を図ることであることに加え、③支出による行為の形態が接待・供応・慰安・贈答その他これらに類する行為であることを要すると判示し、製薬会社がその製造に係る医薬品を納入する病院等の医師の英語論文の英文添削のために支出した経費は交際費に当たらないとした。それまでは、上記①及び②の要件を満たしていれば交際費等に当たると判示していた裁判例があったと

---

[14]　金子・租税法369頁参照。

ころであり(東京高判昭和52年11月30日訟月24巻1号177頁、東京高判平成5年6月28日行集44巻6・7号506頁など。前掲東京高判平成15年9月9日の原審(東京地判平成14年9月13日税資252号9189順号)も同様)、要件が加重されている。

第8講
法人税をめぐる紛争(2)

澤村　智子

I　はじめに

　第7講では、法人税をめぐる紛争について、法人税の課税要件のうち、納税義務者をめぐる問題及び課税標準をめぐる問題のうち益金・損金の算入の時期や益金に関する問題、損金に算入するための要件に関連する問題の一部を取り上げた。本講では、課税標準をめぐる問題のうち、損金の算入に関する問題である損失に関する問題を取り上げた上で、法人税額の計算をめぐる問題に若干触れ、その後、近年紛争の増加しているグループ法人税制、組織再編に関する税制、同族会社に関する税制及び国際取引に関連する課税をめぐる問題について簡単に触れることとする。

II　法人税の課税標準をめぐる問題(2)

1　損金に関する問題(2)

(1)　損失

　法22条3項3号は、当該事業年度の損失の額で資本等取引以外の取引に関するものは損金の金額に算入すべき金額としている。損失の損金算入をめぐる問題としては、貸倒損失に関するもの、貸倒引当金に関するもの、資産の評価損に関するものなどがある。

ア　貸倒損失

　法人の有する貸付金その他の金銭債権が回収不能となったことによって

生じた損失は、貸倒れとして損金の額に算入されるが、この回収不能であるかどうかの認定は必ずしも容易でない。この点につき、最二判平成16年12月24日民集58巻9号2637頁は、金銭債権の貸倒損失を法22条3項3号により損金の額に算入するためには、当該債権の全額が回収不能であることが客観的に明らかでなければならず[1]、そのことは、債務者の資産状況、支払能力等の債務者側の事情のみならず、債権回収に必要な労力、債権額と取立費用との比較衡量、債権回収を強行することによって生ずる他の債権者とのあつれきなどによる経営的損失等といった債権者側の事情、経済的環境等も踏まえ、社会通念に従って総合的に判断されるべきであると判示している。ここでは、回収不能の判断を債務者側の事情のみならず、債権者側の事情や経済的環境等をも考慮してすることが示されており、貸倒損失の損金算入の是非が争われる場合には、事実に即し、これらの事情を丁寧に主張立証することが求められるものと考えられる。なお、貸倒損失の主張立証責任については、課税庁にその不存在を立証すべき責任があるが、納税者において、貸倒損失となる債権の発生原因、内容、帰属及び回収不能の事実等についての主張をし、貸倒損失の存在をある程度合理的に推認させるに足りる立証を行わない限り、事実上その不存在が推認されるとした裁判例（仙台地判平成6年8月29日訟月41巻12号3093頁）がある。

イ　貸倒引当金

中小法人、銀行、保険会社等及び一定の金銭債権を有する法人は、現実に貸倒れになる以前の段階において、貸倒損失の見込額を引当金として計上することが認められている（法52条）。会社更生法による更生計画認可の決定など、何らかの客観的な事実の発生によって、個別の金銭債権につき、取立て又は弁済の見込みがないと認められる金額を損金に算入する個別貸倒引当金（同条1項）と、金銭債権の全体について、過去3年間の貸

---

[1] この点は、法人税法基本通達9-6-2にも定められている。これに反し、部分的貸倒れについても損金算入すべきとする見解として、金子宏「部分貸倒れの損金算入——不良債権処理の一方策」ジュリ1219号115頁以下、同『租税法理論の形成と解明（下）』94頁（有斐閣、2010）参照。

倒実績率を基礎として算定した貸倒見込額を損金に算入する一括貸倒引当金（同条2項）とがある。ただし、中小企業については、その区別なしに金銭債権全体について法定組入率まで損金算入を選択することができる（租税特別措置法57条の9）。

　ウ　資産の評価損

　法人が資産の評価替えをしてその帳簿価額を減額しても、その評価損は損金額に算入されない（法33条1項）が、法人の資産につき、災害による著しい損傷によってその資産の価額が帳簿価額を下回ることとなった場合や、更生計画認可があった場合などに、その資産の評価替えをして損金経理によりその帳簿価額を減額したときなどには、その資産の評価損の金額は、損金の額に算入することとされている（同条2項から4項まで）。

　この点に関する裁判例として、青色申告書において納税者がした非上場株式の評価損の損金算入につき、これが認められるためには株式の発行法人の資産状態が著しく悪化し、それによって株式の価額が著しく低下したことが必要であるところ（施行令68条1項2号ロ）、その時点で資産状態が著しく悪化したとはいえないとして上記評価損の損金算入を否定したもの（東京地判平成元年9月25日判時1328号22頁、その控訴審である東京高判平成3年6月26日行集42巻6・7号1033頁）がある。また、いわゆるバブル経済の崩壊に伴って資産の価額が下落した場合につき、これに伴う評価損の損金算入は、法人税法上認められないとしたもの（東京高判平成8年10月23日判時1612号141頁）もある。

　エ　損失と損害賠償請求権の関係

　法人が犯罪行為のために被った損害が、その法人の資産を減少させた場合、当該損害は、それを生じた事業年度における損金を構成するが、他方で、法人は、当該犯罪行為を行った者に対して損害相当額の損害賠償請求権を取得するものであるから、それが法人の資産を増加させたものとして、当該年度における益金を構成するものとなるのが原則である（最一判昭和43年10月17日訟月14巻12号1437頁参照）。ただし、損害賠償請求権がその取得当初から全額回収不能であることが客観的に明らかである場合には、これを貸倒損失として扱い、損金に算入することが許される

（前掲最一判昭和 43 年 10 月 17 日）。

　この場合の全額回収不能であることが客観的に明らかか否かについても、上記アの最二判平成 16 年 12 月 24 日が示した判断要素を考慮して判断していくことになろう（東京高判平成 21 年 2 月 18 日訟月 56 巻 5 号 1644 頁参照）。

　　オ　繰越欠損金[2]

　欠損金額とは、各事業年度の損金の額が益金の額を超える場合のその超える部分の金額をいう（法 2 条 19 号）ところ、ある事業年度の欠損金を繰り越して次年度以降の利益と通算する欠損金の繰越しが一定の場合に認められている（法 57 条以下）。

　繰越欠損金については、平成 13 年の企業組織再編税制の整備、平成 14 年の連結納税制度の導入、平成 18 年の株式交換・株式移転に関する課税制度の改正、平成 22 年の組織再編税制の見直し等に伴い、規定が複雑になっている（後記Ⅳ以下参照）。

　繰越欠損金をめぐって争いとなる場合としては、そもそも繰越しの要件を備えているかが問題となる場合もあるが、外見上は要件を備えているようにみえるものについて、課税庁が行為計算の否認（法 132 条以下）を主張する場合が少なくない（行為計算の否認については、後記Ⅳ、Ⅴ及びⅥ 2 (2)参照）。

Ⅲ　税額の計算

　法人税額は、法人の各事業年度の所得の金額、すなわち各事業年度の益金の額から損金の額を控除した金額に税率を適用することによって、算出される（法 66 条）。

　税額の計算について税務訴訟で争われることがあるのは、①軽減税率の適用対象となるか否か（特定同族会社に関する法 66 条、租税特別措置法 42

---

[2]　これも厳密には、法 22 条 3 項 3 号に規定する損失ではなく、「別段の定め」により損金算入が認められているものであるが、便宜上ここに整理した。

条の3の2）、②税額控除の対象となるか否か（法66条以下）が主な場合である（このうち、外国税額控除をめぐる問題については、後記Ⅶ2において触れることとする）。

Ⅳ　グループ法人税制をめぐる問題

　今日の経済社会においては、法人企業のグループ化が急速に進んでおり、それに合わせて、法人税制も変遷している。その代表的なものが、法81条以下の連結納税制度、すなわち、特殊関係を通じて密接な関係のある複数の法人のグループを一体として捉え、各メンバーの所得を連結してグループ全体の所得を計算し、それを課税標準として法人税を課する制度である。これは、平成14年度改正により導入されたもので、親会社と100％子会社が連結法人グループを構成し、親法人（連結親法人）がグループを代表して、グループ全体の所得について納税義務を負い、その他の法人（連結子法人）は連帯納付の責任を負うこととされている（法81条の28）。

　しかし、連結納税の選択をしていなくても、連結法人グループと同様に強固な結合関係にあり、一体的管理・運営の行われている法人グループについても、その実体に対応して一体的取扱いをすることには、一定の合理性が認められるという観点から、そのようなグループ法人間の資産の移転や資金の移動に対する税制による障害を取り除くことを目的として、平成22年改正において、完全支配関係（直接・間接を含め100％持株関係にある場合）のあるグループ法人相互間の一定の取引に対する課税について、一定の時期まで繰り延べることとする制度が導入された（法61条の13）。

　これらのグループ法人税制をめぐる紛争は、今後増加してくるものと考えられる。例えば、連結法人については、欠損金の繰越控除が認められている（法81条の9、81条の10）ところ、これは租税回避に利用される危険性があり、これまでさまざまな手当がされてきているが、この繰越控除の可否をめぐって争いになることも考えられる[3]。そのような場合には、制度の変遷に十分留意して、法令の規定を丹念に調査する必要がある。な

お、連結法人については、行為計算の否認に関する規定（法132条の3）があるが、その適用をめぐって問題となった事例として公刊物に登載されているものは見当たらない。

V 組織再編税制をめぐる問題

近年、法人の経済活動の活発化により、上記Ⅳのとおりの法人のグループ化が進む一方、法人の合併や分割などの組織再編成も頻繁に行われている。そのような組織再編成が行われる場合には、必然的に資産や負債の移転等を伴うから、そこでは、法人税の課税の問題が生じてくる。法は、平成13年改正以来、会社法等による種々の組織再編法制の導入等に対応して、組織再編税制を整備し、税制が組織再編の妨げとならないよう、一定の場合に課税を繰り延べることとするなどしている。当初、課税の繰延べは、適格合併（法2条12号の8）等の適格組織再編成の場合についてのみ規定されていた（法62条以下）が、平成18年改正により、非適格組織再編成及び営業譲渡による資産や負債の取得に関する課税上の取扱いについても規定が設けられた（法62条の8、62条の9）。

法人の組織再編が活発化、多様化する中で、組織再編税制をめぐる争いも増加するものと考えられるが、これに関連する裁判例で公刊物に登載されているものはまだ数少ない。

組織再編成についても、これに伴う租税回避行為が行われる可能性があることから、行為計算の否認の規定（法132条の2）が設けられている[4]。

---

3) 連結納税制度固有の問題が争点となった事例として、A社がB社を吸収合併した場合において、B社につき連結事業年度開始前に生じた欠損金額をみなし連結欠損金額（法81条の9第2項）に当たるといえないと判断した東京地判平成21年11月27日判例秘書06430717などがある。

4) 組織編成に係る行為計算の否認がされた事案についての裁判例として公刊物に登載されているものはないが、平成26年3月18日、東京地裁において、法人の合併に伴う欠損金の引継ぎを前提にした申告につき課税庁が行った行為計算の否認の規定を用いた処分の当否が争われた事例につき、上記処分を適法とした判決がされた旨の報道がされている。なお、その控訴審判決（東京高判平成26年11月5日公刊物未登載）も一審判決を維持した旨の報道がされている。

Ⅵ 同族会社に関する税制

1 同族会社と法人税制

　我が国の非上場会社の圧倒的多数は中小企業であり、その多くは、個人企業がいわゆる「法人成り」したものであって、その実態は個人企業と異ならない法人が極めて多い。これらの法人においては、家族構成員を役員や従業員としてこれに報酬や給与を支払ったり、利益を内部に留保したりすることで、所得を区分したり、税率の高い所得税率の適用を回避したりなどする傾向がある。そこで、これらの傾向に対処するため、法人税法は、これらの法人のうち、一定の形式的基準に該当するものを同族会社とし、その他の法人と異なる定めとして、特別税率に関する定め（法67条）及び同族会社の行為計算の否認を認める定め（法132条。なお、所得税法157条、相続税法64条、地方税法72条の43も同様）を置いている。

　同族会社は、平成18年改正により、次の2種類に分類されている（ただし、以下の各種類の説明は、正確な定義ではなく、分かりやすいように簡略化したものである）。特別税率の適用があるのは②のみであり、行為計算の否認の対象となるのは①である。

①同族会社（法2条10号）
　　3人以下の株主とその同族関係者（施行令4条）が発行済株式総数（自己株式を除く）の50％超を所有している会社
②特定同族会社（法67条）
　　1人の株主とその同族関係者（施行令139条の7）が発行済株式総数の50％超を所有している会社

2 同族会社の行為計算の否認

(1) 同族会社の行為計算の否認に関する規定

　法132条は、同族会社の行為又は計算で、これを容認した場合に法人

税の負担を不当に減少させる結果となると認められるものがあるときは、税務署長はその行為又は計算にかかわらず、その認めるところにより、その法人に係る法人税の課税標準若しくは欠損金又は法人税の額を計算することができる旨を定めている[5]。これは、同族会社が少数の株主ないし社員によって支配されているため、当該会社においてその税負担を不当に減少させるような行為や計算が行われた場合に、それを正常な行為や計算に引き直して更正又は決定を行う権限を税務署長に認めるものである（東京地判昭和33年12月23日行集9巻12号2727頁、東京高判昭和34年11月17日行集10巻12号2392頁参照）[6]。もちろん、この規定は、現実に行われた行為・計算の私法上の効力を失わせるものではない（最二判昭和48年12月14日訟月20巻6号146頁）。

(2) 行為計算否認の判断基準及び否認の適否

ある同族会社の行為・計算が「法人税の負担を不当に減少させる結果となると認められる」か否かをめぐっては、争いになることが多い。その判断基準については、法人の行為、計算が経済人の行為として不合理、不自然なものと認められるかどうかを基準とすべきであるとした裁判例が多い（札幌高判昭和51年1月13日訟月22巻3号756頁、福岡高宮崎支判昭和55年9月29日行集31巻9号1982頁など。旧法人税法に関するものとしては、東京地判昭和40年12月15日行集16巻12号1916頁、東京高判昭和49年10月29日行集25巻10号1310頁などがある）。

したがって、税務署長が行為計算の否認をした場合において、納税者がその当否を争った場合には、当該納税者の行為・計算が経済人の行為として不合理、不自然なものと認められるか否かが争点となる。

行為計算の否認について具体的に判断した裁判例は数多くあるが、否認

---

[5] 企業組合についても税務署長に同様の権限が与えられている（法132条1項2号）。

[6] 「不当に減少させる」との不確定概念が課税要件明確主義に反するものでないことにつき最二判昭和53年4月21日訟月24巻8号1694頁。同族会社のみに否認規定を設けることが憲法14条に違反するものでないことにつき東京高判昭和53年11月30日訟月25巻4号1145頁。

を肯定したものとしては、役員報酬・役員退職給与が過大であるとして過大な部分の損金算入を否認したもの（前掲東京地判昭和33年12月23日、同東京高判昭和34年11月17日、福岡高判昭和40年12月21日行集16巻12号1942頁、大阪地判昭和31年12月24日行集7巻12号3109頁、東京地判昭和51年7月20日訟月22巻11号2621頁）、就学中の未成年者に対する役員報酬の損金算入を否認したもの（東京地判平成8年11月29日判時1602号56頁）、役員の出張に同行した家族に支給した旅費を役員賞与と認定し、相当額を超える額の損金計上を否認したもの（高松地判昭和32年10月11日行集8巻10号1823頁）、同一個人の支配する2つの同族会社の一方が他方に対し、無利息ないし著しく低率の利息で金銭を貸し付けながら、会社の損益計算上通常の金融取引と同程度の利息を未収利息として益金に計上し、その後の事業年度においてこれを貸倒損失として損金に計上した場合につき、当該貸倒処理を否認したもの（最三判昭和52年7月12日訟月23巻8号1523頁）、資産の低額譲渡を否認したもの（前掲福岡高宮崎支判昭和55年9月29日）、同族会社が、同社の役員が保有する投資信託である受益権を、その償還日の直前に購入した取引について、同取引により会社が役員に支払った代金額と償還によって受領した額の差額について損金算入を否認したもの（東京高判平成18年6月29日判例秘書06120515）などがある。また、否認を否定したものとしては、同族会社が、その取締役会長と特殊な関係にある株主から大量の株式を市場価格を著しく上回る価額で買い受けた場合おいて、その取引が経済人の行為として不合理、不自然なものとは認められず、否認の対象とならないとしたもの（東京高判昭和48年3月14日行集24巻3号115頁）などがある。

Ⅶ 国際取引に関連する課税をめぐる問題

1 国際取引と課税

　国際取引の活発化により、人・財貨・資本及びサービスの国際的移動がますます盛んになっている中、国際取引に対する課税の問題は、極めて重

要な問題となっている。法人の所得に対する課税の場面では、国際的二重課税の排除、外国法人に対する課税、国際的脱税や租税回避への対処など、重要課題も多い。そのような中、我が国も国内的立法措置と二国間租税条約によって、これらの課題への対策を講じている。

　国際取引に関連する課税については、取引自体が複雑になっていることが多いだけでなく、課税制度も単純でないことから、これをめぐる争いが生じた場合には、複雑高度な判断が求められる場合も少なくない。そのような場合には、取引自体を正確に把握すること及び課税の仕組みを正確に把握することが必要不可欠である。

　ここでは、外国税額控除をめぐる問題、外国法人に対する課税をめぐる問題、移転価格税制をめぐる問題及びタックス・ヘイブン対策税制をめぐる問題について、簡単に整理することとする。

2　外国税額控除をめぐる問題

　法69条は、外国税額控除の制度について定めている。この制度は、内国法人が、我が国の法人税に相当する外国の租税（外国法人税）を納付することとなる場合に、一定の限度で、その外国法人税の額を当該事業年度の所得に対する我が国の法人税の額から控除することを認めるというものである。これは、我が国の企業の海外における経済活動の振興を図るという政策的要請の下に、国際的二重課税を防止し、海外取引に伴う税制上の障害を排除することを目的として設けられた制度である[7]。

　法69条1項にいう「控除対象外国法人税の額」については、一定の要件を定めてこれに当たるものについて控除枠を定めるという方式が採られていることから、控除限度額の計算が比較的簡明であるという利点がある反面、非課税国又は低率課税国の所得から生ずる外国税額控除の余裕枠を利用することによって、我が国の実効税率を超える高率で課される他の外

---

[7]　連結法人税についても、同様の外国税額控除がされるが、法81条の15などに特別の規定がある。

国の外国税額まで控除され、結果として制度本来の趣旨を超えた控除が行われるという問題や、外国税額控除制度の本来の趣旨目的とは全く異なる方法で同制度を利用されることがあるなどの問題がある。このような問題に関連して、最二判平成17年12月19日民集59巻10号2964頁は、本来は外国法人が負担すべき外国税額について、これを日本の銀行が、手数料その他の対価を得て引き受けて、それを自己の外国税額控除の余裕枠を利用して納付すべき法人税額を減らすことによって回収するという取引につき、外国税額控除制度を濫用する取引であるとして法69条を適用して外国税額控除を認めることはできないと判示した。上記判例で問題となったような取引については、既に法改正により外国税額控除を適用しないこととされているが、今後もこの制度を利用した租税回避行為は出現する可能性があり、課税庁から濫用的である旨の主張がされたときには、当該取引等が法69条の趣旨目的に反して制度を濫用し税負担の公平を著しく害するものか否かを判断するという上記判断手法はなお参考になるものと考えられる[8]。

　なお、外国法人税に該当するか否かが争われた事案として、後記5のタックス・ヘイブン対策税制と関連し、ある地域に設立された子会社が納付した所得税（税率の選択が可能であるもの）が、法69条1項にいう外国法人税に該当しないとはいえないとしたもの（最一判平成21年12月3日民集63巻10号2283頁）がある。

3　外国法人に対する課税をめぐる問題

　法は、外国法人に対しては、我が国の国内に源泉のある所得（国内源泉所得）に対してのみ課税することとしている（法4条3項、9条1項）。国

---

[8]　租税減免制度の濫用を理由として明文がないのに制度の利用を認めないとすることが租税法律主義を定める憲法84条に違反するのではないかが問題となり得るが、外国税額控除のような政策的な減免規定を法律で定めた場合に、その立法目的を逸脱する租税回避のみを目的とする行為をその適用範囲から除外するなど、適用要件を合目的的に限定解釈することは租税法律主義に反するものではないとされている（杉原則彦・最判解民事篇平成17年度（下）999頁参照）。

内源泉所得に該当する所得については、法138条に11種類が定められている。

　国内源泉所得に該当するか否かをめぐって争いになることは少なくないが、その場合は、当該所得が生じる仕組み等を丹念に検討する必要がある。この点に関する裁判例としては、匿名組合契約に基づいて受ける利益の配分（11号）に関する東京高判平成19年6月28日判時1985号23頁などがある[9]。

4　移転価格税制をめぐる問題

　親子会社等の関連企業の間では、種々の理由から、相互に独立した当事者間の取引において通常設定される対価とは異なる対価（独立企業間価格）で取引を行う傾向があるが、そのような場合、取引の当事者である企業の間で所得が移動することになるから、各企業の所得は、適正な所得とは異なるものとなり、特に、国境を越えてそのような取引が行われた場合は、所得の国際的移動が生じ、国家の税収の増減が生じる（移転価格の問題）。これに対処するためには、正常対価で取引が行われたと仮定した場合に得られる各企業の所得に即して課税を行う必要がある。そのため、租税条約は、一般に、異なる国家に存在する関連企業の間で独立の企業間とは異なる条件で取引が行われた場合には、正常な条件で取引が行われたとした場合に算出される利益に対して課税することを認めている（OECD租税モデル条約草案9条、日米租税条約9条等）。我が国も、昭和61年改正で、法人間の国際取引について移転価格税制を導入し、我が国の法人が、特殊の関係のある外国法人（国外関連者）との間で資産の販売・資産の購入・役務の提供その他の取引（国外関連取引）を行った場合において、その法人がその国外関連者から支払を受ける対価の額が独立企業間価格に満たないと

---

9) 非居住者に対する所得課税についても類似の制度が採られており、それに関連する裁判例としては、最一判平成16年6月24日判夕1163号136頁、東京高判平成9年9月25日行集48巻9号661頁、東京地判平成19年4月17日判時1986号23頁、東京高判平成20年3月12日金判1290号32頁などがある。

き（無償譲渡又は低額譲渡の場合）、又は、その法人がその国外関連者に支払う対価の額が独立企業間価格を超えるとき（高価買入れの場合）は、その法人の所得の計算において、その取引は独立企業間価格で行われたものとみなすこととしている（租税特別措置法66条の4第1項）。独立当事者間価格の算定方法は、同条2項1号に定める4つの方法（独立価格比準法、再販売価格基準法、原価基準法、その他の方法）のうち、最適な方法によることとされている。

近年、移転価格税制をめぐる紛争は増加の傾向にある。国外関連取引の態様はさまざまである上、独立企業間価格の算定も複雑になることが多いことから、そのような紛争の解決には困難を伴うことが少なくないが、事案に即し、丁寧な事実認定をし、法令の文言に忠実なあてはめをしていくことが必要になるものと思われる[10]。

5 タックス・ヘイブン対策税制をめぐる問題

タックス・ヘイブンとは、法人の所得あるいは法人の特定種類の所得に対する税負担がゼロあるいは極端に低い国又は地域をいう。

かねてから、企業がタックス・ヘイブンに子会社（タックス・ヘイブン・コーポレーション）を設立し、それを通じて国際的経済活動を行うことで税負担の回避や軽減を図ろうとする傾向が強まってきており、我が国でも昭和53年にタックス・ヘイブン対策税制を導入している。その内容は複雑であり、法改正も繰り返されているが、要するに、この制度の趣旨と目的は、タックス・ヘイブン・コーポレーションの課税対象金額相当額を株主である我が国の内国法人等の擬制収益ないし擬制配当として課税し、租税回避の手段としてのタックス・ヘイブン・コーポレーションの機

---

10) 従前は、独立企業間価格の計算は、独立価格比準法、再販売価格基準法及び原価基準法のいわゆる基本3法のいずれかの方法を用いることができない場合のみその他の方法を用いることができるとされていたため、基本3法を用いることができない場合に当たるか否かが問題となることが少なくなかった。しかし、平成23年改正により、算定方法の適用優先順位が廃止された。

能を実質的に減殺することにある（最二判平成 19 年 9 月 28 日民集 61 巻 6 号 2486 頁、最一判平成 21 年 10 月 29 日民集 63 巻 8 号 1881 頁参照）。

　租税特別措置法 66 条の 6 以下に規定するタックス・ヘイブン対策税制の骨子は、その本店等の所在する国又は地域における税負担が著しく低い外国法人であって、内国法人により株式等の保有を通じて支配されているとみなされるものに留保された所得について、当該内国法人の持分に応じて計算した金額をその収益の額とみなして、当該内国法人の所得の金額の計算上益金の額に算入し、我が国の法人税の課税の対象とするというものである。

　タックス・ヘイブン対策税制に関連する紛争も増加の傾向にあるところ、最近の裁判例としては、特定外国子会社等に欠損が生じた場合の内国法人の所得の計算上の取扱いについて、これを損金の額に算入することができないとしたもの（前掲最二判平成 19 年 9 月 28 日）、タックス・ヘイブン対策税制の租税条約適合性について判断したもの（前掲最一判平成 21 年 10 月 29 日）、税率の選択が認められている地域のものが租税といえるかについて判断したもの（前掲最一判平成 21 年 12 月 3 日）などがあり、下級審裁判例も少なくない。タックス・ヘイブン対策税制が問題となる場合においても、移転価格税制が問題となる場合と同様、法律の文言と事実関係に丁寧に即した判断が求められることになろう。

第9講
相続税

田中　一彦

I　はじめに

　相続税は、死亡した人の財産を相続又は遺贈（死因贈与を含む。以下特に断らない限り同じ）により取得した者に対して、その取得した財産の価額を基に課される租税である（被相続人及び遺贈をした者を総称して以下「被相続人」といい、同一の被相続人からその財産を相続又は遺贈により取得した者を以下「相続人等」という）。

　相続税の課税方式には、大別して、遺産課税方式（被相続人の遺産総額に応じて課税する方式）と遺産取得課税方式（個々の相続人等が取得した遺産額に応じて課税する方式）とがある。我が国においては、戦前に採られていた遺産課税方式が昭和25年に遺産取得課税方式に改められたが、遺産取得課税方式には、被相続人等の取得財産額に応じた税負担の公平を図りやすいという長所がある反面、仮装の遺産分割によって相続税の回避が行われやすいという難点があったため、昭和33年に、各相続人等が相続等により取得した財産の合計を法定相続分で分割したものと仮定して相続税の総額を算出し、それを実際の遺産の取得額であん分するという計算方法（法定相続分課税方式。具体的な計算手順は、後記Ⅲ1のとおり）が採用され、現在に至っている。すなわち、我が国の相続税の課税方式は、遺産取得課税方式を基本としつつ、税額の計算に当たり遺産課税方式の要素が一部取り入れられたものとなっている。

　ところで、相続税法は、相続税と共に贈与税（個人からの贈与により財産を取得した者に対し、その取得財産の価額を基に課税される租税）についても

規定している。これは、贈与税が生前贈与によって相続税を免れることを防止するために課される相続税の補完税として位置付けられているためである。このような相続税と贈与税との関係を踏まえて、①相続人等について、相続開始前3年以内に被相続人から贈与により取得した財産の価額を相続税の課税価格に加算する旨の規定（相続税法19条）や、②相続税と贈与税とをいわば一体化する仕組みを有する相続時精算課税制度（同法21条の9〜21条の18）が設けられている。

本稿は、相続税について、ごく基礎的な事項に絞って簡潔に述べたものであり[1]、贈与税に関する議論には、基本的には立ち入らない。

II 納税義務者

1 個人の納税義務者

相続税の納税義務者は、原則として、相続若しくは遺贈により財産を取得した個人又は被相続人からの贈与について相続時精算課税制度（相続税法21条の9第3項）の適用を受けた個人である（同法1条の3）。

これらの納税義務者のうち、①相続又は遺贈により財産を取得した個人で当該財産を取得した時において相続税法の施行地[2]に住所（その意義につき、贈与税に関するものではあるが、最二判平成23年2月18日集民236号71頁参照）を有するもの（相続税法1条の3第1号）及び②相続又は遺贈により財産を取得した㋐日本国籍を有する個人（当該個人又は被相続人が当該相続又は遺贈に係る相続の開始前5年以内のいずれかの時において相続税法

---

[1] 相続税全般に関しては、金子・租税法536頁以下、水野・租税法628頁以下等参照。また、税務大学校『税大講本 相続税法（基礎編）平成26年度版』（税務大学校が作成しているテキストであり、国税庁のウェブサイト（http://www.nta.go.jp/ntc/kouhon/souzoku/mokuji.htm）において閲覧及びダウンロードをすることが可能である）も、相続税についての基礎的な事項を理解する上で有用である。

[2] 相続税法には、その施行地を本州、北海道、四国、九州及び附属の島（ただし、当分の間、歯舞群島、色丹島、国後島及び択捉島を除く）とする旨の特別の規定が置かれている（相続税法附則2条、相続税法施行令附則2条）。

の施行地に住所を有していたことがある場合に限る）又は④日本国籍を有しない個人（被相続人が相続開始の時において同法の施行地に住所を有していた場合に限る）であって、当該財産を取得した時において同法の施行地に住所を有しないもの（同法1条の3第2号）は、その者が相続又は遺贈により取得した財産の全部について、相続税の納税義務を負う（同法2条1項）。一方、③相続又は遺贈により同法の施行地にある財産を取得した個人で当該財産を取得した時において同法の施行地に住所を有しないもの（上記②に掲げた者を除く。同法1条の3第3号）は、その者が相続又は遺贈により取得した財産で同法の施行地にあるものについて、相続税の納税義務を負い（同法2条2項）、④被相続人からの贈与について相続時精算課税の適用を受けた個人（上記①～③に掲げた者を除く。同法1条の3第4号）は、その相続時精算課税の適用を受けた財産について、相続税の納税義務を負う（同法21条の16第1項）。

2　個人とみなされる納税義務者

　代表者又は管理者の定めのある人格のない社団又は財団に対して財産の贈与又は遺贈があった場合や、その設立のために財産の提供があった場合には、当該社団又は財団は個人とみなされ、相続税の納税義務を負う（相続税法66条1項・2項）。

　また、持分の定めのない法人に対し財産の贈与又は遺贈があった場合において、当該贈与又は遺贈により当該贈与又は遺贈をした者の親族その他これらの者と同法64条1項に規定する特別の関係がある者の相続税又は贈与税の負担が不当に減少する結果となると認められるときは、当該法人は個人とみなされ、相続税の納税義務を負う（同法66条4項）。

Ⅲ 相続税の課税価格と税額

1 相続税額の計算手順

　個々の相続人等が納付すべき相続税額は、次の(1)～(4)の4段階の手順によって計算される。

(1) 課税価格の合計額の計算
　①各相続人等に係る課税価格（相続税法11条の2）を個々に計算し、②その後、全ての相続人等に係る課税価格の合計額を計算する。

(2) 相続税の総額の計算
　①課税価格の合計額から遺産に係る基礎控除額（相続税法15条、21条の14）を控除し、②その残額（いわゆる課税遺産額）を、当該被相続人の同法15条2項に規定する相続人の数に応じた相続人が民法900条（法定相続分）及び同法901条（代襲相続人の相続分）の規定による相続分に応じて取得したものとした場合におけるその各取得金額を計算し、③その各取得金額に所定の税率を乗じて計算した金額を合計して、「相続税の総額」を計算する（相続税法16条）。

(3) 各相続人等の算出税額の計算
　前記(2)の「相続税の総額」に、各相続人等に係る課税価格（前記(1)①）が全ての相続人等に係る課税価格の合計額（前記(1)②）のうちに占める割合を乗じて、各相続人等の算出税額を計算する（相続税法17条）。

(4) 各相続人等の納付すべき相続税額の計算
　前記(3)の各相続人等の算出税額から各相続人等に応じた各種の税額控除の額を控除し、各相続人等が納付すべき相続税額を計算する。

2　課税財産

　相続税の課税財産は、相続人等が相続又は遺贈によって取得した財産（相続財産）であり（相続税法2条）、そこには、財産権の対象となる一切の物及び権利が含まれる。ただし、公益目的や社会政策的目的から非課税財産（同法12条）とされるものは、相続税の課税対象から除外される一方、法律的には相続財産とはいえないが、相続財産とその実質を同じくする財産ないし権利については、公平な税負担の見地から、「みなし相続財産」（同法3条）として、相続税の課税対象に加えられている。

　相続税に関する訴訟において、ある財産が当該相続に係る課税財産に当たるか否かが争点となることも少なくない。実務上は、当該財産が相続人等において相続又は遺贈により取得したものであるか相続人等の固有の財産であるかなどといった相続財産の範囲についての事実認定が問題とされるケースが多いと思われるが、そのような事実認定ではなく法的評価が問題とされるケースもある。この点に関して判示した最高裁判例としては、①農地の売買契約締結後農業委員会の許可前に買主が死亡した場合につき、相続税の課税財産となるのは、上記売買契約に基づき買主である被相続人が売主に対して取得した当該農地の所有権移転請求権等の債権的権利であるとしたもの（最二判昭和61年12月5日集民149号263頁）、②代金完済時に所有権を移転するとともに所有権移転登記も経由する旨の農地の売買契約が締結された後代金完済前に売主が死亡した場合において、売主が当該農地の代金の約35％を受領し、農地法（昭和55年法律第66号による改正前のもの）5条1項3号所定の届出が受理された後、残代金支払期日前に売主が死亡して相続が開始したなどの事実関係の下においては、たとえ当該農地の所有権が売主に残っていたとしても、もはやその実質は売買代金債権を確保するための機能を有するにすぎないものであって、上記農地の所有権は独立して相続税の課税財産を構成せず、相続税の課税財産は売買残代金債権であるとしたもの（最二判昭和61年12月5日訟月33巻8号2149頁）、③被相続人が所得税更正処分及び過少申告加算税賦課決定処分に基づき所得税、過少申告加算税及び延滞税を納付するとともに上記

各処分の取消訴訟を提起し、その係属中に被相続人が死亡したため相続人が同訴訟を承継し、上記各処分の取消判決が確定するに至ったときは、上記所得税等に係る過納金の還付請求権は、被相続人の相続財産を構成し、相続税の課税財産となるとしたもの（最二判平成22年10月15日民集64巻7号1764頁）がある。

　また、みなし相続財産に関する最高裁判例としては、④みなし相続財産である退職手当金等について、旧相続法（昭和22年法律第87号）4条1項4号に関するものではあるが、⑦同号は、死亡退職の場合のみならず生前退職の場合にも適用されるが、④同号により相続財産とみなされるべきものであるというためには、被相続人の死亡による相続開始の際、その支給額は未確定であるにせよ、少なくとも退職手当金等の支給されること自体は当然に予定された場合であることを要し、また、相続税として課税可能な期間内に支給額が確定する場合でなければならないとした上で、⑨一般に、法人の役員の退職手当金等は、株主総会等において支給が決議され、取締役会等で支給額が決定されるものであり、株主総会等の決議前に役員が死亡したときは、退職手当金等の支給自体は法律上は未確定ではあるが、特段の事情のない限り、退職手当金等の支給自体は、被相続人の死亡による相続開始の際、当然に予定されたところといって妨げないとしつつ、㊁甲会社の役員乙が退職後死亡して相続が開始したが、当時当該会社は戦後不況の只中にあり、また、かねて制限会社、次いで持株会社に指定されていたため、乙に対する退職手当金等の支給自体も何ら確定されず、乙の死亡後4年以上を経て開かれた株主総会において乙に対する退職金贈呈の件が決議され、その後取締役会において同支給額が確定したなどの判示の事情の下では、乙の相続人に対する退職慰労金名義の支給は、同号に該当しないとしたもの（最三判昭和47年12月26日民集26巻10号2013頁。なお、同判決は、傍論ではあるが、昭和28年法律第165号による改正直後の相続税法3条1項2号〔現行の相続税法3条1項2号の規定も基本的にはこれと同様のものである〕において、相続により取得したものとみなされる退職手当金等が「被相続人の死亡後3年以内に支給が確定したものに限る。」とされているのは、被相続人の死亡による相続開始の際、退職手当金等の支給

が当然に予定され、また、その支給額がその後3年以内に確定したものに限り、相続財産とみなされるとの趣旨である旨も判示している)、⑤相続税法 (平成15年法律第8号による改正前のもの) 3条1項1号の規定によってみなし相続財産とされる保険金には、年金の方法により支払を受けるものも含まれると解されるところ、年金の方法により支払を受ける場合の上記保険金とは、基本債権としての年金受給権を指すなどと判示したもの (最三判平成22年7月6日民集64巻5号1277頁。ただし、この判示部分それ自体は判示事項とはされていない) がある[3]。

3 課税価格の合計額の計算

前記1において概観した相続税額の計算手順のうち「課税価格の合計額の計算」(前記1(1)) について若干補足する。

(1) 相続税の課税価格

既に述べたとおり、相続税額の計算に当たっては、まず、①各相続人等に係る課税価格を個々に計算し、②その後、全ての相続人等に係る課税価格の合計額を計算することが必要となる。

上記①の基本的な計算過程を算式で示すと、ⓐ当該相続人等が相続又は遺贈により取得した財産 (本来的な相続財産。相続税法1条の3各号、11条の2参照) の価額＋ⓑ当該相続人等が相続又は遺贈により取得したとみなされる財産 (同法3条) の価額－ⓒ被相続人の債務及び葬式費用の金額のうち当該相続人等の負担に属する部分の金額 (同法13条1項)[4]＋ⓓ当該相続人等が被相続人から相続開始前3年以内に贈与を受けた財産の価額 (同法19条) ＝当該相続人等に係る課税価格 (ただし、上記ⓐ及びⓑについ

---

[3] なお、この点に関する下級審裁判例については、金子・租税法541頁以下、水野・租税法641頁以下参照。

[4] 控除の対象となる債務は、確実と認められるものに限る (相続税法14条1項)。この点が問題となった下級審裁判例については、概観(2) 206頁以下、水野・租税法663頁 (注39) 参照。

ては、いずれも非課税財産とされるものを除く。同法12条）となる[5]。

(2) 遺産が未分割の場合の課税価格

相続税の課税価格は、遺産の総額を基に個々の相続人等ごとに計算することとされているため、相続人等が2人以上いる場合、本来的には、共同相続人のうちの誰がどの財産を相続するかが確定しないと課税価格の計算ができないということになる。ところが、我が国の実情においては、被相続人が遺言によって個々の相続財産の相続人等に対する具体的な帰属を指定しておくことはむしろまれであるといってよく、また、相続財産の中には相続開始後直ちに遺産分割が行われない物件（一般的にいって家屋などはその典型であろう）も少なくない。そこで、相続税の申告書の提出期限までに遺産の全部又は一部が共同相続人又は包括受遺者によって分割されていない場合には、その分割されていない財産は、これらの者が民法の規定による相続分（同法900条～904条参照）又は包括遺贈の割合に従って取得したものとして課税価格を計算すべきものとされている（相続税法55条。なお、最三判平成5年5月28日集民169号99頁は、同条本文にいう「相続分」には共同相続人間の譲渡に係る相続分が含まれる旨を判示している）。

なお、相続税法55条本文に従って相続税の申告がされた後にそれと異なる内容の遺産分割がされた場合には、修正申告（同法31条）や更正の請求（同法32条）によって、改めて当該遺産分割を踏まえた税額が確定されることとなる（同法55条ただし書）。

4　相続財産の評価

(1) 相続財産の評価に関する相続税法の規定

裁判実務上、相続税の算定の基礎となる相続財産の評価が問題となることは、非常に多い。

---

[5] なお、種々の理由から課税価格の計算につき特例が設けられていることがある。その概要については、税務大学校・前掲注1）25頁以下参照。

財産の評価に関しては、その財産の取得価額によるものとする原価主義と、その取得時の時価によるものとする時価主義の2つの方法が考えられるが、相続税法22条は、財産の評価の原則として、同法第3章（財産の評価に関する規定が置かれている）で特別の定めのあるものを除き、相続、遺贈又は贈与により取得した財産の価額は、当該財産の取得の時における時価により、当該財産の価額から控除すべき債務の金額は、そのときの現況によるものと規定し、時価主義を採用している。そして、同法は、上記の「特別の定め」として、地上権及び永小作権、定期金に関する権利及び立木の評価方法についての規定を置いている（同法23条～26条の2。これらは「法定評価」と呼ばれる）ほかは、「時価」の算定方法について規定しておらず、これを解釈に委ねている。

　なお、同法22条にいう相続、遺贈又は贈与により取得した財産の「取得の時」とは、原則として、相続開始の時（被相続人の死亡時）であると解され（民法896条本文、985条1項参照）、また、「時価」とは、当該財産の客観的な交換価値のことであり（最二判平成22年7月16日集民234号263頁参照）、具体的には、不特定多数の独立当事者間の自由な取引において通常成立すると認められる価額を意味するものと解されている（東京高判平成7年12月13日行集46巻12号1143頁参照。後記(2)において言及する「財産評価基本通達」〔平成3年12月18日課評2-4、課資1-6〕も、1の(2)において同旨を定めている）。

(2) 財産評価基本通達との関係[6]

　ア　前記(1)のとおり、相続税法は、同法22条にいう「時価」の算定方法について専ら解釈に委ねているところ、課税実務においては、財産評価基本通達において相続財産の価額の評価に関する一般的基準を定め、画一的な評価方式によって相続財産の価額である「時価」を算定するとの取扱いがされている[7]。このような方法が採られているのは、相続税の課税対象である財産には多種多様なものがあり、その客観的な交換価値が必ずし

---

[6]　この点については、金子・租税法569頁以下、水野・租税法715頁以下も参照。

も一義的に確定されるものではないため、相続財産の客観的な交換価値（時価）を上記のような画一的な評価方式によることなく個別事案ごとに評価することにすると、①その評価方式、基礎資料の選択の仕方等により同じような相続財産であって異なった金額が「時価」として導かれる結果が生ずることを避け難く[8]、公平な課税の観点から問題があること、②大量の課税事務を適正・迅速に行わなければならない課税庁の事務負担が過重なものとなり、課税事務の効率的な処理が困難となるおそれがあること、③相続税のように申告納税方式が採られているものについては、申告に際してそのような個別事案ごとの評価をしなければならないとすることは、納税義務者にとっても過重な負担であると考えられることから、相続財産の価額をあらかじめ定められた評価方式によって画一的に評価することとするのが相当であるとの理由に基づくものと解される。

　イ　ところで、通達は、上級行政機関がその内部的権限に基づき下級行政機関や職員に対して発する行政組織内部における命令にすぎず、法令ではないから、財産評価基本通達の定めそのものが法的に納税義務者を拘束するわけではないというのが租税法律主義からの帰結である。しかし、同通達に定められた評価方式が当該財産の取得の時における時価を算定するための手法として合理的なものであると認められる場合においては、①前記アのような相続税に係る課税実務は、納税者間の公平、納税者の便宜、効率的な徴税といった租税法律関係の確定に際して求められる種々の要請を満たし、国民の納税義務の適正な履行の確保（国税通則法1条、相続税法1条参照）に資するものとして、同法22条の規定の許容するところで

---

[7] 財産評価基本通達の個々の定めの内容については、国税庁HP（https://www.nta.go.jp/shiraberu/zeiho-kaishaku/tsutatsu/menu.htm）などを参照されたい。

[8] 「時価」の評価が問題とされることが実務上多い土地についてみると、一般的に、その鑑定評価は、国土交通省が定めた「不動産鑑定評価基準」に従って行われているところ、同基準においては、土地の評価に当たっては、原則として原価法、取引事例比較法及び収益還元法の3つの方法を併用すべきものとされているが、同じような土地の評価であっても、鑑定評価の際に用いる基礎資料や数値（例えば収益還元法における収益率など）の違い、上記3つの方法を併用する際に各方法をどのような比重で考慮するかなどによって、合理的と認められる鑑定評価額には、一定の幅が生じ得るところである。

あると解されるし、②上記の場合においては、同通達の定める評価方式が形式的に全ての納税者に係る相続財産の価額の評価において用いられることによって、基本的には租税負担の実質的な公平を実現することができるものと解されるのであって、同条の規定もいわゆる租税法の基本原則の1つである租税平等主義を当然の前提としているものと考えられることからすれば、特段の事情があるとき（同通達6参照）を除き[9]、特定の納税者あるいは特定の相続財産についてのみ同通達の定める評価方式以外の評価方式によってその価額を評価することは、たとえその評価方式によって算定された金額がそれ自体では同条の定める時価として許容範囲内にあるといい得るものであったとしても、租税平等主義に反するものとして許されないものというべきであろう。裁判実務においても、以上のような考え方を基礎として審理・判断がされているものと思われ、前掲最二判平成22年7月16日における須藤裁判官の補足意見において、社団たる医療法人の出資持分の評価につき、「大量、迅速、簡素な徴税費用による処理を求められる課税実務には、……経営指標等を基にして算出される企業価値（事業価値）から出資持分の時価評価を導き出すというような複雑な算定方法は適切でもないし可能でもないであろう。しかも、課税の公平性の確保という要請は最大限に満たされなければならないから、財産評価基本通達によるとの運用には特別の事情がない限り合理性が認められるというべきである。」と述べられているのは、上記のような裁判実務の考え方を踏まえたものということができるものと思われる（なお、下級裁判例としては、上記①と同旨の判示をしたものに東京地判平成11年9月29日税資244号981頁等が、上記②と同旨の判示をしたものに東京地判平成4年3月11日判時1416号73頁、東京地判平成10年5月29日判タ1002号144頁等が、上記①及び②を共に判示したものに東京地判平成24年3月2日判時2180号18頁及びその控訴審判決である東京高判平成25年2月28日判例秘書L06820504〔1審判決の判示を引用〕がある）。

[9] 例えば、財産評価基本通達の定めに従って評価をするとかえって公平に反するような結果が生ずる場合などは、「特段の事情」が認められることになろう。

ウ　なお、課税処分の適法性については課税庁側が立証すべきものとされていることからすれば、財産評価基本通達に定められた評価方式が当該財産の取得の時における時価を算定するための手法として合理的なものであることを基礎付ける事情については、課税庁側が立証すべきものと解すべきであろう（前掲東京地判平成24年3月2日及び同東京高判平成25年2月28日〔1審判決の判示を引用〕参照）。

Ⅳ　相続税の申告及び納付

1　相続税の申告

相続税の税額の確定の方式については、申告納税方式（納付すべき税額が納税者のする申告により確定することを原則とし、その申告がない場合又はその申告に係る税額の計算が国税に関する法律の規定に従っていなかった場合その他当該税額が税務署長等の調査したところと異なる場合に限り、税務署長等の処分により確定する方式。国税通則法16条1項1号）が採用されている。

被相続人から相続又は遺贈により財産を取得した全ての者に係る課税価額の合計額が遺産にかかる基礎控除額を超える場合において、納付すべき相続税額が算出される者は、その相続の開始があったことを知った日の翌日から10か月以内に、相続税の申告書を納税地の所轄税務署長に提出しなければならない（相続税法27条1項）。当該相続に係る相続税の申告書を提出すべき者が2人以上ある場合において、当該申告書の提出先の税務署長が同一であるときは、これらの者は当該申告書を共同して提出することができる（同条5項）。

なお、申告期限までに遺産分割をすることができなかったときの取扱いに関しては、前記Ⅲ3(2)において既に述べた。

2 相続税の納付

(1) 相続税の納付時期

相続税の納付期限は、①期限内申告書（相続税法1条の2第2号）を提出した者については、申告書の提出期限であり（同法33条）、②期限後申告書（同法1条の2第3号）又は修正申告書（同条4号）を提出した者については、それらの申告書を提出した日であり（国税通則法35条2項1号）、③更正又は決定の通知を受けた者の納付期限は、これらの通知書が発せられた日の翌日から起算して1か月を経過する日である（同項2号）。

(2) 連帯納付義務

相続税及び贈与税は、相続及び遺贈、あるいは贈与により取得した財産に課税するものであるため、財産の取得者（納税義務者）にとっては、それを金銭で納付することは必ずしも容易ではない一方、国においては相続税ないし贈与税の徴収を確保する必要があることから、相続税法34条は、相続税又は贈与税の連帯納付義務を定めている[10]。同条が定めるもののうち、相続税に関するものを抜き出すと、以下のとおりである。

ア　相続人又は受遺者が2人以上ある場合の連帯納付義務

相続人又は受遺者が2人以上いる場合には、これらの者は、その相続又は遺贈により取得した財産に係る相続税について、その相続又は遺贈により受けた利益の価額に相当する金額を限度として、相互に相続税の連帯納付義務を負う（相続税法34条1項本文）。ただし、平成24年4月1日以後に申告期限が到来する同項1号～3号所定の場合の相続税については、連帯納付義務を負わない（平成24年法律第16号附則1条、57条1項参照）。

なお、同項の連帯納付義務の性質等について、最三判昭和55年7月1日民集34巻4号535頁は、この連帯納付義務は、同法が相続税徴収の

---

[10] 連帯納付義務については、金子・租税法537頁以下、水野・租税法639頁以下参照。

確保を図るために相互に各相続人等に課した特別の責任であって、その義務履行の前提条件をなす連帯納付義務の確定は、各相続人等の固有の相続税の納税義務の確定という事実に照応して法律上当然に生ずるものであるから、連帯納付義務につき格別の確定手続を要するものではない旨を判示している。

　　イ　被相続人が納付すべき相続税又は贈与税の連帯納付義務
　相続税の申告をすべき者が申告書を提出する前に死亡した場合で、その者の相続人又は受遺者が2人以上あるときは、これらの者は、被相続人の納付すべき相続税について、相続又は遺贈により受けた利益の価額に相当する金額を限度として、相互に連帯納付義務を負う（相続税法34条2項）。

　　ウ　贈与、遺贈又は寄附行為により財産を取得した者の連帯納付義務
　相続税の課税価格計算の基礎となった財産について贈与、遺贈又は寄附行為による移転があった場合には、その贈与若しくは遺贈により財産の取得をした者又は寄附行為により設立された法人は、その贈与、遺贈又は寄附行為をした者が納付すべき相続税の額のうち、相続を受けた財産の価額に対応する部分の金額について、連帯納付義務を負う（相続税法34条3項）。

(3) 延納及び物納

　相続税の納付についても、他の租税と同様に、その税額に相当する金銭を納期限までに納付するのが原則であるが、相続税が財産に対してその価額を課税標準として課税するものであることから、その全額を一時に金銭によって納付することが困難である場合も考えられる。そこで、相続税法においては、以下のとおり延納の制度や物納の制度が設けられている（同法38条～48条の3）。

　　ア　延納
　税務署長は、相続税又は贈与税の額が10万円を超え、かつ、納期限までに、又は納付すべき日に金銭で納付することを困難とする事由があるときは、納税義務者の申請により、その納付を困難とする金額として政令で

定める額を限度として、原則として5年以内の年賦延納の許可をすることができる（相続税法38条1項）。

イ　物納

税務署長は、納税義務者について納付すべき相続税額を延納によっても金銭で納付することを困難とする事由がある場合においては、納税義務者の申請により、原則としてその納付を困難とする金額として政令で定める額を限度として、物納の許可をすることができる（相続税法41条1項）。

物納に充てることができる財産（物納財産）は、納税義務者の課税価格計算の基礎となった財産で相続税の施行地にあるもののうち、①国債及び地方債、②不動産及び船舶、③社債（特別の法律により法人の発行する債券を含み、短期社債等を除く）、株式等並びに④動産（ただし、いずれも管理又は処分をするのに不適格なものとして政令で定めるもの〔管理処分不適格財産〕を除く）に限られる（同条2項）。そして、物納の制度において物納財産を国に帰属させることは、相続税納付の手段であり、国がそれを換価し、その代金をもって金銭納付に代わる経済的利益を得ることがその最終目的であることからすれば、物納財産が「管理又は処分をするのに不適格なもの」であるか否かは、国が当該財産の管理又は処分を通じて金銭により相続税が納付された場合と同等の経済的利益を将来確実に確保し得るか否かという観点から判断されるべきものと解され、例えば国においてその管理のために多額の費用を要するものや、換価をすることが困難なものは、「管理又は処分をするのに不適格なもの」として物納財産とは認められないものと考えられる（大阪地判平成12年10月6日判タ1079号212頁、東京地判平成13年9月27日訟月48巻7号1842頁参照）。

第 10 講
過少申告加算税

進藤　壮一郎

I　はじめに

1　意義及び制度趣旨

　過少申告加算税は、申告納税方式の国税について、期限内申告（期限後申告であって、その申告が期限後となったことについて正当な理由があった場合を含む）があった場合において、修正申告又は更正がされ、当初の申告税額が結果的に過少となった場合に課される附帯税であり、その額は、原則として、修正申告又は更正によって納付すべき税額の10％である（国税通則法（以下本講及び次講において「法」という）65条1項。申告脱漏割合が大きい場合における加重について、同条2項）。

　過少申告加算税は、申告納税制度における国税にあっては、期限内における納税者の正確な申告が納税義務の確定のために重要であることにかんがみ設けられたものである。最一判平成18年4月20日民集60巻4号1611頁（後掲）も、過少申告加算税の制度趣旨について、「過少申告による納税義務違反の事実があれば、原則としてその違反者に対し課されるものであり、これによって、当初から適法に申告し納税した納税者との間の客観的不公平の実質的な是正を図るとともに、過少申告による納税義務違反の発生を防止し、適正な申告納税の実現を図り、もって納税の実を挙げようとする行政上の措置であり、主観的責任の追及という意味での制裁的な要素は重加算税に比して少ないものである。」と説示し、過少申告加算税のこうした趣旨等を明らかにしている。

2 課税要件等

(1) 課税要件
過少申告加算税が課される要件は、次の2つである。
① 申告納税方式における国税について、期限内申告書、還付請求申告書（法61条1項2号）及び期限後申告書（ただし、期限内申告書の提出がなかったことについて正当な理由があると認められる場合に限る。法65条1項括弧書、66条1項ただし書、同条6項）の提出があった場合において、修正申告書の提出又は更正があったこと
② 上記①の申告書に係る課税標準等又は税額等について更正又は修正申告書の提出があり、かつ、これらにより法35条2項の規定により納付すべき税額があること

(2) 過少申告加算税が課されない場合
他方、過少申告加算税は、以下の場合には賦課されない。
① 納付すべき税額の計算の基礎となった事実のうちにその修正申告又は更正前の税額（還付金の額に相当する税額を含む）の計算の基礎とされていなかったことについて正当な理由があると認められるものがある場合には、その部分については課されない（法65条4項）。
　上記の「正当な理由」があると認められる場合における「納付すべき税額」については、当該「正当な理由」の部分に係る納付すべき税額が控除される形で計算される（同項、法施行令27条）。
② また、修正申告書の提出があった場合において、その提出が、その申告に係る国税についての調査があったことにより当該国税について更正があるべきことを予知してされたものでないときは、賦課されない（法65条5項）。自発的に修正申告を決意し、修正申告書を提出した者に対しては例外的に過少申告加算税を賦課しないとすることにより、納税者の自発的な修正申告を奨励する趣旨である[1]。

⑶ **本稿の目的**

　このように、法は、過少申告加算税を賦課しない場合の1つとして、修正申告等の税額の基礎とされていなかったことについて「正当な理由」がある場合を掲げているが、どのような事情があれば「正当な理由」があるのか、法文からは明らかではなく、訴訟上争われることが少なくない。また、この点については、以下で述べるとおり、近時、注目すべき最高裁の判断も示されるに至っている。

　そこで、本稿にあっては、まず最高裁判決を概観した上で、こうした最高裁の判断等を踏まえ「正当な理由」の考慮要素等を抽出するとともに、過少申告加算税の賦課決定処分の取消しを求める訴訟における留意点に触れることとしたい[2]。

Ⅱ 「正当な理由」についての近時の最高裁判決

　「正当な理由」については、下級審の裁判例が積み重ねられており、国税庁における通達においても、税目ごとの定めがある[3]。しかし、「正当な理由」の趣旨や意義はもとより、「正当な理由」をめぐり主張される多様な事情の中で、いかなる事情を取り上げ、いかなる視点から、どのように評価すべきか等については、最高裁判例が決定的に重要であり、主張、立証に当たる当事者はもとより、取消訴訟の運営に当たる裁判所としても、近時の最高裁判例からいかなる示唆を引き出すかを常に意識すべきものである。

　そこで、以下、やや詳細にわたるが、近時の最高裁判決が「正当な理

---

1) 東京地判平成7年3月28日税資208号1015頁及びその控訴審判決である東京高判平成7年11月27日税資214号504頁を参照（税務署の係官が実地調査をし、申告内容が不適正であることを指摘して修正申告を促され、これに応じて修正申告がされた事案）。上告審判決である最一判平成11年6月10日（後掲）も、原審の判断は正当として是認することができるとした。
2) 上記⑵②の「更正の予知」をめぐる論点及びこれに関する裁判例等については、品川・事例研究149頁以下。
3) 品川・事例研究73頁以下。

由」についてどのような判断を示したのかを概観することとしたい。

1　最一判平成18年4月20日民集60巻4号1611頁

　所得税に係る確定申告の委任を受けた税理士が内容虚偽の確定申告書を提出する等の隠ぺい、仮装行為をしたことが発覚し、その後、納税者が修正申告をしたところ、処分行政庁から増額更正処分及び重加算税賦課決定処分等を受けたことから、これらの適法性が争われた事案である。1審判決（東京地判平成15年6月27日民集60巻4号1657頁）が、重加算税賦課決定処分は要件を満たさず、正当な理由があるとして、過少申告加算税額相当部分も含めて取り消し、この判断部分が控訴審（東京高判平成16年9月29日民集60巻4号1710頁）においても維持されたことから、上告審において、「正当な理由」の有無が争われることとなった。

　最高裁は、過少申告加算税の趣旨等について、上記Ⅰ1で引用したとおり説示した上、「過少申告加算税の上記の趣旨に照らせば、同項（法65条4項）にいう『正当な理由があると認められる』場合とは、真に納税者の責めに帰することのできない客観的な事情があり、上記のような過少申告加算税の趣旨に照らしても、なお、納税者に過少申告加算税を賦課することが不当又は酷になる場合をいうものと解するのが相当である。」との一般論を明らかにした。その上で、当該事案においては、

① 　委任を受けた税理士が隠ぺい仮装行為をして脱税をするなどとは予想し得なかったとしても、納税者（被上告人＝X）は、税務署職員や長男から税額が800万円程度と言われながら、これが550万円で済むとの同税理士の言葉を信じて、それ以上の調査、確認をすることなく、確定申告書の内容をあらかじめ確認せず、確定申告書の控えや納税に係る領収書等の交付を同税理士に要求せず、申告について税務署に問い合わせたことはなかったから、これらの点で落ち度が見受けられること

② 　確定申告書を受理した税務署の職員が同税理士による脱税行為に加担した事実は認められないこと

を指摘して、「正当な理由」があるとは認められないとした。

この判決は、過少申告加算税の賦課を免れるための要件である「正当な理由」の要件について、最高裁として、初めて一般論を示したものである。また、その具体的な適用としても、1 審判決等が、X が正規の国家資格を有する税理士に対し確定申告を委任し、同税理士による適正な申告手続を信頼していたこと等を挙げて「正当な理由」を肯定したのに対し、申告納税義務違反の発生を防止し、適正な申告の実現を図るために賦課され、主観的責任の追及という意味での制裁的な要素が重加算税に比して少ないという過少申告加算税の性質[4]を踏まえた上で、上記①、②の事情を指摘し、「正当な理由」を否定した[5]もので、まず参照されるべき判決といえよう。

2　最三判平成 18 年 4 月 25 日民集 60 巻 4 号 1728 頁

　この判決も、納税者（X）から委任を受けた税理士が、内容虚偽の確定申告書を作成、提出して過少申告をしたことが発覚し、修正申告をしたところ、増額更正処分のほか、過少申告加算税及び重加算税の各賦課決定を受けたという事案に関するものである。ただし、同税理士から確定申告書の提出を受けた税務署に所属する職員が、同税理士から請託を受け、賄賂を収受し、過少申告の事実を黙認したという事実が認定されていることが、上記 1 の事案と異なる点である。

　最高裁は、「正当な理由があると認められる」場合について、上記 1 と同様の一般論を示し、上記 1 の事案と同様、X には、税務相談において教示された金額よりも 180 万円近く低い税額を示されながら、税理士にその根拠等について確認をすることもなく、確定申告書の控え等の確認をすることなどもしていないといった落ち度が見受けられるとしつつ、

① 　税理士が隠ぺい仮装行為をして脱税をするなどとは通常想定し難く、X は適法な確定申告手続を行ってもらうことを前提として必要な納税資

---

[4]　川神裕・最判解民事篇平成 18 年度（上）604 頁参照。
[5]　川神・前掲注 4）同頁においては、「例外としての『正当な理由があると認められる場合』についてはある程度厳格に解すべきであろう。」と指摘されている。

金を提供していたこと
② 租税債権者である国の、しかも課税庁の職員の積極的な関与がなければ不正行為は不可能であったともいえ、過少申告加算税の賦課を不当とすべき「極めて特殊な事情」が認められること

を挙げ、「正当な理由」があると認められるとした。

本判決も納税者に落ち度が見受けられる事案であるが、それにもかかわらず「正当な理由」があると認められたのは、本人の適法な納税意思の存在（上記①）等のほか、特に、上記②の「極めて特殊な事情」が認定されたためであろう[6]。

3　最三判平成18年10月24日民集60巻8号3128頁

外国法人である親会社から日本法人である子会社の役員（X）に付与されたストックオプションの権利行使益に係る所得税の更正処分及び過少申告加算税の賦課決定の適法性が争点となった事案である。

当該ストックオプションの権利行使益に係る課税上の取扱いに関しては、法令上特別の定めは置かれていないが、課税庁にあっては、当該ストックオプションの権利行使益の所得税法上の所得区分に関して、これを一時所得として取り扱い、課税庁の職員が監修等をした公刊物でもその旨の見解が述べられていた。ところが、平成10年分の所得税の確定申告の時期以降、その取扱いが変更され、給与所得として統一的に取り扱われるようになった。最高裁は、こうした事情のほか、

① 当該ストックオプションの権利行使益の所得区分に関する所得税法上の解釈問題については、最三判平成17年1月25日民集59巻1号64頁が給与所得とする旨の判断を示すまでは、下級審の裁判例において判断が分かれている状況にあったこと
② ところが、課税庁は、課税上の取扱いを変更したにもかかわらず、変

---

[6] 本判決の解説である川神・前掲注4) 630頁は、「『極めて特殊な事情』という表現から、『正当な理由』について基本的には限定的なものとする解釈を前提とするものであることが看取されよう。」とする。

更をした時点では通達により明示することをせず、平成14年6月の所得税基本通達の改正によって初めて変更後の取扱いを通達に明記したことを指摘し、少なくとも上記通達の改正までの間は、納税者において、当該権利行使益を一時所得として申告したとしても無理からぬ面があり、納税者の主観的な事情に基づく単なる法律解釈の誤りにすぎないということはできないとして、「正当な理由」があるとした。

　Xは当該ストックオプションの権利行使益を一時所得として申告しているところ、上記の最三判平成17年1月25日を前提とすれば、この申告は、客観的には所得税法の解釈を誤った申告になる。また、この事案で問題とされたのは平成11年分の所得税（申告日は平成12年3月15日）に係る過少申告加算税の賦課で、課税庁が権利行使益に係る取扱いを改めた後であり、しかも、Xは、平成8年分ないし平成10年分の所得税について、いずれも当該権利行使益が給与所得に当たることを前提とする増額更正処分を受けていた。本判決が、平成11年分の所得税についてなされた過少申告加算税の賦課決定を「正当な理由」があるとしたのは、最一判平成18年4月20日（上記1）が示した、「真に納税者の責めに帰することのできない客観的な事情があり、上記のような過少申告加算税の趣旨に照らしても、なお、納税者に過少申告加算税を賦課することが不当又は酷になる場合」を前提としつつ、当該権利行使益については、課税庁自身がかつては一時所得として取り扱っており、課税庁の職員が監修等をした公刊物でもその旨の見解が述べられていたという納税者側の信頼を惹起する状況が客観的にも存在しており、そうであるにもかかわらず、課税庁側において、給与所得とする旨の変更後の取扱いを通達の発出等により周知させることをしなかったという客観的な事情があり、これによれば、過少申告加算税の賦課が不当又は酷であると考えられたためであろう[7]。

---

7) 本判決の解説である増田稔・最判解民事篇平成18年度（下）1126頁は、「新解釈の未定着状態」に着目したとされる。

4 最一判平成24年1月16日集民239号555頁

　医療法人が契約者となって締結した養老保険に係る保険金の支払について、一時所得の金額の計算上控除の対象となる「その収入を得るために支出した金額」（所得税法34条2項）に該当する保険料の範囲等が争われた事案である。

　本件で問題となった養老保険は、被保険者（同法人を経営するX）が保険期間内に死亡した場合には同法人に死亡保険金が支払われるが、Xが保険期間満了まで生存していた場合にはXに満期保険金が支払われるタイプのものであり、Xが保険期間満了まで生存していたため、Xに満期保険金が支払われた。他方、同法人にあっては、支出した保険料について、うち2分の1についてはXの役員報酬として損金処理がされてXにその給与として課税がされ（報酬経理部分）、その余の2分の1については保険料としての損金処理がされていた（保険料経理部分）。Xは、自らが受け取った満期保険金を一時所得に係る総収入金額に算入しつつ、同法人が支払った保険料の全額が「その収入を得るために支出した金額」（所得税法34条2項）に当たり控除の対象となるとして確定申告書を提出したが、課税庁はこれを認めず、同項に基づく控除の対象となるのはXの負担部分（すなわち、報酬経理部分）に限られるとして、更正処分及び過少申告加算税の賦課決定をした。

　原判決（福岡高判平成22年12月21日判例秘書06520840）は、所得税法34条2項にいう「その収入を得るために支出した金額」は、一時所得の所得者本人が負担した金額に限られ、保険料経理部分はこれに該当しないと判断して、更正処分を適法としつつ、過少申告加算税の賦課決定については、①所得税基本通達34—4が、その本文のみをみれば、一時所得の金額の計算上保険料経理部分を控除することができるかのような誤解を生じさせかねないものであること、②所得税に関する市販の解説書には、従業員が生命保険契約に係る保険金の支払を受けた場合において、企業が支払った保険料は、従業員の給与所得としての課税の有無にかかわらず、企業負担分を従業員が負担したものとして取り扱う旨の見解を採るものが

複数存在したことを指摘し、Xが保険料経理部分を控除したことはやむを得ないとして、賦課決定処分を取り消した1審判決を維持した。

　これに対し、最高裁は、更正処分を適法とした部分を正当として是認しつつ、過少申告加算税については、
① 所得税基本通達34-4も所得税法34条2項の解釈を踏まえてその意味内容が確定されるべきであり、同通達の記載を全体としてみれば、直ちに保険料経理部分を控除の対象とすることを許容する趣旨と解することはできないこと
② 証拠として提出されている解説書について、税務当局がその監修等をし、上記のような見解を採るべき法令解釈上の具体的な根拠を示していた等の事情はうかがわれないこと
③ 上記解説書の採る見解の根拠となり得るような課税実務上の運用や税務当局ないしその関係者の示した見解の有無等の事情については明らかにされていないこと

という事情の下で、課税実務上の運用や税務当局ないしその関係者の示した見解の有無等の点について十分に審理することなく、「真に納税者の責めに帰することのできない客観的な事情があり、上記のような過少申告加算税の趣旨に照らしても、なお、納税者に過少申告加算税を賦課することが不当又は酷になる場合」に当たるということは困難であるとして、過少申告加算税の賦課決定処分に関する部分を破棄し、原審に差し戻した。

　上記1で述べたように、最一判平成18年4月20日は、過少申告加算税の趣旨等を踏まえ、「真に納税者の責めに帰することのできない客観的な事情があり、上記のような過少申告加算税の趣旨に照らしても、なお、納税者に過少申告加算税を賦課することが不当又は酷になる場合」に初めて「正当な理由」があるとするものであり、しかも、ストックオプションに関する最三判平成18年10月24日（上記3）も、このようないわば限定的な理解を前提として、確定申告をする納税者側の信頼を惹起する状況が客観的にも存在していたという事実認定の下で、「正当な理由」を肯定したものである。もとより、原判決も、こうした点は意識していたと思われるが、原判決が依拠した理由の①については、通達に依拠するXの理解

が所得税法 34 条 2 項の解釈等に照らして客観的に正当化するとまでいえるかどうか、同項に照らした吟味が必要であったし、②についても、課税実務上の運用や税務当局等の見解等に照らし、具体的かつ広範な吟味が不可欠であったといえよう[8]。

III　主張、立証上の留意点

1　要約

以上紹介した最高裁判決については、ごく大まかではあるが、次のとおり要約することができるであろう。
① 基準
過少申告加算税を賦課する趣旨、目的等に照らし、過少申告加算税の賦課を除外する「正当な理由」について、「真に納税者の責めに帰することのできない客観的な事情があり、上記のような過少申告加算税の趣旨に照らしても、なお、納税者に過少申告加算税を賦課することが不当又は酷になる場合」というように、ある程度厳格に捉える。
② 評価の観点
「正当な理由」の有無の判断に当たっては、期限内申告等をした納税者側の信頼又は判断だけではなく、そうした信頼又は判断を客観的にも正当

---

[8]　差戻後の福岡高判平成 25 年 5 月 30 日判例秘書 06820582 は、税務署による誤った指導等を挙げる X の主張を排斥し、「正当な理由」は認められないとして（上記指導等はないと認定）、過少申告加算税の賦課決定処分を適法とした。同判決においては、保険料経理部分の取扱いについては下級審裁判例で判断が分かれていたものの、国税庁が監修した解説書には、保険料経理部分については控除する保険料等の総額から除く旨が明記されていることや、国税庁の職員が、官職名を明示した上で、具体的根拠と共に、保険料経理部分については控除の対象とならない旨を述べるものがあったこと等が認定されている。なお、最二判平成 24 年 1 月 13 日民集 66 巻 1 号 1 頁は、養老保険をめぐる同一の論点について、過少申告加算税の賦課決定処分に関する部分を同じく福岡高裁に差し戻しているが、平成 25 年 5 月 30 日、上記と同じ裁判体によって、「正当な理由」は認められない旨の判断が示されている（福岡高判平成 25 年 5 月 30 日判例秘書 06820581。理由も概ね同じである）。

化できるだけの事情があるかを吟味する[9]。

③　基礎事情等

　税理士に委任し、税理士による適切な確定申告を信頼していただけでは足りないし、一見納税者側の信頼等に沿うかのような内容の通達や文献が存在していたとしても、それだけで「正当な理由」を認めることは適切ではない。

　上記吟味は、納税者側の事情（信頼又は判断の根拠となった事情、納税者側の落ち度の有無及びその程度等）、課税庁側の事情（通達の有無、通達がある場合には法や政令等に照らした合理的解釈をしてもなお納税者側の主張に沿うのか、課税庁側の見解を明らかにしたと評価するに足りる解説等が存在するか等）等を踏まえた総合的判断であり、こうした事情については、訴訟の中で適切に認定、判断される必要がある。

　これらを踏まえ、「正当な理由」の有無についての今後の留意点について考えてみたい。

2　「正当な理由」についての主張、立証責任

　前提として、「正当な理由」が存することを基礎付ける事実については、過少申告加算税の賦課決定処分の取消しを求める原告（納税者）側にあると解されることを確認しておきたい。

　これは、「正当な理由」が認められる場合、すなわち法65条4項の適用が肯定される場合には過少申告加算税の賦課要件等を定めた同条1項の適用が排除されるという法65条の構造のほか、実際上も、当初から客観的に適法な申告をしなかった事情をよく知るのは納税者であると考えられることによる。また、判例においても、最一判平成11年6月10日集民193号315頁が、相続財産に属する特定の財産が納付すべき税額の計算の基礎とされていなかったという事案において、「当該財産が相続財

---

[9]　上記の最高裁判決のほか、後に本文で紹介する最一判平成11年6月10日が、特定の財産を相続財産に含めないとしたことに関連して、「客観的に裏付けるに足りる事実」の主張、立証を求めていることに留意されるべきである。

に属さないか又は属する可能性が小さいことを客観的に裏付けるに足りる事実を認識して期限内申告書を提出したことを納税者が主張立証したときは、国税通則法65条4項にいう『正当な理由』があるものとして、同項の規定が適用されるものと解すべきである。」と判示し、「正当な理由」を基礎付ける事実についての主張、立証責任が納税者側にあることを明らかにしている。

したがって、冒頭で述べた「正当な理由」の吟味は、まずもって、取消訴訟における原告（納税者側）の主張、立証にかかっているということができるであろう。

3　主張、立証上の留意点

そこで、とりわけ原告（納税者側）の主張、立証上の留意点等について、若干の検討を加えることとしたい。

(1) 客観的な立証の必要性

「正当な理由」の有無は、税法の定める課税要件等（例えば、損金算入、収益計上時期、所得の種類の区分等）の解釈について、納税者側が自らの判断に基づき申告をした結果、課税庁側と認識が相違したという場合について争われることが少なくない[10]が、このような場合には、「正当な理由」に当たらないとされる場合が多いと思われる。

例えば、上記の最一判平成11年6月10日は、相続税につき、相続財産に属する特定の財産が訴訟において係争中であったという事案であるが、「正当な理由」を否定されている。また、最三判平成16年7月20日

---

[10] 品川・事例研究89頁以下は、「正当な理由」に関する裁判例等を、①税法解釈の疑義に関するもの、②事実関係の不知・誤認に関するもの、③税務官庁の対応に関するものの3つに分類しており、個別的な事例については、これを参照されたい。もとより、例えば、租税法規の解釈に関する納税者側の判断には、それに沿う文献等が存在することも少なくなく、その意味で上記の分類も連関し合っているところもあり、「正当な理由」は諸般の事情を総合的に判断してなされるべきである。

集民214号1071頁も、同族会社の代表者で出資持分の大半を有する社員の同社に対する極めて多額の貸付（約3455億円）に関し、利益相当分の雑所得を0円とする申告をしたところ、増額更正及び過少申告加算税の賦課決定を受けたという事案について、「正当な理由」を肯定した原判決を取り消した。上記1で要約したとおり、「正当な理由」の有無については、納税者側の信頼又は判断を客観的に正当化するに足りる事情の有無について、まず主張、立証の焦点が当てられるべきである。上記最一判平成11年6月10日の事案にあっては、こうした主張、立証がそもそも不足しているため、「正当な理由」が認められなかったということができよう。

(2) 踏み込んだ主張、立証の必要性

また、上記最三判平成16年7月20日は、前職及び現職の東京国税局職員が監修又は編集した相談事例集等において、会社が代表者から運転資金として無利息で借り入れたという設例を取り上げ、貸付をした代表者個人に所得税が課税されることがない等の記述があったという事例に関するものであり、納税者側の信頼又は判断に沿う税務当局側の見解が存在するともいえなくはない事案であり、原判決は、これを根拠として「正当な理由」を肯定した。これに対して、最高裁は、当該事案における貸付が3455億円を超える多額の金員を無利息、無期限、無担保で貸し付けるものであり、不合理、不自然な経済活動であると認定、判断した上で、上記文献等に記述されている設例は、代表者の経営責任の観点から無利息の貸付に社会的、経済的に相当な理由があることを前提とする記述である等と判断して、上記文献等の記述によっても「正当な理由」があるとは認められないとした。

上記最一判平成24年1月16日も、所得税法34条2項に関連した通達が存在するという事案であり、原判決がその内容や、関連する市販の文献を根拠として「正当な理由」を肯定したのに対し、最高裁が、当該通達の記載内容も同法34条2項のあるべき解釈を踏まえて評価されるべきことや、課税実務上の運用や税務当局等の見解等を踏まえた検討の必要を指

摘して原審に差し戻したことは、Ⅱ4で紹介したとおりである。逆に、ストックオプションの権利行使益に関する上記最三判平成18年10月24日の事案は、権利行使益を一時所得として申告した納税者側の信頼又は判断を客観的に支えるに足りる事情が存在した事案と評価することができる。

このように、一見納税者側の信頼又は判断に沿うように思われる課税庁側の通達等が存在したとしても、それが当該申告における具体的事情（基礎となる法律関係の内容等）や、関連法規の合理的解釈との関係において、上記信頼等を正当化するに足りるものであるかという点に踏み込んだ攻撃防御及びこれに対する評価が不可欠であるといえよう。原告（納税者側）は、過少申告加算税の賦課決定処分の取消訴訟を提起し、維持するためには、そのような立証をすることができるかという点をまず念頭に置く必要があるし、被告（課税庁側）としても、原告が主張する文献等と異なる取扱い等が存在し、しかもそれが確立した課税実務であるというのであれば、訴訟のできるだけ早期に、書証として提出することが求められよう。裁判所も、当事者双方による主張、立証の中に上記のような踏み込んだ評価に値する証拠等が存在するかを訴訟の早期の段階から常に検討しておくべきであり、必要に応じて釈明を求めることも躊躇すべきではない。

Ⅳ　おわりに

過少申告加算税を賦課しない「正当な理由」については、その一般論を明らかにした最一判平成18年4月20日以降も、最高裁において個別の事例に則した判断が積み重ねられているが、最一判平成24年1月16日が原審に差し戻したことに象徴されるように、とりわけ原告（納税者側）の主張に一見沿うかのような通達等が存在するという類型においては、なお事実審における主張、立証及びこれに対する評価の在り方という観点から、事案に即した検討の余地を残しているように思われる。

本稿が、今後の「正当な理由」をめぐる主張、立証等に何らかの示唆を提供することができるとすれば、幸いである。

第11講
重加算税

進藤　壮一郎

I　はじめに

　重加算税は、附帯税（法第6章）の1つであり、過少申告加算税（法65条）が課税される場合、無申告加算税（法66条）が課税される場合又は不納付加算税（法67条）が徴収される場合において、納税者がその国税の課税標準等又は税額等の計算の基礎となるべき事実の全部又は一部を隠ぺいし、又は仮装し、その隠ぺいし、又は仮装したところに基づき納税申告書を提出等していたときにおいて、それぞれの隠ぺい又は仮装に対応する部分について、前記各加算税に代えて、35％（過少申告加算税又は不納付加算税の場合）又は40％（無申告加算税の場合）の税率により課税（徴収）されるものである（法68条1項ないし3項）。

　重加算税の性質について、最二判平成7年4月28日民集49巻4号1193頁は、「この重加算税の制度は、納税者が過少申告をするについて隠ぺい、仮装という不正手段を用いていた場合に、過少申告加算税よりも重い行政上の制裁を科することによって、悪質な納税義務違反の発生を防止し、もって申告納税制度による適正な徴税の実現を確保しようとするものである。」と判示し、納税者の刑事責任の追及とは異なる行政上の制裁である旨を明らかにしている[1]。

　重加算税は、納税申告書の提出等という事実のみならず、納税者の「隠

---

1) もとより、この法的性質のみから後に述べる解釈問題（例えば、行為者の範囲）の解決が導かれる訳ではないが、こうした性格を押さえておくことは重要である。

ぺい」又は「仮装」という脱税的な不正行為があることを要件の1つとすることや、課税割合が上記のとおり相当高率であることに特色があり、訴訟において賦課決定処分の適法性が争われることが少なくない。本稿においては、裁判上現れた諸問題を中心に重加算税をめぐる諸問題を概観した上、これらを踏まえ、訴訟を担当する裁判官の観点から、当事者の主張、立証活動における留意点を述べることとしたい。

II　重加算税の課税要件等[2]

1　重加算税の課税要件

　上記のとおり、重加算税は、過少申告加算税が課税される場合、無申告加算税が課税される場合又は不納付加算税が徴収される場合において、納税者がその国税の課税標準等又は税額等の計算の基礎となるべき事実の全部又は一部を隠ぺいし、又は仮装し、その隠ぺいし、又は仮装したところに基づき納税申告書を提出等していたときにおいて、それぞれの隠ぺい又は仮装に対応する部分について課される附帯税である。そこで、重加算税を課すためには、まず、

① 過少申告加算税が課税される場合（法65条1項）、無申告加算税が課税される場合（法66条1項）又は不納付加算税が徴収される場合（法67条1項）に該当すること

が必要となる。

　次に、重加算税を課すためには、

② 納税者が、その国税の課税標準等又は税額等の計算の基礎となるべき事実の全部又は一部を隠ぺいし、又は仮装し、更に、

③ その隠ぺいし、又は仮装したところに基づき納税申告書を提出していたこと

---

2)　規定の概要について、品川・事例研究257頁以下。本稿はこの文献によるところ大である。

が必要となる[3]。なお、上記は、過少申告加算税に代えて課す場合（法68条1項）であり、無申告加算税に代えて課す場合（同条2項）には、上記の下線部が「法定申告期限までに納税申告書を提出せず、又は法定申告期限後に納税申告書を提出していたとき」となり、不納付加算税に代えて徴する場合（同条3項）には、上記の下線部が「その国税をその法定納期限までに納付しなかったとき」にそれぞれ変わることになる。

2　「隠ぺい又は仮装」について

(1) 意義

「隠ぺい又は仮装」がいかなる行為を指すか。法68条1項等の文言からも、また、過少申告加算税よりも重い行政上の制裁に値するだけの不正行為を指すことに照らしても、「隠ぺい」が「課税要件に該当する事実の全部または一部をかくすこと」であり、「仮装」が「存在しない課税要件事実が存在するようにみせかけること」であるとする見解[4]が支持されるべきであろう。もっとも、現実には、一個の行為が同時に「隠ぺい」と「仮装」の両者に該当することもあり（典型的には、二重帳簿の作成）、訴訟の中では、「隠ぺい又は仮装」という形でまとめて主張されることも少なくない。

「隠ぺい又は仮装」の典型的な行為[5]としては、

① 仮名口座、二重帳簿、科目や計上時期の仮装、取引内容や取引名義の仮装等の方法により売上や収入を除外する行為
② 仕入、経費を過大又は架空に計上する行為
③ 預貯金その他の資産を不正に除外し又は負債を不正に計上する行為

等があり、これらの類型にあっては、当該行為自体が証拠により認定され

---

3) ③の要件は、隠ぺい、仮装行為と過少申告の結果との間に因果関係が存することを意味するものと解されている（後掲の最二判昭和62年5月8日集民151号35頁の説示を参照）。
4) 金子・租税法745頁。
5) なお、課税実務においては、重加算税の取扱いについて各種の通達が発出されている。品川・事例研究294頁以下を参照されたい。

る限り、「隠ぺい又は仮装」に該当するとされる場合が多い[6]。他方、裁判例の中には、例えば、土地・建物の譲渡について、当初は価格を1億7000万円とする契約書が、次いで価格を9000万円と圧縮する契約書がそれぞれ作成され、納税者が後者の契約書を前提とする確定申告書を提出した事案について、新たな売買契約の締結及び売買契約を圧縮した契約書の作成は取引先の強い説得により行われたこと等によれば、上記確定申告書の提出はやむを得ないものであったとして、重加算税賦課決定処分の一部を取り消した事例（東京高判平成8年5月13日税資216号355頁）もあり、外形的には「隠ぺい又は仮装」に該当するとみられる行為が存在しても、納税者側にやむを得ない事情が認められる場合には、「隠ぺい又は仮装」に当たらないと認められる余地があることを示唆しているといえよう。

(2) 故意の要否

「隠ぺい又は仮装」という文言等から、「隠ぺい又は仮装」の行為が成立するためには故意を要するか、要するとして故意の内容が問題とされている[7]が、「重加算税を課し得るためには、納税者が故意に課税標準等又は税額等の計算の基礎となる事実の全部又は一部を隠ぺいし、又は仮装し、その隠ぺい、仮装行為を原因として過少申告の結果が発生したものであれば足り、それ以上に、申告に対し、納税者において過少申告を行うことの認識を有していることまでを必要とするものではない」とするのが最高裁の立場である（最二判昭和62年5月8日集民151号35頁）。客観的に「隠ぺい又は仮装」となる行為についての認識は必要とされるが、過少申告等について租税を免れる認識は不要とする趣旨であろう。

---

[6] 裁判例は多数に上る。分類も含めて、品川・事例研究414頁以下を参照されたい。
[7] 文献も含め、金子・租税法744頁、品川・事例研究303頁以下。

3　行為の主体（行為者の範囲）

　法68条によれば、重加算税は、「納税者」（その定義について、法2条5号）が上記1②、③の行為をしたときに課されることになる。そこで、個人については納税者本人以外の者（家族等）、法人についてはその法人を代表すべき代表取締役本人以外の者（従業員等）が隠ぺい、仮装の行為をしたとき、「納税者」の行為として重加算税を課することができるかが問題とされている[8]。

(1)　個人の場合

　最一判平成18年4月20日民集60巻4号1611頁は、納税者が税理士に確定申告手続を委任したところ、同税理士が隠ぺい、仮装行為をしたという事例において、納税者にも税務署職員等から示された税額よりも相当低い税額で済むとの同税理士の言葉を信じたこと等の落ち度はあるものの、同税理士の行為を納税者本人の行為と同視することができる事情に当たるとまでは認められないとして、重加算税賦課の要件を満たすものということはできないとした。

　上記最高裁平成18年の事案は、独立した専門家である税理士に委任した事例であるが、個人については、従前から、納税者（原告）側から、納税者の家族（配偶者、親）が申告に関する行為をなし、納税者自身は申告に関与していなかったとの主張がされる場合に関する事例が多かった。そして、例えば、納税者の夫がした譲渡費用の過大計上について、これに関連する預金口座における金銭の動き等を具体的に認定した上で、納税者自身の関与が推認されることを根拠に重加算税の賦課決定を適法としたもの（千葉地判昭和59年10月9日税資140号7頁。その控訴審である東京高判昭和62年3月10日税資157号859頁、上告審である最一判昭和62年9月24日税資159号808頁はいずれも是認）など、納税者自身の関与や、認識があったという事実認定を前提として、納税者に対する重加算税の賦課決定

---

8)　裁判例の概観として、品川・事例研究321頁以下。

を適法としたものも少なくなかったように思われる。

　もとより、訴訟において納税者自身の関与、認識があったことが主張、立証され、それが証拠上認定できる場合には[9]、今後とも納税者本人の行為と見ることに何ら差し支えないと思われるが、最高裁平成18年判決の説示内容や、その解説において、申告手続を第三者に委任する場合、納税者本人には、当該第三者を適切に選任し、正しい申告を行うよう監督すべき義務があり、その選任・監督を怠った結果、当該第三者が隠ぺい、仮装行為に及んだ場合には、当該第三者の隠ぺい、仮装行為は納税者本人のそれと同視できるとする見解が有力である旨の指摘がされていること[10]を踏まえると、今後は、上記最高裁平成18年判決が示した「納税者本人の行為と同視できる場合」という枠組みを前提として、①親族間委任の場合は、特段の事情のない限り納税者本人の行為と同視されることになろうし、また、②親族以外の第三者に対する委任の場合であっても、最高裁平成18年判決の事案と異なり、専門性、独立性の高い者（税理士、弁護士等）に対する委任でない場合には、当該第三者の隠ぺい、仮装行為に対する予見、認識可能性や、監督義務が肯定される結果、納税者本人の行為と同視されるケースが増えるものと思われる。

(2)　法人の場合

　法人の役員が隠ぺい、仮装の行為をした場合には、当該事実を代表者である代表取締役本人が知っていなくても、法人税について重加算税を賦課し得るとするのが下級審裁判例の傾向[11]であり、学説上もこの点について異論は見られない[12]。

---

9)　上記の最高裁平成18年判決に先立つ最二判平成17年1月17日民集59巻1号28頁参照。
10)　川神裕・最判解民事篇平成18年度（上）598頁参照。
11)　例えば、東京地判昭和55年12月22日税資115号882頁及びその控訴審である東京高判昭和57年9月28日税資127号1068頁（会社の代表者ではないが営業活動の中心となり、実質的に主宰者である取締役が、会社と代表取締役との共有地を譲渡し、その譲渡代金を圧縮して法人税等の申告をした事案）。
12)　品川・事例研究336頁。

従業員が隠ぺい、仮装行為をした場合については、下級審裁判例においては、役員と同様、代表者本人の行為と同視する事例が多いように思われる。例えば、大阪地判平成10年10月28日税資238号892頁が、上記の重加算税の性質を踏まえた上で、「従業員を自己の手足として経済活動を行っている法人においては、隠ぺい・仮装行為が代表者の知らない間に従業員によって行われた場合であっても、原則として、法人自身が右行為を行ったものとして重加算税を賦課することができる」とした上で、本件において、従業員は、決算や確定申告に関わる帳簿・資料の作成を任されていた主要な経理職員であって、その隠ぺい・仮装行為は、長期間にわたって行われ、これによる売上除外等の額も多額に上り、容易に発見できるものであったにもかかわらず、原告会社は、従業員に対して経理処理を任せ切りにして、何らの管理・監督もしないまま放置してきたとして、重加算税の賦課を適法と判断し、控訴審である大阪高判平成13年7月26日訟月48巻10号2567頁もこの判断を是認した[13]。また、比較的最近の高裁レベルの裁判例として、東京高判平成21年2月18日訟月56巻5号1644頁がある（経理部長が会社の金員を詐取し、これを隠ぺいするため外注費が生じたように装った事案。重加算税賦課決定処分の適法性を肯定）[14]。

---

[13]　学説上は、例えば、金子・租税法746頁は、担当者の隠ぺい、仮装行為の場合には、代表者がその事実を知らなくても原則として重加算税賦課の要件を満たすとしつつ、担当者の横領により所得が社外に流出してしまっている場合にまで重加算税賦課の要件が満たされていると解するのはゆきすぎである旨指摘する。品川・事例研究337頁も、行為者の地位、目的など個別事案の実態に応じて判断されるべきとしつつ、行為者自身の利益のために横領した金員の発覚を防ぐために費目を仮装する行為については、納税者本人の行為と同視することは酷であるとする。従業員についても「納税者本人と同視」するのか、するとしてその根拠は何か、上記の学説のように例外を認めるのか、どのような場合に、どのような根拠に基づき例外を認めるのか、重加算税の趣旨、目的や、上記の最高裁平成18年判決との関係等に留意しつつ、今後ともなお検討が必要であると思われる。この点、本文掲記の東京高裁平成21年判決が、隠ぺいした者の地位のみならず、法人の認識可能性や、防止・是正可能性をも根拠に挙げていることを参照。

[14]　これに対し、金子・租税法745頁は、横領に係る利得が会社から流出して経理担当者の利益となっていることを根拠として、会社の「隠ぺい又は仮装」には当たらないとする。

4　いわゆる「つまみ申告」について

　上記2のとおり、「隠ぺい又は仮装」は、不正経理等の帳簿操作があるケースが典型例であり、また、それが文言解釈としては素直であろう。それでは、上記の帳簿操作を前提とすることなく、故意に所得金額を過少に記載した確定申告書を提出する行為が、「税額等の計算の基礎となるべき所得の存在を一部隠ぺいし、その隠ぺいしたところに基づき納税申告書を提出した場合」に該当するか。いかなる事情が存在すれば、単なる過少の申告と区別された「隠ぺい又は仮装」の行為が存在し、それに基づき納税申告書を提出したといえるのか。これがいわゆる「つまみ申告」の問題であり、法68条1項等が、文言上、過少申告に当たるものの中で特に「隠ぺい又は仮装」という態様の悪質なものを定めていること等から問題とされてきた。

　この点、最高裁は、上記Ⅰに示した最高裁平成7年判決において、重加算税の趣旨、目的を踏まえ、「重加算税を課するためには、納税者のした過少申告行為そのものが隠ぺい、仮装に当たるというだけでは足りず、過少申告行為そのものとは別に、隠ぺい、仮装と評価すべき行為が存在し、これに合わせた過少申告がされたことを要する」としつつ、「重加算税制度の趣旨にかんがみれば、架空名義の利用や資料の隠匿等の積極的な行為が存在したことまで必要であると解するのは相当でなく、納税者が、当初から所得を過少に申告することを意図し、その意図を外部からもうかがい得る特段の行動をした上、その意図に基づく過少申告をしたような場合には、重加算税の右賦課要件が満たされるものと解すべきである」との一般論を示した後、当該事案においては、納税者による自ら確定申告書の作成を依頼した税理士に対する言動、確定的な脱税の意図を有していたこと、単年度ではなく3か年にわたって続けて行われていた行為であること、隠ぺいした金額が多額であること等を総合考慮して、重加算税の賦課を肯定した。また、上記の最高裁平成7年判決に先立つ最三判平成6年11月22日民集48巻7号1379頁も、納税者が、正確な所得金額を把握し得る会計帳簿類を作成していながら、3年間にわたり極めてわずかな所

得金額のみを作為的に記載した申告書を提出し続けたこと、税務調査に際しても内容虚偽の資料を提出するなどの対応をしたこと等を考慮すれば、納税者がした確定申告は、単なる過少申告行為に止まらず、法68条1項の要件を満たす旨判断した。

これらの最高裁判決により、「つまみ申告」が重加算税の要件を満たす場合があること自体については解決が図られ、今後は、過少に記載された納税申告書の提出行為と区別された「殊更の過少申告」(最高裁平成6年判決)や、「納税者が、当初から所得を過少に申告することを意図し、その意図を外部からもうかがい得る特段の行動をした上、その意図に基づく過少申告をしたような場合」(最高裁平成7年判決)がいかなる事情により裏付けられるのかという点に、主張、立証の重点が置かれることになろう。その際は、少なくとも、①納税者による自らの(真実の)納税額等に関する認識の有無及びその程度、②納税者が過少に申告した所得の額及びこれが真実の所得に占める割合、③納税者の行動の継続性、反復性(単年度ではなく数か年度にわたり真実と異なる申告をしたか)、④上記②及び③により隠ぺいした金額、⑤納税者の税務調査に対する対応の有無及びその内容等が考慮され、これらが主張、立証の対象となる[15]ものと思われる。

III 課税割合、計算等[16]

上記Ⅰのとおり、重加算税の課税割合(ただし、昭和62年10月1日以後に法定申告期限が到来する国税に係るもの)は、過少申告加算税に代えて課す場合又は不納付加算税に代えて徴する場合は、それぞれ、過少申告加算税又は不納付加算税の額の計算の基礎となるべき税額に対して35％相

---

15) なお、これに関連して、隠ぺい又は仮装の時期と納税義務の成立時期(法定申告期限等を経過した後の税務調査における調査官に対する虚偽答弁等が隠ぺい又は仮装行為と認定されるのか等)が問題とされることがある。この点について、品川・事例研究383頁以下を参照。

16) 具体的な計算も含め、品川・事例研究260頁以下を参照。

当額であり、無申告加算税に代えて課す場合は、同税の額の計算の基礎となるべき金額に対して40％相当額である。過少申告があった場合に、その過少申告の内容が隠ぺい又は仮装に基づくものとそうでないものとに区分できるときは、重加算税の計算の基礎となる税額も、修正申告又は更正があった後の税額から、隠ぺい又は仮装に基づくものでない事実により計算した税額を控除して計算されることに留意が必要である（法68条1項括弧書、国税通則法施行令（以下「施行令」という）28条1項。この点は、無申告加算税及び不納付加算税についても同様である。法68条2項及び同条3項の各かっこ書、施行令28条2項、同条3項参照）。

なお、過少申告加算税との関係について、重加算税の賦課決定に対する審査請求において、法68条1項所定の加重事由は認められないものの、過少申告加算税の賦課要件の存在が認められる場合には、国税不服審判所長は、上記賦課決定のうち過少申告加算税に相当する額を超える部分のみを取り消すことができるとするのが最高裁の立場[17]である。

IV　主張、立証上の留意点

重加算税は、過少申告加算税と同様、法定申告期限を経過した時（不納付加算税の場合は、法定納期限の経過の時。法15条2項13号・14号）に納税義務が成立し、賦課課税方式により納付すべき税額が確定する（法16条1項2号）。そこで、重加算税の賦課決定処分の適法性は、主として同処分の取消訴訟という形で争われ、被告（課税庁（処分行政庁）側）から同処分の根拠となる事実（「隠ぺい又は仮装」に当たる事実等）や同処分の適

---

[17]　最一判昭和58年10月27日民集37巻8号1196頁。したがって、同判決によれば、理論的には、重加算税の賦課決定が裁決により維持された後の取消訴訟において、裁判所が隠ぺい、仮装の事実は認められないものの、過少申告加算税の要件は満たすと判断した場合には、過少申告加算税に相当する部分を維持し、これを超える部分のみを取り消すことができることになる（いわゆる共通説）。現実の運用としては、仮に上記のようなケースがあるとして、被告（課税庁側）が過少申告加算税相当部分は維持されるべきである旨の主張をしていない場合には、税額の計算等の関係で、被告に対し当該主張を追加するか釈明を求めることが望ましいように思われる。

法性、税額の計算等に関する主張がされ、原告（納税者側）がこれに対し認否、反論することになる。通常は「隠ぺい又は仮装」についての事実認定が主たる争点であって、その点では、通常の民事訴訟と変わるところはない。

　もっとも、国税に関する処分については、処分行政庁に対する異議申立て（法75条1項・2項。理由附記について、法84条4項・5項）や国税不服審判所長に対する審査請求（法75条3項・4項）が予定されており、これらの決定又は裁決を経た後でなければ、原則として取消訴訟を提起することができない（法115条1項）。そこで、重加算税賦課決定に限らず、国税に関する処分については、通常は、訴訟の提起段階において争点が明らかになっていることはもとより、同処分の根拠となる事実等についても、処分行政庁と納税者側との間で主張等が一応交わされた状態であるとみてよい[18]であろう。東京地裁における訴訟の現状としても、訴状における原告（納税者側）の主張を踏まえ、被告（処分行政庁側）から、可能である場合には第1回口頭弁論期日、遅くとも第2回口頭弁論期日において、処分の根拠となる事実等を整理した準備書面及びこれを裏付ける証拠が提出され、これを踏まえ、次の口頭弁論期日において、原告から、上記主張に対する認否とともに、被告の主張を踏まえ、同処分を違法とする理由をまとめた準備書面が提出される形で訴訟が進行している。東京地裁においては、租税事件を専門とする調査官が配置され、租税訴訟が提起された段階で、担当裁判官との間で当該事案における問題の所在等について意見を交わし、これを参考としつつ、合議体の中において争点の所在や審理の見通しについてある程度の共通認識を得た上で、第1回口頭弁論期日に臨んでいる。この意味でも、訴状の記載内容の充実（原告側から見た客観的な事実関係及び処分理由の簡潔な整理、これに対する個別具体的な反論、証拠の正確な引用等）や証拠の厳選、証拠説明書（特に立証趣旨欄）の記載

[18]　実感としても、異議申立てや審査請求の段階から代理人として弁護士及び税理士が関与し、当該弁護士等が訴訟も担当するケースが少なくない。個人の所得税等のケースについても早い段階から代理人が選任されるケースが増加しているように感じられる。今後とも異議申立や審査請求における審理の充実が期待される。

の充実等が、今後とも望まれよう[19]。

[19) 訴状に限らず、裁判例の判示部分を詳細に引用するものを見かけることがあるが、あまり有効とは思われない。ほとんどの場合が事実認定の問題であり、ケースとしての個別性が強いためであろう。

第12講
地方税（固定資産の登録価格に係る不服の訴訟）

貝阿彌　亮

I　はじめに

1　地方税の賦課徴収をめぐる訴訟について

　地方税とは、都道府県税及び市町村税の総称であって（地方税法1条1項4号、2項）、地方団体は、地方税法の定めるところにより、地方税を賦課徴収することができるものとされている（同法2条）。
　地方税の賦課徴収は公権力の行使であるから、これをめぐる紛争は、最終的には裁判所において取消訴訟をはじめとする行政事件訴訟制度の下で解決されるものであり、その点では国税の場合と異なるものではない。もっとも、国税の賦課徴収をめぐる訴訟においては、課税庁が異なっていても根拠となる法令等や被告（国）は同一であることから、訴訟の進行の態様が事件ごとに大きく異なることはないのに対し、地方税の賦課徴収については、地方税法のほか各地方団体の条例が根拠法令であり、その実施の細目も地方団体ごとに定められている上（地方税法3条参照）、訴訟においては賦課徴収の主体である各地方団体が被告となることから、訴訟における当事者の主張立証の態様（時期、範囲、密度、証拠方法等）も事件ごとに相当程度異なっているのが実情であり、そのため、実質的争点の前提となる基本的事項に関する主張立証の整理に時間を要することも少なくない。一般論としていえば、地方税の賦課徴収をめぐる訴訟において迅速で充実した審理を実現するには、被告は、早期に、訴訟の対象とされている課税処分等の根拠となる条例、規則及び要領等の具体的内容を明らかにす

るとともに、その具体的な当てはめの過程を示すことにより、当該課税処分等に係る基礎事情を明確にするように留意すべきであり、原告においても、単に一般的抽象的な違法事由を主張するにとどまるのではなく、当該課税処分等に係る基礎事情を十分に精査した上で、それに即した主張立証をするように留意する必要があろう。

2　本講の対象

　本講は、このような地方税の賦課徴収をめぐる訴訟のうち、事件数が比較的多く、また、他の租税関係訴訟とは異なる特徴を有する、固定資産課税台帳に登録された固定資産の価格に係る不服の訴訟を取り上げるものである。

II　固定資産課税台帳に登録された価格の意義等

1　固定資産税の課税標準

　固定資産税とは、固定資産（土地、家屋及び償却資産をいう。以下同じ）に対し、当該固定資産所在の市町村（ただし、東京都特別区においては東京都。以下同じ）において課する普通税である（地方税法5条2項2号、342条1項、734条1項）。

　固定資産税の課税標準は、原則として賦課期日（毎年1月1日）における当該固定資産の価格で固定資産課税台帳に登録されたものとされており（地方税法349条1項、349条の2、359条）、その価格とは、適正な時価をいうものとされている（同法341条5号）。総務大臣は、固定資産の評価の基準並びに評価の実施の方法及び手続を定めて告示しなければならないとされており（同法388条1項）、この規定に基づき、固定資産評価基準（以下「評価基準」という）が定められている。そして、市町村長（ただし、東京都特別区においては都知事。以下同じ）は、この評価基準によって固定資産の価格を決定しなければならず（同法403条1項）、また、固定資産

の価格を決定した場合には、直ちにこれを固定資産課税台帳に登録しなければならないとされている（同法411条1項）。なお、土地及び家屋については、3年ごとに評価替えがされ、基準年度の価格が原則として第2年度及び第3年度にも据え置かれる（同法349条2項・3項、411条3項）。

2　登録価格に関する争訟制度の概要

　固定資産税の納税者は、固定資産課税台帳に登録された価格（以下「登録価格」という）について不服がある場合には、固定資産評価審査委員会に審査の申出をすることができ（地方税法432条1項）、固定資産評価審査委員会の決定（以下「審査決定」という）に不服があるときは、その取消しの訴えを提起することができる（同法434条1項）。そして、固定資産評価審査委員会に審査を申し出ることができる事項について不服がある固定資産の納税者は、上記の審査の申出及び審査決定に対する取消訴訟の提起の方法によってのみ争うことができるものとされている（同条2項）。

　すなわち、市町村長が決定し固定資産課税台帳に登録した固定資産の価格について不服がある納税者は、市町村長による上記価格の決定に対して直接取消訴訟を提起することや、登録価格に係る不服を固定資産税の賦課処分に対する不服の理由とすること等はできず、必ず、固定資産評価審査委員会に対する審査の申出及び審査決定に対する取消訴訟という争訟ルートを経由することによって、これを争わなければならない。そして、審査決定の取消訴訟には、いわゆる原処分主義を定めた行訴法10条2項の適用はなく、納税者は、審査決定の固有の瑕疵だけではなく、登録価格自体の違法を理由として、審査決定の取消しを求めることができる。

　他方、登録価格以外についての不服理由として固定資産評価審査委員会に対する審査の申出をすることはできないし、審査決定の取消訴訟において、登録価格以外の固定資産税の賦課に係る違法事由が当該審査決定の取消原因となるものでもない。また、土地及び建物について、第2年度又は第3年度において、基準年度又は第2年度の価格が据え置かれてこれが当該年度における登録価格と見なされる場合においては、当該価格が

新たに決定された年度においてこれを争う機会があったことから、所定の特別の事情により新たな比準価格を決定すべき旨を主張する場合を除き、当該登録価格について審査の申出をすることはできないこと（地方税法432条1項ただし書）にも注意が必要である。

固定資産税の納税者は、このような争訟制度の仕組みを十分に把握した上で、適切な争訟ルートを選択する必要がある。

3　審査決定に対する取消訴訟の被告及び被告代表者

固定資産評価審査委員会による審査決定に対する取消訴訟においては、当該固定資産評価審査委員会の所属する市町村が被告となるが（行訴法11条1項）、当該固定資産評価審査委員会が被告を代表するものとされている（地方税法434条の2）。

実務上、審査決定に対する取消訴訟の訴状については、固定資産評価審査委員会が被告として記載されている例、市町村長が被告代表者として記載されている例、固定資産評価審査委員会「委員長」が被告代表者として記載されている例等、補正を要するものが散見されるところであり、訴え提起の際には注意すべきである。

訴状や判決書の被告欄の記載は、例えば、次のようなものになろう。

「被　　　　　　　　告　　A市
　同代表者兼裁決行政庁　A市固定資産評価審査委員会
　同委員会代表者委員長　〇〇〇〇（個人名）」

III　判例の考え方、実務上の運用——登録価格の適否の判断枠組み

登録価格に係る不服を理由とする審査決定の取消訴訟において、的確な主張立証及び審理をするには、登録価格の決定がどのような場合に違法となるかを正確に把握しておくことが重要である。これまでの最高裁判例により、登録価格の適否の判断枠組みが具体的に明らかにされており、実務

上はこれを前提とした審理が行われることになるから、その内容を概観しておきたい。特に、最二判平成 25 年 7 月 12 日民集 67 巻 6 号 1255 頁は、登録価格の適否に関するこれまでの最高裁判例の考え方を広くかつ明確に整理したものであり、今後登録価格を争う訴訟に関与する方々には、同最判の判示（補足意見部分を含む）をあらかじめ精読しておくことをお勧めしたい。

1　登録価格の決定が実体法上違法となる 2 つの場合

(1)　客観的な交換価値を上回ること

　基準年度の土地に対する固定資産税の課税標準は、当該土地の基準年度に係る賦課期日における「価格」で土地課税台帳又は土地補充課税台帳に登録されたものとされ（地方税法 349 条 1 項）、この「価格」とは「適正な時価」をいうと定められているところ（同法 341 条 5 号）、この「適正な時価」とは、正常な条件の下に成立する当該土地の取引価格、すなわち客観的な交換価値をいうと解される[1]。したがって、土地の基準年度に係る賦課期日における登録価格が同期日における当該土地の客観的な交換価値を上回れば、その登録価格の決定は違法となる（最一判平成 15 年 6 月 26 日民集 57 巻 6 号 723 頁、前掲最二判平成 25 年 7 月 12 日）。

　この違法事由（以下「違法事由〔Ⅰ〕」という）は、当該固定資産の登録価格と適正な時価（客観的な交換価値）との高低を比較し、前者が後者を

---

[1]　なお、「適正な時価」の意義につき、収益還元価格（当該不動産が将来生み出すであろうと期待される純収益の現在価格を求めるものであり、標準的な年間純収益を適正な還元利回りで資本還元して得られた価格）と解する見解もあったが、最二判平成 18 年 7 月 7 日集民 220 号 621 頁は、「適正な時価を、その年度において土地から得ることのできる収益を基準に資本還元して導き出される当該土地の価格をいうものと解すべき根拠はない」と判示して、上記見解を採らないことを明確にしている。また、同最判は、これに続いて、「一般に、土地の取引価格は、上記の価格以下にとどまるものでなければ正常な条件の下に成立したものとはいえないと認めることもできない」と判示して、「適正な時価」を客観的な交換価値と解しつつ収益還元価格以下でなければ客観的な交換価値とはいえないという解釈論も排斥している。

上回る場合には、当該登録価格の決定は違法となるとするものであり、いわば価格の実体的適正の観点からの違法事由といえよう。

(2) 評価基準によって決定される価格を上回ること

　市町村長は、全国一律の統一的な評価基準によって固定資産の価格を決定しなければならないとされているところ（地方税法388条1項、403条1項）、固定資産税の納税者が、このような全国一律の統一的な評価基準に従って固定資産の価格の公平な評価を受ける利益は、適正な時価との高低の問題（前記(1)）とは別に、それ自体が地方税法上保護されるべきものということができる。したがって、土地の基準年度に係る賦課期日における登録価格が評価基準によって決定される価格を上回る場合には、同期日における当該土地の客観的な交換価値としての適正な時価を上回るか否かにかかわらず、その登録価格の決定は違法となる（前掲最二判平成25年7月12日）。

　この違法事由（以下「違法事由〔Ⅱ〕」という）は、全国一律の統一的な評価基準に従って公平な評価を受ける利益を法律上の利益として捉え、当該固定資産の登録価格と適正な時価（客観的な交換価値）との高低の問題（違法事由〔Ⅰ〕）とは別に、登録価格が評価基準によって決定される価格を上回る場合には、それ自体をもって当該登録価格の決定は違法となるとするものであり、いわば公平主義・平等主義の観点からの違法事由といえよう[2]。

　なお、違法事由〔Ⅰ〕及び違法事由〔Ⅱ〕がいずれも登録価格の決定の違法事由となることについては、前掲最一判平成15年6月26日に係る

---

[2] なお、登録価格の算定過程が評価基準に従ったものでなくても、当該登録価格が結論的には評価基準によって決定される価格以下である場合には、結果的に評価基準の目的が達成されたといってよいから、これを違法とするまでもないと解されている（阪本勝・最判解民事篇平成15年度（上）380頁）。このような理解からすれば、違法事由〔Ⅱ〕は、登録価格の算定過程が評価基準に従ったものかどうか自体を問題にして、その違背があれば直ちに当該登録価格の決定を違法とするというものではなく、あくまでも、登録価格と評価基準によって決定される価格との結論としての高低を問題とするものであることに注意が必要である。

判例解説[3]においてその考え方が示されており、その後の最二判平成17年7月11日民集59巻6号1197頁及び最二判平成18年7月7日集民220号621頁においてもこれを前提とする判示がされていたが、前掲最二判平成25年7月12日において最高裁の立場が改めて整理、明確化された。

2　客観的な交換価値を上回るかどうかの判断方法

　評価対象の土地に適用される評価基準の定める評価方法が適正な時価を算定する方法として一般的な合理性を有するものであり、かつ、当該土地の基準年度に係る賦課期日における登録価格がその評価方法に従って決定された価格を上回るものではない場合には、その登録価格は、その評価方法によっては適正な時価を適切に算定することのできない特別の事情の存しない限り、同期日における当該土地の客観的な交換価値としての適正な時価を上回るものではないと推認することができる（前掲最二判平成25年7月12日）。

　これは、違法事由〔Ⅰ〕に係る判断方法である。このような推認による判断方法は、最二判平成15年7月18日集民210号283頁（家屋の事案）及び最二判平成21年6月5日集民231号57頁（土地の事案）において、個別的判断の過程で既に採用されていたが[4]、前掲最二判平成25年7月12日において、最高裁の立場がより一般的な法理として整理、明確化された。

---

[3]　阪本・前掲注2）373頁以下。
[4]　阪本・前掲注2）374頁も、「……（登録価格が評価基準によって決定される価格を上回らないこと）を満たせば、評価基準に定める市街地宅地評価法の一般的合理性を媒介として、……（登録価格が賦課期日における適正な時価を上回らないこと）を満たすことが推認されよう」と述べていた。

3 登録価格の適否に関する判断枠組みのまとめ

以上によれば、土地の基準年度に係る賦課期日における登録価格の決定が違法となるのは、当該登録価格が、
(1) 当該土地に適用される評価基準の定める評価方法に従って決定される価格を上回るとき（違法事由〔Ⅱ〕）であるか、あるいは、
(2) これを上回るものではないが、その評価方法が適正な時価を算定する方法として一般的な合理性を有するものではなく、又はその評価方法によっては適正な時価を適切に算定することのできない特別の事情が存する場合（前記2の推認が及ばず、又はその推認が覆される場合）であって、同期日における当該土地の客観的な交換価値としての適正な時価を上回るとき（違法事由〔Ⅰ〕）である、
ということができる（前掲最二判平成25年7月12日）。

そのため、例えば、訴訟において、裁判所が、評価基準によらずに当事者が提出した鑑定意見書等により当該土地の適正な価格を認定し、その価格が当該土地の登録価格を上回ることのみを理由として、当該登録価格の決定を違法でないと判断したとすれば、上記(1)及び(2)のいずれの事項についても審理判断をしていないため、審理不尽の違法があることとなる（上記最判参照）。

最高裁の上記判断枠組みは、直接的には土地の登録価格の適否について判示されたものであるが、基本的には他の固定資産にも同様に妥当すると考えられる（現に、前掲最二判平成15年7月18日は、非木造家屋の事案について、前記2の考え方を採用している）。

4 審査決定の取消しの範囲

ところで、固定資産税の納税者が審査決定の取消しを求める訴えを提起する場合において、審査決定の全部の取消しを求めるか、一部（一定の価格を超える部分）の取消しを求めるかは、納税者の任意の選択に委ねられている[5]。

この点につき、既に見たとおり、基準年度の土地の登録価格についての審査決定の取消訴訟においては、実体法上の適法要件として、当該登録価格が基準年度に係る賦課期日における当該土地の適正な時価（客観的な交換価値）又は評価基準によって決定される価格（以下、併せて「適正な時価等」という）を上回るものでないかどうかが審理、判断されるところ、裁判所が、審理の結果、基準年度に係る賦課期日における当該土地の適正な時価等を具体的に認定することができる場合もある。このように、裁判所が、審理の結果、基準年度に係る賦課期日における当該土地の適正な時価等を認定し、固定資産評価審査委員会の認定した価格がその適正な時価等を上回っていることを理由として、審査決定を取り消す場合には、納税者が、審査決定の全部の取消しを求めているか、その一部の取消しを求めているかにかかわらず、当該審査決定のうち裁判所が認定した適正な時価等を超える部分に限りこれを取り消せば足りる（前掲最二判平成17年7月11日）。

　そうすると、例えば、土地の価格を1億円とする審査決定の取消訴訟において、裁判所が、審理の結果、当該土地の適正な時価等は8000万円であるとの認定に至った場合、納税者が当該審査決定の全部又は一部（例えば5000万円を超える部分）のいずれの取消しを求めているかにかかわらず、裁判所は、当該審査決定のうち8000万円を超える部分を取り消し、その余の請求を棄却することとなる[6]。ただし、納税者が、当該審査決定のうち上記認定額を上回る金額を超える部分（例えば9000万円を超える部分）の取消しのみを求めていた場合においては、勝訴判決の上限が当該金額（9000万円）によって画されているから、当該金額を超える部分の限

---

[5]　ただし、審査決定のうち一定の価格を超える部分の取消しを求める訴えを提起した場合であっても、当該取消訴訟の訴訟物は審査決定の違法性一般であって、納税者が請求の趣旨に付した一定の価格を超える部分という限定は、訴訟物を限定するものではなく、裁判所が当該固定資産の価格を認定して審査決定を取り消す場合における、勝訴判決の上限を画する訴訟行為としての意味を持つにすぎないと解されている（増田稔・最判解民事篇平成17年度（下）353頁）。

[6]　納税者も当該審査決定のうち8000万円を超える部分の取消しを求めていた場合には、全部認容判決となり、請求の一部棄却は不要である。

度で当該審査決定を取り消すこととなろう[7]。

　反対に、裁判所が、審理の結果、登録価格が適正な時価等を上回っていると判断するに至ったが、具体的な価格までは認定することができない場合については、納税者が当該審査決定の全部又は一部のいずれの取消しを求めているかにかかわらず[8]、固定資産評価審査委員会に改めて審査をやり直させるため、当該審査決定の全部を取り消すほかないと解されている[9]。

IV　被告側の主張立証上の留意点

1　主張立証の対象

(1)　原則

　登録価格の適否については、基本的に、その適法性を基礎付ける事実について被告が立証責任を負うと解される。そして、前記IIIの登録価格の適否に係る判断枠組みを前提にすると、通常の場合、登録価格の決定を適法とする被告が第一次的に主張立証すべき事項は、次の①及び②と考えられる[10]。

①　当該登録価格が、当該固定資産に適用される評価基準の定める評価方法に従って決定される価格を上回らないこと

②　上記評価方法が適正な時価を算定する方法として一般的な合理性を有するものであること

　まず、①が認められれば、違法事由〔II〕がないことが認められる。ま

---

[7]　もっとも、このような結論が予想される場合には、適宜の訴訟指揮等により、あらかじめ取消しを求める部分が拡張されていることが多いものと思われる。

[8]　納税者が請求の趣旨に付した一定の価格を超える部分という限定は、裁判所が固定資産の価格を認定して審査決定の一部を取り消す場合における勝訴判決の上限を画するものであり、裁判所が価格を認定しないで審査決定の全部を取り消す場合においては、その限定は及ばないものと解されている（増田・前掲注5）359頁）。

[9]　増田・前掲注5）359頁。

[10]　なお、価格評価の基準日は賦課期日である。以下同じ。

た、②が認められれば、評価基準の定める評価方法によっては適正な時価を適切に算定することのできない特別の事情の存在が認められない限り（この特別の事情の存在については、後掲注14）のとおり原告が立証責任を負う）、評価基準の定める評価方法に従って決定された価格が当該固定資産の客観的な交換価値としての適正な時価を上回るものではないと推認することができるから、①が認められることと併せれば、当該登録価格が適正な時価を上回るものではないこと、すなわち違法事由〔Ⅰ〕がないことも認められることとなる。したがって、被告としては、①及び②を主張立証すれば、登録価格の決定の適法性を一応示したこととなる。

(2) 特別の事情が存する場合等

ただし、当該固定資産に適用される評価基準の定める評価方法が適正な時価を算定する方法として一般的な合理性を有するものではなく、又はその評価方法によっては適正な時価を適切に算定することのできない特別の事情が存する場合（原告によりその存在が主張立証される場合のほか、被告がその存在を自認する場合もあり得よう）には、被告は、違法事由〔Ⅰ〕に関し、次の③を直接（前記推認の方法によらずに）主張立証する必要がある。
③　当該登録価格が当該固定資産の客観的な交換価値を上回らないこと

もっとも、被告が、当初から、評価基準の定める評価方法の一般的な合理性を否定したり、上記特別の事情の存在を肯定したりして、前記推認の方法によらずに③の直接の主張立証のみをしようとするのは例外的と考えられ、③の直接の主張立証をするとしても、事案の特殊性や訴訟の進行状況等に応じて、前記推認が働かない場合に備えて、②の主張立証に加えて、予備的な位置付けですることになるのが通常と考えられる。

なお、③の直接の主張立証をする場合であっても、これとは別に、違法事由〔Ⅱ〕の観点から①の主張立証が必要であることに変わりはない。したがって、被告の主張立証すべき対象は、「①＋②」又は「①＋③」となる。

2　主張立証の時期及び方法等

(1) 時期

　被告は、可能な限り早期に（可能であれば第1回期日まで、それが困難な場合には第2回期日までに）、前記①及び②について、一通りの主張立証をすべきであろう。前記①及び②の事項は、市町村長による価格評価や固定資産評価審査委員会による審査を経た段階においては、被告が主張立証に必要な資料を有しているはずのものであるし、登録価格の適法性ひいては審査決定の適法性を主張する被告が勝訴するには最低限主張立証しなければならないものであり、また、当該訴訟におけるその後の原告の主張立証及び裁判所の審理判断の対象となるべきもの（いわば訴訟の土俵を設定するもの）であるからである。実務上、被告が、訴訟の当初、原告の主張する固定資産の算定方法に対する否認又は反論をするにとどまっていたり、単に評価基準に従って価格を算定したから登録価格は適法である旨の一般論を主張するにとどまっていたりして、裁判所の促しによって初めて具体的な主張立証を補充する例がないではないが、被告は、前記①及び②について、自ら積極的かつ具体的に主張立証しなければならないことに留意する必要がある。

　なお、被告が、前記②とともに又は②に代えて、前記③の主張立証をする場合にも、これを速やかに行うべきである。

(2) 方法等

ア　前記①について

　被告は、まず、当該固定資産に適用される評価基準の定める評価方法の具体的内容を主張立証する必要がある。その際、評価基準は頻繁に改正がされていることもあり、評価当時の評価基準の関係部分を書証として提出しておくのが適切であろう。また、各市町村は、評価基準の内容を具体化する要領等（「○○市固定資産評価事務取扱要領」等）を設け、これに基づく評価をしているのが通例であるから、被告は、当該固定資産の評価に関係する要領等の具体的内容を明らかにするとともに、当該要領等を書証とし

て早期に提出すべきである[11]。

　さらに、被告は、上記評価方法に従った当該固定資産の価格算定過程を具体的に明らかにし、当該登録価格がこれを上回らないことを示す必要がある。その際、評価基準の定める評価方法に従ったといえるためには、当該評価方法を適切に適用したものである必要がある。例えば、評価基準は、宅地の評価について、各筆の宅地について評点数を付設し、当該評点数に評点1点当たりの価額を乗じて各筆の宅地の価額を求める方法によるものとし（第1章第3節一）、主として市街地的形態を形成する地域における宅地については、「市街地宅地評価法」（いわゆる路線価方式）によって各筆の宅地の評点数を付設するものとしており（同節二（一））、具体的には、地区の区分、状況が相当に相違する地域の区分、主要な街路の選定、標準宅地の選定、標準宅地についての適正な時価の評定[12]、主要な街路とその他の街路の各路線価の比準、画地計算法の適用等の評価方法を定めている。また、評価基準は、家屋の評価について、木造家屋及び非木造家屋の区分に従い、各個の家屋について評点数を付設し、当該評点数に評点1点当たりの価額を乗じて各個の家屋の価額を求める方法によるものとし（第2章第1節一）、各個の家屋の評点数は、当該家屋の再建築費評点数を基礎とし、これに家屋の損耗の状況による減点や家屋の需給事情による減点を行って付設する（同節二）等の評価方法を定めている。このような宅地又は家屋が訴訟の対象となっている場合には、被告は、上記各評価方法の適用の各過程を具体的に明らかにし、これが当該評価方法を適切に適用したものであることを示す必要がある。固定資産評価審査手続における市町村長による弁明書や固定資産評価審査委員会による審査決定書には、当該固定資産の価格算定過程を示した価格計算書（表）が添付されて

---

11) このような要領等の内容が評価基準を具体化したものとして合理性を有する場合には、当該要領等に従った評価は、評価基準に従ったものということができる（阪本・前掲注2) 380頁）。要領等の内容の評価基準適合性が争われた場合には、被告はこれを積極的に主張する必要がある（この点が争われた例として、最二判平成19年1月19日集民223号35頁）。
12) 前掲最一判平成15年6月26日は、標準宅地についての適正な時価の評定が特に問題とされた事案である。

いることが多いと思われるところ、被告が訴訟において価格算定過程を主張する際には、この価格計算書（表）に準じたものを準備書面別紙等として提出すると、わかりやすいように思われる。

　イ　前記②について

　次に、被告は、当該固定資産に適用される評価基準の定める評価方法（前記ア）が適正な時価を算定する方法として一般的な合理性を有するものであることを示す必要がある。

　ただし、評価基準の定めの内容は詳細にわたるし、その一般的な合理性については争いのない場合も多いと思われるから[13]、被告が、訴訟の当初から、当該固定資産の評価に関係のある定めの全てについてその合理性を逐一主張立証するというのは、やや非現実的・非効率的であるように思われる。そこで、被告は、第一次的には、当該固定資産に適用される評価基準の定める評価方法の合理性を概括的に示し、原告がその合理性を争う場合には、争いのある部分を中心に、その合理性についての具体的な主張立証を補充するという進行も考えられよう。

　ウ　前記③について

　評価基準の定める評価方法によっては適正な時価を適切に算定することのできない特別の事情が存すると認められる場合等には、被告としては、登録価格が当該固定資産の客観的な交換価値を上回らないことを直接主張立証する必要が生ずることになる。このような場合につき、前掲最二判平成25年7月12日の千葉勝美裁判官の補足意見において、当該評価方法を全て放棄するのではなく、特別の事情が認められるとして排除された部分を除く残余の部分を前提として（排除された部分を他の評価方法により補充して）適正な時価を認定していくべき場合が多い旨の指摘がされており、被告においてはまずはこのような対応を図るのが適当と思われる。

---

[13]　評価基準の定める評価方法には、既に最高裁判決において一般的な合理性が肯定されているものもある（市街地宅地評価法につき前掲最一判平成15年6月26日、家屋に係る総合比準評価法等につき前掲最二判平成15年7月18日、市街地区域内の農地、原野及び雑種地の評価方法につき前掲最二判平成21年6月5日各参照）。

Ⅴ 原告側の主張立証上の留意点

1 主張立証の対象

　前記Ⅲの登録価格の適否に係る判断枠組みを前提とすれば、通常の場合、登録価格の決定を違法とする原告が主張立証すべき事項は、次の❶ないし❸のいずれかと考えられる。

❶　当該登録価格が、当該固定資産に適用される評価基準の定める評価方法に従って決定される価格を上回ること

❷　上記評価方法が適正な時価を算定する方法として一般的な合理性を有しないものであること

❸　上記評価方法によっては適正な時価を適切に算定することのできない特別の事情が存すること[14]

　❶が認められれば、違法事由〔Ⅱ〕が認められる。また、❶ないし❸のいずれかが認められれば、違法事由〔Ⅰ〕につき、当該登録価格が客観的な交換価値としての適正な時価を上回るものではないとの推認を妨げることができる。ただし、違法事由〔Ⅰ〕については、上記推認が働かない場合であっても、その他の立証方法等により当該登録価格が当該固定資産の客観的な交換価値を上回らないこと（前記③）が認められれば、違法性は認められなくなるから、これを争う原告としては、次の❹についても主張立証すべきである。

❹　当該登録価格が当該固定資産の客観的な交換価値を上回ること

　なお、違法事由〔Ⅰ〕について、原告が❶ないし❸の主張立証をせずに

---

14) ❸の特別の事情については、前掲最二判平成25年7月12日に係るコメント（判タ1394号124頁）において、「特別の事情とは、評価基準を正しく適用したとしても当該土地の適正な時価を適切に算定することができないことを基礎付ける具体的な事情であって、登録価格が適正な時価を上回らない旨の推認を妨げるべく固定資産税の納税者がその立証責任を負うものと解されよう」と説明されているように、原告が立証責任を負うものと解される。これに対し、❶、❷及び❹に係る事項（前記①ないし③）の立証責任は被告にある。

いきなり❹の主張立証をしようとしても、それだけでは上記推認を妨げることはできず、主張立証としての有効性を欠くと考えられる（後記2(2)参照）。したがって、原告の主張立証すべき対象は、違法事由〔Ⅱ〕については「❶」であり、違法事由〔Ⅰ〕については「❶＋❹」、「❷＋❹」又は「❸＋❹」となる。

2　主張立証の時期及び方法等

(1)　時期

　原告による前記❶ないし❸の具体的な主張立証は、通常の場合、被告による前記①及び②の主張立証がされた後、その内容を検討した上で、これに対する反論として行われるものと考えられる。そのため、訴状においては、概括的な違法事由の指摘にとどまっていてもやむを得ないように思われる。もっとも、固定資産評価審査手続において被告側の価格算定過程が具体的に明らかにされ、訴え提起前に実質的な争点が明らかになっている場合も多いと思われ、そのような場合には、原告が、訴状において、争いのある点（例えば標準宅地の時価の評定）や特に争わない点（例えば市街地宅地評価法の一般的な合理性）を明らかにしておけば、被告も争点に集中したメリハリのある主張立証をすることが可能となり、ひいては迅速で充実した審理判断に資することとなろう。

(2)　方法等

　原告の主張立証にとって肝要なのは、前記Ⅲの登録価格の適否に係る判断枠組みを踏まえ、被告の主張する価格算定過程を十分に検討した上で、これらに即した主張立証を構成することである。原告が、単に、独自の見解ないし資料に基づいて当該固定資産の時価を主張立証し、登録価格がこれを上回る旨を主張したとしても、それだけでは、評価基準の定める評価方法に従って決定された価格が適切な時価を上回らないとの推認を妨げることはできないし、登録価格が評価基準の定める評価方法に従って決定された価格を上回ることを示したことにもならないからである。

実務上、原告から独自の鑑定意見書等が提出され、これにより適切な時価を直接認定すべき旨の主張がされる例が散見されるが、この点については、前掲最二判平成25年7月12日の千葉勝美裁判官による下記の補足意見が大変参考になるので、若干長くなるが、関係部分を引用しておきたい。

「1　……土地の所有名義人が、自ら独自に提出した鑑定意見書等に基づき、その時価となるべき価格を算出して（以下、この価格を『算出価格』という。）、法廷意見の述べる『特別の事情』（又は評価基準の定める評価方法自体の一般的な合理性の欠如）の主張立証を経ずに、上記の適正な時価を直接主張立証することにより、当該算出価格が評価基準の定める評価方法に従って決定された登録価格を下回るとして、当該登録価格の決定を違法とすることができるかが一応問題となろう。

　2　上記の『適正な時価』とは、正常な条件の下に成立する当該土地の取引価格、すなわち、客観的な交換価値をいうと解されるが、これは評価的な概念であり、その鑑定評価は、必ずしも一義的に算出され得るものではなく、性質上、その鑑定評価には一定の幅があり得るものである。したがって、鑑定意見書等によっていきなり登録価格より低い価格をそれが適正な時価であると摘示された場合、その鑑定意見書等による評価の方法が一般に是認できるもので、それにより算出された価格が上記の客観的な交換価値として評価し得るものと見ることができるときであったとしても、当該算出価格を上回る登録価格が当然に適正な時価を超えるものとして違法になるということにはならない。当該登録価格が、評価基準の定める評価方法に従ってされたものである限り、特別の事情がない限り（又はその評価方法自体が一般的な合理性を欠くものでない限り）、適正な時価であるとの推認が働き（法廷意見の引用する平成15年7月18日第二小法廷判決等参照）、これが客観的な交換価値であることが否定されることにならないからである。

　3　そもそも、このような算出価格が当該登録価格を下回る場合、それだけで、上記の適正な時価であることの推認が否定されて登録価格の決定が違法となるのであれば、課税を行う市町村の側としては、このようにし

て所有名義人から提出される鑑定意見書等が誤りであること、算出方法が不適当であること等を逐一反論し、その点を主張立証しなければならなくなり、評価基準に基づき画一的、統一的な評価方法を定めることにより、大量の全国規模の固定資産税の課税標準に係る評価について、各市町村全体の評価の均衡を確保し、評価人の個人差による不均衡を解消することにより公平かつ効率的に処理しようとした地方税法の趣旨に反することになる。

　4　実際上、登録価格が算出価格を上回ることにより、登録価格が上記の客観的な交換価値を上回る場合というのは、評価基準の定める評価方法によることが適当でないような特別の事情がある場合に限られる。このような特別の事情（又はその評価方法自体の一般的な合理性の欠如）についての主張立証をしないまま独自の鑑定意見書等を提出したところで、その意見書の内容自体は是認できるものであったとしても、それだけでは当該登録価格が適正な時価であることの推認を覆すことにはならないのであって、登録価格の決定を違法とすることにはならない。……

　5　したがって、土地の所有名義人が、独自の鑑定意見書等の提出により適正な時価を直接主張立証し登録価格の決定を違法とするためには、やはり、その前提として、評価基準の定める評価方法によることができない特別の事情（又はその評価方法自体の一般的な合理性の欠如）を主張立証すべきであり、前掲最高裁平成15年7月18日第二小法廷判決もこの考えを前提にしているものと解される。」

VI　おわりに

　以上のとおり、固定資産税の課税標準となる固定資産課税台帳に登録された固定資産の価格（登録価格）については、その不服に関し特別の争訟ルートが法定されており、また、これまでの最高裁判例により、その適否の判断枠組みが具体的に明らかにされている。登録価格の適否をめぐる訴訟の訴訟追行や審理をするに当たっては、このような争訟の仕組みや判例上の解釈を十分に理解した上で、これらを踏まえた的確な主張立証及び審理を進めていくことが期待される。

第 13 講
徴収関係をめぐる紛争

澤村　智子

I　はじめに

1　滞納処分

　租税の納付義務は、納付義務者等の納税者がこれを納付することによって消滅するものである。しかし、納税者が納期限までにこれを完納しない場合には、納税義務の債務不履行、すなわち滞納の状態となり、国又は地方公共団体は、納税者の財産から租税債権の強制的実現を図ることができることになる。これを滞納処分といい、滞納処分には、狭義の滞納処分（国又は地方公共団体が自ら納税者の財産を差し押さえて、そこから租税債権の満足を図る手続で、財産の差押え、差押財産の換価、換価代金の充当という一連の行政処分からなる）と交付要求（既に進行中の強制換価手続の執行機関に換価代金の交付を求め、それによって租税債権の満足を図る手続）がある。

　滞納処分において、租税債権と他の債権とが競合する場合には、租税債権は、原則として他の債権に優先して徴収され（国税徴収法 8 条、地方税法 14 条、14 条の 2）、このことを租税債権の一般的優先の原則という。このような徴収上の優先権が租税債権に認められるのは、租税が強い公共性を有すること及び租税債権は私債権のように反対給付を伴わず任意の履行可能性が低いことにあるとされている[1]。

1）　金子・租税法 856 頁。

2　徴収をめぐる訴訟の類型

　租税の徴収をめぐる訴訟には、民事訴訟として提起されるものもある。その種類としては、差押債権取立訴訟、詐害行為取消請求訴訟、債権者代位訴訟、仮登記に基づく本登記手続承諾請求訴訟などがあり、これらは、租税債権者である国等が原告となって提起するものである[2]。

　これに対し、行政訴訟として提起されるものには、抗告訴訟である滞納処分（差押処分や公売処分）の取消し又は無効確認を求める訴訟、第二次納税義務告知処分の取消し又は無効確認を求める訴訟、滞納処分等の差止訴訟、当事者訴訟である過誤納金返還請求訴訟、争点訴訟（滞納処分等が無効であることを理由として私法上の請求をする訴訟）などがあり、これらは徴収処分を受ける納税者側が原告となって提起するものである。

3　課税処分と滞納処分の関係

　ところで、租税徴収手続である滞納処分は、租税確定手続である課税処分を前提とするものであるが、両者は、別個の法律効果の発生を目的とする別個独立の行為であるから、課税処分の違法は滞納処分に承継されないのが原則である。したがって、課税処分の違法を主張して滞納処分の取消し等を求めることはできない（ただし、第二次納税義務告知処分の取消訴訟等において課税処分の違法を主張することができるかについては別途の問題があり、これについては、後記Ⅲ3において述べる）。もっとも、課税処分が無効であれば、課税処分自体が存在しないことになるから、その後の滞納処分も違法になるという関係にあり、課税処分の無効を主張して滞納処分の違法を主張することは禁じられないものと解される。

---

2)　民事訴訟として提起されるものには、違法な滞納処分等によって受けた損害の賠償を求める国家賠償請求訴訟もあり、この場合には、納税者側が原告となることはいうまでもない。なお、固定資産の価格を過大に決定されたことによって損害を被った納税者が審査の申出及び取消訴訟の手続を経ていない場合に国家賠償請求をすることができるか否かについて判示したものとして、最一判平成22年6月3日民集64巻4号1010頁がある。

以下、行政訴訟として提起される租税の徴収に関する訴訟について、その類型ごとに問題となる事項や留意点等について概観する。

Ⅱ 滞納処分取消・無効確認訴訟

1 はじめに

滞納処分は、上記のとおり、財産の差押え、差押財産の換価、換価代金の充当という手続をたどるものであり、この一連の手続に違法があるなどと主張して提起されるのが滞納処分の取消訴訟又は無効確認訴訟である。

この類型の訴訟においては、取消し又は無効確認の対象となる滞納処分に一般的に処分性が認められることは、問題がないと考えられる。ここでは、滞納処分の違法事由として主張されることの多い事項ごとに、訴訟手続上問題となる事柄の整理を試みることとする。

2 差押対象財産が第三者に属する旨を主張する場合

(1) 主な論点

滞納処分の取消訴訟の類型として典型的なものは、差押えの対象財産が、滞納者ではなく第三者のものであると主張するものである。差押えの目的物は、滞納者の財産でなければならない（国税徴収法47条1項参照）が、誤って第三者の財産が差し押さえられたという場合、当該第三者が当該処分の取消訴訟等を提起することができるか（原告適格の問題）、第三者の財産の差押処分の効力がどのようになるかが主要な論点となり、その他、訴えの利益の有無等も論点となり得る。

(2) 原告適格

差押処分の相手方は、滞納者であるから、滞納者自身が差押えの対象となった財産が自己に属しない旨主張して取消訴訟等を提起する場合には原告適格の問題は生じないが、差押えの対象となった財産の所有者等が原告

となる場合には、当該所有者等は処分の相手方でない。したがって、そのような第三者に原告適格が認められるかどうかは、当該第三者が処分の取消しを求めるについて法律上の利益を有するか否か（行訴法9条）によって判断される。

一般に、ある財産が差し押さえられた場合は、その差押処分の法的効果として、当該財産が換価されることになり、当該財産を失うことになるから、当該財産の所有者（帰属者）であると主張する者は、当該処分の取消訴訟につき原告適格を有すると一応いうことができると解される。もっとも、当該財産が自己に帰属することを的確に立証できない場合には、その者は、処分の取消しを求めるについて法律上の利益を有するとは認められず、原告適格が否定されることになると考えられる（東京地判平成20年7月11日判例秘書06331695）。

この点に関連する裁判例としては、滞納者と他の者の共有に係る不動産につき滞納者の持分が差し押さえられた場合における他の共有者は、その差押処分の法的効果による権利の制限を受けるものであって、当該処分により自己の権利を侵害され又は必然的に侵害されるおそれのある者として、その取消訴訟における原告適格を有するとしたもの（最二判平成25年7月12日判時2203号22頁。ただし、当該差押処分が対象財産の選定などの点において違法でないときは差押処分の取消請求は理由がないとされた）、定期金債権について勝訴判決を得ることを停止条件としてこれを取得する法的地位を有していた者の相続人は、その法的地位を承継したものであり、前記預金債権に対する滞納処分によってその地位を喪失するのであるから、滞納処分の取消しを求める原告適格を有するとしたもの（鳥取地判昭和44年3月10日訟月15巻5号576頁）などがある。

(3) 差押えの効力

滞納者以外の第三者が所有する財産を滞納処分として差し押さえた場合、当該滞納処分が原則として違法、無効となることは論を待たない。

この点に関し、公売処分の効力について判断したものではあるが、登記簿上不動産の所有名義人となっている国税滞納者に対する滞納処分として

同不動産を公売処分に付した国が、登記の欠缺を主張するにつき正当の利益を有する第三者に当たらない場合には、差押え及びその登記を含む一連の公売処分は、競落人に所有権を取得させる効果を生じないとする意味において、無効となるとした裁判例（最一判昭和 35 年 3 月 31 日民集 14 巻 4 号 663 頁）がある[3]。そうすると、滞納者から不動産の譲渡を受けたが、登記名義は滞納者のままになっている間に当該不動産の差押処分がされた場合に当該差押処分の違法を主張するには、国が民法 177 条の第三者に当たらないことを主張する必要があることになる[4]。

その他、問題となるものとしては、滞納者以外の者が滞納者に対し不動産を信託的に譲渡した場合に当該滞納者以外の者が自己の所有であることを理由に当該不動産の差押処分の違法を主張できるか（否定したものとして東京地判平成元年 4 月 12 日判タ 713 号 145 頁など）、不動産の仮装登記名義人に対して滞納処分がされた場合に、差押処分庁に民法 94 条 2 項の類推適用が認められるか（肯定したものとして東京地判平成 4 年 4 月 14 日判時 1425 号 61 頁ほか）などがある。

(4) 訴えの利益（金銭債権の差押えの場合）

滞納処分としての差押処分がされた金銭を所有すると主張する者がした当該差押処分の取消訴訟については、滞納処分として金銭の差押えをした場合には、当該金銭は差押えと同時に滞納国税に充てられたこととなり

---

[3] 一般的に、行政処分の無効は処分の瑕疵が重大かつ明白であることを要するとされているが、第三者の所有不動産に対する公売処分に瑕疵があるときは、競落人に所有権を取得させる効果を生じないとする意味において、常に無効と解すべきであり、処分の瑕疵が外見上明白であると否とに関わらず、また、公売処分の完結を待つまでもなく当然に無効となるから、当該不動産に対する差押処分は無効であるとした裁判例（東京地判昭和 44 年 10 月 29 日判時 577 号 62 頁）がある。

[4] この点につき、前掲最一判昭和 35 年 3 月 31 日の差戻前の上告審である最三判昭和 31 年 4 月 24 日民集 10 巻 4 号 417 頁は、滞納処分による不動産の差押えにも民法 177 条の適用があり、国が登記の欠缺を主張するにつき正当の利益を有する第三者に当たらない場合とは、登記の欠缺を主張することが信義に反すると認められる事情がある場合に限られ、当該不動産の譲受人において当該不動産が所轄税務署長からその所有として取り扱われるべきことを強く期待することがもっともと思われるような特段の事情がなければならないと判示している。

(国税徴収法56条3項、89条1項、129条2項)、金銭差押処分はその目的を達してその法的効果が消滅するから、訴えの利益がないことになる(大阪地判平成24年7月26日判例秘書06750665)。もっとも、この場合には、直接に不当利得返還請求訴訟又は国家賠償請求訴訟を提起して実質的な救済を求めることができるであろう。

3 債権差押処分につき被差押債権の相殺や不存在を主張する場合

(1) はじめに

滞納処分として債権差押えがされた場合、被差押債権の第三債務者が、被差押債権について相殺の主張をしたり、あるいは、被差押債権がそもそも存在しないなどと主張したりして、当該差押処分の取消し又は無効確認の訴えを提起することがある。この場合は、当該差押処分の違法事由等として、相殺を主張する場合と不存在を主張する場合とに分けて考える必要がある。

(2) 相殺を主張する場合

滞納処分による債権差押えがされると、第三債務者はその履行を禁止される(国税徴収法62条2項)ことから、第三債務者は、差押前に取得した債権をもって、差押後においても被差押債権に対して相殺することができ、相殺の限度で国に対し被差押債権の消滅を主張することができる(旧国税徴収法に関する最三判昭和27年5月6日民集6巻5号518頁)。

これに対し、差押後に発生した債権又は差押え後に取得した債権をもって相殺することは許されない(大阪地判昭和53年1月27日訟月24巻5号1136頁)。

したがって、第三債務者は、自働債権を差押前に取得したこと及び相殺の意思表示をしたことを主張立証する必要がある。差押後に発生又は取得した債権をもって相殺の主張をするにすぎない第三債務者については、そもそも原告適格が否定されることになろう。

⑶ 不存在を主張する場合

　債権差押処分に対して第三債務者が被差押債権の不存在（債権者が滞納者でないと主張する場合を含む）を主張してその取消し又は無効確認を求める場合があるが、国が取立権を行使するには債務名義を得た上で強制執行するほかないから、第三債務者としては、国が差押えに基づき債務の履行を求めてきたときに争えば足り、当該第三債務者は、取消し又は無効確認を求める法律上の利益を有しないと解されるから、原告適格が否定される（東京地判昭和37年5月24日判時308号19頁ほか）と解される[5]。

4　超過差押えや差押禁止財産の主張をする場合

⑴　はじめに

　滞納処分による差押えにおいては、国税を徴収するために必要な財産以外の財産は、差し押さえることができない（超過差押えの禁止。国税徴収法48条1項）とされ、また、一定の範囲の財産の差押えが禁止されている（同法75条～78条）。そこで、これらに違反するとして差押処分の取消しや無効確認の訴えが提起される場合がある。

⑵　超過差押えであると主張する場合

　超過差押えの禁止に違反した場合、当該差押処分は違法となるのが原則である。もっとも、差押えの時点では超過差押えに当たらなかった場合には、その後、差押えに係る国税の一部の納付等により差押財産の価額が著しく超過するに至ったとしても、そのことを理由に差押えが違法になるものではない（大阪地判昭和59年4月25日判タ534号165頁）。また、差押えに際してどの財産をどの範囲で差し押さえるかは、差押時の財産評価の困難性等に照らし、徴収職員の合理的な裁量に委ねられていると解すべきであり、差押財産の価額が滞納国税の額を超過した場合においても、後者

---

[5]　もっとも、第三債務者は、弁済禁止により法的地位に変動が生じるとして、原告適格を肯定するもの（東京地判平成12年12月21日判時1735巻52頁）もある。

の額に比較して前者の価額が合理的な裁量の範囲を超え著しく高額であると認められる特段の事情があるときに限り、超過差押えとして違法となると解すべきとした裁判例（酒類等の差押えに関する東京地判平成7年4月24日判時1551号105頁）がある。

(3) 差押禁止財産の差押えであると主張する場合

差押禁止財産に対する差押処分は、違法となるのが原則である。この点に関し、滞納処分としての預金債権の差押処分につき、実質的には当該預金口座に振り込まれる児童手当を徴収することを意図したものと評価される事実関係の下で、差押禁止財産である児童手当受給権の差押えがあったのと同様の効果が生ずるものとして、権限濫用により違法であるとした裁判例（鳥取地判平成25年3月29日金判1419号51頁）がある[6]。

5 公売処分の違法を主張する場合

公売は、財産の移転を生ぜしめる行政処分であるから、その手続に違法がある場合には、その取消訴訟を提起することができる。

公売に関する手続のうち、公売の通知（国税徴収法96条）については、その処分性が否定されている（最三判昭和50年6月27日集民115号211頁）から、公売処分の違法を主張する場合には、売却決定の取消しを求めることになると考えられる。なお、売却決定の取消訴訟について、売却対象財産の所有者に原告適格が認められることは当然であるが、対象不動産の仮差押債権者についても、これを認めた裁判例（東京地決平成9年12月5日判時1653号77頁）がある。

違法事由として主張されるものとしては、公売財産に係る見積額の決定（国税徴収法98条、99条）の違法（最三判昭和43年10月8日集民92号

---

[6] 一般的には、児童手当が預金口座に振り込まれた場合には、預金債権という別個の債権となり、預金者の一般財産に混入して児童手当と識別できなくなるから、預金債権自体が差押禁止財産とはならないと考えられ、この裁判例はあくまで具体的事情の下での事例判断と捉えるべきであろう。

525頁参照)、公売の公告をすべき時期（国税徴収法95条参照）の違法（最一判昭和33年5月24日民集12巻8号1115頁）、随意契約による売却の要件（国税徴収法109条）の違法などがある。

III 第二次納税義務告知処分取消訴訟等

1 第二次納税義務とは

(1) 第二次納税義務の概念

第二次納税義務とは、納税義務者（源泉徴収等の徴収納付義務者を含む）が租税を滞納した場合において、その財産について滞納処分を執行してもなおその徴収すべき額に不足すると認められる場合に、納税義務者と一定の関係を有する者が、納税義務者に代わって租税を納付する義務をいい、この義務を負担する者を第二次納税義務者という（国税徴収法32条以下、地方税法11条以下）。この制度は、本来の納税義務者から租税の全部又は一部を徴収することが不可能であると認められる場合に、それと人的・物的に特殊の関係にある第三者を第二次納税義務者とし、これに本来の納税義務者の納税義務に代わる義務を負担させることによって、租税の徴収確保を図ることを目的とするものであるとされている[7]。

(2) 第二次納税義務の種類

国税徴収法に定める第二次納税義務は、次のように分類することができるとされている。

ア　法人制度を利用する租税回避防止の規定

　　33条（無限責任社員の第二次納税義務）、34条（清算人等の第二次納税義務）、35条（同族会社の第二次納税義務）、41条（人格のない社団等に係る第二次納税義務）2項

---

7)　金子・租税法148頁。

イ　実質所得者課税の原則等による賦課と徴収の規定

　　36条（実質課税額等の第二次納税義務）、37条（共同的な事業者の第二次納税義務）、41条（人格のない社団等に係る第二次納税義務）1項

ウ　詐害行為類似の事例等に関する規定

　　38条（事業を譲り受けた特殊関係者の第二次納税義務）、39条（無償又は著しい低額の譲受人等の第二次納税義務）

(3)　納付告知

　納税者の国税を第二次納税義務者から徴収しようとするときは、その者に対し、徴収しようとする金額、納付の期限その他必要な事項を記載した納付通知書によって告知しなければならない（国税徴収法32条1項）。

　第二次納税義務の成立、確定の時期について、裁判例や多数説は、第二次納税義務は、本来の納税義務者からの徴収不足等の要件に該当する事実の発生により抽象的納税義務として成立し、上記告知（納付告知）によって具体的に確定するものと解している。

　第二次納税義務の納付告知は、形式的には独立の課税処分であるが、実質的には上記第三者を本来の納税義務者に準ずる者とみてこれに主たる納税義務についての履行責任を負わせるものにほかならないから、主たる納税義務の徴収手続上の一処分としての性格を有し、当該納付告知を受けた第二次納税義務者は、あたかも主たる納税義務について徴収処分を受けた本来の納税義務者と同様の立場に立つものとされている（最二判昭和50年8月27日民集29巻7号1226頁、最三判平成6年12月6日民集48巻8号1451頁）。

2　納付告知を受けた者等が納付告知を争う方法

　第二次納税義務の納付告知を受けた者が納付告知自体を争うことができることはいうまでもない。その場合に問題となり得る点には、次のようなものがある。

(1) 第二次納税義務発生要件を満たしていないと主張する場合

納付告知を受けた者が、国税徴収法32条、地方税法11条以下の規定に定める納税義務発生の要件を満たしていないと主張して納付告知の取消訴訟を提起できることは、いうまでもない。

比較的争われることの多い類型のものは、清算人等の第二次納税義務（国税徴収法34条、地方税法11条の3）や無償又は著しい低額の譲受人等の第二次納税義務（国税徴収法39条、地方税法11条の8）である。

ア　清算人等の第二次納税義務について争う場合

法人が清算した場合、清算人及び残余財産の分配又は引渡しを受けた者は、法人の滞納に係る国税又は地方税につき第二次納税義務を負う（国税徴収法34条、地方税法11条の3）。ここにいう「残余財産」について、法人解散の場合の現務の結了、債権の取立て及び債務の弁済の後に残った積極財産をいうのではなく、法人が、納付すべき国税を完納することなく、その有する財産の分配等をした場合における当該積極財産をいうとしたものがある（東京地判昭和47年9月18日訟月18巻12号1908頁）。

イ　無償又は著しい低額の譲受人等の第二次納税義務について争う場合

滞納処分を執行してもなおその徴収すべき額に不足すると認められることが、当該国税又は地方税の法定納期限の1年前の日以後に、滞納者がその財産につき行った政令で定める無償又は著しく低い額の対価による譲渡、債務の免除その他第三者に利益を与える処分等に基因すると認められるときは、当該処分により権利を取得した者は、当該処分により受けた利益が現に存する限度において、その滞納国税の第二次納税義務を負う（国税徴収法39条、地方税法11条の8）。

ここでは、「無償又は著しく低い額の対価」等に該当するか否か、「受けた利益の限度」の算定方法などが問題となり得る。

「著しく低い額の対価」の意義について、国税徴収法基本通達第39条関係7は、当該財産の種類、数量の多寡、時価と対価の差額の大小等を総合的に勘案して、社会通念上、通常の取引に比べ著しく低い額の対価であるかどうかによって判定し、一般に時価が明確な財産については、対価が時価より低廉な場合には、その差額が比較的僅少であっても、「著しく

低い額」と判定すべき場合があることや、値幅のある財産（不動産等）については、対価が時価のおおむね2分1に満たない場合は、特段の事情のない限り、「著しく低い額」と判定すること（ただし、おおむね2分の1とは、2分の1前後のある程度の幅をもった概念をいい、2分の1をある程度上回っても、諸般の事情に照らし、「著しく低い額」と判定すべき場合があることに留意すること）としている。この点に関する裁判例には、同族会社が会社資産を売却して解散するに当たり取締役に支給した退職金が過大であり、これにより、同会社に係る法人税の徴収不足が生じたため、退職金のうち相当額を超える部分が「無償又は著しく低い額の対価」による財産の処分に当たるとしたもの（東京地判平成9年8月8日判時1629号43頁）もある。

「第三者に利益を与える処分」とは、滞納者の積極財産の減少の結果、第三者に利益を与えることとなる処分をいうものと解されている（上記通達第39条関係5）ところ、この点に関し、遺産分割協議について、国税の滞納者を含む共同相続人の間で成立した遺産分割協議が、滞納者である相続人にその相続分に満たない財産を取得させ、他の相続人にその相続分を超える財産を取得させるものであるときは、国税徴収法39条にいう「第三者に利益を与える処分」に当たり得るとした最一判平成21年12月10日民集63巻10号2516頁がある。なお、同判決は、滞納者に詐害の意思のあることは、同条所定の第二次納税義務の成立要件ではないとも判示している。

「受けた利益の限度」の額の定め方についても、上記通達12以下に示されている。

(2) 納付通知書における理由付記が不十分であると主張する場合

納税者の国税等を第二次納税義務者から徴収しようとするときは、必要な事項を記載した納付通知書により告知しなければならない（国税徴収法32条1項、地方税法11条1項）ところ、この通知書に第二次納税義務の発生根拠となる具体的事実の記載を要するかが問題となる。この点につき、条文の記載があれば第二次納税義務者に課税理由は理解し得るし、国

税徴収法施行令11条1項の文理解釈上も、条文の記載があれば十分であるとしたもの（東京地判昭和49年12月20日訟月21巻3号694頁、広島地判昭和50年4月23日判時794号58頁）がある。

3 納付告知を受けた者が主たる納税義務についての課税処分を争う方法

(1) 主たる納税義務についての課税処分が無効又は不存在であると主張する場合

第二次納税義務は、主たる納税義務に対して付従性を有するから、主たる納税義務についての課税処分が無効又は不存在であれば、第二次納税義務が発生する理由はなくなる。したがって、納税告知を受けた者は、主たる納税義務についての課税処分が無効又は不存在であると主張して、納付告知の取消訴訟を提起することができる。

(2) 主たる納税義務についての課税処分に取消事由があると主張する場合

これに対し、主たる納税義務についての課税処分に取り消し得べき瑕疵があるにとどまる場合に、納付告知を受けた者がこれを争う方法については、従来から議論がある。

ア 納付告知の取消訴訟において争うことの可否

この点について、前掲最二判昭和50年8月27日は、前記のような第二次納税義務者があたかも主たる納税義務者と同様の立場に立つという考え方を前提に、第二次納税義務者は、納付告知の取消訴訟において、確定した主たる納税義務の存否又は数額を争うことはできないとしている。

イ 本来の納税義務者に対する課税処分の取消訴訟を提起することの可否

この点について、最一判平成18年1月19日民集60巻1号65頁は、国税徴収法39条所定の第二次納税義務者が本来の納税義務者に対する課税処分につき国税通則法75条に基づく不服申立てをする法律上の利益がある旨判示している。これに従えば、第二次納税義務者が本来の納税義務

者に対する課税処分の取消訴訟を提起することもできるものと解される。

この場合の、国税通則法77条1項所定の「処分があったことを知った日」は、第二次納税義務者に対する納付告知がされた日をいい、不服申立期間の起算日は納付告知がされた日の翌日と解されている（前掲最一判平成18年1月19日）。

これに関連し、本来の納税義務者が主たる課税処分の取消訴訟において敗訴した場合に、第二次納税義務者が更に取消訴訟を提起することができるか、本来の納税義務者が不服申立てをしていれば、第二次納税義務者が訴訟を提起する場合、不服申立前置を満たしているといえるか、第二次納税義務者が本来の納税義務者の提起した取消訴訟に補助参加することができるかといった問題も生じ得る[8]。

IV　過誤納金還付請求訴訟等

1　過誤納金とは

過誤納金とは、法律上租税として納付すべき原因がないのに納付済みとなっている金銭をいい、過納金（有効な申告又は課税処分に基づき納付された租税で、納付の時点では法律上の原因を有する適法な納付であったが、後に、減額更正、課税処分取消し等により法律上の原因を失い、超過納付となった租税）と誤納金（無効な申告又は課税処分に基づいて納付された租税、確定した税額を超えて納付された租税のように、納付の時点から法律上の原因を欠いていたもの）とからなる。国税通則法は、過誤納金の還付に関する規定を置き（同法56条）、また、還付を受けるべき者に他に納付すべき国税があるときには、還付金をこれに充当すべき旨（同法57条）を定めている。地方税法にも同様の規定がある（同法17条、17条の2）。

過誤納金に関連する訴訟の類型としては、過誤納金の返還請求訴訟のほか、過誤納金の還付又は充当の取消訴訟などが考えられる。

---

[8]　川神裕・最判解民事篇平成18年度（上）96頁以下参照。

2　過誤納金返還請求訴訟

(1)　過誤納金返還請求訴訟の法的位置付け

過誤納金は、国又は地方団体が保有すべき正当な理由がないため還付を要する利得であって、一種の不当利得であるから、過誤納金の還付請求については、不当利得返還請求権に関する法理が基本的に妥当する。なお、過誤納金返還請求訴訟は、行訴法4条に規定する当事者訴訟に分類される。以下、若干の留意点を掲げる。

(2)　過誤納金返還請求ができる場合

誤納金は、納付の時点から法律上の原因を欠いていたものであるから、納税者は、直ちに不当利得としてその還付を求めることができる。

これに対し、過納金は、有効な申告又は課税処分に基づいて納付ないし徴収された租税であるから、課税処分に基づく場合には、それが取り消されるなどしない限り、行政処分の公定力により、納税者は不当利得としてその還付を求めることができない。したがって、元の課税処分について、減額更正や取消しなどがされていないのに過納金の還付を受けようとする納税者は、まずは当該課税処分の取消しを求める必要がある。したがって、当該課税処分についての不服申立期間や出訴期間に注意を払う必要がある。もっとも、課税処分が無効である場合には、直接過納金の還付請求ができることになろう（神戸地判平成7年12月25日判例地方自治149号27頁参照）。

また、源泉徴収による所得税のように、納税義務の成立と同時に納付すべき税額が確定する租税（国税通則法15条3項）については、その納付が実体法上の理由を欠くときは、納付のときから誤納金となり、直接不当利得として還付請求をすることができる（最一判昭和45年12月24日民集24巻13号2243頁）。

(3)　過誤納金還付請求権の消滅時効

過誤納金の還付請求権は、その請求をすることができる日から5年間

行使しないことによって、時効により消滅する（国税通則法74条、地方税法18条の3）。上記の「その請求をすることができる日」とは、無効な申告又は賦課処分に基づく納付の場合、その納付のあった日と解すべきとされており（最一判昭和52年3月31日訟月23巻4号802頁）、源泉徴収義務がないのにもかかわらず納付された源泉徴収に係る所得税本税の還付請求権の消滅時効の起算日は、その納付の日であると解されている（最二判昭和53年2月10日訟月24巻10号2108頁）。

3　過誤納金還付及び充当の取消訴訟

　過誤納金の還付及び充当が抗告訴訟の対象となる行政処分に当たるかについては争いがある[9]。処分性が否定されると解する場合、その措置が誤っている場合には、納税者は、時効が完成するまで正しい金額の還付を受けることができることになるが、処分性が肯定されると解する場合、その取消しを求めるか、又は無効を主張することが必要になろう。

9）　処分性を肯定したものとして、還付、充当につき処分性を認めたもの（広島地判昭和53年1月19日判タ366号297頁）、充当につき処分性を認めたもの（札幌高判昭和59年8月9日判時1144号77頁、最二判平成5年10月8日集民170号1頁、最三判平成6年4月19日集民172号363頁、東京地判平成9年12月12日判時1664号42頁）があり、これを否定したものとして、還付につき処分性を否定したもの（広島高判昭和54年2月26日行集30巻2号265頁、広島高判昭和54年6月28日行集30巻6号1194頁、東京地判昭和61年6月26日判時1200号58頁、横浜地判平成4年9月16日判時1477号35頁）、充当につき処分性を否定したもの（東京高判平成4年10月26日訟月39巻8号1581頁）がある。

第 14 講

いわゆる租税回避行為の「否認」について——近時の最高裁判決の動向等を踏まえて

進藤　壮一郎

I　はじめに

1　租税回避行為の「否認」の意義について

　租税回避行為とはどのような行為をいうのか。また、租税訴訟において租税回避行為を「否認」するとは、どのような判断を指すのだろうか。後記の最三判平成 18 年 1 月 24 日の判例解説[1]でも引用されている、我が国における代表的な見解[2]によれば、次のとおりである。

① 　租税法は、種々の経済活動や経済現象を課税の対象としているが、それらの活動や現象は、第一次的には私法によって規律されている。租税法律主義の目的である法的安定性を確保するためには、課税は、原則として私法上の法律関係に即して行われるべきである。

② 　私法においては、私的自治の原則又は契約自由の原則が支配するから、当事者はいかなる法形式を用いるかについて選択の余地を有する。これを利用して、私的経済取引の観点からは通常用いられることのない法形式を選択することによって、通常用いられる法形式に対応する課税要件の充足を免れ、税負担の減少等を図ることを租税回避という。

③ 　租税法律主義の下では、個別的な法律の根拠がない限り、当事者の選択した法形式を通常用いられる法形式に引き直し、それに対応する課税

---

1) 谷口豊・最判解民事篇平成 18 年度（上）163 頁以下。
2) 金子・租税法 117 頁以下。

要件が充足されたものとして取り扱う権限を課税庁に認めることは困難であり、法律の根拠のない限り租税回避行為の否認は認められない。
④　他方、税負担を軽減すると目される行為や取引が仮装行為であって、真実には存在しないと認定される場合には、それに即した法的効果は生じず、税負担の軽減等の効果も生じない。この場合は、租税回避を否認したのと同様の効果が生じるが、これは、私法上の真実の法律関係に即した課税であって、否認ではない。何が私法上の真実の法律関係であるかの認定は、取引当事者の効果意思に即して極めて慎重に行われるべきであり、仮にも真実の法律関係から離れて法律関係を構成し直すことは許されない。
⑤　また、一定の政策目的を実現するために税負担を免除又は軽減している規定に形式的には該当する行為や取引であっても、税負担の回避等が目的であり、本来の政策目的の実現とは無縁である場合には、当該規定が元々予定している行為や取引に当たらないと考えて、適用を否定することができる。これを認めると、租税回避行為の否認を認めたのと同じ結果となるが、理論上は、当該規定の趣旨、目的に沿った縮小解釈又は限定解釈であって、否認ではない。ただし、租税法律主義の趣旨からして、この法理の適用については十分に慎重でなければならない。

2　本稿の目的

　上記の見解からも明らかなように、個別的な否認規定が欠ける場合における租税回避行為の「否認」とは、外形上用いられた法形式に対する、納税者の真意等についての事実認定とそれに対する法規の当てはめの問題（上記④）にほかならない。その意味で、厳密には、これは「否認」ではない[3]。もっとも、とりわけ古い裁判例の中には、両者を区別することのないまま用いているように思われるものもあり、また、納税者が真に欲し

---

[3]　両者の混同を厳しく戒める文献として、中里実「租税法における事実認定と租税回避否認」金子宏編『租税法の基本問題』121頁以下（有斐閣、2007）。

た法律関係の認定といっても、当該認定において、租税回避の目的等をそもそも考慮するのか、考慮するとしてもどの程度重視すべきか等について、現実の裁判例の有り様をみると、判断にやや幅があることが現状ではないかと思われる。

この点に関連して、いわゆる映画リースの事案について、近時、極めて注目すべき最高裁判決が現れた（最三判平成18年1月24日民集60巻1号252頁）。また、上記⑤についても、法人税法69条の定める外国税額控除制度の適用について、適用を否定する最高裁判決が現れた（最二判平成17年12月19日民集59巻10号2964頁）。租税回避行為の「否認」については、様々な見解が表明されている[4]が、本稿では、上記の最高裁判決及びこれに引き続く下級審裁判例から実務上いかなる示唆を引き出すことができるのかという点を中心として、検討を試みたい。

II　近時の最高裁判決について

1　最二判平成17年12月19日民集59巻10号2964頁

外国税枠の余裕枠を利用して利益を得ようとする取引に対して課された外国法人税を法人税法（平成10年法律第24号による改正前のもの）69条の定める外国税額控除の対象とすることはできないとされた事例である。

本件において問題となった取引は、銀行業を営むXのシンガポール支店がクック諸島法人であるAとの間で締結したローン契約（貸付）と、クック諸島法人であるBとの間で締結した預金契約である。

すなわち、ニュージーランドで設立された法人であるCは、投資家から集めた資金を運用するに当たり、運用益に対して課される法人税の負担を軽減するため、ニュージーランドより法人税率の低いクック諸島においてCが全株式を所有するAを設立し、更に、投資家からの投資に対してクッ

---

[4]　文献は極めて多数に上る。下級審裁判例の紹介も含めて、谷口・前掲注1) 173頁以下、金子・租税法121頁以下。

ク諸島において源泉税が課されることを回避するために、当該源泉税が課されないクック諸島のオフショア法人でCがその株式の28％を保有するBに当該資金を一旦取得させ、Bを経由して、Aにおいてこれを運用させることとした。この場合、BからAに対し直接に資金を貸し付ける方法を採った場合には、クック諸島の税制によればAからBに支払われる利息に対して15％の源泉税が課されるため、XとA及びBの間において、XがBからAに供与する資金全額に相当する金員を預金として預入れを受け（預金契約）、Aに対し貸付を行うという契約が締結されたものである。

こうした取引を経済的にみれば、A及びBにとっては、源泉税の負担を免れ、BからAへのより低いコストでの資金の移動を可能にするものであり、他方、Xにとっても、Aから返済を受けた金額の中から一定のマージン（手数料）を取得することができるものの、Bに対する預金利息の支払に当たっては、クック諸島の源泉税を加算した額を支払うものとされていたから、その限度では損失を受けることになる。もっとも、Xは、我が国で外国税額控除を受けることにより、最終的には利益を得ることができるという関係にあった。

第1審判決（大阪地判平成13年12月14日民集59巻10号2993頁）及び控訴審判決（大阪高判平成15年5月14日民集59巻10号3165頁）は、いずれも、課税庁側の主張、すなわち、①上記のローン契約や預金契約は通謀虚偽表示に当たるから無効であり、又は当事者の真の意思に沿った課税がされるべきであるという主張（私法上の法律構成による否認）、②Xがした取引は正当な事業目的を有する取引ということができず、法人税法69条は、外国税額控除制度の適用を目的とするような不自然かつ不合理な取引を行い、故意に外国法人税を発生させたような場合までをも予定していると解することはできないから、同条の適用は否定されるべきであるとの主張をいずれも排斥した。

これに対し、最高裁は、「本件取引に基づいて生じた所得に対する外国法人税を法人税法69条の定める外国税額控除の対象とすることは、外国税額控除制度を濫用するものであり、さらには、税負担の公平を著しく害するものとして許されない」と述べ、原判決を破棄し、第1審判決を取

り消して、Xの請求を棄却した。

2　最三判平成18年1月24日民集60巻1号252頁

　映画に投資を行う名目で結成された民法上の組合（本件組合）が、借入金及び組合員の出資金を原資として当該映画を購入する旨の契約を締結すると同時に、当該映画の配給権を配給会社に付与する旨の配給契約を締結した場合において、当該配給契約により当該映画に関する権利のほとんどが配給会社に移転され、本件組合は実質的には当該映画についての使用収益権限及び処分権限を失っていること、本件組合は当該映画の購入資金の約4分の3を占める借入金の返済について実質的な危険を負担しないこと等の事情の下において、当該映画は本件組合の事業において収益を生む源泉であるとみることはできず、本件組合の事業の用に供しているものということはできないから、本件組合の組合員である法人の法人税の計算において法人税法（平成13年法律第6号による改正前のもの）31条1項所定の減価償却資産に当たらないとされた、いわゆる「映画リース」に関する事案である（以下「最高裁平成18年判決」という）。

　控訴審判決（大阪高判平成12年1月18日訟月47巻12号3767頁）は、「課税庁が租税回避の否認を行うためには、原則的には、法文中に租税回避の否認に関する明文の規定が存する必要があるが、仮に法文中に明文の規定が存しない場合であっても、租税回避を目的としてされた行為に対しては、当事者が真に意図した私法上の法律構成による合意内容に基づいて課税が行われるべきである」との一般論を述べた上、第1審判決（大阪地判平成10年10月16日訟月45巻6号1153頁）を引用しつつ、本件組合や上記購入の相手方が当該映画の購入に関連する諸契約を締結した私法上の真の意思は、当該相手方においては当該映画に関する権利の根幹部分を保有したままで資金調達を図ることにあり、本件組合においては専ら租税負担の回避を図ることが目的とされていたから、本件組合の組合員である控訴人の出資金の実質は上記映画の興行に対する融資であり、上記映画に関する所有権その他の権利を真実取得したものではなく、単に組合員の租税

負担を回避する目的の下に、取引に関する契約書上、本件組合が上記映画の所有権を取得する形式や文言が用いられたにすぎないとして、本件組合の減価償却資産に当たるということはできない旨判断した。

これに対し、最高裁は、上記のとおり説示して、課税庁側が主張し、第1審判決及び控訴審判決が是認した租税回避行為の否認によることなく、法人税法31条所定の減価償却資産に該当するか否かという観点から上記の問題を取り上げ、結論としては、上記の事情等を指摘して、当該映画が本件組合の事業において収益を生む源泉であるとみることはできず、本件組合の事業の用に供しているものということはできないとして、減価償却資産の該当性を否定し、結論において原審を是認した[5]ものである。

3 最二判平成23年2月18日集民236号71頁

租税回避行為の否認が直接問題とされた事案ではないが、租税法律主義との関係で、法概念の解釈の在り方について示唆に富む判例であるから、紹介する。

消費者金融大手である株式会社Aの創業者兼代表取締役Bの長男であるXは、父B及び母Cから外国法人であるD社に係る出資持分の贈与を受けた（本件贈与）。平成11年当時における相続税法（平成15年法律第8号による改正前のもの）によれば、贈与により取得した財産が国外にあるものである場合には、受贈者が本件贈与を受けた時において国内に住所を有することが、当該贈与についての贈与税の課税要件とされており（法1条の2第1号）、Xは、贈与当時における住所が外国（香港）にあることを前提とする申告をしたところ、所轄税務署長から、Xの住所が国内にあることを理由として、贈与税（約1157億円）の決定処分及び無申告加算税（約173億円）の賦課決定処分をしたので、これらの取消しを求める訴えを提起した。

---

5) 本件においては、課税庁側は、第1審及び原審において、本文掲記の否認に基づく主張のみをしていた。本判決の解説である谷口・前掲注1）179頁は、上記否認の理論の採用について慎重な態度を採ったものとみることができるとする。

第 1 審判決（東京地判平成 19 年 5 月 23 日訟月 55 巻 2 号 267 頁）は、法令において人の住所につき法律上の効果を規定している場合、反対の解釈をすべき特段の事由のない限り、住所とは、各人の生活の本拠を指すものと解するのが相当であり、生活の本拠とは、その者の生活に最も関係の深い一般的生活、全生活の中心を指すとした上で、Xが香港に出国した日から業務を放棄して失踪した日までの期間（本件期間）におけるXの香港での滞在期間等に照らせば、本件贈与当時におけるXの住所である生活の本拠は香港にあり、国内にはなかったとして、Xの請求を認容した。これに対し、控訴審判決（東京高判平成 20 年 1 月 23 日訟月 55 巻 2 号 244 頁）は、Xは、贈与税回避を可能にする状況を整えるために香港に出国するものであることを認識し、赴任期間全体を通じて国内での滞在日数が多くなりすぎないように滞在期間を調整していたから、住所たる生活の本拠を判断するに当たっては、滞在日数の多寡を主要な考慮要素とすることは相当でないとした。そして、Xは香港に出国するまでは国内に住居を有していたのであり、出国後も 4 日に 1 日以上の割合で国内に滞在していたこと等の事情を指摘して、上記滞在期間中のXの住所はそれ以前と同様に国内にあったと認め、第 1 審判決を取り消してXの請求を棄却した。

最高裁は、住所の概念について、反対の解釈をすべき特段の事由がない以上、生活の本拠を指すものであり、住所であるか否かは、客観的に生活の本拠である実体を具備しているか否かにより決すべきであるとした上で、上記の滞在期間のうち香港での滞在期間が約 3 分の 2 を占め、国内での滞在日数の約 2.5 倍に及んでいること、Xが香港において業務に従事しており、これは仮装された実体のないものとはうかがわれないこと等の事実関係を指摘するとともに、主観的に贈与税を回避する目的があったとしても、客観的な生活の実体が消滅するものではないとして、原判決を破棄し、第 1 審判決は正当であるとした。

III 下級審裁判例

他方、本稿に関連する下級審裁判例の動向をみると、最高裁平成 18 年

判決以降のものとしては、例えば次のようなものがある。

1　東京地判平成 20 年 2 月 6 日判時 2006 号 65 頁

　多国籍グループに属するXが、その保有する株式を同じ企業グループのスイス法人（A社）に売却し、同スイス法人において同株式を第三者（B社）に転売したことを前提に、Xのスイス法人への売却額に基づき確定申告をしたところ、実際にはXがB社に直接転売しており多額の譲渡益を得ており、XのA社への売却は、中間にA社を介在させることで多額の譲渡益課税を回避するための隠ぺい行為に当たるとして、更正処分及び重加算税の賦課決定処分が適法とされた事案である。

　控訴審である東京高判平成 21 年 7 月 30 日訟月 56 巻 7 号 2036 頁も、上記処分を適法とした。

2　東京地判平成 20 年 11 月 27 日判時 2037 号 22 頁

　いわゆるファイナイト再保険事件である。

　Xは、Xが引き受けた日本国内における地震等による損害を再保険の対象とし、いわゆる掛捨型の保険契約として、Xのアイルランド子会社（A社）等との間で、再保険契約を締結し、A社は、B社等との間で、ファイナイト再保険契約を締結した。Xは、A社に支払った再保険料を損金に算入して確定申告をしたところ、上記再保険料のうちA社が締結したファイナイト再保険契約のうち「EAB繰入額」（A社が同再保険契約に基づき相手方から受領することになる金員）に相当する部分はXの預け金であるから損金に該当せず、EAB繰入額の運用収益である「EAB加算額」はXの益金に相当すること等を理由として、法人税の更正処分、重加算税及び過少申告加算税の各賦課決定処分をした。

　第 1 審判決（上記東京地判平成 20 年 11 月 27 日）は、XとA社との間の再保険契約及びA社がB社等と締結したファイナイト再保険契約は、異なる法人間の異なる内容の契約であり、それぞれ経済的な合理性が認められ

るから、当事者が選択した当該法形式に基づく法律関係を前提として課税がされるべきであるとして、XがA社に支払った掛け捨ての再保険料は経費に該当する等と判断し、上記各処分のうち上記の理由に基づく部分を取り消した。控訴審判決（東京高判平成22年5月27日判時2115号35頁）も、第1審判決を維持した。

3　東京地判平成20年11月27日判タ1302号152頁

　X1は、航空運送代理業等を目的とする株式会社であり、その事業を外国会社に譲渡した（本件取引）が、その対価である金員は、X1の取締役又は従業員であるX2らの口座に振り込まれたところ、本件取引はX1が営業譲渡をしたもので、当該譲渡金額に係る収益が計上されていないとして、X1の法人税に係る更正処分及び過少申告加算税賦課決定処分等をしたので、X1がその取消しを求めた事案である。X1は、本件取引が会社の営業譲渡による対価の取得ではなく、取締役又は従業員であるX2らがその個人の営業的価値（パーソナル・グッドウィル）を譲渡してその対価を得たものである旨主張したが、本判決は、X1と相手方の間で取り交わされた契約の内容を検討して、上記の主張を排斥した。

Ⅳ　主張、立証上の留意点

1　基本的な視点

(1)　仮装行為の場合

　まず、当事者が選択した法形式が仮装行為であって、真実には存在しないと認定される場合には、それに即した法的効果は生じず、税負担の軽減等の効果も生じない。これは事実認定の問題であり、課税の基礎となる法律関係自体が納税者の主張どおりには認定されない以上、あえて租税回避行為の否認という概念を持ち出すことなく、当然の効果として認められよう。

これを上記Ⅲ1の裁判例についてみると、この事案にあっては、XのA社に対する株式の売却と、A社のB社に対する株式の売却をそれぞれ裏付ける契約書等の書類が作成されていたが、第1審判決は、①契約当事者に関する相手方の認識（B社と交渉していたのはXの取締役らであり、B社は、当然にXとの間で契約を締結するものと考えて交渉していたこと）、②Xとの契約当事者がA社とされた経緯（XとB社の間の交渉の最終段階に至って、初めてX社の上記取締役らから、税務対策上、基本合意書の相手方をA社としてもらいたい旨の話が出たこと）、③A社の財務状況（多額の累積損失等。B社において、約100億円という多額の取引の相手方として承諾することはおよそ想定できないこと）、④譲渡の代金の決済の在り方（全てXの口座を経由して行われており、A社が関与した形跡はうかがわれないこと）、⑤XがA社に株券の引渡しをしたとは認め難いこと等の多数の間接事実を認定した上で、上記の処分証書の存在にかかわらず、XからA社への譲渡は、課税を逃れるための形式にすぎない旨認定、判断したものである。

　仮装行為が問題となる場合は今後とも生起することが予想されるところ、課税庁側は、処分証書に記載された法律行為（すなわち、納税者が主張する法形式）が仮装行為であり、真実は存在しないことについて主張、立証責任を負うのであるから、関係当事者の認識、対価の授受の方法及び内容、目的物の移転の経緯等、処分証書が存在する場合にはそれを覆すに足りる事情について、客観的な事実関係を積み重ねる必要があろう。この点については、最高裁平成18年判決によっても、変わるところはない。

(2)　仮装行為以外の場合

　むしろ、最高裁平成18年判決以降における審理、判決の在り方として留意を要するのは、租税回避の目的はうかがわれるものの、当事者が選択した法形式が仮装行為であるとまではにわかに断定し難いという類型ではないかと思われる。

　上記Ⅱ2のように、最高裁平成18年判決の事案においては、第1審及び控訴審のいずれも課税庁側の「法文中に明文の規定が存しない場合であっても、租税回避を目的としてされた行為に対しては、当事者が真に意

図した私法上の法律構成による合意内容に基づいて課税が行われるべきである」との主張を前提に、本件組合の組合員であるXの出資金の実質は上記映画の興行に対する融資であるから、上記映画に関する所有権その他の権利を真実取得したものではない旨判断していた。これに対し、最高裁平成18年判決は、本件組合が選択した売買契約という法形式による映画の所有権取得自体は認めつつ、それが本件組合の事業において収益を生む源泉であるとみることはできず、本件組合の事業の用に供しているものということはできないとして、減価償却資産に当たるとは認められないと判断した。最高裁平成18年判決が上記の原判決を結論において是認したにすぎないことを踏まえると、今後は、租税回避行為に対する審理、判決の在り方としては、「当事者が真に意図した私法上の法律構成」の認定、判断というよりは、むしろ、それぞれの事件において問題となる租税法規の目的論的な解釈と、これを踏まえた事実認定及び当てはめの問題(当該法規からの実質的乖離度)として処理されるべきもののように思われる。

　この点を上記のファイナイト再保険事件(上記Ⅲ2)についてみると、同事件の控訴審判決は、①「租税回避を目的として、当事者の選択した契約が不存在と認定される場合又は当事者の真の効果意思が欠缺し若しくは虚偽表示により契約が無効と認定される場合には、当事者の選択した契約類型を租税回避行為として否認することが許される」[6]とした上で、これに引き続き、②「本件に即していうならば、本件ファイナイト再保険契約中のEAB繰入額に関する取決めが租税回避を目的としたものであって、真の意図が外形(法形式)と異なると認められるならば、当事者の真に意図した法形式に基づき課税を行うことが許される」旨説示している。

　しかしながら、同事件において問題となっていたのは、主として、Xがアイルランド子会社(A社)等との間で再保険契約を締結して支払った再保険料について、Xの損金として計上することができるか否かであった。当然のことながら、A社がファイナイト再保険に基づきB社等に対し支払っ

---

[6]　なお、論者が指摘するとおり(金子・租税法129頁以下)、上記①の部分で述べられている「否認」の意味は、私法上の真の法律関係又は事実関係に即した課税を指すものというべきであろう。

た再保険料が問題となっているのではない。そして、XはA社との間で再保険契約を締結し、同再保険契約所定の保険事故が発生すれば、A社から同再保険契約所定の保険金を受領することは可能であり、XがA社に支払った再保険料がそれ自体としては損金（法人税法22条3項）に該当することまでも争われた形跡はないから、同事件においては、上記再保険料の損金該当性を判断するに当たり、Xが支払った再保険料がそれ自体としては損金に該当しうるものであることを前提とした上で、何故にA社がB社等と締結したファイナイト再保険契約の存在及び内容が考慮されるのかが最も重要な争点であったように思われる。そして、この点について、課税庁側は、A社がXの「受け皿」又は「導管」にすぎないとか、A社との間で、「ファンド部分」（A社に留保されたEAB繰入額相当の金員）を適宜の時期に適宜の金額で返還する旨の合意があった等と主張し、Xは、これらを争うとともに、XがA社との間で締結した再保険契約及びA社がB社等との間で締結したファイナイト再保険契約は経済的に合理性のある行為であった旨反論しているところ、第1審判決の事実認定を前提とすれば、Xが構築した仕組みは、保険事故が生じた場合にグループ会社を含めて単年度決算収支の著しい悪化を回避しつつ、利益を最大にすることを目的として採用したスキームとして十分に経済的な合理性が認められ、上記の合意も認めるに足りないというのであるから、結局のところ、Xが支払った再保険契約の損金該当性が失われることはないことになろう。このような結論を導くために、あえて上記①、②のような枠組みを提示する必要があったのかは、慎重に検討されなければならないように思われる。

　こうした点も含め、最高裁平成18年判決の後においていかなる枠組みを用いて判断すべきか、上記のように租税法規からの実質的乖離度を問題とするとしても、どの程度の乖離度があれば当該法規の該当性が否定されることになるのかについては、なお事例の集積が待たれるところであろう。今後とも「当事者が真に意図した私法上の法律構成」の影響を残した主張、立証がされることも予想されるが、そのような場合であっても、最低限、問題となる租税法規の趣旨、目的を明らかにし、当事者が選択した法形式がそれに照らして許容されるべきこと（又は許されないこと）を明

らかにすることが望まれる。

(3) その他の場合

上記(2)で述べたことのほか、合理的な経済人であれば租税の負担は多かれ少なかれ考慮した上で行動するであろうと考えられる上、とりわけ、企業活動にあっては、法形式の選択に欠かすことのできない要素であることからすれば、当事者が有する租税回避の意思や目的、その程度という事情も、それ自体としては、当該租税法規の該当性を判断する上での一要素にとどまると位置づけることが適当であるように思われる。この点について、上記Ⅱ3で紹介した最二判平成23年2月18日が、直接的には「住所」に関する判決ではあるものの、原判決と異なり、まず生活の本拠にまつわる客観的な要素を検討し、主観的な要素の考慮を控えめなものにとどめていることが想起されるべきであろう。

他方、当事者が選択した法形式が租税回避目的以外では説明し難いものが存在することも事実であり、このような場合には、当該租税法規の該当性について、結論の当否も含めた慎重な検討が求められよう。この点について、最高裁が、いわゆるオウブンシャホールディング事件についての判決（最三判平成18年1月24日集民219号285頁）において、親会社（X）が子会社（A社）に新株の有利発行をさせ、親会社の保有する子会社株式に表章された資産価値について、上記発行を受けた関連会社（B社）に移転させたことが「取引」（法人税法22条2項）に当たるとしたこと[7]が参考となろう。

また、上記Ⅱ1で述べた最二判平成17年12月19日についても、第1

---

[7] 新株を発行したのはA社であり、払込行為をしたのもB社であるから、A社の資産価値がXからB社に移転したといっても、これはA社とB社の取引によって生じたものとみることも可能であろう。現に、第1審判決（東京地判平成13年11月9日判タ1092号86頁）は、このこと等を根拠に、Xの「取引」に当たらない旨判断した。これに対し、最高裁は、Xにおいて当該資産価値を確実に支配していたことや、関係者の意思の合致等を捉えて、当該資産価値の移転はXの支配の及ばない単なる外的要因による資産価値の変動と明確に区別することができるとして、「取引」に当たるとした。

審判決及び控訴審判決も、法人税法 69 条の限定解釈自体は肯定し、「およそ正当な事業目的がなく、税額控除の利用のみを目的とするような取引により外国法人税を納付することとなるような場合」には同条の適用はない旨判断していた。これに対し、最高裁は、法人税法 69 条所定の外国税額控除制度の適用を拒否したが、これは、我が国の企業の海外における経済活動の振興を図るという政策的な要請の下に、国際的二重課税を防止し、海外取引に伴う税制上の障害を排除することを目的として設けられたという同条の趣旨や沿革に照らし、同事件で問題となった一連の取引の実質が、外国税額控除枠の提供とその対価の取得であって、本来外国税額控除制度の適用の目的となるべき取引の実体はないと判断したという判断の相違に基づく[8]ものであろう。

2　おわりに

　租税回避行為の否認を巡る租税訴訟にあっては、課税庁側の処分の適法性に関する詳細な主張に対し、納税者側から詳細な反論があり、それぞれの主張の中に含まれる個別的な事項について更に主張のやりとりが交わされ、これに関連して、書証についても、「スキーム」をめぐる会社の内部文書等が大量に提出され、当該記載をめぐって更なる主張、立証が交わされるというように、審理が長大化することが少なくなかったように思われる。

　もとより、事案の実相を明らかにする意味で、そのような主張、立証の有用性は否定できないものの、筆者自身は、この種の訴訟に関与した場合には、当事者の主張、立証を踏まえ、そもそもどのような枠組みで判断すべきなのか自体を、できるだけ簡略化し、要約して考えることが多かった。多様な租税訴訟の中にあっても、とりわけ租税回避行為の否認が問題となる訴訟については、その枠組みが決まらない限り、当事者が主張する多様な間接事実等を整理し、その認定上の軽重を推し量ることは困難と感

---

[8]　同判決の解説である、杉原則彦・最判解民事篇平成 17 年度（下）998 頁。

じられたからである。本稿では、あえて対象を最二判平成 17 年 12 月 19 日以降の最高裁判例及び下級審裁判例に絞り、最高裁平成 18 年判決が今後の検討の枠組みに大きな影響を及ぼすであろうことを前提として、事実認定の問題と個別的な租税規定の解釈問題という 2 つの視点で整理を試みた。

　租税回避行為の否認をめぐる租税訴訟は、今後とも生起すると思われる。今後の更なる事例の積み重ねが期待されよう。

第4部

建築関係

第 15 講

開発許可、建築確認に関する紛争

渡邉　哲

I　はじめに

1　開発許可制度

(1)　開発許可の意義

　開発行為とは、主として建築物の建築又は特定工作物の建設の用に供する目的で行う土地の区画形質の変更[1]（都市計画法4条12項参照）をいうところ、都市計画区域又は準都市計画区域内において開発行為をしようとする者は、あらかじめ、国土交通省令で定めるところにより、都道府県知事（政令指定都市等や東京都の特別区においてはその長。以下同じ）の許可を受けなければならない（同法29条1項本文）。この都道府県知事がする開発行為の許可を「開発許可」という。

(2)　開発許可の手続

　開発許可を受けようとする者は、開発区域の位置、区域及び規模、開発区域内において予定される建築物等の用途、開発行為に関する設計、工事施工者、その他国土交通省令で定める事項を記載した申請書を提出しなければならない（都市計画法30条1項）。

---

1) 「区画の変更」とは、建築物の建築等のための土地の区画の変更をいい、単なる土地の分合筆は含まない。また、「形質の変更」とは、切土、盛土又は整地をいうが、通常一連の行為として既成宅地における建築行為又は建設行為と密接不可分と認められる基礎打ちや土地の掘削等の行為は該当しない。

都道府県知事は、開発許可の申請があった場合において、当該申請に係る開発行為が、都市計画法33条1項各号に定める基準に適合しており、かつ、その申請の手続が同法又はこれに基づく命令の規定に違反していないと認めるときは、開発許可をしなければならない（同項本文）。なお、同項各号に規定する基準を適用するについて必要な技術的細目は、同法施行令23条の2以下に規定されている（同法33条2項）。

2 建築確認制度

(1) 建築確認の意義

建築主は、一定の規模以上の建築物の建築や大規模の修繕等をしようとする場合においては、当該工事に着手する前に、その計画が建築基準関係規定[2]に適合するものであることについて、確認の申請書を提出して建築主事又は指定確認検査機関[3]の確認を受け、確認済証の交付を受けなければならない（建築基準法6条1項、同条の2）。この建築主事等がする建築計画が建築基準関係規定に適合するものである旨の確認行為を「建築確認」という。

(2) 建築確認の手続

建築主事は、建築主から建築確認申請書を受理したときは、所定の期間内に、申請に係る建築物の計画が建築基準関係規定に適合するかどうかを審査し、審査の結果に基づいて建築基準関係規定に適合することを確認したときは、当該申請者に確認済証を交付しなければならず（建築基準法6条4項）、この確認済証の交付を受けた後でなければ、建築物の建築等の工事はすることができない（同条14項）。

---

[2] 建築基準法並びにこれに基づく命令及び条例の規定その他建築物の敷地、構造又は建築設備に関する法律並びにこれに基づく命令及び条例の規定で政令で定めるものをいい、具体的には、都市計画法29条、宅地造成等規制法8条等の各規定が政令で定められている（建築基準法施行令9条）。

[3] 建築基準法77条の18から同条の21までの規定の定めるところにより、建築確認等の業務を行う者として国土交通大臣又は都道府県知事が指定した者をいう。

Ⅱ　開発許可の取消訴訟

1　審査請求の前置

　開発許可に不服がある者は、開発審査会に対して審査請求ができる（都市計画法50条1項）ところ、開発許可の取消訴訟は、同審査請求に対する開発審査会の裁決を経た後でなければ、提起することができないから（同法52条）、開発審査会に対する審査請求手続を経ずに提起された開発許可の取消訴訟は、行政事件訴訟法8条2項に規定する場合に当たらない限り、不適法であり却下される[4]。

　なお、審査請求の申立人以外の者が取消訴訟の原告となった場合における当該訴えの適法性については、不服申立ての前置が定められている場合には、原則として、訴訟提起者自身が不服申立手続を経ていることが予定されていると解するのが相当であり、たまたま他の者が当該処分について同一の理由に基づいて審査請求を経ていたとしても、両者が当該処分に対して一体的な利害関係を有し、実質的にみれば、その審査請求が訴訟提起者のための審査請求でもあるといえるような特段の事情が存しない限り、当然に原告の提起した訴えについて審査請求が経由されたのと同視することはできない（最三判昭和61年6月10日集民148号159頁）から、審査請求の申立人以外の者による開発許可の取消訴訟は、原則として、不適法であり、却下されることになろう（名古屋地判平成24年9月20日判例秘書06750749）。

---

[4] ただし、都市計画法52条は、行政不服審査法の施行に伴う関係法律の整備等に関する法律（平成26年法律第69号）により削除された。同法は、公布日である平成26年6月13日から2年を超えない範囲内において政令で定める日から施行されるが、経過措置が定められているため留意が必要である（同法附則5条、6条）。

2 訴えの利益

(1) 最高裁判例の考え方

　開発許可は、あらかじめ申請に係る開発行為が都市計画法33条所定の要件に適合しているかどうかを公権的に判断する行為であって、これを受けなければ適法に開発行為を行うことができないという法的効果を有するものであるが、許可に係る開発行為に関する工事が完了したときは、開発許可の有する上記法的効果は消滅するというべきであり、開発行為に関する工事が完了し、検査済証の交付もされた後においては、開発許可が有する上記のような本来の効果は既に消滅しており、他にその取消しを求める法律上の利益を基礎付ける理由も存しないから、当該開発許可の取消訴訟は、訴えの利益が消滅する（最二判平成5年9月10日民集47巻7号4955頁）。

　このことは、当該開発許可に係る開発区域内において予定された建築物につき、いまだ建築確認がされていない場合でも同様である（最三判平成11年10月26日集民194号907頁）。

(2) 訴訟追行・審理運営上の留意点

　このように、当該開発許可に係る開発行為に関する工事が完了すれば、その取消訴訟は、開発許可の適法性という実体判断に入るまでもなく、訴えの利益を欠くものとして却下されるから、原告にとっては、いわば時間との勝負であり、当該開発行為の進捗状況を見つつ、的確に主張立証を行う必要がある。また、裁判所としても、無用の審理を避けるべく、適宜、当事者に確認するなどして当該開発行為の進捗状況を把握しておく必要がある。

　この種の訴訟では、多数の者が原告となり、かつ、原告適格の根拠について多岐にわたる主張がなされることも多いため、その審理に時間を要することも少なくないが、上記の観点からは、原告の人数や原告適格の根拠規定に係る主張を絞り込み、いち早く実体判断に入って判決に至ることが検討されるべき場合もあるのではないか（ただし、後記4のとおり、行訴法

10 条 1 項による主張制限との関係には留意が必要である）。

3　原告適格

(1)　最高裁判例の考え方

　開発許可の取消訴訟における第三者の原告適格の有無を判断したリーディングケースは、最三判平成 9 年 1 月 28 日民集 51 巻 1 号 250 頁である。同判決は、取消訴訟の原告適格につき、いわゆるもんじゅ訴訟判決（最三判平成 4 年 9 月 22 日民集 46 巻 6 号 571 頁[5]）を引用した上で、「都市計画法 33 条 1 項 7 号は、……地盤の軟弱な土地、がけ崩れ又は出水のおそれが多い土地その他これらに類する土地……において安全上必要な措置を講じないままに開発行為を行うときは、その結果、がけ崩れ等の災害が発生して、人の生命、身体の安全等が脅かされるおそれがあることにかんがみ、そのような災害を防止するために、開発許可の段階で、開発行為の設計内容を十分審査し、右の措置が講ぜられるように設計が定められている場合にのみ許可をすることとしているものである。そして、このがけ崩れ等が起きた場合における被害は、開発区域内のみならず開発区域に近接する一定範囲の地域に居住する住民に直接的に及ぶことが予想される。また、……都市計画法施行令 28 条、都市計画法施行規則 23 条、同規則（平成 5 年建設省令第 8 号による改正前のもの）27 条の各規定をみると、同法 33 条 1 項 7 号は、開発許可に際し、がけ崩れ等を防止するためにがけ面、擁壁等に施すべき措置について具体的かつ詳細に審査すべきこととしているものと解される。以上のような同号の趣旨・目的、同号が開発許可を通して保護しようとしている利益の内容・性質等にかんがみれば、同号は、がけ崩れ等のおそれのない良好な都市環境の保持・形成を図るとともに、がけ崩れ等による被害が直接的に及ぶことが想定される開発区域内外の一定範囲の地域の住民の生命、身体の安全等を、個々人の個別的利益と

---

[5]　後の小田急高架事業事件判決（最大判平成 17 年 12 月 7 日民集 59 巻 10 号 2645 頁）やサテライト大阪事件（最一判平成 21 年 10 月 15 民集 63 巻 8 号 1711 頁）とほぼ同旨である。

しても保護すべきものとする趣旨を含むものと解すべきである。」と判示し、都市計画法33条1項7号に基づき、がけ崩れ等による直接的な被害を受けることが予想される地域の居住者に原告適格が認められる旨判示した。

一方、同判決は、開発許可の基準として当該開発行為の施行又は当該開発行為に関する工事の実施の妨げとなる権利を有する者の相当数の同意を得ていることを定めた都市計画法33条1項14号については、第三者の原告適格の根拠とはならない旨判示した。

(2) その後の裁判例の傾向

都市計画法33条1項7号、同項14号以外の規定につき、原告適格の根拠規定となるか否かを判示した最高裁判例は存在しないが、前掲最三判平成9年1月28日以降、下級審の裁判例では、その他の規定についても、同様の枠組みに基づき、第三者の原告適格の根拠となるか否かを判断するものが多い[6]。そこで、以下では、実務上、原告適格の根拠として主張されることが多い規定につき、裁判例の動向を見てみる。

ア　都市計画法33条1項1号

都市計画法33条1項1号は、予定建築物等の用途が当該地域の用途制限に適合していることを基準とするところ、横浜地判平成11年10月4日判タ1047号166頁、東京地判平成22年5月13日判例秘書0653057は、同号が周辺住民個々人の利益（予定建築物等の倒壊、日影、ビル風等による不利益を受けない利益）を保護する規定であると解することはできないとして、いずれも同号は第三者の原告適格の根拠とはならない旨判示した。

イ　都市計画法33条1項2号

都市計画法33条1項2号は、主として自己居住用住宅の建築目的で行う開発行為以外の開発行為にあっては、道路、公園、広場等の公共用空地

---

[6]　なお、大阪高判平成20年7月31日判時2059号26頁は、都市計画法の諸規定を総合的に検討した上で、都市計画法全体として原告適格の根拠規定となる旨を判示していると思われる。

が、開発区域の規模、形状及び周辺の状況、開発区域内の土地の地形及び地盤の性質、予定建築物等の用途、敷地の規模及び配置を勘案し、環境の保全上、災害の防止上、通行の安全上又は事業活動の効率上支障がないような規模及び構造で適当に配置され、かつ、開発区域内の主要道路が開発区域外の相当規模の道路に接続するように設計が定められていることを基準とする。

同号が第三者の原告適格の根拠となるか否かについては判断が分かれており、大阪地判平成24年3月28日判例秘書06750450、名古屋地判平成24年9月20日判例秘書06750749、大阪地判平成25年2月15日判例秘書06850441は、同号は当該開発許可に係る開発区域内における予定建築物等の火災等の災害による被害が直接的に及ぶことが想定される周辺の一定範囲に居住する者の生命・身体の安全を個々人の個別的利益としても保護すべきものとする趣旨を含むとして第三者の原告適格の根拠となる旨判示している。

他方で、前掲横浜地判平成11年10月4日、横浜地判平成17年10月19日判例秘書06050847、大阪地判平成20年8月7日判タ1303号128頁、前掲東京地判平成22年5月13日、東京地判平成24年1月18日判例秘書06730074、東京地判平成24年10月5日判例秘書06730689は、同号は開発区域内の環境の保全、災害の防止、通行の安全及び事業活動の効率化を図る趣旨にとどまるとして第三者の原告適格の根拠とはならない旨判示している。

ウ　都市計画法33条1項3号

都市計画法33条1項3号は、排水施設が当該地域における降水量、開発区域の規模、形状及び周辺の状況、開発区域内の土地の地形及び地盤の性質、予定建築物等の用途、敷地の規模及び配置等を考慮して、下水を有効に排出するとともに、その排出によって開発区域及びその周辺の地域に溢水等による被害が生じないような構造及び能力で適当に配置されるように設計が定められていることを基準とする。

前掲横浜地判平成17年10月19日、同大阪地判平成20年8月7日、同東京地判平成22年5月13日、同東京地判平成24年1月18日、同大

阪地判平成 24 年 3 月 28 日、同名古屋地判平成 24 年 9 月 20 日、同東京地判平成 24 年 10 月 5 日は、同号は当該開発行為に係る開発区域内における溢水等による被害が直接的に及ぶことが予想される開発区域内外の一定範囲の地域の住民の生命・身体の安全等を個々人の個別的利益としても保護すべきものとする趣旨を含むとして、第三者の原告適格の根拠となる旨判示しており、下級審レベルでは異論を見ない。

エ　都市計画法 33 条 1 項 6 号・9 号・10 号

都市計画法 33 条 1 項 6 号は、当該開発行為の目的に照らして、開発区域における利便の増進と開発区域及びその周辺の地域における環境の保全とが図られるように公共施設、学校その他の公益的施設及び開発区域内において予定される建築物の用途の配分が定められていること、同項 9 号・10 号は、一定の規模以上の開発行為にあっては、開発区域及びその周辺の地域における環境を保全するため、開発区域における植物の生育の確保上必要な樹木の保存、表土の保全その他の必要な措置が講ぜられるように設計が定められていること（9 号）及び騒音、振動等による環境の悪化の防止上必要な緑地帯その他の緩衝帯が配置されるように設計が定められていること（10 号）を基準とする。

同項 6 号・9 号が第三者の原告適格の根拠とならない旨判示した裁判例として、前掲東京地判平成 22 年 5 月 13 日、同名古屋地判平成 24 年 9 月 20 日（9 号のみ）、同東京地判平成 24 年 10 月 5 日がある。また、同項 10 号につき、第三者の原告適格の根拠となる旨判示した裁判例として、前掲東京地判平成 22 年 5 月 13 日があり、これを否定した裁判例として、前掲東京地判平成 24 年 10 月 5 日がある。

オ　建築基準法、紛争予防条例、景観や環境に関する法令

実務上、都市計画法と目的を共通にする関係法令として、建築基準法のほか、いわゆる紛争予防条例、景観法や環境関係条例等が主張されることも多い。

建築基準法につき、関係法令には当たらないと判示した裁判例として、前掲大阪地判平成 20 年 8 月 7 日、同東京地判平成 22 年 5 月 13 日、同東京地判平成 24 年 10 月 5 日がある。

また、いわゆる紛争予防条例につき、関係法令には当たらないと判示した裁判例として、前掲大阪地判平成20年8月7日、同東京地判平成24年10月5日が、景観法や環境関係条例等につき、関係法令に当たらないと判示した裁判例として、前掲横浜地判平成17年10月19日、同大阪地判平成20年8月7日がある。

(3) 主張立証責任
　原告適格は、訴訟要件であり、公益的意義を有するから、裁判所は、その存否につき、職権で調査すべきであるが、その判断の基礎となる資料の収集については、弁論主義の適用があり、原告は、自己の原告適格を基礎付ける事実を主張立証すべきである。
　もっとも、火災等の災害による被害（都市計画法33条1項2号）や溢水等による被害（同項3号）、崖崩れや出水による被害（同項7号）が直接的に及ぶか否かについては、原告の住居等と当該開発区域との位置関係（距離や高低差）、当該開発行為の内容（開発区域や予定建築物等の規模等）から、自ずから明らかとなろう。

4　違法事由の主張制限

　取消訴訟においては、自己の法律上の利益に関係のない違法を理由として取消しを求めることができない（行訴法10条1項）から、違法事由として主張することができるのは、当該原告に関し、原告適格が認められた根拠規定に係るものに限られる（例えば、都市計画法33条1項7号が一般に第三者の原告適格の根拠となり得るとしても、当該原告に関し、同号に基づき原告適格が認められなければ、同号に関する違法事由の主張は許されない）。
　このような考え方に基づき、原告適格を認めた根拠規定以外の規定に係る違法事由の主張を認めなかった裁判例として、前掲横浜地判平成17年10月19日、同東京地判平成24年1月18日、同東京地判平成24年10月5日がある[7]。

III 建築確認に関する紛争

1 審査請求の前置

建築確認に係る処分に不服がある者は、建築審査会に対して審査請求ができる（建築基準法94条1項）ところ、建築確認の取消訴訟は、同審査請求に対する建築審査会の裁決を経た後でなければ、提起することができないから（同法96条）、建築審査会に対する審査請求手続を経ずに提起された建築確認の取消訴訟は、行訴法8条2項に規定する場合に当たらない限り、不適法であり却下される[8]。

なお、審査請求の申立人以外の者が取消訴訟の原告となった場合については、開発許可について述べたのと同様、原則として不適法であり却下されることになろう（II 1）[9]。

2 訴えの利益

(1) 最高裁判例の考え方

建築確認は、それを受けなければ当該建築物の建築工事をすることができないという法的効果を有するにすぎない処分であって、当該建築物の工事完了後の建築主事の検査や、特定行政庁の違反是正命令は、当該建築物及びその敷地が建築関係規定に適合しているかどうかを基準とするものであり、当該建築物及びその敷地が建築確認に係る計画どおりのものである

---

7) なお、前掲名古屋地判平成24年9月20日は、原告適格を認めた根拠規定以外の規定に係る違法事由についても判示しているが、判文を見る限りでは、被告から行訴法10条1項の主張制限に係る主張がなされていなかったようである。
8) ただし、建築基準法96条は、行政不服審査法の施行に伴う関係法律の整備等に関する法律（平成26年法律第69号）により削除された。前掲注4）参照。
9) 前掲最三判昭和61年6月10日以前には、原告の一部が建築審査会の裁決を経ていない場合でも、他の原告が裁決を経ていれば、その訴えは適法であるとした裁判例もあった（横浜地判昭和59年4月25日判例地方自治6号116頁）。

かを基準とするものではないなど、建築確認の存在は、検査済証の交付を拒否し又は違反是正命令を発する上において法的障害になるものではないから、建築確認に係る工事の完了後においては、建築確認の取消しを求める訴えの利益は消滅する（最二判昭和 59 年 10 月 26 日民集 38 巻 10 号 1169 頁）。

(2) 訴訟追行・審理運営上の留意点

このように、建築確認に係る工事の完了後においては、その取消訴訟は、建築確認の適法性という実体判断に入るまでもなく、訴えの利益を欠くものとして却下されることは、開発許可の場合と同様であるから、開発許可の取消訴訟に関して述べたことが建築確認の取消訴訟にも妥当する。すなわち、原告は、当該建築工事の進捗状況を見つつ、的確に主張立証を行う必要があり、裁判所としても、その進捗状況を把握しておく必要がある。

また、いち早く実体判断に入るべく、場合によっては、原告の人数や原告適格に係る主張の絞込みも検討されるべきであることは、開発許可の取消訴訟と同様といえよう（コ 2(2)）。

3　原告適格

(1)　最高裁判例の考え方

建築確認の取消訴訟における第三者の原告適格を正面から肯定する判断を示した最高裁判例はないが、建築基準法 59 条の 2 第 1 項に基づくいわゆる総合設計許可の取消訴訟に係る 2 つの最高裁判例が参考になると思われる。

まず、最三判平成 14 年 1 月 22 日民集 56 巻 1 号 46 頁は、前掲最三判平成 4 年 9 月 22 日及び同最三判平成 9 年 1 月 28 日を引用した上で、「建築基準法は、52 条において建築物の容積率制限、55 条及び 56 条において高さ制限を定めているところ、これらの規定は、本来、建築密度、建築物の規模等を規制することにより、建築物の敷地上に適度な空間を確保

し、もって、当該建築物及びこれに隣接する建築物等における日照、通風、採光等を良好に保つことを目的とするものであるが、そのほか、当該建築物に火災その他の災害が発生した場合に、隣接する建築物等に延焼するなどの危険を抑制することをもその目的に含むものと解するのが相当である。そして、同法59条の2第1項は、……必要な空間を確保することなどを要件として、これらの制限を緩和して大規模な建築物を建築することを可能にするものである。容積率制限や高さ制限の規定の上記の趣旨・目的等をも考慮すれば、同項が必要な空間を確保することとしているのは、当該建築物及びその周辺の建築物における日照、通風、採光等を良好に保つなど快適な居住環境を確保することができるようにするとともに、地震、火災等により当該建築物が倒壊、炎上するなど万一の事態が生じた場合に、その周辺の建築物やその居住者に重大な被害が及ぶことがないようにするためであると解される。……以上のような同項の趣旨・目的、同項が総合設計許可を通して保護しようとしている利益の内容・性質等に加え、同法が建築物の敷地、構造等に関する最低の基準を定めて国民の生命、健康及び財産の保護を図ることなどを目的とするものである（1条）ことにかんがみれば、同法59条の2第1項は、上記許可に係る建築物の建築が市街地の環境の整備改善に資するようにするとともに、当該建築物の倒壊、炎上等による被害が直接的に及ぶことが想定される周辺の一定範囲の地域に存する他の建築物についてその居住者の生命、身体の安全等及び財産としてのその建築物を、個々人の個別的利益としても保護すべきものとする趣旨を含むものと解すべきである。」と判示して、総合設計許可に係る建築物の倒壊、炎上等により直接的な被害を受けることが予想される地域に存する建築物の居住者又は所有者に原告適格を認めた。

　また、最一判平成14年3月28日民集56巻3号613頁は、前掲最三判平成14年1月22日を引用した上で、「以上のような同項の趣旨・目的、同項が総合設計許可を通して保護しようとしている利益の内容・性質等にかんがみれば、同項は、上記許可に係る建築物の建築が市街地の環境の整備改善に資するようにするとともに、当該建築物により日照を阻害される周辺の他の建築物に居住する者の健康を個々人の個別的利益としても保護

すべきものとする趣旨を含むものと解すべきである。」と判示して、総合設計許可に係る建築物により日照を阻害される周辺の他の建築物の居住者に原告適格を認めた。

　上記2つの最高裁判例は、建築基準法の容積率や建ぺい率、高さの各制限に関する規定が不特定多数者の具体的利益をそれが帰属する個々人の個別的利益としても保護する趣旨を含むと端的に判示してはいないが、上記各判決が判示するところが建築確認についても当てはまり、建築確認に係る建築物の倒壊、炎上等により直接的な被害を受けることが予想される地域に存する建築物の居住者又は所有者、及び当該建築物により日照を阻害される周辺の他の建築物の居住者に建築確認の取消訴訟の原告適格が認められると解する余地はあろう。

(2)　下級審の裁判例

　下級審の裁判例でも、建築基準法の容積率や建ぺい率、高さの各制限、接道義務に係る各規定、建築安全条例等に基づき、建築確認に係る建築物の倒壊、炎上等により直接的な被害を受けることが予想される地域に存する建築物の居住者又は所有者に原告適格を認めた裁判例として、東京地判平成18年9月29日判例秘書06133976、東京地判平成21年6月5日判タ1309号103頁、東京地判平成23年9月21日判例秘書06630545、東京地判平成23年11月11日判タ1387号109頁、東京地判平成24年5月17日判例秘書06730512等があり、これを否定する裁判例は見当たらない。

　また、日照を阻害される周辺の他の建築物の居住者に原告適格を認めた裁判例として、横浜地判平成17年11月30日判例秘書06050551、前掲東京地判平成18年9月29日、名古屋地判平成19年9月19日判例秘書06250383、大阪地判平成19年12月27日判タ1270号191頁、前掲東京地判平成23年11月11日、同東京地判平成24年5月17日等があるほか、通風又は採光を阻害される周辺の他の建築物の居住者に原告適格を認めた裁判例として、前掲名古屋地判平成19年9月19日、同大阪地判平成19年12月27日、同東京地判平成23年11月11日、同東京

地判平成24年5月17日がある。

また、建築確認は開発許可制度によって保護しようとしている利益の保護をも目的としたものであるとして、都市計画法33条1項7号に基づき開発許可の取消訴訟の原告適格が認められるべき者に建築確認の取消訴訟の原告適格を認めた裁判例として、横浜地判平成17年2月23日判例秘書06050470、前掲東京地判平成21年6月5日がある。

これに対し、建築確認に係る建築物の風害を受ける周辺の他の建築物の居住者に原告適格を認めた裁判例として前掲東京地判平成18年9月29日がある一方、これを認めなかった裁判例として前掲横浜地判平成17年11月30日、同東京地判平成23年9月21日がある。

他方で、プライバシー権や良好な住環境を享受する利益、景観利益等については、原告適格を基礎付ける権利とは認めないのが裁判例の大勢である（プライバシー権及び良好な住環境を享受する利益につき、前掲横浜地判平成17年11月30日、同東京地判平成18年9月29日等、景観利益につき、前掲東京地判平成23年9月21日等がある）。

4 違法事由

(1) 主張制限

行訴法10条1項により、原告適格を認めた根拠規定以外の規定に係る違法事由の主張が認められないのは、開発許可の取消訴訟と同様であり（Ⅱ4）、裁判例としては、前掲東京地判平成18年9月29日等がある。

(2) 開発許可の要否又は当否

実務上、建築確認の違法事由として、①開発許可を要するにもかかわらず、開発許可を得ていないこと、②開発許可が違法であることが主張されることも少なくない。

①の点につき、開発許可の要否の判断権者は建築主事であるとする裁判例もある（大阪高判昭和63年9月30日判時1304号82頁、浦和地判平成4年10月26日判例地方自治111号84頁等）が、都市計画法の規定に照らせ

ば、開発許可の要否の判断権者は知事であり、建築主事は、開発許可権者が開発許可の要否について判断しているか否かという形式的、外形的な審査をすれば足りるものと思われる（仙台高決昭和58年8月15日判夕511号181頁、東京高判平成4年9月24日訟月39巻6号1139頁、前掲東京地判平成23年9月21日）。

　また、②の点につき、開発許可と建築確認とが同一の目的を達成するために行われるものではないとして、開発許可の違法が建築確認の違法に承継されることを否定した裁判例として、前掲東京地判平成23年9月21日、同東京地判平成23年11月11日等がある一方、建築確認の違法事由として、開発許可を要するのに開発許可を得ていないことを主張することも許されるとした裁判例として、前掲横浜地判平成17年2月23日がある。

(3) 東京都建築安全条例に基づく安全認定の違法

　ア　東京都建築安全条例4条1項は、建築基準法43条2項に基づき、同条1項の規制に関して制限を付加した規定であるが、上記条例4条3項は、建築物の周囲の空地の状況その他土地及び周囲の状況により知事が安全上支障がないと認める場合においては同条1項の規定を適用しないと定めており、この知事が安全上支障がないと認める処分を「安全認定」という。

　イ　安全認定が行われた上で建築確認がなされている場合に、建築確認の取消訴訟において安全認定の違法を主張することの可否につき、最一判平成21年12月17日民集63巻10号2361頁は、安全認定が取り消されていなくても、建築確認の取消訴訟において、安全認定が違法である旨を主張することは許される旨判示した。

Ⅳ　おわりに

　開発許可・建築確認に関する紛争は、東京地裁でも多くの事件が係属しており、建築物の大型化や高層化、国民の生活環境や景観等に対する権利

意識の高まりもあり、今後も容易に減少することは考え難いが、上記のとおり、多数の論点を抱えており、必ずしもその全てに決着が付いている状況とはいい難い。殊に、原告適格に関しては、学説等の議論も多いところでもあり、今後も、最高裁判例をはじめとする裁判例の動向やそれらをめぐる議論の状況に注目していく必要があろう。

参考文献

- 都市計画法制研究会編著＝建設省都市局都市計画課監修『逐条問答都市計画法の運用〔第2次改訂版〕』（ぎょうせい、1989）。
- 逐条解説建築基準法編集委員会編著『逐条解説建築基準法』（ぎょうせい、2012）。
- 実務的研究。
- 概観（5）。
- 大橋寛明・最判解民事篇平成9年度（上）134頁。
- 高世三郎・最判解民事篇平成14年度（上）36頁、307頁。

第5部

公用負担関係

第16講
都市計画事業をめぐる紛争

澤村　智子

I　はじめに

1　都市計画

　都市計画とは、都市の健全な発展と秩序ある整備を図るための土地利用、都市施設の整備及び市街地開発事業に関する計画で、都市計画法（以下本講において「法」という）第2章の規定に従い定められたものであり（法4条1項）、都道府県が都市計画区域として指定した区域（法5条）について、①市街化区域及び市街化調整区域に関するもの（法7条）、②都市再開発方針等に関するもの（法7条の2）、③地域地区（第一種低層住居専用地域、商業地域等）に関するもの（法8条以下）、④都市計画施設に関するもの（法11条）、⑤市街地開発事業（土地区画整理事業等）に関するもの（法12条）、⑥地区計画（街区の整備、開発、保全のための計画）に関するもの（法12条の5）等が定められる。都市計画の主体は、都道府県又は市町村である（法15条）。

　都市計画は、講学上、いわゆる行政計画に分類されている。行政計画とは、一般的には、「行政権が一定の公の目的のために目標を設定し、その目標を達成するための手段を総合的に提示するもの」[1]とされており、長期的な展望に基づき、将来の一定の成果を確保するための指針として決定され、その後に具体的な行政行為が積み重ねられるのが一般である。都市

---

1)　塩野I 213頁。

計画についても、その後、都市計画事業の認可（法59条）等の行政行為が積み重ねられることがある。

　上記のような都市計画の性質から、行政計画である都市計画そのものについては、一般的・抽象的な計画の決定にとどまり、処分性が否定されるのではないかが問題となる。

2　都市計画事業

　これに対し、都市計画決定の後に都市計画事業の認可等の行政行為がされた場合には、当該事業認可等についての処分性が肯定されるのが一般である。

　都市計画事業とは、法59条の規定による認可又は承認を受けて行われる都市計画施設の整備に関する事業及び市街地開発事業をいう（法4条15項）。ここにいう都市計画施設には、道路、都市高速鉄道、公園、水道、河川、学校、病院、一団地の住宅施設などがある（法4条5項、11条1項）。他方、市街地開発事業には、土地区画整理法による土地区画整理事業、都市再開発法による市街地再開発事業などがある（法4条7項、12条1項）。

　なお、都市計画事業については、これを土地収用法3条各号の1に規定する事業に該当するものとみなし、同法の適用を受けることとされている（法69条）。

3　本講における論点

　都市計画に関連する問題のうち、土地区画整理及び土地収用については、第17講、第18講で詳しく扱うこととし、本講では、主に、都市計画施設の整備に関する事業をめぐる紛争について、一般的に問題となることの多い①処分性をめぐる問題、②原告適格をめぐる問題及び③適法性審査をめぐる問題を中心に扱うこととする。

Ⅰ　はじめに　263

II　判例の考え方等

1　処分性をめぐる問題

(1)　都市計画の処分性

　行政計画の処分性について従来リーディングケースとなっていた判例は、都道府県知事施行の土地区画整理事業計画の決定について処分性を否定した最大判昭和41年2月23日民集20巻2号271頁（いわゆる青写真判決。以下「昭和41年判決」という）である。都市計画施設に関する都市計画の処分性についても、道路に関する都市計画変更決定につき処分性を否定した最三判昭和62年9月22日判時1285号25頁や、火葬場に関する都市計画決定につき処分性を否定した最二判平成3年9月13日集民163号267頁のように、処分性を否定するのが一般的であった。

　ところが、最大判平成20年9月10日民集62巻8号2029頁（以下「平成20年判決」という）は、市町村施行の土地区画整理事業計画の決定についてその処分性を肯定し、昭和41年判決を変更した。もっとも、平成20年判決が、都市計画一般について処分性を肯定したものとは解されておらず、その射程が問題となる。行政計画には、大きく分けて、①定められた計画に基づき将来具体的な事業等が行われることが予定されており、計画決定行為が一連の手続の中間段階でされるもの（非完結型の計画）と、②定められた計画に基づき将来具体的な事業等が行われることが予定されておらず、計画行政としては、計画決定行為をもって完結するもの（完結型の計画）があるとされている。そして、平成20年判決は、非完結型の計画である土地区画整理事業の事業計画の決定の処分性について判断したものであり、完結型の計画の計画決定には及ばないとされている[2]。

　この観点から、都市計画施設に関する都市計画についてみると、都市計画施設に関する都市計画の場合は、まず、法11条に基づき、都市計画に

---

[2]　増田稔・最判解民事篇平成20年度456頁。

おいて当該都市施設を定めた上で、具体的に事業を施行しようとする段階で、同法59条に基づき、都市計画事業の認可という手続を踏んで事業が施行されることになるから、非完結型の計画ということができ、平成20年判決の射程は直接には及ばないといえる。実質的にみても、市街地開発事業である土地区画整理事業に関する都市計画の場合には、その後の具体的な事業である換地処分がされた段階では、既に工事等も進捗しているから、当該換地処分の取消しは相当でないとする事情判決がされる可能性が相当程度あるのに対し、都市計画施設に関する都市計画の後にされる都市計画事業の認可の段階では、まだ具体的な工事は開始していないことなどを考慮すると、都市計画事業の認可を対象とする抗告訴訟の提起を認めれば、都市計画によって収用を受けるべき地位に立たされる事業地内の土地所有者や事業地周辺住民等の実効的な権利救済を図るものとして足りると考えられる。そうすると、都市計画施設に関する都市計画については、一般的には処分性は否定されることになろう。

(2) 都市計画事業の認可等の処分性

　都市計画決定の後に、都市計画事業の認可等がされた場合、これは、直接国民の権利義務を形成し又はその範囲を確定することが法律上認められているものということができるから、一般的には処分性が認められることになる。そして、当該事業認可等は適法な行政計画決定がされていることを前提としてその上に積み重ねられた手続であるから、行政計画に係る決定が違法であれば当然その認可等も違法になるものとして、行政計画に係る決定の違法事由をその後の事業認可等の違法事由としてその取消訴訟において主張することができるものと解するのが一般である。鉄道（小田急線）の都市計画事業の認可処分の取消訴訟に関する最一判平成18年11月2日民集60巻9号3249頁も、そのことを前提に、都市計画の変更という都市計画に関する決定の違法性について詳細な検討をした上で、これが裁量権の範囲を逸脱又は濫用したものして違法であるとはいえないとして、それに続く都市計画事業の認可処分が違法であるとはいえないとしている。

2 原告適格をめぐる問題

(1) はじめに

　都市計画施設は、上記のとおり、道路、鉄道、大型居住施設等を含むものであるから、これらが建設されることは、当該都市計画の事業地内に土地の所有権等の権利を有し、その収用を受ける立場にある者等にとってはもちろん、その周辺住民等にとっても、生活環境が大きく変化するなど、影響が少なくない。むしろ、都市計画事業の認可処分の取消訴訟は、周辺住民等が原告となって提起されることの方が多いといってよい。そのような場合には、周辺住民等は、処分の名宛人ではなく、また、その権利利益の制限を直接受けるものともいい難いことから、その原告適格が問題となる。

(2) 最高裁判例

　この点についてのリーディングケースとなるのが、最大判平成17年12月7日民集59巻10号2645頁（いわゆる小田急高架事件判決）である。これは、都市計画事業の事業地の周辺に居住する住民のうち、同事業が実施されることにより、騒音、振動等による健康又は生活環境に係る著しい被害を直接的に受けるおそれのある者について、当該事業の認可決定の取消訴訟の原告適格を有するとしたものであり、前掲最一判平成18年11月2日の前提となった判決である。同判決は、当該事業の認可決定の根拠法である都市計画法の趣旨及び目的、これらの規定が保護しようとしている利益の内容及び性質等を考慮することにより、上記のような被害を直接的に受けるおそれのある個々の住民に対して、そのような被害を受けないという利益を個々人の個人的利益としても保護すべきものとする趣旨を含むものとし、周辺住民の原告適格を認めたもので、その後の下級審判決も、概ねこの判断手法を踏襲しているものと考えられる。

(3) 下級審裁判例

　都市計画事業の認可決定の取消訴訟において、原告適格について判断し

た最近の下級審裁判例としては、都市計画道路に関する都市計画事業の認可決定の取消しにつき、根拠法令及び関係法令として、都市計画法のほか、環境基本法、環境影響評価法、東京都環境影響評価条例を考慮するなどして、前掲最大判平成17年12月7日と同様の判断をした上で、上記条例に定める事業段階関係地域内に居住する者について原告適格を認めた東京地判平成23年3月29日判例秘書06630750、横浜国際港都建設計画の地区計画の取消しにつき、都市計画法のほか、環境基本法及び環境影響評価法も考慮すべきとしつつ、眺望の利益は法によって保護された利益とはいえないとして、地区計画の計画区域外にあるマンションの居住者について原告適格を否定した東京高判平成21年11月26日判例秘書06420890（ただし、この判決は、地区計画の処分性も否定している）などがある。

3　適法性の審査をめぐる問題

(1)　都市計画の適法性の審査

　都市計画事業の認可決定の取消訴訟において、都市計画の適法性の有無について争われている場合、その適法性審査はどのようにされるか。

　都市施設に関する都市計画の基準について、法は、「土地利用、交通等の現状及び将来の見通しを勘案して、適切な規模で必要な位置に配置することにより、円滑な都市活動を確保し、良好な都市環境を保持するように定めること」（13条1項11号）と定め、一般的、抽象的な文言でその計画内容を規律するにとどまっているから、都市施設に関する都市計画の策定については、策定権者の広範な政策的、技術的な裁量が認められるものと解される。

　そして、行訴法30条は、行政庁の裁量処分については、裁量権の範囲を超え又はその濫用があった場合には裁判所がこれを取り消すことができる旨定めているところ、その具体的審査基準については、前掲最一判平成18年11月2日が、「裁判所が都市施設に関する都市計画の決定又は変更の内容の適否を審査するに当たっては、当該決定又は変更が裁量権の行使

としてされたことを前提として、その基礎とされた重要な事実に誤認があること等により重要な事実の基礎を欠くこととなる場合、又は、事実に対する評価が明らかに合理性を欠くこと、判断の過程において考慮すべき事情を考慮しないこと等によりその内容が社会通念に照らし著しく妥当性を欠くものと認められる場合に限り、裁量権の範囲を逸脱又はこれを濫用したものとして違法となるとすべきものと解するのが相当である。」と判示している[3]。したがって、都市計画の適法性が争われている場合には、この判断基準に従って個々具体的な決定を前提として、判断過程等を考慮しながら裁量権の逸脱又は濫用の有無を判断することになる。なお、ここでは、判断過程の適切性の観点が考慮されているが、判断過程において考慮すべき事情を考慮しないことが直ちに裁量権の逸脱又は濫用になるとしているのではなく、その結果、判断内容が著しく妥当性を欠くものと認められる場合に、裁量権の逸脱又は濫用になるとしているものであることは、判文を注意深く読めば明らかである。

(2) 都市計画事業の認可等それ自体の適法性についての審査

都市計画事業の認可等に固有の取消事由の有無については、当該認可等が法61条の定める要件に該当するか否か、すなわち、①申請手続が法令に違反しないこと、②事業の内容が都市計画に適合し、かつ、事業施行期間が適切であること、③事業の施行に関して行政機関の免許、許可等の処分を必要とする場合においては、これらの処分があったこと又はこれらの処分がされることが確実であることという各要件に該当するか否かが争われることになる。これらのうち、最も問題になるのは、上記②の事業の内容が都市計画に適合し、かつ、事業施行期間が適切であることとの要件該

---

[3] 行政庁の裁量判断の実体的適法性に関する審査の方法には、本文中の裁量権濫用型のほかに、実体的判断代置型（行政庁の判断を裁判所が全面的に審査し直し、その結果と行政庁の判断が一致しない場合には、行政庁の判断を違法とするもの）と、中程度の審査（行政庁の判断過程の合理性等を審査する審査方法や、行政庁の判断の前提となった調査審議や判断の過程の合理性とを審査する方法で、裁量権濫用型と実体的判断代置型の中間に位置付けられる）があるとされている（森英明・最判解民事篇平成18年度（下）1157頁）。

当性であり、これは、多分に評価的要件であることから、関連する諸事情から総合的に判断されることになる。

Ⅲ 当事者の主張立証上の留意点等

1 取消しを求める処分の選定等

　上記Ⅱ1(1)のとおり、都市計画施設に関する都市計画そのものについては、処分性が否定されるのが一般的であると考えられるから、既に都市計画事業の認可等がされている場合には、当該事業の認可等の取消しを求めることとし、その違法性の主張の中で、都市計画の違法性を主張するのが合理的であると考えられる。

　都市計画そのものの取消しを求める必要があると判断する場合には、当該都市計画が特定の個人に対し直接その権利義務に変動を及ぼす性質のものであることを、具体的に主張立証する必要があり、これは、訴訟の相当初期の段階でする必要があろう。もっとも、特定の個人の権利義務の変動の有無を審査するためには、都市計画の内容そのものを吟味する必要がある場合が少なくなく、そのような場合に、訴訟要件である処分性を判断するためにかなりの労力を割くことになりかねないから、都市計画そのものの取消しを求めるのは、都市計画事業の認可等がされる前の段階でこれを取り消すべき強い要請がある場合に限ることとし、都市計画事業の認可等がされた後には、当該認可等の取消しのみを求めることとするのが訴訟経済にも資するといえる。

2 原告適格に関する留意点等

　都市計画事業の認可等の取消訴訟においては、事業地内の土地の所有者等が原告となる場合もあるが、むしろ、事業地の周辺地域に土地等を所有し、又は居住する者が原告となる場合が圧倒的に多い。その場合には、原告適格の有無が問題となってくるが、その場合には、行訴法9条2項に

規定する考慮要素（根拠法令及び関係法令の趣旨及び目的、当該処分において考慮される利益の内容及び性質（当該処分が違法にされた場合に害されることとなる利益の内容及び性質と害される態様及び程度を含む））を考慮する必要がある。一般的には、前掲最大判平成 17 年 12 月 7 日が示したとおり、騒音、振動等による健康又は生活環境に係る著しい被害を直接的に受けるおそれのある者については原告適格が認められやすい傾向にあると考えられるが、その場合でも、当該原告の居住地と事業地との位置関係や距離が問題になる。どの程度の位置関係や距離であれば上記被害を直接的に受けるおそれがあるかについては、個々の事案に応じて考慮するしかないが、例えば、条例等において、何らかの関係地域の範囲が定められている場合には、当該地域内は、そのような被害が及ぶ可能性がある地域であると推論しやすい場合もあり、参考になろう。

　他方、それ以外の利益、例えば、眺望の利益や良好な環境の下で生活する利益などを主張して取消訴訟を提起するような場合には、そのような利益を根拠法令や関係法令が個別具体的に保護する趣旨であるか否か等について、具体的に主張立証する必要がある。当該事業計画の認可と関連すると思われる法令をつぶさに検討し、説得的な主張立証をすることが必要である。

　なお、周辺住民とはいっても、その居住地等の位置や事業地からの距離はさまざまである。ある都市計画事業等について、訴訟提起前から反対運動などを行っている場合、そのメンバーには、比較的原告適格が認められやすいと考えられる人から、事業地から居住地までが相当程度離れていて必ずしも原告適格が認められやすいとはいえない人まで、さまざまな人が混在していることが多い。訴訟提起に当たっては、原告適格をめぐる主張立証を最低限に止め、早期に本案の審理に入るためにも、原告適格が認められやすそうな人を中心に訴訟を提起するということも、考慮してよいだろう。

3 都市計画の適法性審査に関する留意点

(1) 審査の枠組み（主張立証責任等）

　都市計画事業の認可決定の取消しを求める訴訟においては、前記のとおり、その前提となる都市計画決定の違法性が主張されることが多い。そして、都市計画決定については、都市計画を決定する行政庁が広範な裁量権を有すると解されているのも前記のとおりであり、都市計画決定に裁量権の逸脱又は濫用が認められるか否かが主要な争点となる。

　ところで、取消しを求める処分又はその前提となる行政行為が行政庁の裁量に属するものである場合には、被告である行政庁が裁量権の範囲を逸脱し又はこれを濫用したことについて、原告が主張立証責任を負うとする見解が一般的である。しかし、他方で、行政庁には裁量権の行使の在り方について合理的な説明をする義務があることはいうまでもないから、その合理性の基礎となる具体的事実について主張立証すべきであるとの考え方にも、特に異論はないであろう。特に、高度な専門技術的裁量が問題となる事案においては、行政庁の判断に不合理のないことを相当の根拠、資料に基づいて立証すべきであるとされている（最一判平成4年10月29日民集46巻7号1174頁（伊方発電所原子炉設置許可処分取消請求訴訟）参照）。

　したがって、都市計画決定の違法が争点となっている訴訟の実務においては、まず、都市計画決定の違法を主張する側である原告が、行政庁の裁量権の逸脱・濫用であるとの主張の根拠となる具体的な事項を特定し、それに関する主張をする。これに対し、被告である行政庁は、原告が指摘した具体的事項を含む全体について、都市計画決定の合理性を基礎付ける事実を主張し、立証するのが通常である。裁判所としても、被告側から具体的な主張立証がされた時点で、当該都市計画決定の全体構造がつかめてくるということが少なくない。

　争点となる事項は、都市計画決定の性質上、多岐にわたることが少なくないが、①都市計画決定の目的についての問題（計画の必要性等）、②都市計画決定を実現するための手段の合理性についての問題（代替手段との優劣等）、③都市計画決定が事業化されることに伴い損なわれる利益ないし

価値についての問題（騒音被害の大きさ等）、④都市計画決定に関する手続の瑕疵などが争点になることが考えられる。

(2) 主張立証の程度及び範囲

　当事者の主張立証の程度及び範囲については、裁量審査の方法と密接に関連してくる。前掲最一判平成18年11月2日は、裁量審査の方法として、裁量権濫用型を採ることを明らかにしたから、これによれば、最終的な原告の主張立証の命題は、「都市計画の内容が社会通念に照らし著しく妥当性を欠くものと認められること」であるが、その前提としては、A計画の基礎とされた重要な事実に誤認があること等により重要な事実の基礎を欠くこと、B事実に対する評価が明らかに合理性を欠くこと、C判断の過程において考慮すべき事情を考慮しないことなどが主張立証の対象となると考えられる。したがって、上記(1)の①から④までと上記AからCまでを組み合わせた主張がされるということになる。

　実務においては、特に③の損なわれる利益ないし価値について、Cの判断の過程において考慮すべき事情を考慮していないとして（例えば、原告らの騒音被害が考慮されていないなど）都市計画の違法が主張されることが非常に多い。この場合に考慮すべき事情は、当該事業の目的や性質、事業実施の社会的要請の程度、計画される当時の計画事業者等の置かれた財政状況、社会・経済状況等によって変わってくるし、また、各考慮要素のうちどれを重視するかや、序列をどのようにつけるかについても変わってくる。したがって、各考慮要素を主張立証するに当たっては、当該要素の重要性の程度につき、多角的観点から、特に法的観点から主張する必要がある。この場合、単に考慮すべき事情を考慮していないと主張するだけでなく、その結果、判断内容が著しく妥当性を欠くものとなっていることの主張立証が必要であることは、上記Ⅱ3(1)に指摘したとおりである。都市計画決定の判断過程に合理性を欠くと判断し得るような重要な要素について原告が主張している場合には、裁判所としては、その点について特に双方当事者に十分な主張をするよう適切に釈明する必要がある。裁判所としても、原告が主張する各要素が上記①から③のどこに位置付けられるのかを

適切に判断し、かつ、各要素のうち、判断過程の合理性の有無に影響を及ぼすと思われる重要な要素を見極めて、ポイントを絞った主張立証を促す必要がある。

また、②の計画案と代替案との優劣が争点とされ、計画案の不合理性及び代替案の合理性について原告が主張する場合も多いが、代替案は膨大なものになることが多いから、裁判所としては、主張の段階で、原告の主張の正当性をある程度見極め、それに関する立証の程度について、適切な制限をすることが必要になる場合もあろう。

以上のように整理をすることで、主な争点がおおよそ明らかになった時点で、裁判所としては、審理判断の見通しを立て、場合によっては、原告に主張する事情の全てを維持するか否かを釈明する必要がある場合もあるし、立証の対象を絞る釈明をする必要もあろう。

なお、都市計画決定の違法性が主たる争点となる場合、事業認可決定をした行政庁と都市計画決定をした行政庁が異なるときには、行訴法23条1項に基づき、都市計画決定をした行政庁を訴訟参加させておくことが適切である。

(3) 審査の対象となる都市計画決定

都市計画事業の認可等は、都市計画の決定から長期間経過してからされることが少なくなく、その間に都市計画の変更決定（法21条1項）がされる場合があり、その変更決定も数回にわたってされることがある。その場合に審査の対象となる都市計画決定が、変更前のものなのか変更後のものなのかは、明確にしておく必要がある。なぜなら、都市計画と関連する社会情勢や科学的知見、法的規制等は、その時期によって異なってくるから、裁量判断の要素に差異が生じ得るためである。もっとも、変更決定により変更された内容が、実質的にみて当初の計画全体を変更しているものと認められる場合には、変更決定の内容を審査の対象とすべき場合もあると考えられるから、変更決定がある場合には、都市計画決定の変遷の内容について、被告から主張立証するように促すことが必要である。この場合も、変遷内容を正確に主張立証させるため、事業認可決定をした行政庁と

都市計画決定をした行政庁が異なるときには、都市計画決定をした行政庁を訴訟参加させるのが望ましいであろう。

4　都市計画事業の認可決定の適法性審査の方法

(1)　都市計画事業の認可決定の適法性審査

　都市計画事業の認可決定それ自体の違法性が主張されている場合には、法61条の要件該当性が審査の対象となり、これらについては、都市計画の場合ほど広範囲な裁量権が行政庁にあるとは考えられない。もっとも、事業の内容が都市計画に適合していることとの要件や事業施行期間が適切であることとの要件は、上記Ⅱ3(2)のとおり、周辺事情等からの評価的判断にならざるを得ないから、原告としては、これらの要件が充足されていないと主張する根拠を具体的事実との関連で主張する必要があるし、被告としても、当該認可決定をすべきと判断するに当たって考慮した具体的要素を主張することが求められるであろう。

(2)　変更の認可決定の適法性審査

　都市計画事業の認可決定についても、これを変更する場合には、行政庁の認可を受けなければならない（法63条1項）。したがって、変更の認可決定がされた場合には、取消しの対象となる処分が変更前のものか変更後のものかが問題となり得る。変更の認可決定により事業計画全体を変更したと認められるような場合には、変更後の認可決定が取消しの対象となると考えるのが相当であろうから、その場合には、訴えの変更の手続が必要になる。訴訟係属中に変更の認可決定がされる場合も少なくなく、原告としてはその点に注意を払う必要があるし、被告としても、変更の認可決定をした場合には、そのことを教示することが求められるといってよいであろう。訴えの変更については、特段の事情がない限り、認められることが通常であると考えられる。

第17講
土地区画整理をめぐる紛争

林　史高

I　はじめに

　いわゆる土地区画整理事業とは、都市計画区域内の土地について、公共施設の整備改善及び宅地の利用の増進を図るため、土地区画整理法（以下本講において「法」という）で定めるところに従って行われる土地の区画形質の変更及び公共施設の新設又は変更に関する事業であり（法2条1項）、具体的には、未整備な市街地又は市街地予定地を健全な市街地に造成するため、定められた施行地区内の土地について、換地方式により道路、公園等の公共施設を整備するとともに、宅地の区画形状を整える事業であり、施行地区内の土地の利用増進の範囲内において施行地区内の権利者が公共施設用地等を生み出すために必要な土地を公平に負担する（減歩する）という仕組みを持った事業である[1]。

　法は、土地区画整理事業について、施行者（個人施行者、土地区画整理組合、区画整理会社、都道府県及び市町村、国土交通大臣、独立行政法人都市再生機構等）ごとに具体的な手続を定めているが、その大まかな流れを述べれば、（①都市計画の決定）、②規準（規約）、定款又は施行規程と事業計画の決定、③施行（設立）等の認可（及び土地区画整理審議会の設置）、④仮換地の指定、⑤建物の移転除去・工事、⑥換地処分、⑦土地・建物の登記、⑧清算金の徴収・交付、⑨事業の完了という経過をたどる。したがっ

---

[1]　土地区画整理法1頁以下。

て、土地区画整理事業は、行政庁の様々な行為が一連の手続を構成し、手続的発展を経て完成するものである。

実務上よく見られる法に関する行政訴訟は、以上のような一連の手続中の個々の行為を抗告訴訟の対象とするものであって多種多様であり、法に関する論点は多岐にわたる。

そこで、本講では、手続段階ごとに、①事業計画決定や施行（設立）等の認可についての訴訟、②仮換地の指定に関する訴訟、③建築物等の移転、除去に関する訴訟、④換地処分に関する訴訟、⑤清算金等に関する訴訟に分けて、訴訟で問題となることが多い事案類型を中心に、判例の考え方や当事者の主張立証と審理のポイント等について順次見ていくことにする。

Ⅱ 事業計画決定や施行（設立）等の認可についての訴訟

1 概要

土地区画整理事業の事業開始に当たっての手続は、前記のとおり施行者ごとに異なるが、この事業開始の段階において抗告訴訟を提起する場合、実務上は、まず①いかなる行為をもって抗告訴訟の対象とすべきかが当該行為の処分性との関係で問題となり、さらに、②当該抗告訴訟を提起しようとする者の立場等によっては、原告適格が問題となる場合もある。また、③いかなる事実が当該行為（処分）の適法要件を構成する事実（以下「違法事由」という）となるかも問題となる。

本講では、土地区画整理事業の実績[2]や公刊裁判例で対象とされた事例の数等に照らし、㋐土地区画整理組合（以下「組合」という）を施行者

---

[2] 土地区画整理法7頁によれば、平成24年3月31日現在の土地区画整理事業に事業着工したもの（合計地区数1万1659、合計面積34万6410ha）のうち、①土地区画整理組合を施行者とするもの（地区数5932、面積12万0947ha）と②都道府県及び市区町村を施行者とするもの（地区数2733、面積12万2358ha）が7割を占めるものとされている。

とするものと④都道府県及び市町村を施行者とするものを取り上げることとし、それぞれの事業開始に当たっての手続を概説した上、上記の問題点を見ていくことにする。

2 判例の考え方

(1) 組合施行の場合における抗告訴訟の在り方
ア 手続の概要

組合は、土地区画整理事業の施行者として、宅地について所有権又は借地権を有する者が設立する法人であり（法3条2項、22条）、その施行地区内の宅地について所有権又は借地権を有する者全てをその組合員とする（法25条1項）。

組合を設立しようとする者は、①⑦7人以上共同して定款及び事業計画を定め（法14条1項）、④宅地の所有者及び借地権者からそれぞれ3分の2以上の同意を得た上（法18条）、⑨組合の設立について都道府県知事の認可（法14条1項。なお、当該認可の前提として都道府県知事による事業計画の縦覧（法20条1項）及び意見書の処理（同条2項・3項）が予定されている）を受けると、組合が成立するものとされている（法21条5項）。

もっとも、②事業計画の決定に先立って組合を設立する必要がある場合（法14条2項）は、組合を設立しようとする者は、⑦7人以上共同して定款及び事業基本方針を定め（法14条2項）、④宅地の所有者及び借地権者からそれぞれ3分の2以上の同意を得た上で（法18条）、⑨組合の設立について都道府県知事の認可を受けること（法14条2項）により組合が成立する（法21条5項）が、①組合において都道府県知事の認可（法14条3項。なお、当該認可の前提として都道府県知事による事業計画の縦覧（法20条1項）及び意見書の処理（同条2項・3項）が予定されている）を受けて事業計画を定めるものとされている。

イ 抗告訴訟の対象とすべき処分

以上の手続を踏まえると、組合の設立認可は、その組合の施行地区内の宅地についての所有者・借地権者を強制的にその組合員とする公法上の法

人（組合）を成立させ、これに土地区画整理事業を施行する権限を付与する効力を有するから、抗告訴訟の対象となる行政処分に当たると解されている（最三判昭和60年12月17日民集39巻8号1821頁参照）。

これに対し、例えば、法20条3項所定の利害関係人の意見書に係る意見を採択すべきでない旨の都道府県知事の通知は、行訴法3条3項の「裁決」に当たらず、利害関係人の法的地位に何ら影響を及ぼすものではないから、抗告訴訟の対象となる行政処分（同条2項）にも当たらないと解されている（最二判昭和52年12月23日集民122号779頁参照）。

ウ　組合の設立認可の抗告訴訟と原告適格

組合の設立認可の抗告訴訟においては、その施行地区内の宅地についての所有者又は借地権者は、組合の成立に伴い法律上当然に組合員の地位を取得させられることになるから、原告適格が認められよう（前掲最三判昭和60年12月17日参照）。

これに対し、例えば、施行地区外の宅地についての所有者等については、上記のような組合の設立認可の効力の観点からは原告適格を肯定し難いものの、法の規定が専ら一般的公益の中に吸収させるにとどめず、それが帰属する個々人の個別的利益としても保護すべきものとする利益の侵害又は必然的に侵害されるおそれがあるか否かの観点[3]からも慎重に検討する必要がある（東京地判平成24年7月10日判例秘書06730622、大阪地判平成7年7月28日判例地方自治146号65頁）[4]。

---

3) 例えば、行訴法9条1項の「法律上の利益を有する者」については、判例上、本文で述べたような観点を検討する法律上保護された利益説が採用されており、同条2項所定の事項を考慮して判断されることになる（最大判平成17年12月7日民集59巻10号2645頁参照）。以上につき、条解266頁以下、塩野Ⅱ133頁以下、宇賀・概説Ⅱ187頁以下、西川・リーガル49頁以下も参照。
4) その他の裁判例としては、①都市再開発法11条1項に基づく市街地再開発組合の設立認可の取消訴訟に関して、施行地区の隣接地域の居住者や所有者の原告適格を否定した事例（東京地判昭和58年2月9日行集34巻2号179頁、その控訴審東京高判昭和58年11月16日行集34巻11号1992頁）、②土地区画整理事業の施行地区内の土地の小作権者の原告適格を否定した事例（水戸地判昭和54年2月13日行集30巻2号183頁）がある。

エ　組合の設立認可等の違法事由の内容

　組合の設立又は組合設立後の事業計画の決定についての都道府県知事の認可（法14条1項～3項）は、法21条1項・2項所定の基準に該当する場合にすることができるとされているから、当該基準に該当する具体的事実の有無が当該認可の違法事由の主な対象とされよう[5]。最近の裁判例としては、例えば、①申請手続が法令に違反しているか否か（法21条1項1号）に関し、定款及び事業計画についての権利者の3分の2以上の同意の存否（静岡地判平成15年2月14日判タ1172号150頁、前掲大阪地判平成7年7月28日）、②土地区画整理事業を遂行するために必要な経済的基盤の存否（同項4号。名古屋地判平成15年10月16日判例秘書05850715）がそれぞれ問題とされたものがある。

(2) 都道府県・市町村施行の場合における抗告訴訟の在り方

ア　手続の概要

　都道府県又は市町村は、土地区画整理事業を施行しようとする場合は、㋐施行規程を条例で定めるとともに事業計画を作成し（法52条1項、53条）、㋑事業計画に関しては、ⓐ2週間の縦覧及び意見書についての都道府県知事及び都道府県都市計画審議会による処理を経るとともに（法55条1項～6項）、ⓑ事業計画において定める設計の概要について（都道府県は国土交通大臣の、市町村は都道府県知事の）認可（法52条1項）を受けた上、事業計画を決定するものとされ、㋒事業計画の第三者対抗要件である事業計画の決定の公告（法55条9項・11項）が行われる。

　なお、都道府県又は市町村が施行する土地区画整理事業ごとに、都道府県又は市町村に、施行地区内の宅地の所有者及び借地権者のうちから各別に選挙される委員をもって組織される土地区画整理審議会が置かれ（法56条1項、57条、58条）、換地計画、仮換地の指定及び減価補償金の交付に関する事項について法の定める権限を行うものとされている（法56条

---

[5]　組合の設立認可の実体要件に関する争点を論じたものとして、畑中英明「土地区画整理組合」大系（29）27頁以下が参考になる。

3項)。

イ　抗告訴訟の対象とすべき処分

以上の手続を経る事業計画の決定は、その行政処分性が長らく議論されてきたが[6]、現在では、施行地区内の宅地の所有者等に対し、一定の規制（法76条、85条、140条参照）を伴う土地区画整理事業の手続に従って換地処分を受けるべき地位に立たせるという意味で、その法的地位に変動をもたらすものであり、実効的な権利救済を図る観点からも、抗告訴訟の対象となる行政処分に当たると解されている（最大判平成20年9月10日民集62巻8号2029頁）。

これに対し、例えば、設計の概要の認可は、事業計画の決定に先立って行われるもので、事業計画の決定の段階でその決定を対象とする抗告訴訟の提起を認めれば足りるから、抗告訴訟の対象となる行政処分には当たらないと解される（最一判平成元年2月16日訟月35巻6号1092頁）[7]。

ウ　事業計画の決定の抗告訴訟と原告適格

事業計画の決定の抗告訴訟で原告適格を有する者については、結論において組合の設立認可の抗告訴訟の場合（前記(1)ウ）と同様であろうと解される（東京都震災対策条例により避難場所に指定された土地を避難場所として利用することが予定されている地域に居住する住民が同土地を施行地区とする土地区画整理事業の施行認可の取消訴訟の原告適格を有するとされた事例として東京地判平成20年5月29日判タ1286号103頁参照）。

エ　事業計画の決定の違法事由の内容

事業計画は、公共施設の整備改善及び宅地の利用の増進を図ることを目的とする土地区画整理事業（法2条）の基礎的事項（施行地区、設計の概要、事業施行期間及び資金計画）を定めるものであり（法6条1項）、その決定に当たっての一般的留意事項（同条8項〜10項）やその設定について必

---

[6]　最大判昭和41年2月23日民集20巻2号271頁は、事業計画の決定は、その公告がされた段階においても抗告訴訟の対象となる行政処分に当たらないとし、最三判平成4年10月6日集民166号41頁は、これを踏襲する判断をしていたが、後掲最大判平成20年9月10日は、上記各最判を変更した。

[7]　前掲最大判平成20年9月10日の下でも同様と解される（増田稔・最判解民事編平成20年度457〜458頁参照）。

要な技術的基準（同条11項、土地区画整理法施行規則（以下本講において「規則」という）8条～10条）が定められているほか、住宅先行建設区、市街地再開発事業区や高度利用推進区の要件・設定基準（法6条2項～7項）が定められている（法54条による法6条の準用）。

このような点にかんがみると、事業計画の決定は、諸般の事情を考慮した政策的、技術的な見地からの判断が必要であり、都道府県又は市町村の広範な裁量に委ねられているものと解されるから、裁量権の範囲の逸脱又はその濫用を基礎付ける事実等の有無が違法事由の主な対象とされよう（静岡地判平成23年2月25日判例地方自治348号73頁参照）。

3　当事者の主張立証上の留意点及び審理のポイント

(1)　原告適格等について

組合の設立認可又は事業計画の決定の抗告訴訟における原告適格に関しては、土地区画整理事業の施行地区外の宅地についての所有者等が原告となる場合には、前記2(1)ウで述べた観点の検討が必要となるから、原告は、①当該処分によって侵害される利益の具体的内容のほか、②法の規定や、法と目的を共通する関係法令の趣旨・目的等も踏まえ、当該利益が法において個々人の個別的利益としても保護されるものであることを主張立証すべきであり、被告も、上記各点について的確に反論反証すべきであろう。

なお、例えば、事業計画の決定の取消訴訟の係属中に当該事業計画に係る工事等が完了して原状回復が社会通念上不可能になったことは、当該事業計画の決定後に行われる換地処分等の一連の手続及び処分が当該事業計画の決定が有効に存在することを前提とすることに照らすと、当該取消訴訟の訴えの利益を消滅させる事情にならないと解されるので[8]、注意を要する。

---

[8]　土地改良事業に関するものであるが、最二判平成4年1月24日民集46巻1号54頁参照。

(2) 違法事由について

　組合の設立認可又は事業計画の決定の違法事由に関する当事者の主張立証は、前記2(1)エ又は同(2)エで掲げた点を中心に行われることになるが、抗告訴訟として取消訴訟が選択された場合には、原告適格を基礎付ける規定以外の処分の根拠規定に違反するという違法事由は、原告の自己の法律上の利益に関係のない違法（行訴法10条1項）をいうものとして主張が許されず、原告の個別的な利益に関係する具体的な違法事由に限って主張できると解する裁判例（最二判平成元年2月17日民集43巻2号56頁等）・見解[9]が有力であるから、土地区画整理事業の施行地区外の宅地についての所有者等が原告となる場合には、上記の観点からいかなる違法事由を主張すべきかも検討しておくべきであろう（前掲東京地判平成20年5月29日参照）。

　また、違法事由の主張立証責任の所在については、議論があるが[10]、違法事由に関する争点整理としては、①まず被告において、組合の設立認可又は事業計画の決定に係る要件等に適合することを、これらに関してされた具体的手続と併せて一通り主張立証させ、②これを踏まえて、原告において、違法と主張する点（又は裁量権の範囲の逸脱若しくはその濫用を基礎付ける事実）等を具体的に特定させた上、③②の点につき、当事者双方の主張立証を具体的に行わせることも有用である。

III　仮換地の指定に関する訴訟

1　概要

　仮換地指定処分は、換地処分に先立ち、従前地の所有者その他の使用収益権者に対し、従前地の使用権原を停止して仮換地上に同一内容の権原を

---

[9]　実務的研究188頁以下、条解291頁以下、宇賀・概説II 246頁、西川・リーガル132頁等参照。なお、塩野II 173頁も参照。

[10]　実務的研究170頁以下、条解210頁以下、塩野II 162頁以下、宇賀・概説II 235頁以下、西川・リーガル113頁以下等。

付与する公法上の処分であり[11]、①土地の区画形質の変更又は公共施設の新設・変更に係る工事のため必要がある場合や②換地計画に基づき換地処分を行うため必要がある場合に行われる（法98条1項）。

また、仮換地指定処分は、㋐あらかじめ施行者ごとに必要な手続[12]を経た上（同条2項・3項）、㋑仮換地となるべき土地の所有者及び従前地の所有者（並びにこれらの土地の使用収益権者）に対し、仮換地の位置・地積[13]及び仮換地指定の効力発生日[14]を通知する方法で行われ（同条5項・6項）、その効果としては、当該効力発生日から換地処分の公告（法103条4項）までの間、ⓐ従前地の使用収益権者には仮換地の使用収益権原が付与されて従前地の使用収益が禁止され、ⓑ仮換地の使用収益権者には仮換地の使用収益が禁止される（法99条1項・3項）[15]。

仮換地指定処分の抗告訴訟に関しては、原告適格、訴えの利益、違法事由が問題となるので、これらを見ていくことにする。

2　判例の考え方

(1)　仮換地指定処分の抗告訴訟と原告適格

仮換地指定処分の抗告訴訟については、仮換地となるべき土地の所有者

---

[11]　松浦基之『特別法コンメンタール　土地区画整理法』477頁（第一法規、1992）等参照。
[12]　具体的には、次の手続である。
　①　個人施行者　従前地及び仮換地となるべき宅地の各使用収益権者の同意
　②　組合　総会若しくはその部会又は総代会の同意
　③　都道府県・市区町村、国交大臣、都市再生機構等　土地区画整理審議会の意見の聴取
　④　区画整理会社　施行地区内の宅地の所有者・借地権者の各3分の2以上の同意
[13]　ただし、従前地の使用収益権者に対しては、当該権利の目的となるべき宅地又はその部分を通知することとされている（法98条6項）。
[14]　仮換地に使用収益の障害となる物件が存するときその他特別の事情があるときは、仮換地の使用収益開始日を仮換地指定の効力発生日と別に定めることもできる（法99条2項）。
[15]　なお、仮換地指定処分後における諸々の行為と私法上の法律関係及びこの点に関する判例については、沼田寛「仮換地と私法上の問題(1)仮換地の売買」大系(29)94頁、齋藤隆「仮換地と私法上の問題(2)取得時効」同109頁、河村吉晃「仮換地と私法上の問題(3)仮換地と借地権」同122頁を参照されたい。

及び従前地の所有者（並びにこれらの土地の使用収益権者）は、原則として原告適格が認められよう[16]。

(2) 仮換地指定処分の取消訴訟と訴えの利益

仮換地指定処分の取消訴訟は、法103条による換地処分がされたときは、訴えの利益を失うものとされている（最二判昭和48年2月2日集民108号153頁）。

なお、仮換地指定処分は、上記の点から換地処分がされるまでいつでもその取消訴訟を提起できるものではなく、行訴法14条所定の出訴期間内に提起しなければならないことは当然である[17]。

(3) 仮換地指定処分の違法事由

ア　施行者は、仮換地指定処分をする場合、①換地計画において定められた事項又は②法に定める換地計画の決定の基準を考慮しなければならない（法98条2項）から、これらに該当する具体的事実の有無等が仮換地指定処分の違法事由の対象となり得るところ、②に関して最も問題となるものがいわゆる照応の原則である。

照応の原則とは、換地計画において換地を定める場合において、換地及び従前地の位置、地積、土質、水利、利用状況、環境等が照応するように定めなければならないとする原則である（法89条1項）。このような従前地との関係に着目した照応は、「縦の照応」と呼ばれている。また、これに加えて、同一事業の施行地区内における他の者との関係で換地をおおむね公平に定めなければならない（公平の原則）という意味での照応も必要であり、このような照応は、「横の照応」と呼ばれている。

土地区画整理は、施行者が一定の限られた施行地区内の宅地につき、多

---

[16]　特別都市計画法13条に関する最二判昭和31年7月20日民集10巻8号1006頁等参照。なお、同法施行令45条所定の権利の届出をしていない未登記の借地権者について原告適格を否定した裁判例（仙台高判昭和29年10月29日行集5巻10号2436頁）もある。

[17]　特別都市計画法に関する最一判昭和32年12月26日民集11巻14号2470頁参照。

数の権利者の利益状況を勘案しつつそれぞれの土地を配置していくものであり、また、仮換地の方法は多数あり得るから、具体的な仮換地の指定を行うに当たっては、施行者の合目的的な見地からする裁量的判断に委ねざるを得ない面があることは否定し難いところである。

そのため、仮換地の指定は、指定された仮換地が、土地区画整理事業開始時における従前地の状況と比較して、法89条1項所定の照応の各要素を総合的に考慮してもなお、社会通念上不照応であるといわざるを得ない場合においては、上記裁量的判断を誤った違法のものと判断すべきとされている（最三判平成元年10月3日集民158号31頁、最一判平成24年2月16日集民240号19頁）。

そして、照応原則違反の有無の判断に当たっては、㋐指定された仮換地については、原則として使用収益開始の時における状況が基準とされ（最二判昭和60年11月29日集民146号219頁）、また、㋑従前地については、原則として土地区画整理事業開始の時における状況が基準とされ、土地区画整理事業開始後における状況の変化は、それが土地区画整理事業の実施に伴うものである以上、しん酌すべきではないとされている（最三判昭和36年12月12日民集15巻11号2731頁）。

なお、土地区画整理事業の換地計画において換地を定めるに当たり、①施行区域内の特定の数筆の土地につき所有権その他の権利を有する者全員が他の土地の換地に影響を及ぼさない限度内において上記数筆の土地に対する換地の位置、範囲に関する合意をし、その合意による換地を求める旨を申し出たときは、施行者は、②公益に反せず事業施行上支障を生じない限り、法89条1項所定の基準によることなくその合意されたところに従って上記各土地の換地を定めることができるものと解されているから（最一判昭和54年3月1日集民126号197頁）[18]、例えば、換地予定地的仮換地指定処分[19]は、上記①・②の要件が具備された場合は、当該合意

[18) もっとも、このことから直ちに、土地区画整理に際し、従前地の所有者等が、特定の土地を換地又は換地予定地として指定すべきことを要求する権利を有するとはいえない（都市計画法等に関する最二判昭和30年10月28日民集9巻11号1727頁）。

に沿うものである限り、照応原則違反の問題を生じないものと解される[20]。

　照応の原則に関する裁判例は、多数存在する[21]が、最近のものとして、ⓐ違法としたものは、東京地判平成18年9月29日判例秘書06133952、福岡高那覇支判平成22年2月23日判タ1334号78頁[22]等があり、ⓑ適法としたものは、神戸地判平成15年7月18日判例秘書05850606、さいたま地判平成19年8月29日判例秘書06250288、名古屋地判平成21年1月29日判例地方自治320号62頁等がある。

　イ　さらに、仮換地指定処分の手続の違法性が争われた裁判例をみると、①仮換地指定処分が換地計画に基づいて行われることを要するか否かにつき、「土地の区画形質の変更若しくは公共施設の新設若しくは変更に係る工事のため必要がある場合」[23]には、事業の規模の大小にかかわらず、換地予定地的仮換地指定処分をするときでも、換地計画に基づくことを要しないとされ（最三判昭和60年12月17日民集39巻8号1821頁）、②仮換地指定処分の通知の記載事項に関しては、仮換地に使用収益の障害となる物件が存するためこれを除去する必要がある場合において、施行者においてその除去の時期を確定することができず、仮換地の使用収益の開始の時期について目途が立たないときは、使用収益開始日を追って定める旨（法99条2項参照）を通知して仮換地指定処分をすることも許されるとされている（前掲最二判昭和60年11月29日）。また、③従前地の地積

---

19)　一般に、将来的に換地処分において換地とされる予定の土地を仮換地として指定するものをいい、法98条1項の「換地計画に基づき換地処分を行うため必要がある場合」を理由とするものが多い。
20)　東京高判平成5年12月27日判タ871号173頁参照。なお、合意に沿ってされた換地処分につき、当該合意が錯誤により無効であっても、照応の原則に適合する限り適法であるとした事例（横浜地判平成4年1月29日行集43巻1号42頁）もある。
21)　従前の裁判例については、仮換地指定処分につき概観（5）247頁以下、換地処分につき同306頁以下、小磯武男「仮換地指定処分」大系（29）77頁以下（特に81～82頁）、稲葉一人「換地処分」同136頁以下（特に148頁以下）等を参照されたい。
22)　この裁判例は、事情判決の要件も欠くと判示している。
23)　これを理由とする仮換地指定処分を一時利用地的仮換地指定処分ともいう。

の決定方法につき、⑦土地区画整理施行規程において、原則として従前地の地積を土地台帳の地積によるとされたとしても、特に希望者については実測地積によることとされていれば、違法とはいえず（最三判昭和40年3月2日民集19巻2号177頁、最一判昭和62年2月26日集民150号293頁）、④組合が、原則として公簿地積を基準地積とし、例外的に実測地積による方法で土地区画整理事業を施行する場合において、定款には地積決定の方法に関する原則的な基準のみを記載し、例外的な措置の詳細については、別に定款の委任により執行機関の制定する執行細則に委ねることも許される（最一判昭和55年7月10日民集34巻4号596頁）とされている。

他方、④施行者が仮換地を指定するに際しあらかじめ土地区画整理審議会の意見を聴く手続をとらなかったことについては、これによって仮換地指定処分が当然に無効になるものではないとする判例（最一判昭和59年9月6日集民142号303頁）もあるが、これは、法が当該手続を要求した趣旨・目的等に照らすと、当該手続の欠缺をもって仮換地指定処分の違法事由になる余地までも否定したものではないと解される[24]。

また、一旦指定された仮換地を変更することについても、事情の変更により当初の仮換地指定処分の効果を存続させることが公益に適合しなくなった場合（これに該当するか否かは、単にこれを必要とする行政上の都合ばかりでなく、当該処分の性質、内容やその変更によって相手方の被る不利益の程度等を総合的に考慮して判断する）は、原則として許されるものと解されている（最一判昭和43年11月7日民集22巻12号2421頁、最二判昭和47年12月8日集民107号319頁参照）。

ウ　なお、土地区画整理事業における仮換地指定処分が照応の原則に違反して違法であるが、これが取り消されると、事業計画は大幅な修正を余儀なくされ、他の地権者等に多大の影響を及ぼす事態になる等として、いわゆる事情判決（行訴法31条1項）をした裁判例（高松地判平成2年4月9日行集41巻4号849頁）もある[25]。

---

24)　これを違法事由とする見解として、小磯・前掲注21) 84頁以下及びその引用文献を参照。

3 当事者の主張立証と審理のポイント

(1) 仮換地指定処分の違法事由としての照応原則違反の主張立証について

仮換地指定処分の違法事由として照応原則違反が問題とされる事例においては、前記のとおり、原則として、指定された仮換地が、土地区画整理事業開始時における従前地の状況と比較して、法89条1項所定の照応の各要素を総合的に考慮してもなお、社会通念上不照応であるか否かが問題とされるので、当事者としては、①指定された仮換地と従前地につき、同項所定の照応の各要素(位置、地積、土質、水利、利用状況、環境等)をそれぞれ具体的に比較対照し、いかなる要素にどの程度の相違・優劣が存在するか[26]を明らかにした上、当該各相違・優劣を総合考慮してもなお指定された仮換地と従前地とが社会通念上不照応であるか否かの評価(縦の照応)[27]を具体的に主張立証すべきであり、更に、②横の照応を問題とする場合は、同一事業の施行地区内における他の者との比較において、同項所定の照応の各要素に関して公平の観点から合理的な説明ができない具体的事情の存否を明らかにして、この意味での指定された仮換地と従前地とが社会通念上不照応であるか否かの評価(横の照応)を具体的に主張立証すべきであろう。なお、上記①に関して、従前地の土地区画整理事業開始後における状況の変化は、原則としてしん酌されないものの、これが土

---

[25] なお、仮換地指定処分の無効確認訴訟において事情判決をした裁判例(大阪高判昭和61年2月25日判時1199号59頁)もある。
[26] なお、位置や土地の形状等の比較対照に当たっては、1つの図面に従前地及び仮換地(換地)を書き込んだものを利用することも有用である。
[27] 例えば、位置に関しては、従前地とほぼ同一の場所とする現地換地が望ましいが、①従前地から離れた場所とする飛換地であることや②工区間飛換地(法95条2項)をする場合に従前地の存する工区の換地処分を飛換地の存する工区のそれよりも後に行うこと(最三判昭和51年9月28日集民118号457頁参照)をもって直ちに違法とはならないとされている。
　また、地積に関しては、土地区画整理事業の性質上、公共減歩及び保留地減歩を避けられないから、これらの減歩は、事業施行によってもたらされる利用増進の度合いに応じて負担すべきとされている(東京高判平成5年10月14日行集44巻10号887頁)。

地区画整理事業の実施に伴うものでなければしん酌される余地があり得る（前掲最三判昭和 36 年 12 月 12 日）ので、そのような事情を主張する場合は土地区画整理事業の実施に伴うものでないことを具体的に明らかにすべきであり、また、上記①・②の前提として、㋐土地の評価方法等の適否が争われる場合は、それが合理的なものであることを、㋑仮換地予定地的仮換地指定処分につき換地設計の方法等に関する標準ルール（いわゆる換地設計基準等）との抵触が争われる場合は、当該標準ルールの内容（及びその合理性）とこれに抵触する事実関係を、それぞれ具体的に明らかにすべきであろう。

　また、③換地予定地的仮換地指定処分に係る換地の位置・範囲が施行区域内の特定の土地についての関係権利者全員の合意に基づいて決定された場合は、前記のとおり、照応の原則（法 89 条 1 項）によらないことができるから、当事者は、上記①・②の主張立証に代えて、㋐関係権利者全員が当該合意による換地を求める旨の申出をしたこと、㋑当該合意が他の土地の換地に影響を及ぼさない限度内にあること、㋒公益に反せず事業施行上支障を生じないこと、㋓指定された換地の位置・範囲が当該合意のとおりであることを具体的に主張立証することになろう[28]。

(2) 仮換地指定処分の違法事由として仮換地指定処分の手続が問題とされる場合の主張立証について

　原告が仮換地指定処分の手続の違法性を争う場合には、違法事由に関する争点整理として、①まず被告において、当該仮換地指定処分の具体的手続を一通り主張立証させ、②これを踏まえて、原告において、違法と主張する点等を具体的に特定させた上、③②の点につき、当事者双方の主張立証を具体的に行わせることも有用であろう。

---

[28]　違法事由の主張立証責任の所在には議論がある（前掲注 10）の文献参照）が、この場合の③㋐〜㋒の事情は、処分の適法性を基礎付ける事情として被告側が主張立証責任を負うことになろう。

(3) 仮換地指定処分と違法性の承継について

なお、前掲最大判平成 20 年 9 月 10 日以前においては、事業計画の決定の行政処分性を否定する最高裁判例が存在したことから、仮換地指定処分の取消訴訟等において、その違法事由として、事業計画の決定の違法性を主張するもの（いわゆる違法性の承継）が見られたが、前掲最大判平成 20 年 9 月 10 日の下では、事業計画の決定の違法性を主張することは許されないことになろう[29]。

IV 建築物等の移転、除却に関する訴訟

1 概要

施行者は、①仮換地指定処分（法 98 条 1 項）・従前地の使用収益停止処分（法 100 条 1 項）をした場合又は公共施設の変更・廃止に関する工事を行う場合において、従前地又は公共施設用地に存する建築物その他の工作物又は竹木土石等（以下「建築物等」という）の移転・除去が必要となったときは、これらの建築物等を移転・除去することができ（法 77 条 1 項）、その場合には、原則として、②建築物等の所有者・占有者に対し、相当の期限を定め、その期限後には移転・除去する旨の通知をするとともに、当該所有者にはその期限までに自ら移転・除去する意思の有無を照会しなければならず（以下、この通知・照会を単に「移転除去通知」という。同条 2 項）、③（更に個人施行者、組合又は区画整理会社については、あらかじめ建築物等の所在する土地の属する区域を管轄する市町村長の認可を受ければ）その期限後においては、いつでも自ら建築物等の移転・除去をし又はその命じた者・委任した者に建築物等の移転・除去をさせることができ（同条 7 項）、当該建築物等の所有者・占有者は、施行者の許可を得た場合を除き、その移転・除去の開始から完了に至るまでの間、当該建築物等を使用することができない（同条 8 項）とされている。なお、施行者は、④建築物等

---

[29] 増田・前掲注 7) 458 頁〜 460 頁参照。

の移転・除去により他人に損失を与えた場合は、当該建築物等が法76条4項・5項、都市計画法81条1項・2項又は建築基準法9条による移転除去命令を受けたものであるときを除き、通常生ずべき損失を補償しなければならないとされている（法78条1項）[30]。

　以上のような建築物等の移転・除去[31]に関しては、①いかなる行為を抗告訴訟の対象とすべきか、②いかなる者に原告適格が認められるか、③いかなる事実が違法事由となるかが問題となるので、これらの点を見ていきたい。

2　判例の考え方

(1)　抗告訴訟の対象とすべき行為について

　建築物等の移転・除去に関しては、前記1の手続を踏まえると、移転除去通知が、建築物等の所有者らに対してその移転・除去を受忍すべき地位を生じさせるから、抗告訴訟の対象となる行政処分に当たると解されている[32]。

　これに対し、個人施行者、組合又は区画整理会社が受ける市町村長の認可（法77条7項）は、行政庁相互間の内部的意思表示にすぎず[33]、また、

---

[30]　この点、建築物等の移転・除去により損失を受けた者は、①施行者との協議の成立（法78条3項で準用する73条2項）又は②収用委員会の裁決を経ること（法78条3項で準用する73条3項、土地収用法94条2項）により、法78条1項の損失補償を受けられるが、③②の裁決に不服がある場合は、施行者を被告とする土地収用法94条9項の訴え又は上記裁決の取消訴訟（最二判平成25年10月25日集民244号67頁参照）を提起できる。なお、上記裁決の審査請求がされた場合における当該裁決の取消訴訟の出訴期間は、土地収用法133条1項ではなく行訴法14条3項の適用により、その審査請求に対する裁決があったことを知った日から6か月以内かつ当該裁決の日から1年以内である（最三判平成24年11月20日民集66巻11号3521頁参照）。

[31]　建築物等の移転・除去が行われる場合としては、本文で説明した移転除去通知による場合（法77条）のほか、建築行為等の制限（法76条1項・3項）の違反を理由とする国土交通大臣又は都道府県知事等の移転除去命令の場合（同条4項）等もあるが、本講では前者のみ取り扱う。

[32]　長崎地決昭和39年6月29日行集15巻6号1098頁。

[33]　組合施行に関する大阪地判昭和60年12月18日行集36巻11・12号1988頁。

建築物等の移転・除去の直接施行自体も、事実行為であって移転除去通知（行政処分）の執行にすぎない[34]として、いずれも抗告訴訟の対象となる行政処分に当たらないと解されている。

(2) **移転除去通知の抗告訴訟と原告適格等について**
　移転除去通知の抗告訴訟においては、その名宛人である当該所有者はもちろん、建築物等が存する従前地の所有者も、建築物等の所有者が建築物等の移転・除去をしない場合に、その直接執行を阻止し得ることから、原告適格が認められる（最三判昭和43年10月29日集民92号715頁参照）。
　なお、当該移転除去通知の抗告訴訟は、建築物等の移転・除去の直接施行が完了したときは、訴えの利益が失われると解されている（前掲最三判昭和43年10月29日）。

(3) **移転除去通知の違法事由の内容**
　移転除去通知については、①法77条1項が建築物等の「移転」と「除去」を並列的に規定していることから、そのいずれを選択すべきかに関しては、建築物等を仮換地上に移転させることが事実上及び法律上可能な限り、原則としてこれを移転すべきであると解されており[35]、また、②同項の移転又は除去が「必要となつたとき」に該当することを要するほか[36]、③同条2項・3項所定の通知等（又はこれに代わる同条4項・5項所定の公告）がされること等[37]を要するから、これらの点が違法事由の主な対象とされよう[38]。
　なお、移転除去通知の抗告訴訟においては、仮換地指定処分等の違法を理由とすること（いわゆる違法性の承継）もできると解されている[39]。

---

[34] 東京地判昭和35年9月8日行集11巻9号2611頁。
[35] 千葉地判昭和34年9月18日行集10巻9号1828頁、前掲東京地判昭和35年9月8日等。
[36] 福岡高判昭和33年10月30日行集9巻12号2822頁。
[37] 移転除去通知の適法性を具体的事例に即して検討した裁判例として、最二判昭和45年1月30日集民98号173頁参照。

3 当事者の主張立証と審理のポイント

　移転除却通知の違法事由については、当事者としては、①建築物等の移転又は除去の選択に関し、当該建築物等を仮換地上に移転させることの可能性・相当性（所有者及び占有者の意向等を含む）を、②その移転又は除却の必要性に関し、法77条1項所定の場合（公共施設の変更・廃止に関する工事については、これが適法に行い得るものであることを含む[40]）であって当該建築物等の移転又は除去を必要とする事情を、③建築物等の移転除去通知に要する手続の履践状況を、それぞれ具体的に主張立証すべきであろう。

Ⅴ　換地処分に関する訴訟

1　概要

　換地処分は、換地計画に係る区域の全部について土地区画整理事業の工事が完了した場合（規準、規約、定款又は施行規程に別段の定めがある場合には、区域の全部について工事が完了する前でもよい）において、遅滞なく、関係権利者に換地計画において定められた関係事項を通知して行われるものであり（法103条1項・2項）[41]、更に、換地処分の届出（同条3項）・公告（同条4項）・登記（法107条）が行われる。

---

[38]　なお、国家賠償法上の違法に関し、土地区画整理事業の施行者は、建築物等の存在によって換地予定地の使用収益が妨げられているときは、建築物等の移転・除去命令等の権限を行使し、その移転又は除去をして当該土地の使用収益を妨げないようにする職務上の義務があるから、過失により上記義務を怠って土地所有者に損害を及ぼしたときは、これを賠償する責任があると解されている（最三判昭和46年11月30日民集25巻8号1389頁）。

[39]　仙台高決昭和28年5月20日行集4巻5号1240頁、高松地判平成元年3月30日訟月35巻9号1784頁等参照。

[40]　岐阜地判平成23年5月19日判例秘書06650243参照。

[41]　なお、換地処分の意義については、諸説あるので、松浦・前掲注11）531頁以下等を参照されたい。

そして、換地処分の効果としては、原則として、①換地計画において定められた換地は、その公告があった日の翌日から従前地とみなされ、他方、②換地を定めなかった従前地について存する権利は、その公告があった日が終了した時に消滅する（法104条1項。なお、従前地について存した所有権又は地役権以外の権利又は処分の制限も①・②に準じた取扱いとなる（同条2項））こと（その例外については、同条3項〜11項参照）等がある。

　換地処分の抗告訴訟[42]に関しては、原告適格等や違法事由が問題となるが、仮換地指定処分で述べたところと重なる点も多いので、簡単に見ておくことにしたい。

2　判例の考え方

(1)　換地処分の抗告訴訟と原告適格等

　換地処分の抗告訴訟については、原則として換地処分を受けた関係権利者に原告適格が認められることは仮換地指定処分で述べたところと同様であるが、他方、当該関係権利者以外の第三者がした当該第三者の有する権利と全く関係無い土地についての換地処分の抗告訴訟は、原則として原告適格が否定されることになろう[43]。

　なお、照応原則違反を理由とする換地処分無効確認の訴えも、基本的には、行訴法36条所定の「現在の法律関係に関する訴えによつて目的を達することができないもの」として、適法であると解される[44]。

---

[42]　なお、換地処分の前提となる換地計画の決定・認可（法86条1項）が抗告訴訟の対象となるか否かについては、換地計画が直ちに権利変動を生じさせるものではないこと等から、これを否定する裁判例（広島高判昭和61年4月22日行集37巻4・5号604頁等）もあるが、市町村の施行に係る土地区画整理事業の事業計画の決定が抗告訴訟の対象となる行政処分に当たるとした前掲最大判平成20年9月10日が説示した諸点に照らして考えると、換地計画の適否が争われる場合に実効的な権利救済を図るという観点からは、その行政処分性を肯定する余地があろう（松浦・前掲注11）400頁以下等を参照）。

[43]　広島地判昭和58年5月11日訟月29巻11号2099頁、その控訴審前掲広島高判昭和61年4月22日参照。なお、土地改良法に関するものとして最三判昭和35年11月29日民集14巻13号2882頁。

(2) 換地処分の違法事由

ア　換地処分は、換地計画で定められた関係事項をその内容とするから、当然、指定された換地が照応の原則（法89条1項）に適合するものでなければならず、また、前記1の所定の手続を経なければならないので、これらに該当する具体的事実の有無等が換地処分の違法事由の対象となり得る。このうち、照応の原則については、仮換地指定処分で述べたところと概ね同様である。

なお、照応原則違反の有無の判断に当たり、㋐従前地については、土地区画整理事業開始の時における状況を基準とすべきことは、仮換地指定処分と同様であるが、㋑指定された換地については、原則として、区画整理完成時における状況を基準とすべきである（福岡高判昭和46年2月17日行集22巻1・2号68頁、大阪高判昭和59年7月19日行集35巻7号959頁）。

イ　また、換地処分に関しても、違法であるが、これを取り消すことは公共の福祉に適合しないとして、いわゆる事情判決（行訴法31条1項）をした裁判例（長崎地判昭和43年4月30日行集19巻4号823頁、名古屋地判昭和47年5月24日行集23巻5号322頁、広島地判昭和59年10月17日行集35巻10号1656頁、横浜地判平成14年4月17日判例秘書05750556）がある。

3　当事者の主張立証と審理のポイント

換地処分の抗告訴訟に関する当事者の主張立証と審理のポイントについては、仮換地指定処分に関して述べたところ（前記Ⅲ3）を参照されたい。

Ⅵ　清算金等に関する訴訟

1　概要

土地区画整理事業の換地計画においては、上記Ⅴで述べた換地計画に関

---

44) 土地改良事業の換地処分に関する最二判昭和62年4月17日民集41巻3号286頁参照。

する事項のほか、①清算金や②保留地に関する事項が定められ（法87条1項3号・4号）、これらの事項は、いずれも換地処分の公告（法103条4項）があった日の翌日にその効力が生じることとされている（法104条8項・11項）。

このような清算金や保留地に関する抗告訴訟については、①訴えの適法性、②原告適格、③違法事由が問題となるので、これらを順次見ていく。

2 判例の考え方

(1) 清算金について
ア　清算金決定に関する訴えの適法性・原告適格

換地等を定め、又は定めない場合において、不均衡が生ずると認められるときは、従前地及び換地の位置、地積、土質、水利、利用状況、環境等を総合的に考慮して、金銭により清算するものとされ、換地計画においてその額を定めなければならず（法94条）、狭義の換地処分と共に関係権利者に対する通知及び公告がされるところ（法87条1項3号、103条1項・4項）、施行者は、当該公告があった場合は、当該公告のあった日の翌日に確定した清算金（法104条8項）を徴収し、又は交付しなければならない（法110条1項）とされている。

そこで、上記の清算金に不服がある場合は、①清算金決定の抗告訴訟を提起できると解されるが、②更に清算金の増額を求める給付請求の訴えが適法であるか否かについては、積極・消極の裁判例[45]がある。

また、清算金決定の抗告訴訟については、当該決定の名宛人である従前地の所有者は、原告適格が認められるが、㋐従前地の所有者から交付清算金の請求権のみを譲り受けた者及び㋑その他の第三者の原告適格は否定されよう[46]。

---

45) 大阪地判昭和38年10月31日行集14巻10号1880頁（積極）、横浜地判昭和41年10月20日行集17巻10号1172頁（消極）参照。
46) 東京高判昭和53年8月1日行集29巻8号1401頁、東京地判昭和52年5月19日行集28巻5号482頁、広島地判平成7年3月31日判例地方自治140号82頁参照。

イ　清算金決定の違法事由

　清算金決定に関しては、清算金が縦の照応に対応する損失補償金の交付又は不当利得金の徴収としての機能と横の照応に対応する不均衡是正の調整金としての機能を併せ有するものであることに鑑みると、法94条所定の基準の枠内において、施行者の合目的的な見地からする裁量的判断に委ねざるを得ない面があり、裁量権の範囲内であれば違法の問題を生じないが、少なくともその基礎となる従前地・換地の評価は適正なものでなければならないと解されるから、一般に、清算金の算出方法・基準時等[47]が違法事由の主な対象とされよう。清算金決定に関する最近の裁判例[48]として、①違法としたものは、東京地判平成16年5月20日判例秘書05932120（清算金の算定方法として被告が設定した土地評価基準の接近係数の算出方法が裁量権の範囲を逸脱したものとされた事例）、東京高判平成21年6月18日判例秘書L0640715（清算金の算定に当たり地方税法（平成18年法律第7号による改正前のもの）349条の3の2に規定する住宅用地に対する固定資産税の課税標準の特例が適用された固定資産税課税標準額を用いたことが違法とされた事例）、②適法としたものは、大阪地判平成21年1月30日判タ1306号234頁（控訴審：大阪高判平成21年11月11日判例秘書06420888）がある。

　なお、憲法29条3項の規定による換地処分に伴う減歩の損失補償請求は、減歩によって直ちにその減歩分の土地の価額に相当する損失が生じるわけではなく、換地の結果生じた補償されるべき損失については法に基づく補償措置（清算金の交付）が講じられるとして、否定されている（最一判昭和56年3月19日訟月27巻6号1105頁参照）。

(2) 保留地について

　保留地は、土地区画整理事業の施行の費用に充てるため[49]、換地計画

---

[47]　この点の詳細は、概観（5）342頁以下、浜秀樹「清算金」大系（29）156頁以下等を参照。
[48]　従来の裁判例については、概観（5）342頁以下を参照。
[49]　個人施行者、組合及び区画整理会社については、「規準等で定める目的のため」に保留地を定めることも可能である（法96条1項）。

において換地として定められなかった一定の土地[50]であり（法96条1項・2項）、換地処分の公告（法103条4項）があった日の翌日において、施行者が取得すること（法104条11項）[51]になる。

この点、法96条に基づく保留地の設定については、①狭義の換地処分及び清算金についての処分と同等の意味での保留地の設定という行政処分は存在せず[52]、②施行者がした保留地の払下決定及びそれに基づく売渡処分も、行政庁の公権力の行使には当たらない[53]と解されている。

したがって、保留地の設定等を直接の対象とする抗告訴訟は、不適法であると解される。

3　当事者の主張立証と審理のポイント

清算金決定の違法事由に関しては、当事者としては、①清算金の算出方法・基準時等についての裁量権の範囲の逸脱又はその濫用を基礎付ける具体的事実の有無や②従前地及び宅地の評価の適正さ（その評価の方法や評価の際に考慮された事情の合理性等）を具体的に主張立証すべきであろう[54]。

---

[50]　ただし、都道府県及び市町村、国土交通大臣及び独立行政法人都市再生機構等については、土地区画整理事業の施行後の宅地の価額の総額がその施行前の宅地の価額の総額を超える場合に、その差額に相当する金額を超えない価額のものに限定される（法96条2項）。

[51]　さらに、都道府県及び市町村、国土交通大臣及び独立行政法人都市再生機構等は、当該保留地を、当該保留地を定めた目的のために、当該保留地を定めた目的に適合し、かつ、施行規程で定める方法に従って処分しなければならないとされている（法108条）。

[52]　東京高判平成5年10月14日判タ857号114頁。

[53]　最三判昭和43年12月17日集民93号685頁。

[54]　国家賠償法上の違法に関し、横浜地判平成16年4月7日判例地方自治256号34頁（控訴審：東京高判平成17年2月9日判例秘書06021120）。

第18講
土地収用をめぐる紛争

家原　尚秀

I　はじめに

1　土地収用法の目的等

　土地収用法（以下本講において「法」という）は、公共の利益となる事業に必要な土地等の収用又は使用の要件、手続及び効果並びにこれに伴う損失の補償等について定めた法律である（法1条）。土地等の収用又は使用とは、公共の利益となる特定の事業の用に供するために、土地又はそれ以外の財産権（法5条ないし7条参照）に対し、正当な補償を支払って、これを強制的に収用又は使用することをいう。公共の利益となる事業のためであっても、私有財産制が保障された今日においては、通常任意買収の方法がとられるが、地権者等が買収に応じない場合、最終的には法に基づく強制収用の手続が用いられることとなる。土地収用制度は、私有財産制の保障と表裏一体の関係にあり、公共の利益となる事業の遂行と私有財産の保護という2つの要請を調整することにその目的がある（法1条）。

2　本稿の対象

　土地収用等の手続は、具体的な事業が公共の利益となる事業であるか否か、その事業のために収用又は使用（以下「収用等」ともいう）が必要であるか否かを認定する手続である事業認定手続と、被収用者に対し正当な補償を確保する手続である収用又は使用の裁決の手続の2つに分けられる。

土地収用に関する行政訴訟においても、事業認定が争われる場合と、収用等の裁決が争われる場合があり、さらに、後者においては、土地の強制的な収用等自体が問題とされる場合と、補償額が問題とされる場合とがある。それぞれ問題となる点が大きく異なるので、以下、①事業認定手続、②収用又は使用の手続、③損失の補償の順に、制度や手続の概要を説明した上で、実務上問題となることが多い事項について、法や判例の考え方や裁判における審理のポイントについて、順次検討することとする。

II 事業認定手続について

1 概説

　事業の認定は、法3条各号に該当する事業について、具体的に起業者、起業地及び事業計画を確定し、その事業が土地を収用又は使用することができるだけの公益性を有するか否か、その土地の利用が土地の適正かつ合理的な利用に寄与するか否かを判断した上で、起業者に土地を収用し、又は使用する権利を与える行政行為である。ただし、事業認定によって直ちに事業のために必要とされる土地等を収用又は使用できるものではなく、後述のように収用委員会による裁決等を経る必要があり、事業認定は、一連の収用手続の第1段階の行為といえる。

　事業の認定を行う機関（以下「事業認定庁」という）は、その事業の起業者、事業の種類、事業を施行する区域によって、国土交通大臣と都道府県知事とに分かれている（法17条1項・2項）。

2 手続の概要

　事業認定庁は、起業者から提出された事業認定申請書及びその添付書類（法18条1項・2項）の形式的事項等を審査し、法20条に規定する要件に該当しないことが明らかである場合を除いて、起業地が所在する市町村の長に対し、事業認定申請書及びその添付資料の関係部分の写しを送付し

（法24条1項）、市町村長は、これを受けて、直ちに起業者の名称、事業の種類及び起業地を公告し、公告の日から2週間上記書類を公衆の縦覧に供しなければならない（同条2項）。これに対し事業認定について利害関係を有する者は、2週間の縦覧期間中に都道府県知事に意見書を提出することができる（法25条1項）[1]。

　また、事業認定庁は、土地の管理者、関係行政機関等に意見照会をする（法21条1項）ほか、学識経験者に意見を求めること（法22条）や、公聴会を開いて一般の意見を求めることができる（法23条1項）。

3　事業認定の要件及び効果

　事業認定の要件は、①事業が法3条各号の1に掲げるものに関すること、②起業者が当該事業を遂行する充分な意思と能力を有する者であること、③事業計画が土地の適正且つ合理的な利用に寄与するものであること、④土地を収用し、又は使用する公益上の必要があるものであることである（法20条）。事業認定庁は、事業認定申請書及びその添付書類、事業認定手続において収集した土地管理者及び関係行政機関の意見書（法18条2項4号ないし6号、21条）のほか、利害関係人の意見書、学識経験者の意見（法22条）及び公聴会における一般の意見に加え、現地の実地調査によって得られた資料や起業者から任意提出された参考資料、口頭による説明をも基礎資料として、上記要件該当性を判断し、要件を全て満たすときに事業の認定をすることができる。

　事業認定がされると、起業地が確定し、起業者に対して、事業認定に係る土地を収用又は使用することができる地位が付与され、起業者は、事業認定の告示から1年以内に限り収用委員会に裁決を申請することができる（法39条）。他方で、起業地の所有者は、収用等の裁決までの間、従前

---

[1]　ここにいう利害関係には、法律上の利害関係だけではなく、経済的・社会的利益等の事実上の利害関係も含まれると解されている（高田賢造『新訂土地収用法〔第2版〕』147頁（日本評論社、1968）、小高剛『土地収用法』166頁（第一法規、1980））。

のとおり土地を使用収益すること自体は妨げられないものの、事業認定の告示以降は、都道府県知事の許可を受けなければ、起業地について明らかに事業に支障を及ぼすような形質（土地の形状・地質）の変更をすることができない（法28条の3）。

事業認定によって、上記以外にも種々の法的効果が生じる[2]ため、事業認定庁は、事業認定がされた旨を起業者に文書で通知するとともに、その告示をしなければならない（法26条1項）。また、市町村長は、起業地を表示する図面を公衆の縦覧に供しなければならず（法26条の2第2項）、起業者は、補償等について、土地所有者等に周知させるため必要な措置を講じなければならない（法28条の2）。

4 事業認定をめぐる行政訴訟

事業認定は、上記のように起業者、土地所有者等の権利義務関係に直接影響を及ぼすことから、抗告訴訟の対象となる行政処分であることについては異論がなく、処分性が実際の訴訟で争点となることはない。なお、事業認定申請が却下された場合に、起業者が却下処分の取消訴訟を提起するという例も考えられるが、実務上は、事業認定がされた場合に所有者等がその取消訴訟等を提起するというケースがほとんどであるため、以下は、後者を念頭において検討する。

(1) 原告適格

事業認定の効果の及ぶ範囲は、いずれも起業地内の土地等に限られるところ、起業地内の土地等の所有者及び法8条3項の関係人（以下単に「関係人」という）が、事業認定の取消しを求める法律上の利益を有することについては異論がない。これ以外の者、例えば、起業地の周辺住民等に原告適格が認められるか否かについては、裁判例は、事業認定によって法律

---

[2] 効果の詳細については、土地収用法令研究会編『土地収用法の解説と運用Q＆A』119頁（ぎょうせい、2009）、行政事件訴訟実務研究会編『判例概説 土地収用法』73頁（ぎょうせい、2000）を参照されたい。

上の地位に直接的な影響を受けるものではないなどとして、これを否定している（東京地判昭和59年7月6日行集35巻7号846頁、東京地判平成17年5月31日訟月53巻7号1937頁、その控訴審東京高判平成20年6月19日判例秘書06320334、東京地判平成22年9月1日判時2107号22頁、その控訴審東京高判平成24年7月19日判例秘書06720403）。

なお、最大判平成17年12月7日民集59巻10号2645頁（小田急高架化事業認可取消訴訟上告審判決）は、都市計画法（平成11年法律第160号による改正前のもの）59条2項に基づく都市計画事業の認可の取消訴訟において、事業地の周辺住民の原告適格を肯定しているところ、都市計画法の事業認可は、土地収用法の事業認可と同一の効力を有する処分であるから、上記最大判との関係が問題となり得るが、土地収用法は、都市計画法のように健康で文化的な都市生活を確保し、良好な生活環境を保全することを目的としたものではなく、いわば用地取得に特化した法手続を定めたものであるし、また、環境影響評価条例等を土地収用法の関係法令としてみることができないとすると[3]、上記最大判のように根拠規定の保護法益に周辺住民の健康や環境被害防止といった趣旨を含むと解釈することは難しいように思われる（前掲東京高判平成20年6月19日参照）。

(2) 訴えの利益

事業認定は、起業者が告示日から1年以内に収用等の裁決の申請をしなければ失効するため、そのような場合事業認定の取消訴訟の利益は消滅する。

また、事業認定の取消訴訟の提起後に、収用裁決がされ、その取消訴訟が提起された場合について、先行訴訟の訴えの利益が消滅しないかが問題となり得るが、土地収用手続における事業認定と収用裁決は、一連の手続を構成する処分であるものの、その要件、違法事由及び効果を異にする行

---

[3] これに対して、関係法令を柔軟に解釈し、土地収用法の事業認可との関係でも、都市計画法や環境影響評価条例等を斟酌すべきであるとの見解もある（改正行政事件訴訟法施行状況検証研究会第13回会議（平成24年）資料「改正行政事件訴訟法施行状況検証研究会　報告書について」(http://www.shojihomu.or.jp/gyoso/shiryo20120720.pdf) 89頁参照）。

政処分であるから、後行処分がされ、その取消訴訟を提起したことから、先行処分の取消しを求める訴えの利益が消滅するとは解されていない。実務上、収用裁決の取消訴訟が追加提起された場合は、行訴法16条1項により、関連請求に係る訴えとして併合審理されることになる（東京地判平成5年11月29日判例地方自治125号65頁参照）。

(3) 出訴期間

取消訴訟の出訴期間は、処分又は裁決があったことを知った日から6箇月である（行訴法14条1項）が、法律上公告、公示等によってされる処分については、その公告、告示等が適法にされた時に処分があったことを知ったものとして出訴期間を算定すべきものと解されている[4]ため、土地の所有者等については、事業認定の告示から6か月以内に提訴しなければならない。

(4) 本案の審理について

事業認定の適法性の審理については、法20条各号の要件該当性の有無等という実体的な適法性のほか、手続的な適法性が争われることが多い。

ア　法20条各号の要件該当性

法20条の要件のうち、1号及び2号の要件については、羈束ないし羈束的要件であり、裁量の余地がないか少ないとされている。他方、3号及び4号の要件については、事業認定庁の裁量を認める見解が通説的である。

このうち3号要件は、いわば事業計画自体の合理性を定めたものであって、「当該土地（起業地）がその事業の用に供されることによって得られるべき公共の利益」と「当該土地がその事業の用に供されることによって失われる私的ないし公共の利益」とを比較考量し、前者が後者を優越すると認められることを意味すると解されており、この判断は、事業計画の内容、その事業によってもたらされるべき公共の利益、起業地の現在の利用

---

4) 塩野Ⅱ98頁。

状況、その有する私的ないし公益的価値等について、総合的な判断としてされなければならないと考えられる[5]。また、事業認定をするか否かの検討過程においては、複数の代替案の検討がされるのが通常であるため、訴訟においても、採用された事業計画案と代替案との比較という観点から上記合理性の有無が審理されることが多い。

4号要件は、事業計画自体の合理性とは別に、強制的な土地収用という取得手段を用いることの必要性があり、その必要性が公益目的に合致していることを要求したものである。実際の訴訟においては、従前の交渉経緯等の事実から、任意買収の方法によることの困難性が認められるか否かなどが問題となる。

そして、3号・4号要件該当性については、上記のように事業認定庁の判断に裁量が認められるため、その審査においては、その判断が社会通念上著しく不相当であると認められる場合のみ、裁量権の逸脱又は濫用があり、違法とされるのが一般的である[6]。

イ 手続上の問題

手続上の問題としては、学識経験者に対する意見聴取や公聴会の開催がされなかったことや開催されたとしても十分ではなかったという主張がされることが多い。しかし、まず、学識経験者の意見を求めるべきか否かの判断は、事業認定庁の裁量に属し、意見を求めなかったとしても裁量権の逸脱・濫用に当たると解すべき特段の事情がない限り、違法とならないと解されている（東京地判昭和38年9月17日行集14巻9号1575頁、東京地判昭和59年7月6日判時1125号25頁）。また、公聴会については、利害関係人から事業認定申請書等の縦覧期間内に適法な請求があれば、義務的

---

5) 小澤・土地収用法（上）342頁、宇都宮地判昭和44年4月9日行集20巻4号373頁（いわゆる日光太郎杉事件）、東京地判平成17年11月25日判時1919号15頁、前掲東京地判平成22年9月1日。
6) なお、東京高判昭和48年7月13日行集24巻6・7号533頁（前掲宇都宮地判昭和44年4月9日の控訴審判決）は、裁量審査の手法として、いわゆる判断過程統制方式を採用した。近時においても、これと同様の判断方法を採る裁判例として、東京地判平成16年4月22日判時1856号32頁、前掲東京地判平成17年11月25日、その控訴審東京高判平成20年3月31日判例地方自治305号95頁がある。

に開催しなければならないが、それ以外の場合に開催するか否かについては、同様に事業認定庁の自由な裁量に委ねられていると解されており、上記と同様に裁量権の逸脱・濫用があったか否かのみが問題となる。

(5) 執行停止

事業認定の効力を停止して当該事業の進行を止めるためには、事業認定の取消訴訟を提起した上で、その効力停止の申立てをする必要がある。しかし、この申立てが認められるためには、重大な損害を避けるため緊急の必要があることが必要であるところ、前記のように事業認定後も、収用委員会における裁決があるまでは、所有者等は、土地の形質の変更を伴わない限度において自由にその土地ないし物件を使用することができるため、上記要件を認めるのは困難であろう（東京地決昭和39年7月13日行集15巻7号1413頁参照）。実務上は、そもそも事業認定の効力停止が申し立てられること自体が稀である。

Ⅲ 収用又は使用の手続

1 収用等の裁決の申請

事業認定により、起業者には土地を収用又は使用することができる地位が付与されるが、事業認定の告示日から1年以内に限り、収用等の裁決を申請することができる（法39条1項）。同申請書及び添付書類は法40条1項のとおりであり、土地調書を添付しなければならないとされているため、起業者は、事業認定の告示後、裁決の申請に先立ち、収用又は使用する土地の形状、権利関係を調査し、土地調書を作成しなければならない（法36条1項、37条1項）[7]。

裁決申請は公告され、申請書等は2週間公衆の縦覧に供される。収用

---

[7] なお、事業認定の告示後、起業者には、土地調書及び物件調書を作成するため、強制的に告示のあった土地又は工作物に立ち入って測量・調査を行う土地物件調査権が認められている（法35条）。

委員会は、縦覧期間の経過後、裁決手続の開始決定をして、その旨を公告する（法45条の2）。

　収用委員会は、申請を認める場合は、権利取得裁決と明渡裁決からなる収用又は使用の裁決（以下単に「収用裁決」という）をする（法47条の2第1項・2項）。権利取得裁決は、土地の所有権又は使用権の取得に関する裁決であるが、これによっても被収用者は引き続き土地を占有し、利用することができ（法101条の2本文）、起業者は、明渡裁決を受けて初めて土地の占有を取得し、最終的な目的を達成することができる。収用委員会は、法39条1項の申請に対してまずは権利取得裁決のみを行い、起業者、土地所有者又は関係人からの申立てをまって明渡裁決をするものとされており（法47条の2第3項）、2段階の手続を経ることとなる。

2　裁決の手続

　収用委員会は、裁決手続の開始後、遅滞なく審理を開始する。収用委員会は、都道府県知事の所轄の下に設置され、7名の委員によって組織される独立した行政機関であり（法51条、52条）、その審理は公開して傍聴を許すものとされ（法62条）、起業者及び土地所有者等が出席して意見書を提出し、口頭による意見の陳述、資料提出の申立てをするほか、起業者等の当事者及び参考人の審問、鑑定、土地・物件の調査を申し立てることができる（法63条）。また、収用委員会は、申立てを受け、又は自ら調査のために必要であるとして、当事者及び参考人の審問、鑑定等をすることができる（法65条）。

　収用委員会は、法47条各号に該当する場合には却下の裁決をするが、それ以外の場合は収用裁決をしなければならず、権利取得裁決では、①収用する土地の区域又は使用する土地の区域並びに使用の方法及び期間、②土地又は土地に関する所有権以外の権利に対する損失の補償、③権利を取得又は消滅させる時期等の事項が裁決される。なお、裁決の会議は非公開であり（法66条1項）、裁決書の正本の送達によって、その効力が生じる。

　権利取得裁決の効果（土地収用の場合）は、①起業者は、土地所有者等

に対し、権利取得の時期までに、裁決に係る補償金等を払い渡さなければならないこと（法95条1項）、②補償金等の払渡しがされれば、権利取得の時期に起業者が土地を取得すること（法101条1項本文）、③当該土地に関するその他の権利等が消滅すること（法101条1項本文）などがある[8]。

明渡裁決の効果は、①起業者は明渡しの期限までに同裁決で決定された移転料を支払う義務を負うこと（法97条1項）、②土地又は土地にある物件の占有者は、明渡しの期限までに、起業者に対し、土地、物件を引渡し、又は物件を移転しなければならないこと（法102条）である。明渡裁決後に、占有者が引渡し等の義務を履行しない場合の執行方法としては、行政代執行の方法が予定されている（法102条の2第2項）。

3　収用委員会の裁決をめぐる行政訴訟

権利取得裁決には、上記のように、土地の収用等に関する事項と損失補償に関する事項が含まれるところ、損失補償に関する事項については行政不服審査法上の不服を申し立てることはできず（法132条）、損失補償に不服がある場合は、直ちに訴訟を提起することとなる（この点については、Ⅳで検討することとする）。収用裁決のうち、損失補償に関する事項を除くと、国土交通大臣に対して審査請求をすることができるが（法129条）、審査請求前置主義はとられていないため、直ちに裁判所に収用裁決の取消訴訟を提起することもできる。以下、収用裁決の取消訴訟において、実務上問題となる点を検討する。

(1)　出訴期間

起業者に対し、法133条2項に基づく損失補償の訴え（詳細は後述する）を提起していた者が、6か月の出訴期間経過後に収用裁決取消請求を追加

---

[8]　起業者が裁決の効果として取得する土地所有権は、原始取得であると解されており、収用による所有権移転登記を待たず、権利取得の時期に当然に生じると解されている（大阪地判昭和42年7月15日判時513号66頁）。

したという場合に、後者の訴えの提起があった時に、前者の訴えの提起があったとみて、出訴期間の遵守に欠けるところはないと解することはできるかという問題があるが、法が、収用裁決に関する争訟と損失補償に関する争訟を明確に区別していること等にかんがみると、否定すべきであろう。上記のような事例について、東京高判昭和60年6月25日判時1172号30頁は、出訴期間を徒過した不適法な訴えであると判断している。

(2) 訴えの利益

明渡裁決の取消しを求める訴えの利益は、代執行による当該土地等の明渡しが完了した場合には、明渡裁決はその目的を達成し、これを取り消しても当然に占有ないし占有権原が復活するという関係にはないことなどから、訴えの利益が消滅すると解されている（大阪高判平成24年1月24日訟月59巻9号2409頁、東京地判平成17年11月25日判時1919号15頁等）。

(3) 本案の審理

ア　事業認定の違法性について

収用裁決の取消訴訟において、先行する行政処分である事業認定の違法事由を主張することができるか、すなわち、先行処分である事業認定の違法性は、収用裁決に承継されるかという問題がある。

違法性の承継論については、先行処分と後行処分とが相結合して1つの効果の実現を目指し、これを完成する一連の行為となっている場合には、違法性の承継が認められると解されており[9]、土地収用法上の事業認定と収用裁決については、最高裁の判断は示されていないものの、違法性の承継が認められる代表的な事例であるとされ[10]、従来下級審裁判例の多くが違法性の承継を肯定していた（東京地判昭和63年6月28日行集39巻5・6号535頁、名古屋地判平成2年10月31日判時1381号37頁、東京

---

9)　実務的研究185頁。
10)　実務的研究187頁、塩野Ⅰ149頁、152頁参照。

地決平成 15 年 10 月 3 日判時 1835 号 34 頁、東京地判平成 16 年 4 月 22 日判時 1856 号 32 頁）。ただし、近時は、承継肯定説に懐疑的な見方を示す見解もあり[11]、違法性の承継を否定する裁判例が現れている（東京高決平成 15 年 12 月 25 日判時 1842 号 19 頁、東京高判平成 24 年 1 月 24 日判時 2214 号 3 頁）[12]。

なお、事業認定の取消請求を棄却する判決が確定した場合には、後行する収用裁決の取消訴訟において、事業認定の違法性を主張することは、上記判決の既判力に抵触して許されない（最三判平成 9 年 10 月 28 日訟月 44 巻 9 号 1578 頁）。

イ　収用裁決固有の違法事由について

収用裁決の違法事由として、これに先立って作成される土地調書・物件調書の作成手続の違法や、裁決における収用対象土地が特定されていないことなどが主張されることがある。

前者においては、起業者は、土地調書・物件調書の原案に署名押印する段階で、土地所有者及び関係人に立ち会わせて署名押印をさせなければならない（法 36 条 2 項）ところ、土地調書・物件調書を作成するに当たって土地所有者又は関係人に立会いの機会を与えなかったことが手続上違法となるかという問題がある。この点については、上記規定の趣旨は、「土地調書及び物件調書作成の全課程で、土地所有者及び関係人に立会いの機会を与えることを要求しているものではなく、調書が有効に成立する署名押印の段階で、調書を土地所有者及び関係人に現実に提示し、記載事項の内容を周知させることを求めているもの」（最大判平成 8 年 8 月 28 日民集 50 巻 7 号 1952 頁）であって、現地における立会いの機会を与えなくても、違法となるものではないと解されている[13]。

---

11)　宇賀・概説Ⅰ 344 頁。
12)　なお、最大判平成 20 年 9 月 10 日民集 62 巻 8 号 2029 頁の近藤崇晴判事補足意見は、土地区画事業の事業決定と仮換地の指定・換地処分とについて、違法性の承継を否定する見解を示しており、この見解の当否に加え、土地収用法上の処分についてもこれと同様に考えることができるかにつき、今後の学説・裁判例の展開が注目される。

(4) 事情判決

　裁判例はさほど多くないが、土地収用事業においては、収用裁決が違法であるものの、既に事業や工事が相当に進展しており、処分を取り消してその法的効果を覆すことが、社会経済的にみて多大な損失をもたらし著しく困難であるとして、違法の宣言にとどめて、請求を棄却するとの事情判決がされることがある（大阪高判昭和58年9月30日判タ515号132頁、札幌地判平成9年3月27日判タ938号75頁）。

(5) 執行停止

　収用裁決（権利取得裁決及び明渡裁決）は、それ自体が執行力を有するものではなく、最終的には行政代執行法に基づく代執行によってその目的が実現されるものである。したがって、被収用者の損害は、通常上記代執行を停止すればその目的を達成することができるから、収用裁決の効力停止の申立ては行訴法25条2項ただし書によって許されないと解される（大阪地決昭和48年6月25日訟月20巻7号75頁、東京地決平成15年10月3日判タ1131号90頁）。また、収用裁決とその代執行は、別個の処分であるものの、代執行が収用裁決の執行手続として、これに続く一連の手続を構成するものであって「手続の続行」（行訴法25条2項）に当たるため、収用裁決の取消訴訟を本案として、同裁決に基づく代執行手続の続行の停止を求めることができると解される。ただし、収用裁決がされてから代執行の措置が執られるまでには時間的余裕があるのが通常であるから、代執行手続の開始前に、緊急の必要性が認められる場合は少ないであろう[14]。

　また、代執行手続が開始された後についても、従来は、土地収用によっ

---

13) なお、土地所有者及び関係人は、署名押印の際、土地調書等の記載事項が真実でない旨の異議を付記することができる（法36条3項）が、異議を付記しないで署名押印すると、調書の記載事項の真否について、内容の真実性が推定されることになる（法38条）。

14) 以上につき、藤田ほか・諸問題260頁。なお、前掲東京地決平成15年10月3日は、起業者の代執行請求の有無や代執行手続が開始されているか否かにかかわらず、代執行手続の停止を求めることが許されるとしたが、その後、これを肯定した決定例は見当たらない。

Ⅲ　収用又は使用の手続

て従前の住居等を失う点についても財産的損害であって回復困難な損害ではないとして、行訴法25条2項の損害要件を否定する裁判例が多かった。しかし、平成16年の行訴法改正により、同要件は「重大な損害」に緩和されており、この場合については認める余地があるように思われる[15]。

IV 損失の補償をめぐる行政訴訟

1 概説

収用委員会の裁決のうち、損失補償に係る部分については、行政不服審査法上の不服申立てをすることはできず、起業者と土地所有者の双方を当事者とする訴えのみが認められている（法133条2項・3項）。補償裁決は、実質的には私権に関する事項として民事事件と類似した性質を持つと解される[16]ので、その適否についても行政内部で判断するよりも当事者間同士の争いとして裁判所の判断に委ねるのが合理的であると考えられたためである。そして、この訴訟（損失補償に関する訴え）は、収用委員会の裁決の内容を争うものであるが、収用委員会を被告とするものではなく、形式的には上記の当事者間で争うこととなるため、講学上、形式的当事者訴訟（行訴法4条前段）と呼ばれている[17]。

補償額が低額であるとして裁決に不服のある被収用者等は、起業者を被告として、不足額の給付を求める訴え（以下「増額訴訟」という）を提起することとなり、補償額が高額であるとして不服のある起業者は、被収用者等を被告として、過大額の減額の確認（補償金が法95条2項により供託さ

---

15) ただし、平成16年行訴法改正法施行後、「重大な損害」要件を認めた決定例は現れていない。なお、同法施行前において、前掲東京地決平成15年10月3日は、居住の利益は人格権の基盤をなす重要な利益であり、非代替的な性質を有するとして回復困難な損害に当たるとして、執行停止の申立てを認めたが、その抗告審である前掲東京高決平成15年12月25日はこれを否定した。
16) その一例として、損失補償については、起業者、土地所有者等の申立ての範囲を超えてはならないとされており、起業者の申立額と被収用者の申立額のうち多額の方を上限、少額の方を下限とした裁決がなされることなどが挙げられる。
17) 塩野II 255頁。

れた場合）か、過払額の返還（補償金が払い渡された場合）を求める訴え（以下「減額訴訟」という）を提起することとなる。

2　訴訟の性質論

　損失補償に関する訴えの性質をめぐっては、①損失補償請求権は、収用の補償原因事実が発生すれば憲法29条3項及びその趣旨を具体化する行政法規が定めるところによって客観的に発生しているのであり、損失補償に関する訴えは、上記のとおり憲法及び法律によって客観的に発生している補償額の確認ないしその給付を求める確認又は給付訴訟の性質を有するとの見解（給付・確認訴訟説）と、②収用委員会のする裁決等は、損失補償請求権を具体的に形成する行政処分であり、損失補償に関する訴えは、裁決等で示された補償金額に対する不服を内容とする抗告訴訟の実質を有する形成訴訟、すなわち、損失補償に関する裁決等を一部取消し又は変更して、正当な補償金額を確定することによって、具体的な損失補償請求権を形成する形成訴訟であるとの見解（形成訴訟説）とが対立している。

　この点について、最三判平成9年1月28日民集51巻1号147頁は、「損失補償に関する訴訟は、裁決のうち損失補償に関する部分又は補償裁決に対する不服を実質的な内容とし、その適否を争うものであるが、究極的には、起業者と被収用者との間において、裁決時における同法所定の正当な補償額を確定し、これをめぐる紛争を終局的に解決し、正当な補償の実現を図ることを目的とする」としており、いずれの見解に立つかについて明示的な判断を示していない。

　しかし、上記訴えの性質論は、従来請求の趣旨ないし判決主文の記載等に違いが生じさせるものとして議論されてきたが、後述のように、今日ではこれらに直接影響するとは考えられておらず、少なくとも訴えの提起の場面においては、特段こだわる必要はないと考えられる[18]。

---

18)　実務的研究321頁以下参照。

3 当事者の表示

　平成16年の行訴法改正法施行前は、国又は公共団体が起業者の場合に、被収用者が事業の執行者ないし管理者である行政機関を被告として訴える事例が少なくなく、そのような場合に被告の変更が許されるかが問題とされたが、改正法によって、抗告訴訟の被告も国又は公共団体とされた（行訴法11条1項・2項）ため、この点の誤りがなくなり、被告の表示が問題となることは少なくなった。

4 原告適格

　権利取得裁決においては、原則として、土地所有者等の氏名、住所等を明らかにして行う必要がある（法47条の3、48条）ところ、裁決において土地所有者と認定されなかった者が、真の所有者であると主張して損失補償に関する訴えを提起することができるかという問題がある。

　この問題について、以前は、収用委員会による所有者の誤認に過失がある場合は、真の権利者は損失補償請求権を失わないとして損失補償に関する訴えを提起することができるが、過失がない場合は、裁決の名宛人に対して不当利得返還請求訴訟を提起するしかないとする見解が有力であった[19]。しかし、この見解によると、過失が認められない場合は、真の所有者が、裁決の名宛人の無資力の危険を負うことになり、救済方法としては不十分であるといわざるを得ない。真の所有者に対しても、権利取得裁決の効力が及ぶと解するのであれば、真の所有者は、起業者に対して、損失補償に関する訴えを提起することができると解するのが相当であるというべきであり、近時は、積極に解する見解が有力である[20]。

---

19) 高田・前掲注1) 280頁。

5　請求の趣旨

　従来、損失補償に関する訴えについて、形成訴訟説の立場から、請求の趣旨においても、裁決のうち損失補償に関する部分の変更を求める（裁決の取消しを求める）旨を掲げる必要があり、これを求めることなく増額分の支払等を求める訴えは不適法であるとしてこれを却下する裁判例があった。他方、給付・確認訴訟説の立場からは、裁決の変更を求めることは不要であり、端的に増額分の支払等を求めればよいこととなる。

　損失補償に関する訴えは、裁決のうち損失補償に関する部分又は補償裁決に対する不服の実質的な内容として、その適否を争うものであることからすれば、その訴えにおいて、まずはその取消し又は変更することを求める旨を明示するのが相当であるとも考えられるが、必ずしも判決主文上、その旨が明示的に示されていなければならないというものではない。形成訴訟説の立場に立ったとしても、損失補償に関する訴えを、取消訴訟ではなく、形式的当事者訴訟によるべきものとした法の趣旨からすれば、判決によって確定された正当な補償の内容のみを主文に掲げたとしても、この判決が、裁決によって定められた補償の内容を変更するものであることは明らかであるから、請求の趣旨において、裁決の変更を求めることなく、単に増額分の支払を求める旨を記載したとしても、不適法ではないと考えられる。前掲最三判平成9年1月28日も、単に増額分の支払を求める旨の主文を掲げた原審判決を取り消さずに維持しており、今日では、請求の趣旨が上記のいずれかでなければ許されないといった硬直的な考え方はとられていないといってよいであろう。

20）　小澤・土地収用法（上）711頁、宇賀克也「損失補償請求訴訟における若干の問題」判タ808号28頁。ただし、真の所有者と主張する場合であっても、裁決手続開始の登記後に所有権を承継した者については、土地収用の審理手続において、土地所有者として扱われず、補償金の支払請求をすることもできないこと（法45条の3第1項、小澤・土地収用法（上）607頁）などから、損失補償に関する訴えについて、原告適格を欠くとした裁判例（東京地判平成21年3月5日判例秘書06430392、その控訴審東京高判平成22年1月28日判例秘書06520364）がある。

6 出訴期間

　損失補償に関する訴訟については、裁決書の正本の送達を受けた日から6月以内に提起しなければならない（法133条2項）。この出訴期間をめぐっては、収用裁決取消訴訟を先行して提起し、6か月経過後に、起業者を被告として損失補償に関する訴えを追加的に併合提起することが許されるかという問題があるが、法が、収用裁決に関する争訟と損失補償に関する争訟を明確に区別していることから考えると、前者の訴えの提起があった時に、後者の訴えの提起があったとみて、出訴期間の遵守に欠けるところはないと解することはできないというべきであって、上記のような訴えの追加的変更は、許されないものと解される（最一判昭和58年9月8日集民139号457頁参照）。

7 訴えの併合

　収用委員会の属する国又は地方公共団体を被告として収用裁決の取消しを求める訴えを主位的請求とし、起業者を被告とする補償金額の増額を求める訴えを予備的請求として併合提起することが許されるかという問題がある。民事訴訟においては、訴えの主観的予備的併合は予備的被告の地位が不安定になることから原則として不適法であると解される（最二判昭和43年3月8日民集22巻3号551頁）が、行政訴訟においては、出訴期間の問題もあり、実質的に同一被告に対する請求と同視できるようなものについては主観的予備的併合を許容すべきであるとする見解が有力である。
　この問題について、最高裁の判断は示されておらず、下級審は積極説をとるもの（広島地判昭和49年12月17日行集25巻12号1614頁、その控訴審広島高判昭和51年3月1日行集27巻3号297頁、津地判平成7年9月21日判例地方自治149号75頁）と消極説をとるもの（長野地決昭和50年11月29日訟月22巻2号531頁、名古屋地判平成5年2月25日行集44巻1・2号74頁、その控訴審名古屋高判平成9年4月30日行集48巻4号323頁、福岡地判平成10年3月27日判例地方自治191号72頁）に分かれている。

しかし、そもそも上記2つの請求の間に、主位的予備的の関係があるといえるか疑問があるというべきであり[21]、実務上は単純併合の形式で訴えを提起することもできるため、民事訴訟法の原則を曲げてまで例外的に積極説をとる必要性はないようにも思われる。

8　本案の審理

(1)　判断の基準時と判断方法

　前記のとおり、損失補償に関する訴えは、裁決のうち損失補償に関する部分又は補償裁決に対する不服の実質的な内容として、その適否を争うものであることからすると、当該訴訟においても、収用委員会の補償金額に関する認定判断について、裁決時を基準時として、土地収用法に違反する違法があるか否かを審理判断すべきことになる。この点について、収用委員会は、補償金額を裁決するに当たり、起業者も自らの申立てを下限、被収用者の申立てを上限とする申立ての範囲に拘束される（法48条3項、49条2項、94条8項）から、仮に、客観的な補償金額がこの申立ての範囲外にあったとしても、この申立てに拘束されてなされた裁決は適法とされることになる。また、その基準時は、上記のとおり裁決時であって、裁決時点における客観的事実を基礎としてされた収用委員会の認定判断の適否という観点から審理されることになる。したがって、現に収用と相当因果関係を有する範囲の損失の金額を確定するという審理がされるものではない点に留意する必要がある。

　他方で、その補償金額は、法71条において、近傍類地の取引価格等を考慮して算定した事業の認定の告示の時における相当な価格に、裁決の時までの物価の変動に応ずる修正率を乗じて得た額とする旨規定しているが、上記「相当な価格」の認定判断について収用委員会に裁量権があると解するのは相当ではなく、その額は、通常人の経験則及び社会通念に従って、客観的に認定されるべきである。すなわち、裁判所においても、この

---

[21]　実務的研究246頁参照。

点に関する収用委員会の認定判断に裁量権の逸脱濫用があるか否かを審理判断するのではなく、証拠に基づいて裁決時点における正当な補償額を客観的に認定し、裁決に定められた補償額が上記認定額と異なるときは、これを違法として、正当な補償額を確定すべきこととなる（前掲最三判平成9年1月28日）。

ただし、不動産価格の評価に一定の幅があることは当然であり、収用委員会においても鑑定評価を実施していることもあり、審理においても、「相当な価格」について、同種事案を多数処理する収用委員会の判断が合理的なものとして事実上尊重されることも多いであろう。

(2) 主張立証責任

形成訴訟説及び確認・給付訴訟説のいずれの見解からも、裁決と異なる価格を主張する原告側にあると考えられており、増額訴訟においては被収用者が、減額訴訟においては起業者が、それぞれ主張立証責任を負うと考えられている。

参考文献
- 土地収用法令研究会編『土地収用法の解説と運用Q&A』（ぎょうせい、2009）。
- 小澤・土地収用法（上）（下）。
- 行政事件訴訟実務研究会編『判例概説 土地収用法』（ぎょうせい、2000）。

第6部

運転免許関係

第19講
運転免許に関する争訟

日暮　直子

I　はじめに

　自動車等の運転免許を受けた者が道路交通法施行令所定の違反行為を行い、違反点数又は付加点数が累積し一定の基準に達した場合には、一定の期間免許の効力を停止する運転免許停止処分又は免許を取り消す運転免許取消処分を受けることになる（道路交通法103条1項8号、道路交通法施行令38条）。違反行為をしていないにもかかわらず、違反行為があったとして運転免許停止処分又は運転免許取消処分を受けた者は、違反行為をしていないため違反点数を付加することはできないから上記の一定の基準に達していないと主張して、運転免許停止処分又は運転免許取消処分の取消しの訴え（行政事件訴訟法3条2項）を提起し、併せてこれらの処分の執行停止の申立て（同法25条2項）をすることができる。
　それでは、運転免許停止処分又は運転免許取消処分を受ける前の段階、すなわち、違反点数を付加された時点において、違反行為の不存在を理由として違反点数付加行為の取消しの訴え（同法3条2項）を提起することができるであろうか。これは、違反点数付加行為又は違反点数を記録する行為に処分性が認められるかどうかの問題であるが、仮にこれが否定されるとしても、違反行為の不存在を理由として、違反点数を付加されていないこと、又は、次回の更新時に優良運転者として運転免許の更新を受けることができる地位にあることの確認を求める訴え（同法4条）を提起することができるかが問題となる。
　また、運転免許には、優良運転者に対する運転免許（いわゆるゴールド

免許)、一般運転者に対する運転免許及び違反運転者に対する運転免許があるが、一般運転者とする運転免許の更新処分がされたときに、運転者の区分に不服のある者は運転免許の更新処分の取消しの訴え（同法3条2項）を提起することができるかが問題となり得る。さらに、上記の場合に、処分の取消しの訴えと併合して、優良運転者である旨の記載のある運転免許証を交付してする更新処分を求めて義務付けの訴えを提起することができるか、義務付けの訴えを提起することができるとして、その訴えは、行政事件訴訟法3条6項1号又は2号のいずれに該当するものかが問題となる。

以下では、まず、運転免許制度、優良運転者の優遇措置及び違反点数制度の概要を説明した後、個別の論点について検討することとする（以下に示す道路交通法等の規定は、平成26年7月当時のものである）。

II 運転免許制度の概要等

1 運転免許の種類等

自動車等を運転しようとする者は、公安委員会の運転免許を受けなければならないものとされ（道路交通法84条1項）、運転免許は、運転免許証（以下「免許証」という）を交付して行うこととされている（同法92条1項前段）。

運転免許は、第1種運転免許、第2種運転免許及び仮運転免許に区分され（同法84条2項）、第1種運転免許は、大型自動車免許、中型自動車免許、普通自動車免許、大型特殊自動車免許、大型自動二輪車免許ほか4種類に分類されている（同条3項）。

免許証の有効期間は、免許証の交付又は更新を受けた者を「優良運転者」、「一般運転者」、「違反運転者」に区分し、更新日等における年齢に応じて定められている（同法92条の2第1項）。免許証の交付又は更新を受けた者が優良運転者及び一般運転者で更新日等における年齢が70歳未満である場合には、満了日等の後のその者の5回目の誕生日から起算して1月を経過する日が有効期間の末日とされている（同項）。

優良運転者とは、更新日等までに継続して運転免許（仮免許を除く）を受けている期間が5年以上である者であって、自動車等の運転に関する道路交通法及び同法に基づく命令の規定並びに同法の規定に基づく処分並びに重大違反唆し等（自動車等の運転者が重大違反をした場合において当該重大違反を助ける行為をいう。道路交通法90条1項5号参照）及び道路外致死傷（同項6号参照）に係る法律の規定の遵守の状況が優良な者として政令で定める基準に適合するものをいう（道路交通法92条の2第1項の表の備考一の2）。免許証の通常の更新を受ける者についての前記基準は、更新前の免許証の有効期間が満了する日の直前のその者の誕生日の40日前の日前5年間において違反行為又は道路交通法施行令別表第4若しくは別表第5に掲げる行為をしたことがないことである（道路交通法施行令33条の7第1項1号）。違反行為には、一般違反行為と特定違反行為があり、一般違反行為とは、自動車又は原動機付自転車の運転に関し道路交通法若しくは同法に基づく命令の規定又は同法の規定に基づく処分に違反する行為で道路交通法施行令別表第2の1の表の上欄に掲げるものをいうとされており（道路交通法施行令33条の2第1項1号）、特定違反行為とは、道路交通法施行令別表第2の2の表の上欄に掲げる行為をいうものとされている（同条第2項1号）。道路交通法施行令別表第2の1の表の上欄には、無免許運転等の多数の行為が掲げられており、別表第2の2の表の上欄には、運転殺人等又は危険運転致死等の行為が掲げられている。

　免許証の有効期間の更新を受けようとする者は、当該免許証の有効期間が満了する日の直前のその者の誕生日の1月前から当該免許証の有効期間が満了する日までの間に、その者の住所地を管轄する公安委員会に更新申請書を提出しなければならない（道路交通法101条1項）。公安委員会は、運転免許を現に受けている者に対し、更新期間その他免許証の更新の申請に係る事務の円滑な実施を図るため必要な事項（その者が更新を受ける日において優良運転者……に該当することとなる場合には、その旨を含む）を記載した書面（いわゆる更新連絡書）を送付することとされている（同条3項）。

　上記の更新申請書の提出があったときは、公安委員会は、その者につい

て速やかに自動車等の運転について必要な適性検査を行わなければならず、その結果から判断して、当該免許証の更新を受けようとする者が自動車等を運転することが支障がないと認めたときは、当該免許証の更新をしなければならないこととされている（同条5項及び6項）。免許証の更新を受けようとする者は、その者の住所地を管轄する公安委員会が行う道路交通法108条の2第1項11号に掲げる講習（更新時講習）を受けなければならず（同法101条の3第1項）、これを受けていない者に対しては、公安委員会は、上記の規定にかかわらず、免許証の更新をしないことができることとされている（同条2項）。

　更新時の講習は、後記のとおり、内閣府令の定めるところにより、優良運転者、一般運転者又は違反運転者等の区分に応じて行うものとされている（同法108条の2第1項11号）。

　免許証の更新は、新たな免許証を交付して行うものとされている（同法101条7項、道路交通法施行規則29条9項）ところ、運転免許証には、免許を受けた者が優良運転者である場合にあっては、その旨を記載するものとされている（道路交通法93条1項5号）。

2　優良運転者の優遇措置

(1)　講習について

　免許証の更新を受けようとする者のうち当該更新を受ける日において優良運転者に該当するもの（道路交通法101条3項により当該更新を受ける日において優良運転者に該当することとなる旨を記載した前記の更新連絡書の送付を受けた者に限る）は、当該免許証の有効期間が満了する日の直前のその者の誕生日までに免許証の更新の申請をする場合には、同条1項による更新申請書の提出を、その者の住所地を管轄する公安委員会以外の公安委員会（以下「経由地公安委員会」という）を経由して行うことができることとされている（同法101条の2の2第1項）。これにより更新申請書を受理した経由地公安委員会は、速やかに適正検査を行い、その結果を記載した書面を更新申請書と共に住所地を管轄する公安委員会に送付し、上記の

者が経由地公安委員会が行う同法108条の2第1項11号に掲げる講習を受けたときは、その旨を住所地を管轄する公安委員会に通知することとされている（同法101条の2の2第2項から4項まで）。

　更新時の講習は、内閣府令の定めるところにより、優良運転者、一般運転者又は違反運転者等の区分に応じて行うものとされている（道路交通法108条の2第1項11号）。同号を受けた道路交通法施行規則38条11項は、同項の表の第1欄に掲げる区分に応じ、それぞれ同表の第2欄に定める講習事項について、同表の第3欄に定める講習方法により、同表の第4欄に定める時間行うことなどを定めており、優良運転者に対する講習は、「道路交通の現状及び交通事故の実態」等の3つの講習事項につき、教本等の教材を用いた講習方法により、30分行うこととされている。これに対し、一般運転者に対する講習では、「自動車等の運転について必要な適性」の講習事項が加わり、筆記検査に基づく指導を含む講習方法によって1時間行うものとされており、違反運転者等に対する講習では、「自動車等の運転について必要な技能」が更に加わり、討議、演習等を含む講習方法によって2時間行うものとされている。

(2) **手数料について**

　道路交通法第6章の2等の規定により公安委員会が行うものとされている事務に係る手数料の徴収について、同法112条1項12号は、都道府県が、更新時講習を受けようとする者から、講習手数料につき、政令で定める区分に応じて、物件費及び施設費に対応する部分として政令で定める額に人件費に対応する部分として政令で定める額を標準とする額を加えた額を徴収することを標準として条例を定めなければならない旨を規定し、道路交通法施行令43条1項は、更新時講習を3つに区分し、優良運転者に対する講習について物件費及び施設費に対応する部分300円、人件費に対応する部分300円と、一般運転者に対する講習についてそれぞれ400円、550円と、違反運転者等に対する講習について所定の例外を除きそれぞれ700円、800円としている。

　以上を受けて、各都道府県はそれぞれ条例を定めているが、東京都につ

いてみると、警視庁関係手数料条例（昭和24年東京都条例第67号）1条1項は、地方自治法227条の規定により東京都が徴収する手数料のうち警視庁が所管する事務に関する手数料（以下「手数料」という）は、この条例の定めるところにより徴収することとし、同条例2条1項は、手数料は別表第1及び第2のとおりとすることとし、別表第2は、道路交通法108条の2第1項各号に掲げる講習を受けようとする者として、優良運転者に対する講習600円、一般運転者に対する講習950円、違反運転者等に対する講習を所定の例外を除き1500円としている。

(3) まとめ

以上によれば、現行法上、優良運転者に関する優遇的な措置といえるものをみると、優良運転者及び一般運転者と違反運転者等との間でもうけられたものとしては、更新後の免許証の有効期間が5年間であるか3年間であるかとの点が挙げられ、優良運転者と一般運転者及び違反運転者との間でもうけられたものとしては、①他の公安委員会を経由した更新申請書の提出の可否、②更新時講習の講習事項及び手数料の額、③優良運転者である旨の免許証の記載の3点が挙げられる。

3 違反点数制度

違反点数制度とは、自動車等の運転免許を受けた者の過去3年以内における道路交通法所定の違反行為等について、その危険性の度合いに応じて点数化し、当該違反者に対して点数を付し、その合計点数（累積点数）が道路交通法103条1項の運転免許の取消し又は効力停止の処分をする際に従うべき基準として政令で定められた一定の基準点数に達した場合に、都道府県公安委員会において当該違反者の運転免許を取り消し、又はその効力を停止することなどができるようにすることを主たる内容とするものである。具体的には、道路交通法施行令別表第2の1は一般違反行為の種別ごとに一般違反行為に付する基礎点数を、同別表第2の2は特定違反行為の種別ごとに特定違反行為に対する基礎点数を、同別表第2

の3は違反行為に付する付加点数（交通事故の場合）をそれぞれ定め、当該違反行為及び当該違反行為をした日を起算日とする過去3年以内におけるその他の違反行為のそれぞれについて同別表第2に定めるところにより付した点数の合計（以下「累積点数」という。道路交通法施行令33条の2第3項参照）が所定の点数に達しているか否かが、運転免許の取消し又は効力停止の基準（道路交通法103条1項、道路交通法施行令38条5項等）とされている。

　また、自動車安全運転センターは、自動車安全運転センター法により設立された、自動車の運転に関する研修及び運転免許を受けていない者に対する交通の安全に関する研修の実施等を行う法人であり（自動車安全センター法1条、3条）、運転免許を受けた者に対し、一定の場合に、違反行為者に対する累積点数等の通知や運転に関する経歴の書面を交付するものとされているが、違反行為者に対する累積点数の通知については、当該違反行為につき、①前歴がない者については4点又は5点の累積点数に該当する場合に、②前歴が1回である者については2点又は3点の累積点数に該当する場合に、それぞれ累積点数が何点であるか等を記載した書面を送付して通知することとされ（同法29条1項3号、自動車安全運転センター法施行規則8条）、違反点数を付加する都度、当該違反行為者に対する通知等を必ず行うものとはされていない。

III　運転免許停止処分又は運転免許取消処分の取消しの訴え

　運転免許停止処分は、運転免許を受けた者が道路交通法103条1項各号のいずれかに該当することとなったときに、運転者の住所地を管轄する公安委員会が政令で定める基準に従い、6か月を超えない範囲内で期間を定めて運転免許の効力を停止する処分であり、運転免許取消処分は、免許を受けた者が同法103条1項各号又は2項各号のいずれかに該当することとなったときに、運転者の住所地を管轄する公安委員会が行う処分であり、運転免許取消処分がされる場合には、併せて、政令で定める基準に従

い、1年以上5年を超えない範囲で免許を受けることができない期間を指定する処分が行われる（同条7項）。したがって、運転免許取消処分の取消しの訴えには、免許を受けることができない期間を指定する処分の取消しの訴えが併合提起されることが多い（行政事件訴訟法16条1項、13条）。

　違反行為による違反点数又は付加点数が累積し一定の基準を超えたことにより運転免許停止処分又は運転免許取消処分がされた場合（道路交通法103条1項8号、道路交通法施行令38条、別表第2）に、これらの処分の取消しの訴えが提起された場合には、原告による違反行為の有無が争点となる。違反行為は、同時に道路交通法の罰則規定にも該当し（例えば、無免許運転については、同法117条の3の2第1号において、2年以下の懲役又は30万円以下の罰金に処する旨規定されている）、又は、道路交通法9章所定の反則行為とされているものについては、通告を受けた者が反則金を納付しないという選択をすれば刑事手続による処理がされることになる（同法128条2項参照）。原告が当該違反行為に係る刑事事件において不起訴処分を受けたとして、当該違反行為が存在しない旨の主張がされることがある。しかしながら、道路交通法103条1項及び2項は、国家刑罰権の行使とは別に、公安委員会に道路交通法上危険性を有する運転者を一定期間道路交通の場から排除して、道路における危険を防止し、その他交通の安全と円滑を図るという公益目的を確保するため（同法1条参照）、公安委員会に対し運転免許の取消処分等をする権限を与えており、これらの処分をする際には、公安委員会が聴聞手続を主宰し、道路交通に関する事項に関し専門的知識を有する参考人又は当該事案の関係人の出頭を求め、意見又は事情を聴くことができると定めている上（同法104条、104条の2）、当該聴聞手続においては、公安委員会が処分の名宛人になるべき当事者に意見陳述をさせ、証拠書類を取り調べることができることとされている（行政手続法20条）。これらのことからすると、公安委員会は、刑事訴追の有無や刑事上の責任の有無などの刑事手続の帰趨に左右されることなく、公安委員会において独自の立場で処分の理由となる事実を認定し運転免許取消処分等の行政処分を行うことができるというべきである。したがって、運転免許停止処分等の取消しの訴えにおいては、免許を受けた者が不起訴

処分を受けていたとしても、そのことのみをもって、当該違反行為が存在しないということはできず、改めて処分の理由とされた違反行為の有無が問題となる。そして、その立証に際しては、原告本人の供述（陳述書や本人尋問）や、取締行為に当たった警察官等の証人尋問が行われることが多い。これらの人証のほか、違反行為が行われたとされる現場の状況等がわかる客観的な資料を書証として提出することが必要であり、必要があれば早期に調査嘱託の申立てをすることが必要である。

　なお、運転免許停止処分を受けた者が運転免許停止処分において運転免許の効力を停止すると定められた期間を経過後、違反行為がなく、処分を受けずに1年が経過した場合には、当該運転免許停止処分は、前歴として考慮されないこととなるため（道路交通法施行令38条、別表第3の備考1）、運転免許停止処分の取消しの訴えにつき訴えの利益を喪失することになる（最三判昭和55年11月25日民集34巻6号781頁）。訴訟代理人及び裁判所としては、訴えの利益の喪失予定日を意識しながら審理を計画的に進めることが必要となる。

　運転免許停止処分の取消しの訴えが認容された裁判例としては、大阪地判平成21年9月10日判例秘書L06450576、東京地判平成25年1月22日判タ1389号124頁、運転免許取消処分の取消しの訴えが認容された裁判例としては、京都地判平成16年10月20日判例秘書L05950417、東京地判平成17年10月25日判例秘書L06033944、岡山地判平成21年3月3日判例秘書L06450107、東京地判平成21年3月26日判タ1307号133頁、横浜地判平成21年10月28日判例秘書L06450667、京都地判平成22年9月7日判例秘書L06550503、仙台地判平成24年1月23日判例秘書L06750015、さいたま地判平成25年9月25日判例秘書L06850692、東京地判平成25年11月15日判例秘書L06830907等がある。

Ⅳ　運転免許停止処分又は運転免許取消処分の執行停止

　運転免許停止処分又は運転免許取消処分の取消しの訴えを提起すると共に、その執行停止の申立てをすることが考えられる。執行停止は、処分の取消しの訴えの提起があった場合において、処分、処分の執行又は手続の続行により生ずる重大な損害を避けるため緊急の必要があるときに、処分の効力、処分の執行又は手続の続行の全部又は一部の停止を求めるものであるが（行訴法25条2項）、重大な損害を生ずるか否かを判断するに当たっては、損害の回復の困難の程度を考慮するものとし、損害の性質及び程度並びに処分又は裁決の内容及び性質をも勘案するものとされている（同条3項）。

　裁判例を見ると、運転免許取消処分について、重大な損害を避けるため緊急の必要があると認められるか否かについては、申立人の職業（タクシー運転手等の職業運転手であるか否か）や生活状況（申立人の住所地の地理的状況や公共機関の現状に照らし、日常生活を送る上で自動車等を利用することが必須であるか否か）等の事情が考慮されている（重大な損害を避けるため緊急の必要があると認められ、かつ、本案について理由がないとはいえないことの疎明があるとして、執行停止の申立てが認容された事例として、東京地決平成19年12月28日判例秘書L06235974、京都地決平成21年4月28日判例秘書L06450656、仙台地決平成22年5月14日判例秘書L06550266等がある）。

Ⅴ　違反点数付加行為の取消しの訴えの適否

　行政事件訴訟法3条2項の処分の取消しの訴えの対象となる「行政庁の処分その他公権力の行使に当たる行為」は、公権力の主体たる国又は公共団体が行う行為のうちで、その行為により直接国民の権利義務を形成し又はその範囲を確定することが法律上認められているものをいう。上記Ⅱ

3のような違反点数制度の概要に照らすと、累積点数は、公安委員会（運転免許の保留及び効力停止について道路交通法114条の2第1項により権限の委任が行われた場合には、警視総監又は道府県警察本部長）が運転免許停止等の処分を行う場合の基準となるものにすぎず、違反点数を付して累積点数に加算することは、それによって累積点数が所定の点数に達しない場合はもちろん、上記の点数に達する場合であっても、それだけでは当該運転免許の効力等の運転者の法的地位に影響を及ぼすものではなく、上記の各処分がされたときに初めてその運転免許の効力等の法的地位に影響が及ぶものである。したがって、違反点数を付して記録するという行為は、基本的には、将来の行政処分等に備えた前提作業として、違反行為があり、それが違反点数の何点に該当するという行政庁としての認識を内部的に記録する行為というべきであり、それ自体によって運転免許の効力等に影響を生じさせるものではないと解すべきである。したがって、違反点数の付加行為は、国民の権利又は法律上の地位に直接的な影響を及ぼすものではなく、これを処分であるととらえて、取消訴訟を提起することは許されない。この点を明示した最高裁判例は見当たらないが、下級審の裁判例では確立した判断であるといえる（東京地判平成12年11月29日判例秘書L05530444、東京地判平成16年12月17日判例秘書L05935116、東京地判平成17年11月16日判例秘書L06034348、東京地判平成18年7月28日判例秘書L06133087、東京地判平成18年9月29日判例秘書L06134002等）。

VI 違反点数を付加されていないことの確認を求める訴え等の適否

1 問題の所在

それでは、違反点数を付加されていないことの確認を求める訴えを提起することができるか。行訴法4条後段は公法上の法律関係に関する確認の訴えを提起することができることとしているところ、違反行為の有無は、公安委員会と自動車等の運転免許を受けた者との間の公法上の法律関

係に関するものといえる。問題は、このような訴えについて確認の利益が認められるか否かである。

2　確認の利益

　確認の訴えは、原告の法律上の地位の不安、危険を除去するために原告及び被告間の法律関係の存否を既判力をもって確定する訴えであり、実質的当事者訴訟である確認の訴えについても、民事訴訟一般と同様に、確認の利益、すなわち、判決の既判力をもって法律関係の存否を確定することが、その法律関係に関する法律上の紛争を解決し、当事者の法律上の地位の不安、危険を除去するために有効かつ適切であると認められることが必要である。通常の民事訴訟においては、①確認対象の適否（確認の対象として選択した訴訟物が当事者間の具体的紛争の解決にとって有効、適切であるか否か）、②争訟の成熟性（即時確定の現実的必要性）の有無（原告の法律上の地位に現に不安、危険が存在し、それを除去するために確認判決をすることが必要かつ適切であるか否か）、及び③方法選択の適否（当事者の具体的紛争の解決にとって種々の訴訟類型のうちから確認の訴えを選択することが適切であるか否か）の観点から検討されている。違反点数の付加に関する実質的当事者訴訟においては、特に上記②の争訟の成熟性（即時確定の現実的必要性）の有無が問題となる。

3　検討

　上記Ⅴのとおり、違反点数の付加行為は行政機関の内部的な行為にとどまること、その後の違反行為の有無、その時期によって具体的不利益が生じないこともあることからすると、特段の事情がない限り、単に違反行為により違反点数が付加されたというだけでは、即時確定の現実的必要性があるということは困難であろう。

　次に、当該違反行為がなければ優良運転者として免許の更新が認められる場合に、違反行為がなく、優良運転者として免許の更新を受けられる地

位にあることの確認を求めることについてはどうであろうか。優良運転者については、上記Ⅱ2のとおり、経由地公安委員会を経由した更新申請書の提出の可否、更新時講習の講習事項及び講習手数料の点において優遇措置が認められているところ、免許の更新処分を受ける前に優良運転者であると認められていなければこれらの優遇措置を受けることはできない。また、免許を受けた者が刑事事件において不起訴処分を受けた場合には、刑事事件において違反行為の存否を争う手段もないのであるから、免許の更新時期が迫っているというような事情があれば、即時確定の現実的必要性があるといえる場合もあろう。

さらに、違反行為が積み重なり、累積点数が運転免許停止処分又は運転免許取消処分の基準に該当することとなった場合であれば、即時確定の現実的必要性は認められるように思われるが、他方で、これらの処分の差止めの訴え（行訴法37条の4）を提起することも可能となるため、それとの振り分けが問題となる。この点、最一判平成24年2月9日民集66巻2号183頁（国歌斉唱義務不存在確認等請求事件）の判示に照らすと、処分の一定性が明らかであり、差止めの訴えの方がより直截で適切な訴えであると考えられる場合には、確認の訴えではなく、差止めの訴えによるべきことになるものと考えられる（もっとも、差止めの訴えは、一定の処分がされることにより重大な損害を生ずるおそれがある場合に限り提起することができるものとされており（行訴法37条の4第1項）、重大な損害の要件を満たす事案はかなり限定されるであろう）。

4 裁判例

裁判例としては、都道府県公安委員会が道路交通法施行令33条の2第1項1号イ、同別表第2に定めるところにより付した点数が4点であることの確認を求めた訴えにつき不適法であるとしたもの（大阪地判平成19年8月10日判タ1261号164頁）、当該違反行為を理由として都道府県公安委員会が付した基礎点数1点が無効であることの確認を求めた訴えにつき不適法としたもの（大阪高判平成20年2月14日判例秘書L06320408、

上記大阪地判の控訴審)、原告が当該違反行為に基づく違反点数を付されていないことの確認を求める訴えについて、確認の利益があるとしたもの(大阪地判平成21年10月2日判例秘書L06450981、ただし、原告は当該違反行為をしたと認められるとして請求は棄却した)、当該違反行為を理由として原告に対して付した基礎点数1点が無効であり、当該経歴が存在しないことの確認を求める訴えにつき不適法としたもの(東京地判平成23年12月27日判例秘書L06630709及びその控訴審である東京高判平成24年6月27日判例秘書L06720685)、次回の免許更新時に優良運転者又は一般運転者の区分により免許証の更新を受ける地位にあることの確認を求める訴えにつき確認の利益があるとして適法と認めたもの(さいたま地判平成23年2月23日判例秘書L06650791、ただし、原告には違反行為があり、次回免許証更新時には違反運転者等に該当することになるとして請求は棄却した)がある。

5 小括

いずれにしても、実質的当事者訴訟である確認の訴えについて、確認の利益が認められるか否かについては、当該時点において、原告の法律上の地位にいかなる危険、不安が生じているのか等の事情を個別具体的に検討するほかない。

Ⅶ 一般運転者として扱われ、優良運転者である旨の記載のない免許証を交付されて更新処分を受けた場合の取消しの訴えの可否

違反行為があることを理由として一般運転者として扱われ、優良運転者である旨の記載のない免許証を交付されて運転免許の更新処分を受けた者は、優良運転者に当たると主張して同更新処分の取消しを求めることができるかという点が問題となる。

道路交通法は、自動車等を運転しようとする者は運転免許を受けなけれ

ばならないと規定し（道路交通法84条1項)、免許を受けようとする者は公安委員会に免許申請書を提出し、かつ、公安委員会の行う運転免許試験を受けなければならないものとしている（同法89条)。これは、講学上の「許可」の制度を採用したものであり、その根拠法規である道路交通法が道路における危険の防止等を目的とする警察法に属することからいえば、警察許可であるということができる。そして、運転免許の更新とは、免許証の有効期間の更新であるが、実質的には、免許に付された有効期間を延長し、その効力を将来に向かって拡大し、自動車等の運転の一般的禁止を解除されて適法に自動車等の運転をする法的地位を継続的に保有させる効果を生じさせるものであるから、同様に、警察許可であるということができる。したがって、運転免許の更新は、それを受けた者の法律上の地位に直接具体的な影響を与えるものといえるから、行政事件訴訟法3条2項の「処分」に該当する。そして、運転免許の更新を受けるためには、申請をしなければならないこととされているから（道路交通法101条1項)、運転免許の更新処分は、申請を認容する処分であることになる。

　そうすると、運転免許の更新は、授益処分であり、かつ、申請を認容する処分であるから、当該名宛人がこれを対象として取消しの訴えを提起したとしても、訴えの利益を欠いて不適法となりそうである。もっとも、授益処分及び申請認容処分であっても、その効果において名宛人の法律上の利益を侵害する行為として規定されているものについては、当該名宛人においてその取消しを求める利益があるものと解されている。

　上記Ⅱ1で見たとおり、運転免許の更新処分において交付される免許証が優良運転者である旨の記載がある免許証であるか一般運転者である旨の記載がある免許証であるかによって、当該運転免許の有効期間等が左右されるものではない。また、上記Ⅱ2のとおり、優良運転者については、更新時講習の講習事項等及び手数料の額について優遇措置が定められているが、所定の手数料を納付して所定の更新時講習を受けることは運転免許の更新処分の手続上の要件であり、これを運転免許の更新処分の効果とみることはできない。また、優良運転者については、経由地公安委員会を経由した更新申請書の提出が認められているが、更新申請書の提出も、運転免

許の更新処分の手続上の要件の一部であって、運転免許の更新処分の効果であるとみることはできない。しかしながら、道路交通法が、優良運転者である旨の記載のある免許証を交付されること自体を1つの法律上の地位として位置付けるような立法政策を採用しているといえるならば、一般運転者であるとして優良運転者である旨の記載のない免許証を交付して更新処分をすることは、上記の法律上の地位を否定することになり、更新処分の取消しの訴えの利益を基礎付けることができそうである。

この点に関し、最二判平成21年2月27日民集63巻2号299頁は、道路交通法は、客観的に優良運転者の要件を満たす者に対しては優良運転者である旨の記載のある免許証を交付して更新処分を行うということを、単なる事実上の措置にとどめず、その者の法律上の地位として保障するとの立法政策を、交通事故の防止を図るという制度の目的を全うするため、特に採用したものと解するのが相当であるとして、一般運転者として扱われ優良運転者との記載のない免許証を交付されて更新処分を受けた者は、上記の法律上の地位を否定されたことを理由として、これを回復するため、同更新処分の取消しを求める訴えの利益を有するものと判断した。

したがって、違反行為がなく、客観的には優良運転者の要件を満たすと主張する者は、一般運転者として記載された免許証の交付をしてする更新処分を受けた場合には、当該処分の取消しの訴えを提起することができることになる。

Ⅷ 優良運転者の記載のある免許証を交付してする更新処分の義務付けの訴えの適否等

1 問題の所在

違反行為をしていないにもかかわらず、違反点数が付加されたために、本来であれば、優良運転者として運転免許の更新を受けることができたはずであるのにこれができなかったとして、一般運転者又は違反運転者等として更新された運転免許の更新処分の取消しを求めるとともに、運転者の

区分を優良運転者とする免許証を交付してする更新処分の義務付けを求める訴えを提起することができるか。さらに、その義務付けの訴えは、いわゆる申請型、非申請型のどちらの訴えと解すべきかが問題となる。

2 検討

　行政事件訴訟法3条6項2号所定のいわゆる申請型の義務付けの訴えは、法令に基づく申請を却下し又は棄却する旨の処分がされた場合に提起することができるから、優良運転者である旨の記載のない免許証を交付してされた更新処分が免許証の更新の申請を一部棄却した処分であるといえるかが問題となる。運転者の区分は、更新申請書の記載事項とはされていないから（道路交通法101項1項・7項、道路交通法施行規則29条、別記様式第18参照）、優良運転者である旨の記載のある免許証を交付されることを求める趣旨が更新申請の内容に含まれているということはできないから、その記載のない免許証を交付してする更新処分について、実体法上は、これを申請の一部を棄却した処分と解することはできないことになる。しかしながら、運転免許の更新処分は、免許証の有効期間の更新を求める法律上の申請に応じてこれを認容するものであって、それ自体としては、申請に対する応答の処分である。そして、客観的に優良運転者の要件を満たす申請者に対して優良運転者である旨の記載のある免許証を交付して更新処分をすることは、道路交通法の要請するところであるといえる。そうすると、客観的に優良運転者の要件に該当する者がした更新の申請に対して、その旨の記載のない免許証を交付して更新処分をした場合には、それは、申請により求められた授益の一部を拒否した処分であるということはできないとしても、申請に応答して授益をするに当たり、法律上付与すべきとされている権利利益を付与しなかったものということは可能であるように思われる。この点に着目すると、申請に対する応答の処分において申請者の権利利益の一部が充足されていないという点において、上記の更新処分は申請の一部拒否処分と同様の法律状態を現出させているといえ、両者は類似の性格を有するといえる。このように考えると、上記の義

務付けの訴えは、法令による申請を却下し又は棄却する旨の処分がされたに等しいとして、行政事件訴訟法3条6項2号所定の申請型の義務付けの訴えとみること（又は、それと同様の規律に服する無名抗告訴訟とみること）が可能であると考えられる。したがって、優良運転者であるとの記載のある免許証を交付してする更新処分の義務付けの訴えは、更新処分の取消しの訴えと併合して提起する必要がある一方、非申請型の場合に必要となる重大な損害等の要件は不要であり、併合して提起された更新処分の取消しの訴えに係る請求に理由があると認められ、かつ、公安委員会がその処分をすべきであることが根拠法令である道路交通法の規定から明らかであると認められる場合には、義務付けの認容判決がされることとなる（行政事件訴訟法37条の3第5項）。

IX　おわりに

　運転免許を保有する国民は多数存在し、運転免許停止処分、運転免許取消処分又は運転免許の更新処分を対象とする行政訴訟は多数提起されているが、上記のとおり、未だ見解の分かれる訴訟類型もあるところであり、訴訟代理人としては、当該事案における個別の事情を丁寧に主張立証することが求められているといえる。

第7部

営業許可、事業許可関係

第20講
医師免許、弁護士資格等をめぐる紛争

馬場　俊宏

I　はじめに

　医師は、「医療及び保健指導を掌ることによつて公衆衛生の向上及び増進に寄与し、もつて国民の健康な生活を確保する」ことを任務とし（医師法1条）、無資格の者が医業を行うと保健衛生上の危害を生ずるおそれがあることから（最三判昭和30年5月24日刑集9巻7号1093頁）、非医師が医業をすることは刑罰をもって禁止されている（同法17条、31条1項1号）。また、弁護士は、「基本的人権を擁護し、社会正義を実現すること」を使命とし（弁護士法1条1項）、無資格の者が法律事務を行うと法律秩序を害するおそれがあることから（最大判昭和46年7月14日刑集25巻5号690頁）、非弁護士が報酬を得る目的で法律事務を取り扱うことを業とすることは刑罰をもって禁止されている（同法72条、77条3号）。

　このように、医師及び弁護士については、公益的な見地から、業務独占が認められているところ、その反面、上記のような任務又は使命を負う者として、その職務上のみならず、私生活上においても、高度の倫理や品位の保持が求められるところである。しかし、現実には、医師や弁護士が不祥事を起こすこともあり、医師や弁護士に対する不利益処分がされ、これをめぐって紛争となることも必ずしもまれではない。

　本講では、我が国における代表的な高度専門職である医師及び弁護士の資格等をめぐる紛争を取り上げることとし、IIにおいて、医師法に基づく医師免許取消処分等や健康保険法に基づく保険医療機関指定取消処分等に関する論点を検討し、IIIにおいて、弁護士法に基づく弁護士登録や懲戒処

分に関する論点を検討することとする。

II　医師免許等をめぐる紛争について

1　医師免許取消処分等

(1)　概要

　厚生労働大臣は、医師が、医師法4条各号（「罰金以上の刑に処せられた者」（3号）、「前号に該当する者を除くほか、医事に関し犯罪又は不正の行為のあつた者」（4号）等）のいずれかに該当し、又は医師としての品位を損するような行為のあったときは、戒告、3年以内の医業停止、又は免許取消しの処分（以下「医師免許取消処分等」という）をすることができるとされている（同法7条2項）[1]。また、厚生労働大臣が医師免許取消処分等をするに当たっては、あらかじめ、日本医師会会長や学識経験者を委員とする医道審議会（厚生労働省設置法6条1項、10条、医道審議会令）の意見を聴かなければならないとされている（医師法7条4項）。

　そして、医道審議会医道分科会は、医師免許取消処分等の審議を行うに当たっての基本的考え方をまとめたものとして、平成14年12月13日に「医師及び歯科医師に対する行政処分の考え方について」（以下「行政処分の考え方」という）を作成し、公表している[2]。

(2)　判例の考え方等

ア　訴訟要件（訴えの利益）

　医業停止処分における医業停止期間が経過した後にこれらの処分の取消しを求める利益があるかについて、上記期間が経過した後には「処分又は裁決の取消しによつて回復すべき法律上の利益」（行訴法9条1項括弧書）はないとする判例（最二判昭和56年12月18日集民134号599頁）が存在

---

[1]　平成18年法律第84号による改正前の医師法7条2項は、処分類型として、免許取消しと、上限が法定されていない医業停止のみを定めていた。
[2]　厚生労働省ウェブサイトに掲載。その後、平成24年3月4日に一部改正された。

する。

　しかし、その後、平成18年法律第84号による医師法改正[3]により、戒告処分又は医業停止処分を受けた医師に対する再教育研修命令の制度（同法7条の2）が新設され、同命令に違反して再教育研修を受けなかった者は、罰則の対象となり（同法33条の2第2号）、病院の管理者となれない（医療法10条、7条）ことなどからすれば、現行の医師法においては、戒告処分を受けた後又は医業停止期間が経過した後であっても、再教育研修命令を受けるおそれがあれば、上記の法律上の利益は失われないものと考えられる。

　イ　実体要件

　上記(1)のとおり、医師法7条2項は、医師が「罰金以上の刑に処せられた者」（同法4条3号）又は「医事に関し犯罪又は不正の行為のあつた者」（同条4号）に該当するときは、厚生労働大臣は医師免許取消処分等をすることができる旨規定している。この規定は、医師が医師法4条3号又は同条4号の規定に該当することから、医師として品位を欠き人格的に適格性を有しないと認める場合には、医師の資格を剥奪し、そうまでいえないとしても、医師としての品位を損ない、あるいは医師の職業倫理に違背したものと認められる場合には、一定期間の医業停止を命じたり、戒告したりすることによって反省を促すこととし、これによって医療等の業務が適正に行われることを期するものであると解される。

　したがって、医師が医師法4条3号又は4号の規定に該当する場合に、戒告、医業停止又は免許取消しを命じるかどうか、さらに、医業停止を命じるとしてその期間をどの程度にするかについては、当該刑事罰の対象となった行為又は当該医事に関する犯罪若しくは不正の行為の種類、性質、違法性の程度、動機、目的、影響のほか、当該医師の性格、処分歴、反省の程度等、諸般の事情を考慮し、同法7条2項の規定の趣旨に照らして判断すべきものであるところ、その判断は、医道審議会の意見を聴く前提

---

[3] 平成18年の医師法改正については、宇賀克也「医療安全に関する行政処分の現状」ジュリ1323号40頁参照。

の下で、医師免許の免許権者である厚生労働大臣の合理的な裁量に委ねられているものと解される。したがって、厚生労働大臣がその裁量権の行使としてした医師免許取消処分等は、それが社会観念上著しく妥当を欠いて裁量権を付与した目的を逸脱し、これを濫用したと認められる場合でない限り、その裁量権の範囲内にあるものとして、違法とならないものとされている（最二判昭和63年7月1日判夕723号201頁、東京地判平成18年2月24日判夕1251号166頁）。

　ウ　主張立証責任

　医師免許取消処分等は、医師の資格を剥奪し又はこれを制限する侵害処分であるとともに、厚生労働大臣の裁量処分と解されているところ、このような場合には、処分の前提となった事実の存在については、被告（国）が主張立証責任を負い、裁量権の範囲を逸脱し又はこれを濫用したことを基礎付ける事実については、原告（医師）が主張立証責任を負うものと解される[4]。なお、このことについては、保険医療機関指定取消処分等についても同様と解される。

(3) 審理・判断の方法

　上記(1)のとおり、医道審議会は、医師免許取消処分等の審議を行うに当たっての基本的考え方をまとめたものとして、行政処分の考え方を作成し、これを踏まえて厚生労働大臣に意見を述べているところ、医師免許取消処分等が裁量権の範囲を逸脱し又はこれを濫用したものと認められるか否か（行訴法30条）を審理・判断する上で、上記行政処分の考え方がどのように影響するかが問題になる。

　ここで、行政処分の考え方は、厚生労働大臣に対して述べる意見を決定するに当たって参考とするものとして医道審議会が作成したものであるから、行政庁が定める処分基準（不利益処分をするかどうか又はどのような不利益処分とするかについてその法令の定めに従って判断するために必要とされる基準。行政手続法2条8号ハ、12条）そのものとはいえないとしても、厚

---

[4]　実務的研究179頁。

生労働大臣が医師免許取消処分等をするに当たっては、医道審議会の意見を聴かなければならないとされていること（医師法7条4項）を踏まえると、実質的には処分基準として機能しているものということができる。

　しかし、行政庁がその裁量に任された事項について裁量権行使の基準を定めることがあっても、このような基準は、本来、行政庁の処分の妥当性を確保するためのものなのであるから、処分が上記基準に違背して行われたとしても、原則として当不当の問題を生ずるにとどまり、当然に違法となるものではないとされている（最大判昭和53年10月4日民集32巻7号1223頁）。また、従前からの取扱いと異なる処分がされたとしても、直ちに裁量権の濫用となるものではないとされている（最三判平成18年2月7日民集60巻2号401頁）。ただし、裁量権の公正な行使の確保、平等原則、相手方の信頼保護といった要請からすると、裁量権行使の基準と異なった判断をするためには合理的な理由が必要であると考えられる[5]。また、従前の取扱いは、比例原則又は平等原則の観点から、裁量権濫用に当たるか否かの判断において考慮すべき要素となり得るものである（前掲最三判平成18年2月7日）。

　したがって、行政処分の考え方は、医師免許取消処分等の違法性についての裁判所の判断を拘束するようなものではないが、医師免許取消処分等が厚生労働大臣の裁量権の範囲を逸脱し又はこれを濫用したものであるか否かを判断する上での考慮要素となるものと解される。そして、名古屋地判平成20年2月28日判例秘書06350115及び東京地判平成22年9月7日判例秘書06530550は、行政処分の考え方も考慮して医師免許取消処分等の違法性を判断している。

(4) 具体的な事例

　医師免許取消処分等の違法性について判断した裁判例としては、①いわゆる実子あっせんを行い医師法違反等により罰金20万円に処せられたことを理由とする6か月の医業停止処分の事案（前掲最二判昭和63年7月1

---

[5] 塩野 I 106頁。

日)、②抗がん剤の過剰投与による死亡事故について業務上過失致死罪により禁固2年執行猶予3年に処せられたことを理由とする3年6か月の医業停止処分の事案(前掲東京地判平成18年2月24日)、③職務と関係のない3件のわいせつ目的誘拐等の罪により懲役3年執行猶予5年に処せられたことを理由とする歯科医師免許取消処分の事案(東京地判平成18年7月13日判例秘書06132759)、④診療中の患者に対する3件の強制わいせつ等の罪により懲役1年8か月執行猶予4年に処せられたことを理由とする医師免許取消処分の事案(前掲名古屋地判平成20年2月28日)、⑤院内感染による患者9名の死傷事故について業務上過失致死傷罪により罰金70万円に処せられたことを理由とする2年間の医業停止処分の事案(前掲東京地判平成22年9月7日)があり、いずれも処分の違法性を否定している。

2 保険医療機関指定取消処分等

(1) 概要

　我が国の公的医療保険制度は、全ての国民が健康保険、国民健康保険、共済組合又は後期高齢者医療制度等に加入し、その被保険者となるといういわゆる国民皆保険体制をとっており、医療の分野において、保険診療が果たす役割は非常に大きくなっている。

　ここで、健康保険法63条1項は、被保険者の疾病又は負傷に関して、診察や治療等の療養の給付を行うと定め、同条3項は、被保険者が療養の給付を受けるためには、厚生労働大臣の指定を受けた病院又は診療所(以下「保険医療機関」という)において診察等を受けるものと定めている。また、健康保険法64条は、保険医療機関において健康保険の診療に従事する医師は、厚生労働大臣の登録を受けた医師(以下「保険医」という)でなければならないと定めている。このように、健康保険法は、医療機関及びそこで診療を担当する医師の両者が保険診療に関する責任を持つことによって適正な保険医療を確保するという観点から、保険医療機関の指定及び保険医の登録という二重指定制度を採用するとともに、保険医療機関

において診療に従事する保険医は、厚生労働省令（この省令が保険医療機関及び保険医療養担当規則（以下「療担規則」という）である）で定めるところにより、健康保険の診療に当たらなければならず（同法72条1項）、保険医療機関は、同省令で定めるところにより、療養の給付を担当しなければならないとしている（同法70条1項）。

そして、健康保険法80条は、厚生労働大臣は、保険医療機関において診療に従事する保険医が同法72条1項の規定に違反したとき（同法80条1号）、保険医療機関が同法70条1項の規定に違反したとき（同法80条2号）、療養の給付に関する費用の請求について不正があったとき（同法80条3号）、保険医療機関の開設者が厚生労働大臣による出頭要求の拒否、質問への答弁拒否又は検査の拒否等をしたとき（同法80条5号）等に保険医療機関の指定を取り消すことができるものと定めている。また、健康保険法81条は、厚生労働大臣は、保険医が同法72条1項の規定に違反したとき（同法81条1号）、保険医が厚生労働大臣による出頭要求の拒否、質問への答弁拒否又は検査の拒否等をしたとき（同法81条2号）等に保険医の登録を取り消すことができるものと定めている。

また、厚生労働省は、保険医療機関指定及び保険医登録の取消処分（以下「保険医療機関指定取消処分等」という）についての処分基準（行政手続法2条8号ハ、12条）として、「保険医療機関等及び保険医等の指導及び監督について」[6]の別添2「監査要綱」（以下「監査要綱」という）を作成し、公表している。この監査要綱は、①故意に不正又は不当な診療を行ったもの、②故意に不正又は不当な診療報酬の請求を行ったもの、③重大な過失により、不正又は不当な診療をしばしば行ったもの、④重大な過失により、不正又は不当な診療報酬の請求をしばしば行ったもののいずれかに該当するときには、保険医療機関指定取消処分等を行うものとしている。

(2) 判例の考え方等

健康保険法は、医療保険の運営の効率化、給付の内容及び費用の負担の

---

[6] 平成7年12月22日保発第117号各都道府県知事あて厚生省保険局長通知。

適正化並びに国民が受ける医療の質の向上を総合的に図りつつ、健康保険制度が実施されることを理念としており（同法2条）、同法80条又は81条は、保険医療機関又は保険医が療担規則に従った診療を行わなかった場合等に、保険医療機関指定又は保険医登録を取り消すことによって、適正な保険医療の実現を期するものであると解される。

したがって、保険医療機関又は保険医が健康保険法80条又は81条の各号に該当する場合に、保険医療機関指定又は保険医登録を取り消すか否かについては、対象となった行為の種類、性質、違法性の程度、動機、目的、影響のほか、当該保険医療機関又は保険医の性格、処分歴、反省の程度等、諸般の事情を考慮し、同法80条又は81条の趣旨に照らして判断すべきものであるところ、その判断は、地方社会保険医療協議会の諮問に付す（同法82条2項）前提の下で、処分権者である厚生労働大臣の合理的な裁量に委ねられているものと解される。したがって、厚生労働大臣がその裁量権の行使としてした保険医療機関指定取消処分等は、それが社会観念上著しく妥当を欠いて裁量権を付与した目的を逸脱し、これを濫用したと認められる場合でない限り、その裁量権の範囲内にあるものとして、違法とならないものとされている（東京高判平成23年5月31日判例秘書06620256、前掲最二判昭和63年7月1日）。

(3) 審理・判断の方法

上記(2)のとおり、保険医療機関指定取消処分等は、厚生労働大臣の裁量処分と解されているところ、具体的な処分が裁量権の範囲を逸脱又はこれを濫用したものと認められるか否か（行訴法30条）を審理・判断する上で、監査要綱がどのように影響するかが問題になる。これについては、上記1(3)で医師免許取消処分等について述べたところと同様、監査要綱は、保険医療機関指定取消処分等の違法性についての裁判所の判断を拘束するようなものではないが、当該処分が厚生労働大臣の裁量権の範囲を逸脱又はこれを濫用したものであるかを判断する上での考慮要素となるものと解される。そして、名古屋地判平成13年12月5日判タ1081号303頁、東京高判平成17年9月15日判例秘書06021110及び前掲東京

高判平成23年5月31日は、監査要綱も考慮して保険医療機関指定取消処分等の違法性を判断している。

(4) 具体的な事例

保険医療機関指定取消処分等の違法性について判断した裁判例としては、①診療報酬の不正請求をしたことを理由とする保険医療機関指定取消処分が適法であるとしたもの（前掲名古屋地判平成13年12月5日）、②診療報酬の不正請求をしたことを理由とする保険医療機関指定取消処分等について、理由提示を欠き違法であるとしたもの（前掲東京高判平成17年9月15日）、③監査のための出頭要求を拒否したことを理由とする保険医療機関指定取消処分等の差止めの訴えについて、これらの処分は適法であるとしたもの（大阪地判平成20年1月31日判タ1268号152頁）、④監査のための出頭要求を拒否したことを理由とする保険医療機関指定取消処分等が適法であるとしたもの（東京地判平成22年11月19日判例秘書06530709）、⑤診療報酬の不正請求を理由とする保険医登録取消処分について、不正請求の事実は認められるものの、動機や態様が悪質ではなく、経過観察等の方法も採り得たことなどから、裁量権の範囲を逸脱して違法であるとしたもの（前掲東京高判平成23年5月31日）がある。

3 仮の救済制度

(1) 概要

医師免許取消処分又は医業停止処分を受けた医師は、5年経過後の再免許の交付（医師法7条3項）又は医業停止期間の経過までの間、医療行為を行うことができないだけでなく、これらの処分を受けたことが公表されることになる（同法30条の2、医師法施行令14条）。また、保険医療機関指定取消処分等を受けた医療機関又は医師は、保険診療を行うことができなくなるだけでなく、これらの処分を受けたことが公示されることになる（保険医療機関及び保険薬局の指定並びに保険医及び保険薬剤師の登録に関する政令1条）。

そのため、上記各処分を受けた医師又は医療機関が、上記各処分の執行停止の申立て（行訴法25条）をしたり、あるいは、上記各処分がされるおそれがあるとして、上記各処分の仮の差止めの申立て（同法37条の5）をしたりすることがあり、この場合、上記各処分により「重大な損害」（行訴法25条2項）あるいは「償うことのできない損害」（同法37条の5第2項）が生じるといえるか否かが問題となる。

(2) 執行停止の申立て

ア　審理・判断の方法

執行停止については、個々の事案の実情に即した適切な判断を確保し、国民の権利利益のより実効的な救済を図るため、平成16年法律第84号による行政事件訴訟法の改正（以下「平成16年改正」という）により、同法25条2項の「回復の困難な損害」の要件が「重大な損害」の要件に改められるとともに、「重大な損害」を判断するに当たっての考慮事項が同条3項に規定された。平成16年改正の趣旨を踏まえれば、原状回復の可能性や金銭賠償の可能性も考えると、必ずしも回復の困難な損害に当たらない場合でも、具体的状況の下において、損害の回復の困難の程度を考慮し、損害の性質及び程度並びに処分の内容及び性質をも勘案して、損害が重大であると判断されれば、「重大な損害」要件が認められるものと解される[7]。

また、「重大な損害」要件については、申立人（医師又は医療機関）が主張立証責任を負うが、本案の疎明の程度が高ければ、損害の重大性は多少軽度なものであってもよく、他方、損害が著しいような場合には、本案の理由の疎明は多少低くても足りるものといわれている[8]。

イ　具体的な事例

医師免許取消処分等や保険医療機関指定取消処分等の執行停止について明示的に述べた最高裁判例は見当たらないが、平成16年改正後、医師免

---

[7]　小林・行訴法281頁、条解492頁。
[8]　塩野Ⅱ207頁。西川・リーガル191頁。

許取消処分等の執行停止について判断した裁判例としては、患者4名に対して手術適応のない子宮摘出手術等を行ったことが「医事に関し犯罪又は不正の行為のあつた者」（医師法4条4号）に該当するとしてされた医師免許取消処分について、医師の業務は国民の健康や安全に直結し、適格性を欠く者が従事することは本来許されないものであるから、同処分の内容及び性質を勘案するとともに、同処分によって申立人の収入が途絶して生活が困窮する事情もないことなどを考慮すると、「重大な損害」の疎明はされていないとしたもの（東京高決平成17年7月15日判例秘書06020711）がある。

　また、平成16年改正後、保険医療機関指定取消処分等の執行停止について判断した裁判例[9]としては、①保険医登録取消処分について、収入の激減によって経済的破綻に至る可能性があり、事業の継続という独立した利益が失われることになるとして、「重大な損害」要件を満たすとしたもの（大阪高決平成18年1月20日判例秘書06121072）、②保険医療機関指定取消処分等について、患者が激減して経営が破綻し、雇用している看護師等も解雇せざるを得なくなるとして、「重大な損害」要件を満たすとしたもの（甲府地決平成18年2月2日判例秘書06150038）、③保険医登録取消処分について、収入が大幅に減少し、経済的に逼迫して医業活動の存続自体が困難となり、医師としての知見、技術、能力等の低下を招くおそれがあるとして、「重大な損害」要件を満たすとしたもの（岡山地決平成18年10月2日判例秘書06150495）、④保険医療機関指定取消処分等について、収入が大幅に減少して経営が破綻する危険性を否定することができないとして、「重大な損害」要件を満たすとしたが、「本案について理由がないとみえるとき」に該当するとしたもの（名古屋地決平成19年3月2日判例秘書06250159）、⑤保険医療機関指定取消処分について、収入の大部分を失い、病院の経営を維持することはできなくなるとして、「重大な損害」要件を満たすとしたもの（大阪地決平成25年8月15日判例秘書06850457）がある（いずれも診療報酬の不正請求等を理由とする処分がされ

---

9) 平成16年改正前の裁判例については、概観（6）358頁を参照。

た事案である）。

(3) 仮の差止めの申立て

ア 審理・判断の方法

　平成16年改正においては、国民の権利利益の救済範囲の拡大を図る観点から、抗告訴訟の新たな類型として差止めの訴え（行訴法3条7項、37条の4）が設けられるとともに、迅速かつ実効的な権利救済を可能とするため、仮の差止めの制度（同法37条の5第2項）が新設された。そして、仮の差止めの申立てについては、本案訴訟である差止めの訴えの訴訟要件である「重大な損害」よりも厳格な要件として、「償うことのできない損害」要件が規定されているところ、ここでいう「償うことのできない損害」とは、「重大な損害」よりも損害の回復の困難の程度が比較的著しい場合をいい、金銭賠償のみによって損害を甘受させることが社会通念上著しく不合理と評価される程度の損害を指すものと解される[10]。また、処分がされた後に取消訴訟を提起して執行停止の決定を受けることなどにより容易に救済を受けることができる場合には、本案訴訟である差止めの訴えの訴訟要件である「重大な損害」要件が認められず（最一判平成24年2月9日民集66巻2号183頁）、当然ながら「償うことのできない損害」要件も認められない。

イ 具体的な事例

　医師免許取消処分等や保険医療機関指定取消処分等の仮の差止めについて明示的に述べた最高裁判例は見当たらないが、保険医療機関指定取消処分等の仮の差止めについて判断した裁判例としては、①診療報酬の不正請求等を理由とする保険医登録取消処分について、同処分がされても自由診療を行うことは禁止されないから収入が事実上絶たれるとはいえず、同処分は直ちに歯科医師としての適性の欠如に結びつくものともいえないから、本案訴訟である差止めの訴えの訴訟要件である「重大な損害」要件を満たさず、仮の差止めの申立ても不適法であるとしたもの（大阪地決平成

---

[10]　小林・行訴法290頁、条解676頁。

18年5月22日判タ1216号115頁）、②診療報酬の不正請求等を理由とする保険医登録取消処分について、同処分がされても医療関係の仕事に就労する途は絶たれていないし、経営する医療法人の経営が困難になるとはいい難いことに加え、健康保険事業の健全な運営の確保を図るという同処分の性質等から、「償うことのできない損害」要件を満たさないとしたもの（東京地決平成19年2月13日判例秘書06232436）がある。

III 弁護士資格をめぐる紛争について

1 弁護士登録

(1) 概要

弁護士となるには、日本弁護士連合会（以下「日弁連」という）に備えた弁護士名簿に登録されなければならず（弁護士法8条）、そのためには、入会しようとする弁護士会を経て、日弁連に登録請求をしなければならないとされている（同法9条）。そして、弁護士会は、弁護士会の秩序又は信用を害するおそれがある者等について、登録請求の進達を拒絶することができ（同法12条1項）、日弁連は、弁護士会から登録請求の進達を受けた場合において、弁護士会の秩序又は信用を害するおそれがある者等について、登録を拒絶することができるとされている（同法15条1項）。

弁護士会によって登録請求の進達を拒絶され、これについての日弁連に対する行政不服審査法による審査請求を却下又は棄却された者は、日弁連の裁決に対する取消しの訴えを提起することができ（裁決主義。弁護士法12条の2第1項、16条1項・3項）、日弁連によって登録を拒絶された者は、同拒絶処分に対する取消しの訴えを提起することができる（同法16条1項）。

なお、上記取消しの訴えについては、日弁連を被告として（行訴法11条2項）、専属管轄裁判所である東京高等裁判所に提起することになる（弁護士法16条1項）。

(2) 審理・判断の方法

　弁護士登録について明示的に述べた最高裁判例は見当たらないが、弁護士登録の制度は、弁護士法が弁護士自治を採用して、国の行政庁及び裁判所による監督を排除し、日弁連が弁護士及び全国の弁護士会の監督に当たることとされた結果として設けられたものである[11]。そして、弁護士会による登録請求の進達の拒絶や日弁連による登録拒絶の制度は、弁護士会に入会させることが当初から不適格と明らかに認められる者を入会させないこととして、弁護士会の秩序及び信用を保持し、弁護士会又は弁護士に対する国民の信頼を確保する趣旨で設けられたものであり、弁護士会の秩序又は信用を害するおそれがあるか等の判断においては、登録請求者の現在及び過去の言動、過去の犯罪等の程度・内容、当該犯罪等の社会的影響や反省悔悟の程度、今後の指導監督態勢の整備等の諸般の事情を総合的に考慮することが必要である[12]。

　したがって、登録請求者が弁護士会の秩序又は信用を害するおそれがある者等に該当するとして、登録請求の進達の拒絶又は登録拒絶をするか否かについては、弁護士会又は日弁連の合理的な裁量に委ねられており、全く事実の基礎を欠くか、又は社会通念上著しく妥当性を欠き、裁量権の範囲を逸脱又はこれを濫用したと認められる場合に限り、違法となるものと解される。

　そして、主張立証責任については、原告（登録請求者）において、弁護士となる資格を有していること（弁護士法4条）を主張立証し、これに対し、被告（日弁連）において、登録請求者が弁護士会の秩序又は信用を害するおそれがあることを基礎付ける事実を主張立証し、原告において、裁量権の範囲を逸脱し又はこれを濫用したことを基礎付ける事実を主張立証すべきものと解される。

---

11) 日本弁護士連合会調査室編著『条解弁護士法〔第4版〕』92頁（弘文堂、2007）。
12) 髙中正彦『弁護士法概説〔第4版〕』77頁（三省堂、2012）、日弁連調査室編著・前掲注11) 102頁。

(3) 具体的な事例

弁護士登録請求の進達の拒絶の違法性について判断した裁判例としては、①詐欺、横領等の罪で懲役2年執行猶予4年及び懲役10月執行猶予3年に処せられた者が、その後執行猶予の言渡しを取り消されることなくその期間を経過するなど、自粛自戒の生活を送ってきたことに照らすと、弁護士会の秩序又は信用を害するおそれがあるとはいえないとして、日弁連の裁決を取り消したもの（東京高判昭和53年2月21日行集29巻2号165頁）、②裁判官在職中に検事総長の官職を詐称して軽犯罪法違反により拘留に処せられるとともに、公務員職権濫用罪により懲役10月執行猶予2年に処せられた者が、刑事事件から長期間経過し、懲役刑については特赦を受けていることを考慮しても、その思考と行動様式は刑事事件当時と少しも変わっていないから、弁護士会の秩序又は信用を害するおそれがあるとして、弁護士会による登録請求の進達のみなし拒絶が適法であるとしたもの（東京高判平成3年9月4日判タ767号283頁）がある。

2　懲戒処分

(1) 概要

弁護士は、①弁護士法に違反したとき、②所属弁護士会若しくは日弁連の会則に違反したとき、③所属弁護士会の秩序又は信用を害したとき、又は、④その他職務の内外を問わずその品位を失うべき非行があったときは、所属弁護士会又は日弁連から、戒告、2年以内の業務停止、退会命令又は除名の懲戒処分を受けるものとされている（弁護士法56条1項・2項、57条1項、60条1項）。また、懲戒請求は、何人もすることができ（同法58条1項）、懲戒請求者は、弁護士会が対象弁護士を懲戒しない旨の決定をしたときや弁護士会がした懲戒の処分が不当に軽いと思料するときは、日弁連に対して異議の申出をすることができるとされている（同法64条1項）。

所属弁護士会から懲戒処分を受けた弁護士は、日弁連に対して行政不服審査法による審査請求をすることができ（弁護士法59条）、審査請求を却

下又は棄却された者は、日弁連の裁決に対する取消しの訴えを提起することができ（裁決主義。同法61条1項・2項）、日弁連から懲戒処分を受けた者は、同懲戒処分に対する取消しの訴えを提起することができる（同法61条1項）。

なお、上記取消しの訴えについては、日弁連を被告として（行訴法11条2項）、専属管轄裁判所である東京高等裁判所に提起することになる（弁護士法61条1項）。

(2) 判例の考え方等

ア　訴えの利益

業務停止の懲戒処分を受けた弁護士が、業務停止期間を経過した後に同処分の取消しを求める訴えの利益（行訴法9条1項括弧書）を有するか否かについては、日弁連の会長選挙規程14条1号において、懲戒処分を受けた者は不服申立てができなくなった日から3年間は会長選挙の被選挙権を有しない旨定められているから、業務停止期間が経過した後であっても、日弁連の会長選挙において被選挙権を有しないという不利益を受けている場合には、上記処分に係る裁決の取消しによって回復すべき法律上の利益を有するとされている（最三判昭和58年4月5日判タ497号86頁）。また、禁錮以上の刑に処せられたことなどによって、当然に弁護士資格を喪失した場合（弁護士法7条）には、退会命令の取消しを求める訴えの利益は有しないとされている（東京高判昭和37年6月28日行集13巻6号1216頁）。

イ　原告適格

上記(1)のとおり、懲戒請求は何人もすることができるが、弁護士法58条1項所定の懲戒請求権及び同法64条1項所定の異議申出権は、懲戒制度の適正な運営を図るという公益的見地から特に認められたものであり、懲戒請求者の個人的利益を保護するためのものではないから、懲戒請求者が、日弁連に対する異議申出を棄却する旨の裁決を不服として、その取消しを求める訴えを提起することはできないとされている（最二判昭和49年11月8日判時765号68頁、最一判昭和51年3月4日集民117号141頁）。

また、懲戒請求者が、対象弁護士を懲戒しない旨の弁護士会の決定を不服として、その取消しを求める訴えを提起することもできないとされている（東京高判昭和48年11月21日判時731号26頁）。

　　ウ　実体要件

　弁護士に対する弁護士会及び日弁連による懲戒の制度は、弁護士会及び日弁連の自主性や自律性を重んじ、弁護士会及び日弁連の弁護士に対する指導監督作用の一環として設けられたものである。また、懲戒の可否、程度等の判断においては、懲戒事由の内容、被害の有無や程度、これに対する社会的評価、被処分者に与える影響、弁護士の使命の重要性、職務の社会性等の諸般の事情を総合的に考慮することが必要である。

　したがって、ある事実関係が「品位を失うべき非行」といった弁護士に対する懲戒事由に該当するかどうか、また、該当するとした場合に懲戒するか否か、懲戒するとしてどのような処分を選択するかについては、弁護士会及び日弁連の合理的な裁量に委ねられているものと解され、その裁量権の行使としての懲戒処分は、全く事実の基礎を欠くか、又は社会通念上著しく妥当性を欠き、裁量権の範囲を逸脱又はこれを濫用してされたと認められる場合に限り、違法となるとされている（最一判平成18年9月14日判タ1225号166頁）。

　　エ　主張立証責任

　上記Ⅱ1(2)ウで医師免許取消処分等について述べたところと同様、懲戒処分の前提となった事実の存在については、被告（日弁連）が主張立証責任を負い、裁量権の範囲を逸脱し又はこれを濫用したことを基礎付ける事実については、原告（対象弁護士）が主張立証責任を負うものと解される。

(3) 具体的な事例

　実務においては、具体的な事案に照らして、弁護士に対する懲戒処分が弁護士会の裁量権の範囲を逸脱し又はこれを濫用してされたと認められるか否かが判断されることになるが、比較的最近の裁判例[13]としては、①

---

13)　それ以前の裁判例については、概観(6) 218頁を参照。

特許権の実施権を取得する法律事務を委任された弁護士が、ライセンス料に充てられるべき2500万円を横領したことを理由に除名処分を受けた事案（東京高判平成13年11月28日判時1775号31頁）、②土地の売却等の委任を受けた弁護士が、不当に高額の報酬を受領したことなどを理由に、戒告処分を受けた事案（東京高判平成15年3月26日判時1825号58頁）、③賃借建物の明渡しに関する交渉を依頼された弁護士が、相手方から受領した解決金について依頼者に虚偽の報告をしたことなどを理由に、3か月の業務停止処分を受けた事案（前掲最一判平成18年9月14日）、④弁護士が、自宅に面する私道について、他の共有者である隣人がガス管等を埋設する工事を行うに当たり、正当な理由なく承諾に応じず、仮処分を申し立てるなどして工事を妨害するなどしたという私生活上の行為を理由に、戒告処分を受けた事案（東京高判平成18年9月20日判タ1240号192頁）、⑤遺産分割について相続人から委任を受けた弁護士が、他の相続人に対して相続財産の額を過少に記載した通知書を送付して錯誤に陥らせ、依頼者のために有利に交渉を進めたことを理由に、3か月の業務停止処分（ただし、日弁連の裁決において戒告処分に変更）を受けた事案（東京高判平成19年9月5日判タ1257号73頁）、⑥妻から離婚手続を受任した弁護士が、夫の上司に対して夫が傷害罪等を犯したと告げるなどしたことを理由に、2か月の業務停止処分を受けた事案（東京高判平成25年5月8日判時2200号44頁）、⑦会社の債務整理を受任した弁護士が、受任していない者の受任通知書を発送したり、会社所有不動産を任意売却した際の仲介手数料を自己が監査役で二男が代表者を務める会社に交付したりしたことなどを理由に、2か月の業務停止処分を受けた事案（東京高判平成25年9月18日判時2212号26頁）があり、いずれについても、対象弁護士の行為は「品位を失うべき非行」（弁護士法56条1項）に該当し、弁護士会による懲戒処分は裁量権の範囲を逸脱し又はこれを濫用したものとはいえないと判断されている。

3 仮の救済制度

(1) 概要

業務停止処分、退会命令処分又は除名処分を受けた弁護士は、業務停止期間の経過（業務停止処分の場合）、弁護士会への再登録（退会命令処分の場合）又は3年経過後の弁護士会への再登録（除名処分の場合。弁護士法7条3号）までの間、弁護士業務を行うことができないだけでなく、懲戒処分がされたことは官報及び日弁連の機関雑誌に公告されることになる（弁護士法64条の6第3項、日弁連会則68条）。

そのため、懲戒処分を受けた弁護士が同処分の執行停止申立てをすることがあり、この場合、懲戒処分により「重大な損害」（行訴法25条2項）が生じるといえるか否かが問題となる。

(2) 審理・判断の方法

弁護士に対する懲戒処分の執行停止の申立てに関しては、平成16年改正前に、4か月の業務停止処分の事案（東京高決昭和55年2月5日行集31巻2号113頁）、6か月の業務停止処分の事案（東京高決昭和60年1月25日行集36巻1号26頁）について、他の弁護士に法律事務を引き継がせたり、業務停止期間経過後に再び委任を受けて法律事務を行ったりすることも可能であるから、これらの業務停止処分による損害は「回復困難な損害」に該当しないとされていた。

しかし、上記Ⅱ3 (2) アで述べた平成16年改正の趣旨を踏まえ、最高裁は、3か月の業務停止処分を受けた弁護士が同処分の執行停止を求めた事案について、業務停止期間中に期日が指定されているものだけで31件の訴訟案件を受任していたなどの事実関係の下では、同処分によって生じる社会的信用の低下、業務上の信頼関係の毀損等の損害は「重大な損害」に該当すると判断している（最三決平成19年12月18日判タ1261号138頁）。

そのほか、平成16年改正後に弁護士に対する懲戒処分の執行申立てについて判断した公刊裁判例は見当たらないが、前掲最三決平成19年12

月18日を踏まえれば、業務停止処分、退会命令処分及び除名処分については、「重大な損害」要件を満たすと判断されることが多いものと考えられる。

なお、戒告処分は、当該弁護士に告知された時にその効力が生じ、告知によって完結するものであり、日弁連による公告は、戒告処分の効力としてされるものでも、続行手続としてされるものでもなく、公告によって生じる社会的信用の低下等は戒告処分による損害とはいえないから、公告がされることを理由として、戒告処分の効力の停止又は手続の続行の停止を求めることはできないとされている（最三決平成15年3月11日判タ1119号156頁）[14]。

Ⅳ　おわりに

本講においては、高度専門職の代表的存在である医師及び弁護士の資格等をめぐる紛争に関する幾つかの論点について検討したが、高度専門職に対する国民の信頼を維持するためにも、実務においては、本講で取り上げた判例等の考え方を踏まえ、適切な主張立証を行い、迅速に紛争を解決していくことが重要になろう。

---

[14] なお、塩野Ⅱ209頁は、戒告処分の効力が停止されれば公告もできなくなるにもかかわらず、前掲最三決平成15年3月11日は、戒告処分と公告の峻別から演繹的に結論を出しており、実効的救済の見地からすれば、表面的仕組みにとらわれていると批判している。

第 21 講
道路運送事業をめぐる紛争

福井　章代

I　はじめに

1　道路運送法改正の沿革[1]

(1)　道路運送法の平成 12 年改正

　道路運送法は、従前、一般旅客自動車運送事業（タクシー事業やバス事業）について、いわゆる需給調整規制を前提とする免許制を採用していたが、平成 12 年法律第 86 号による改正（平成 14 年 2 月 1 日施行。以下「平成 12 年改正」という）において、需給調整規制を廃止し、免許制から許可制に改めるなどの大幅な制度改正が行われた。

　平成 12 年改正は、規制緩和の一環として行われたものであり、一般乗用旅客自動車運送事業（タクシー事業）については、①新規参入を免許制から許可制に改めるとともに、需給調整規制を廃止したこと（6 条）、②運賃の上限及び下限を規制していた運賃認可基準を上限のみを規制する内容に改めたこと（9 条の 3）、③事業用自動車の増減車に係る事業計画変更を認可制から届出制に改めたこと（15 条 3 項）、④特定の地域において供給輸送力が輸送需要量に対し著しく過剰となっている場合であって、当該

---

[1]　道路運送法の改正の経緯については、福井秀夫「タクシー需給調整措置の法的限界(1)法と経済分析を踏まえて」自治研究 87 巻 9 号 33 頁、松本哲治「職業選択の自由——タクシーの再規制の問題を中心に」同志社法学 64 巻 7 号 691 頁、内田忠宏「法令解説　タクシー事業の適正化・活性化に向けて——特定地域における一般乗用旅客自動車運送事業の適正化及び活性化に関する特別措置法」時の法令 1857 号 14 頁参照。

供給輸送力が更に増加することにより、輸送の安全及び旅客の利便を確保することが困難となるおそれがあると認めるときは、当該特定の地域を期間を定めて緊急調整地域として指定し、当該地域での新規事業許可や増車を認めないものとする緊急調整措置の制度を新たに導入したこと（8条）等を主な内容とするものであった。

(2) 特別措置法の制定

その後、タクシー需要の減少傾向が続く一方で、地域によってはタクシーの供給量が増加する状況が見られるようになった。このような状況の下において、特定地域における一般乗用旅客自動車運送事業の適正化及び活性化に関する特別措置法（以下「特別措置法」という）が平成21年10月1日に施行された。特別措置法は、次の2点において、平成12年改正による道路運送法を一部修正する内容を含むものである。

第1に、特別措置法は、特定地域における一般乗用旅客自動車運送事業の供給過剰の状況、事業用自動車1台当たりの収入の状況、法令の違反その他の不適正な運営の状況、事業用自動車の運行による事故の発生の状況に照らして、輸送の安全及び利用者の利便を確保し、その地域公共交通としての機能を十分に発揮できるようにするため、当該地域の関係者の自主的な取組を中心として一般乗用旅客自動車運送事業の適正化及び活性化を推進することが特に必要であると認めるときは、当該特定の地域を、期間を定めて「特定地域」として指定することができるとした上で（3条1項）、特定地域の指定を受けた地域においては、事業用自動車の合計数を増加させる事業計画の変更をする場合、道路運送法15条3項所定の届出ではなく、同条1項所定の認可を要することとした（特別措置法15条1項）。

第2に、一般乗用旅客自動車運送事業の運賃認可基準として道路運送法9条の3第2項1号に規定されている「能率的な経営の下における適正な原価に適正な利潤を加えたものを超えないもの」を当分の間、「……適正な原価に適正な利潤を加えたもの」とすることとされた（特別措置法附則5項、道路運送法制定附則2）。この道路運送法の読替え規定によって、

平成 12 年改正によって上限規制に改められた運賃認可基準は、再び下限規制を盛り込むものに改められた。この道路運送法の読替え規定は、特定地域に指定されているか否かにかかわらず、全国全ての一般乗用旅客自動車運送事業に適用されるものである。

(3) 特別措置法の平成 25 年改正

さらに、平成 25 年 11 月には、平成 25 年法律 83 号による特別措置法の改正が行われた。これによる主要な改正点は、①特定地域の指定要件を「供給過剰（中略）であると認める場合であって、……当該地域における供給輸送力の削減をしなければ、一般乗用旅客自動車運送事業の健全な経営を維持し、並びに輸送の安全及び利用者の利便を確保することにより、その地域公共交通としての機能を十分に発揮することが困難であるため、当該地域の関係者の自主的な取組を中心として一般乗用旅客自動車運送事業の適正化及び活性化を推進することが特に必要であると認めるとき」と改めるとともに、特定地域の指定期限の延長を可能にしたこと（3 条）、②新たに「供給過剰となるおそれがあると認める場合（後略）」を要件として準特定地域を指定する制度を導入し、特定地域の場合と同様、その指定期限の延長も可能であるとしたこと（3 条の 2）、③特定地域においては、新規参入に係る許可や供給輸送力を増加させる事業計画の変更は許されないものとしたこと（14 条の 2、14 条の 3）、④準特定地域においては、新規参入に当たっては、これを許可することにより供給過剰とならないかどうかを審査し（14 条の 4）、供給輸送力を増加させる事業計画の変更をする場合には、道路運送法 15 条 3 項所定の届出ではなく、同条 1 項所定の認可を要することとしたこと（15 条）、⑤特定地域及び準特定地域において協議会が組織されているときは、「能率的な経営を行う標準的な一般乗用旅客自動車運送事業者が行う一般乗用旅客自動車運送事業に係る適正な原価に適正な利潤を加えた運賃を標準とする」等の基準に適合する運賃の範囲が指定され、その範囲内で運賃を定めて届け出なければならないものとしたこと（16 条、16 条の 3、16 条の 4）等である。

この改正によって、特定地域や準特定地域として指定された地域におい

ては、需給調整規制や運賃の上・下限についての規制が行われていた平成12年改正前に近い規制が行われることとなった。

(4) 関係通達

なお、一般乗用旅客自動車運送事業については、以上に加えて、平成12年改正以降、平成13年10月26日付け自動車交通局長通達「緊急調整措置の発動要件等について」（平成13年国自旅第102号）、平成19年11月20日付け自動車交通局長通達「特定特別監視地域等において試行的に実施する増車抑制対策等の措置について」（平成19年国自旅第208号）、平成20年7月11日付け自動車交通局長通達「『緊急調整地域の指定等について』及び『特定特別監視地域等において試行的に実施する増車抑制対策等の措置について』の一部改正について」（平成20年国自旅第148号）といった通達が定められてきた。これらの通達は、一定の条件を満たす地域を特別監視地域や特定特別監視地域に指定し、指定された地域において増車を実施した事業者等については、道路運送法40条に基づく行政処分（一般旅客自動車運送事業者が同法又は同法に基づく命令等に違反したとき等一定の要件に該当する場合に行われる事業用自動車の使用停止、事業の停止又は許可の取消しの処分）に当たって厳しく取り扱うこと等を定めたものである。

2　一般旅客自動車運送事業をめぐる訴訟の審理における留意点

(1) 概容

一般旅客自動車運送事業については、前記1で見たとおり、平成12年以降、法改正が繰り返されてきたため、適用される法令の内容がいささか分かりにくいものとなっているが、その要点をごく簡単にまとめると、①新規参入の許可、②増車に係る事業計画変更の認可ないし届出、③運賃の認可、④事業用車両の使用停止、事業停止及び許可取消し等であり、訴訟では、これらの行政処分の違法性が争われることが多い。これら一般旅客自動車運送事業における行政処分に関する訴訟を審理するに当たっての留

意点として、次の3点を指摘することができる。

(2) 関係法令等の適用関係の整理

第1に、一般旅客自動車運送事業については、道路運送法による原則的規制と特別措置法による例外的規制が入り組んだ形で適用されることになる。また、道路運送法等の施行規則やこれに関係する通達等も、頻繁に改正されている。そこで、一般旅客自動車運送事業における行政処分に関する訴訟では、まず、これら法令等の適用関係を整理し、その立法趣旨や目的を検討しておく必要がある。原告としては、訴え提起に先立ってあらかじめこの点を精査しておくことが欠かせないが、被告の側においても、答弁書の提出等、訴訟の早い段階で、関係法令等の適用関係を整理して主張するとともに、必要に応じて関連する通達等や国会会議録等の立法関係資料を書証として提出しておくことが求められる。

(3) 職業の自由との関係

第2に、一般旅客自動車運送事業における許認可は、職業活動の内容・態様に対する制約を課すものとして、職業の自由にかかわることになる。このため、一般旅客自動車運送事業の許認可に関する訴訟では、規制の合憲性が争われたり、下位法令が法律の委任の範囲内かどうかが問題とされることがある。この場合、立法目的とその正当性、立法目的と手段との関連性等が検討されることになり、その判断に当たっては、立法事実（立法の合憲性を支えている事実）の審査が必要となる。その際には、被告において、立法の趣旨・目的等を明らかにするため、立法に至るまでの議論や国会での審議の内容等に関する資料を積極的に提出することが求められる。

(4) 行政裁量に対する司法審査

第3に、道路運送法や特別措置法の定める許認可その他の行政処分の基準は、抽象的、概括的なものにとどまり、施行規則や通達において、具体的な審査基準が定められていることが多い。このため、これら行政処分の違法性が争われる訴訟においては、当該行政処分についての行政裁量に

対する司法審査の在り方が問題となる。

この点について、最一判平成11年7月19日判タ1011号75頁[2]は、一般乗用旅客自動車運送事業者の運賃変更の認可申請を却下した処分の違法性が争われた事案において、①「道路運送法9条2項1号(平成12年改正前のもの)の基準は抽象的、概括的なものであり、上記基準に適合するか否かは、行政庁の専門技術的な知識経験と公益上の判断を必要とし、ある程度の裁量的要素があることを否定することはできない」とした上で、②タクシー事業の運賃変更の認可基準を定めていた当時の通達の内容を検討し、「通達の定める運賃原価算定基準に示された原価計算の方法は、同号の基準に適合するか否かの具体的判断基準として合理性を有する」旨判示し、③次いで、「通達の定める平均原価方式に従って算定された額を運賃の設定又は変更の認可の基準とし、その額を変更後の運賃の額とする運賃変更の認可申請については、特段の事情のない限り、同号の基準に適合しているものと判断することは、地方運輸局長の裁量権の行使として是認し得る」とする一方で、④「タクシー事業者が平均原価方式により算定された額と異なる運賃額を内容とする運賃の設定又は変更の認可申請をし、上記運賃額が同号の基準に適合することを明らかにするため道路運送法施行規則所定の書類を提出した場合には、地方運輸局長は、当該申請について道路運送法9条2項1号の基準に適合しているか否かを上記提出書類に基づいて個別に審査判断すべきである」としている。

[2] 最一判昭和46年10月28日民集25巻7号1037頁は、平成12年改正前の道路運送法に基づく一般乗用旅客自動車運送業である1人1車制の個人タクシー事業の免許申請却下処分が争われた事案において、「同法6条の趣旨を具体化した審査基準を設定し、これを公正かつ合理的に適用すべく、特に、右基準の内容が微妙、高度の認定を要するようなものである等の場合には、右基準を適用するうえで必要とされる事項について、申請人に対し、その主張と証拠の提出の機会を与えなければならない」としている。また、最一判昭和50年5月29日民集29巻5号662頁は、平成12年改正前の道路運送法に基づく一般乗合旅客自動車運送事業(バス事業)の免許申請を却下した処分の違法性が争われた事案において、「(道路運送法の定める)免許基準は極めて抽象的、概括的なものであり、右免許基準に該当するかどうかの判断は、行政庁の専門技術的な知識経験と公益上の判断を必要とし、ある程度の裁量的要素があることを否定することはできない」と判示している。

この最判は、行政庁が裁量権行使を行うために裁量基準（審査基準）を設定した場合、当該裁量基準が根拠法の趣旨に合致し、合理的なものであるときは、行政庁は、一定程度、当該裁量基準に拘束されるため、当該裁量基準が合理的に適用されている限りで、行政処分は違法とはならないが、他方、合理的な裁量基準であっても、それが不合理に適用された場合には、行政処分が違法となり得ることを示しているものと思われる。このような観点から、道路運送法等に基づく許認可その他の行政処分の違法性が争われる事案では、裁量基準（審査基準）の設定と裁量基準の具体的適用という2段階において、司法審査が行われることになる。

　第1段階（裁量基準の設定段階）においては、裁量基準が根拠法令の目的に合致しているかどうか、比例原則や平等原則に適合しているかどうかなどが審査されることになるが、その際には、裁量基準設定の前提となる立法事実の存否や、裁量基準の制定目的と根拠法規の目的との間の合理的関連性の有無等が重要なポイントになる。また、第2段階（裁量基準の適用段階）においては、重大な事実誤認の有無等が審査のポイントとなろう[3]。

(5) 近時の問題点

　道路運送事業の分野における論点は、多岐にわたるが、近時、訴訟では、一般乗用旅客自動車運送事業（タクシー事業）の増車に係る事業計画変更の認可、運賃の認可、道路運送法40条所定の許可の取消し等が問題になっているので、これらについて、順次見ていくことにする。

---

[3] 行政裁量に対する審査の在り方については、常岡孝好「行政裁量の手続的審査の実体（上）（中）（下）裁量基準の本来的拘束性」判時2133号148頁、2136号148頁、2139号148頁、山本隆司「報告4 日本における裁量論の変容」判時1933号11頁参照。また、裁量基準の法的性質と拘束性については、深澤龍一郎「裁量基準の法的性質と行政裁量の存在意義（2・完）」民商128巻1号1頁参照。

Ⅱ 増車に係る事業計画変更の認可

1 概要

　前記Ⅰ1で見たとおり、一般乗用旅客自動車運送事業（タクシー事業）の増車に係る事業計画の変更については、平成12年改正によって需給調整規制が廃止され、届出で足りることになったが（道路運送法15条3項）、平成21年に特別措置法が施行されたのに伴い、同法に基づく特定地域の指定を受けた地域においては、道路運送法15条3項所定の届出ではなく、同条1項所定の認可を要するものとされている（特別措置法15条1項）。
　その認可基準として、道路運送法15条2項において準用する同法6条各号は、①当該事業の計画が輸送の安全を確保するため適切なものであること（1号）、②前号に掲げるもののほか、当該事業の遂行上適切な計画を有するものであること（2号）、③当該事業を自ら適確に遂行するに足る能力を有するものであること（3号）という基準を定めている。各地方運輸局長は、上記基準を具体化した審査基準を定めた公示を発出しているところ、特別措置法に基づく特定地域の指定を受けた地域を所管する地方運輸局長が定めた審査基準の中には、「提出された収支計画上の増車車両分の営業収入が、申請する営業区域で当該増車実施後に新たに発生する輸送需要によるものであることが明らかであること」といった収支計画に関する要件（以下「収支計画要件」という）が定められていることが多いようである。
　このため、タクシー事業者が増車に係る事業計画変更の認可申請をしたのに対し、収支計画要件に適合しないとして申請を却下された場合に、当該申請却下処分の取消しの訴え等が提起され、審査基準の適法性や収支計画要件への適合性等が争われることがある。

2 審理・判断の方法

　道路運送法が定める事業計画の変更に関する認可の基準は、概括的、抽象的なものであり、実際の認可審査は、各地方運輸局長の公示が定める具体的な審査基準に従って行われている。そこで、認可申請却下処分の違法性が問題となる訴訟においては、前記Ⅰ2⑷で見たように、審査基準の設定（裁量基準の合理性）と審査基準の具体的適用（裁量基準の当てはめ）という2段階について、行政庁による裁量権の行使が審査されることになる。

　このような訴訟においては、訴え提起後の早い段階で、被告側から、関係法令等の適用関係を整理した準備書面が提出されるとともに、道路運送法や特別措置法の制定・改正時の国会会議録、関係する通達や公示、審議会の議事録や報告書等が証拠として提出される。その上で、これら資料に基づいて、審査基準が根拠法令の目的に合致しているかどうかなどについて、原告、被告双方から主張が展開されることになろう。

　これに続き、認可申請時の提出書類その他の資料の提出が提出され、これに基づいて、審査基準を適用するに当たって事実誤認がなかったかどうかなどについて、原告、被告双方から主張が展開されることになる。

3 裁判例等

　特定地域に指定された地域において事業用自動車を30台増車する旨の事業計画変更認可申請の却下処分の違法性が争われた事案において、収支計画要件を含む審査基準を策定したことについて裁量権の逸脱、濫用はないとした上、成田空港におけるビジネスジェット発着枠の増加により、新規の輸送需要が発生することが社会通念上合理的にみて相当程度の蓋然性をもって見込まれるにもかかわらず、申請を却下した行政庁の判断は、裁量権の範囲を逸脱又は濫用したものとして違法であるとした裁判例として、東京地判平成25年6月27日判時2220号10頁がある。これに対し、その控訴審である東京高判平成26年1月23日判時2220号3頁は、新

規の輸送需要が発生することが社会通念上合理的にみて相当程度の蓋然性をもって見込まれていたとは認められないなどとして、却下処分の違法性を否定した（最一決平成26年7月3日上告不受理）。

このほかに、平成12年改正前の事案であるが、空港の開港に伴って導入された空港専用タクシーの増車に関する事業計画変更認可申請を却下した行政庁の判断に裁量権の逸脱はないとした裁判例として、大阪地判平成8年6月25日判タ929号78頁がある。また、聴聞手続を経ないでされた増車に係る事業計画変更認可申請却下処分の違法性が争われた裁判例として、前橋地判平成5年7月20日判タ858号132頁及びその控訴審である東京高判平成6年8月9日行集45巻8・9号1727頁がある。

Ⅲ 運賃の認可

1 概要

一般乗用旅客自動車運送事業者は、運賃及び料金の設定・変更につき国土交通大臣の認可を受けなければならない（道路運送法9条の3）。同条2項の定める認可基準は、①能率的な経営の下における適正な原価に適正な利潤を加えたものを超えないものであること（1号）、②特定の旅客に対し不当な差別的取扱いをするものでないこと（2号）、③他の一般旅客自動車運送事業者との間に不当な競争を引き起こすこととなるおそれがないものであること（3号）、④運賃及び料金が対距離制による場合であって、国土交通大臣がその算定の基礎となる距離を定めたときは、これによるものであること（4号）というものであるが、前記Ⅰ1で見たとおり、平成21年の特別措置法施行によって、道路運送法9条の3第2項1号所定の「能率的な経営の下における適正な原価に適正な利潤を加えたものを超えないもの」という文言は、当分の間、「……適正な原価に適正な利潤を加えたもの」と読み替えられることになった（特別措置法附則5項、道路運送法制定附則2）。その結果、平成12年改正によって「同一地域同一運賃」の原則が廃止され、上限規制に改められた運賃認可基準は、再び下限規制

を盛り込むものに改められた。

　各地方運輸局長は、道路運送法9条の3第2項所定の認可基準を具体化した審査基準を定めた公示を発出しているところ、これらの公示では、一定の基準の範囲内にある運賃（自動認可運賃）の認可申請については速やかに認可すべきものとする一方で、申請額が自動認可運賃に該当しない場合には、申請者から提出された資料を基に、平年度（実績年度の翌々年度）における申請者の原価及び収入を所定の方法で査定した上で、平年度における収支率が100％となる変更後の運賃額（以下「運賃査定額」という）を算定し、申請額が運賃査定額以上であるときは、申請額で認可し、申請額が運賃査定額に満たないときは、申請額を運賃査定額に変更しない限り、申請を却下するといった内容が定められていることが多いようである。

　このため、タクシー事業者が自動認可運賃に該当しない申請額で運賃変更の認可申請をしたのに対し、公示の定める方法によって算定された運賃査定額に満たないとして申請を却下された場合に、運賃査定額の算出過程の誤りなどを主張して、当該申請却下処分の適否が争われることがある。

2　判例の考え方

　タクシーの運賃変更の認可に関しては、前記Ⅰ2⑷で掲げた最一判平成11年7月19日判タ1011号75頁がある。この最判は、平成12年改正前の道路運送法下の事案であるが、運賃変更の認可に関する行政庁の裁量判断に対する司法審査の在り方を示したものとして、現在においても先例的価値を有するものと思われる。

3　審理・判断の方法

　運賃の認可の違法性が問題になる場合も、前記Ⅱ2と同様の手順で審理が進められる。運賃の認可をめぐっては、公示の定める方法によって運賃査定額の算定を行うことが相当ではなく、これとは別の算定方法によるこ

とに合理的理由があるかどうかが主要な争点となることが多いため、原告（申請人）の側において、過去の輸送実績・運送収入や、人員配置・営業形態等に関する申請人に特有の事情等について、客観的な数値を挙げて具体的な主張立証活動を行う必要がある。

4 裁判例等

　公示の定める方法によって運賃査定額の算定を行うことが相当ではなく、これとは別の算定方法によることに合理的理由があるとして、自動認可運賃を下回る運賃変更申請の認可要件適合性を肯定して認可処分の仮の義務付けを認めた裁判例として、名古屋地決平成22年11月8日判タ1358号94頁、福岡地決平成22年5月12日判例秘書06550272及びその抗告審である福岡高決平成22年7月20日判例秘書06520749がある。

　このほかに、平成12年に道路運送法が改正された後、平成21年に特別措置法が施行されるまでの間の運賃値下げ申請について、「他の一般旅客自動車運送事業者との間に不当な競争を引き起こすこととなるおそれがないもの」という認可基準に適合しないとして申請を却下した処分に裁量権の逸脱、濫用の違法があるとした裁判例として大阪地判平成19年3月14日判タ1252号189頁、大阪地判平成21年9月25日判タ1323号134頁がある。

　これに対し、上記大阪地判の控訴審である大阪高判平成22年9月9日判時2108号21頁は、申請に係る運賃は適正な原価を下回るものであり、これを認可した場合には、他の一般旅客自動車運送事業者との間において過労運転の常態化等による運送の安全の確保を損なうことになるような不当な値下げ競争を引き起こす具体的なおそれがあるから、認可基準に適合しないとした行政庁の判断は適法であるとしている。

5　運賃認可をめぐる他の論点

(1)　運賃の変更認可の仮の義務付け

　運賃の変更認可申請が却下された場合、既に認可されている運賃の実施期間が経過すると、申請人は、タクシー事業を行うことができなくなることから、認可申請却下処分の取消しを求める訴えの提起と同時に、認可処分の仮の義務付けの申立て（行訴法37条の5第1項）がされることがある。仮の義務付けの申立てにおいては、「義務付けの訴えに係る処分又は裁決がされないことにより生ずる償うことのできない損害を避けるため緊急の必要がある」いう要件を満たすかどうかが問題となる。

　運賃の変更認可がされない場合、上記のとおり、タクシー事業に係る営業を停止せざるを得なくなり、従業員の退職等により事業継続が困難となるおそれがあるため、この種の仮の義務付けの申立てでは、上記要件の該当性が肯定されることが多い（前掲名古屋地決平成22年11月8日、同福岡地決平成22年5月12日、同福岡高決平成22年7月20日等）[4]。

(2)　運賃の変更認可の仮の差止め

　これとは逆に、運賃の変更認可に対しては、同業者から仮の差止めを求める申立て（行訴法37条の5第2項）がされることもあり、この場合には、「差止めの訴えに係る処分又は裁決がされることにより生ずる償うことのできない損害を避けるため緊急の必要がある」いう要件を満たすかどうかが問題となる。この点については、同業者及びタクシー事業者の利益代表団体がした新規参入許可及び値下運賃認可の仮の差止めの申立てにおいて、上記要件の充足性を否定した裁判例として、札幌地決平成21年2月27日判例秘書06450490がある。

---

[4]　特別措置法の平成25年改正によって導入された公定幅運賃制度の下においては、公定幅運賃の範囲外の運賃を届け出た場合には、運賃変更命令等を受けることになる。公定幅運賃の範囲内にない低廉な運賃を届け出たタクシー事業者がした運賃変更命令の仮の差止めの申立てが認容された裁判例として、大阪地決平成26年5月23日判例秘書06950241、福岡地決平成26年5月28日判例秘書06950198、福岡地決平成26年5月28日判例秘書06950199がある。

また、平成16年の行訴法改正前の事案であるが、同業者が申し立てた運賃の変更認可の執行停止の申立てについて、回復困難な損害を生じるおそれがあるということはできないとした裁判例として、大阪地決平成5年12月20日判タ841号126頁がある。

(3) 第三者の原告適格

運賃の変更認可に対しては、申請者以外の第三者から取消訴訟が提起されることがあり、この場合、第三者の原告適格が問題になる。

この点については、値下運賃認可を申請したタクシー事業者の従業員の原告適格を否定した裁判例として東京地判平成20年5月16日判タ1280号139頁及びその控訴審である東京高判平成21年4月16日判例秘書06420674がある。また、競争関係にある既存同業者の原告適格を肯定し、利益代表団体の原告適格を否定した裁判例として札幌地判平成25年5月9日判例秘書06850333がある[5]。なお、一般乗合旅客自動車（バス）の沿線住民の原告適格を肯定した裁判例として広島地判昭和48年1月17日行集24巻1・2号1頁がある[6]。

Ⅳ 許可取消処分等

1 概要

一般旅客自動車運送事業者が道路運送法又は同法に基づく命令等に違反したときは、事業用自動車の使用停止や事業の停止を命じられ、あるいは許可を取り消されることがある（道路運送法40条1号）。

そして、道路運送法27条2項は、一般旅客自動車運送事業者が輸送の

---

[5] この札幌地判平成25年5月9日は、新規参入許可の取消訴訟についても、競争関係にある既存同業者及び利益代表団体の原告適格を否定している。

[6] なお、鉄道の旅客運賃変更認可処分の取消訴訟において、居住地から職場や学校等への日々の通勤や通学等の手段として反復継続して日常的に鉄道を利用している者の原告適格を肯定した裁判例として、東京地判平成25年3月26日判時2209号79頁がある。

安全及び旅客の利便の確保のために必要な事項として国土交通省令で定めるものを遵守しなければならない旨を定めており、これを受けて、旅客自動車運送事業運輸規則（以下「運輸規則」という）22条は、「交通の状況を考慮して地方運輸局長が指定する地域内に営業所を有する一般乗用旅客自動車運送事業者は、地方運輸局長が定める乗務距離の最高限度額を超えて当該営業所に属する運転者を事業用自動車に乗務させてはならない。」（1項）、「同条1項の乗務距離の最高限度は、当該地域における道路及び交通の状況並びに輸送の状態に応じ、当該営業所に属する事業用自動車の運行の安全を阻害するおそれのないよう、地方運輸局長が定めるものとする。」（2項）、「地方運輸局長は、同条1項の地域の指定をし、及び前項の乗務距離の最高限度を定めたときは、遅滞なく、その旨を公示しなければならない。」（3項）と規定している。このため、運輸規則22条に基づく地域指定及び乗務距離の最高限度が定められた場合には、当該地域においては、定められた最高限度を超えて事業用自動車を走行させることができなくなり、これに違反した場合には、道路運送法40条1号に基づく不利益処分を受ける可能性がある。

　また、前記Ⅰ1(4)で見たとおり、平成12年改正以降に発せられた通達は、一定の条件を満たす地域を特別監視地域や特定特別監視地域に指定し、指定された地域において増車を実施した事業者等については、道路運送法40条に基づく行政処分に当たって厳しく取り扱うとしており、さらに、同条に基づく処分の基準を定める通達として、平成21年9月29日付け自動車交通局長通達「一般乗用旅客自動車運送事業者に対する行政処分等の基準について」（平成21年国自安第60号、国自旅第128号、国自整第54号）や平成21年9月29日付け自動車局安全政策課長・旅客課長・整備課長通達「一般乗用旅客自動車運送事業者に対する違反事項ごとの行政処分等の基準について」（平成21年国自安第63号、国自旅第131号、国自整第57号）が発出されている。これらに沿って、各地方運輸局長は、公示（以下「処分基準公示」という）において道路運送法40条に基づく処分の具体的基準を定めているところ、これには、特別措置法3条所定の特定地域や上記通達の定める特別監視地域等に指定された地域において

は、①監査実施時の車両数を基準時の車両数よりも5％以上減少させている事業者による違反の場合は、原則どおりの処分をするが、②上記減車率が5％に満たない事業者による違反の場合は、一定の処分加重をし、③増車させた事業者による違反の場合、更なる処分加重をする旨が規定されていることが多いようである。

このため、道路運送法40条1号に基づく処分を受けたタクシー事業者から、当該処分の取消訴訟等において、地方運輸局長の公示による乗務距離規制や処分基準公示による処分加重の違法性が主張されることがある。

2 審理・判断の方法

乗務距離規制や処分加重の違法性が問題になる場合の審理の進め方は、前記Ⅱ2と同様である。乗務距離規制を定める運輸規則22条の合憲性や地方運輸局長による地域指定及び制限距離設定についての裁量権行使の適否を判断するには、立法目的を探求した上で、乗務距離制限が立法目的を達成するために必要かつ合理的なものかどうかなどを検討する必要があり、そのためには、実証的な見地から立法事実の有無を審査することになろう。処分加重の違法性を検討するに当たっても、同様の観点から、被告の側において、立法事実を具体的に、かつ、実証的に明らかにしていくことが求められよう。

3 裁判例等

乗務距離規制については、運輸規則22条の合憲性を肯定した上で、地方運輸局長による乗務距離の最高限度の算定方法には裁量権の逸脱、濫用があるとした裁判例として、大阪地判平成25年7月4日判例秘書06850397、福岡地判平成26年1月14日公刊物未登載、札幌地判平成26年2月3日判例秘書06950040がある。同様に、運輸規則22条の合憲性を肯定した上で、新たに乗務距離の規制地域に指定する必要性があるとした地方運輸局長の判断は、前提となる事実の基礎を欠き、裁量権の逸

脱、濫用があるとした裁判例として、名古屋地判平成25年5月31日判例秘書06850315、その控訴審である名古屋高判平成26年5月30日判例秘書06920229がある。

　増車した事業者に対する処分加重については、平等原則に違反し、裁量権の範囲を逸脱し又はこれを濫用した違法なものであるとした裁判例として前掲名古屋地判平成25年5月31日があり、他事考慮に当たり、裁量権の範囲を逸脱し又は濫用した違法なものであるとした裁判例として大阪地判平成24年2月3日判時2160号3頁及びその控訴審である大阪高判平成25年4月18日判例秘書06820558（最二決平成26年6月4日上告不受理）がある。これに対し、東京高判平成24年7月11日判例秘書06720737は、特別監視地域における違反であることを処分の加重要素として考慮することには合理性があるとして、加重された処分を適法とした。

4　許可取消等をめぐる他の論点

(1)　公示の処分性

　乗務距離規制については、地域指定や乗務距離の最高限度を定めた公示の処分性が問題となる。前掲大阪地判平成25年7月4日、同名古屋地判平成25年5月31日、同福岡地判平成26年1月14日及び同札幌地判平成26年2月3日は、公示は不特定多数の者を名宛人とする一般的抽象的な法規範を定立するものであるとして、その処分性を否定している。

(2)　差止訴訟・確認訴訟の適法性

　また、タクシー事業者が、乗務距離規制違反を理由とする道路運送法40条に基づく処分の差止めや、乗務距離の最高限度を超えて事業用自動車に運転者を乗務させることができる地位の確認を求めることがある。差止訴訟については、①処分の蓋然性、②重大な損害を生ずるおそれ、③損害を避けるため他に適当な方法があるとはいえないことという要件（行政事件訴訟法37条の4第1項）が問題となり[7]、確認の訴えでは、確認の利

益の有無が問題となる[8]）。

　この点について、前掲大阪地判平成25年7月4日及び同札幌地判平成26年2月3日は、監査時に乗務距離制限違反を指摘された事業者につき事業用自動車の使用停止処分に限って処分の蓋然性を肯定したものの、重大な損害を生ずるおそれはないとして、差止めの訴えを却下する一方、確認の訴えについては、確認の利益を肯定している（なお、前掲福岡地判平成26年1月14日は、使用停止処分等の蓋然性を否定して差止めの訴えを却下した）。これに対し、前掲名古屋地判平成25年5月31日及びその控訴審名古屋高判平成26年5月30日は、乗務距離制限違反を理由に使用停止処分を受けた事業者につき差止訴訟の上記各訴訟要件の充足性を肯定して差止めの訴えを適法とするとともに、確認の利益も肯定して確認の訴えを適法としている[9]）。

(3) 訴えの利益

　事業用自動車使用停止処分の取消訴訟については、使用停止期間経過後における訴えの利益が問題になる。過去の同種違反行為が3年間処分加重事由とされていることを理由に使用停止期間経過後の訴えの利益を肯定するのが一般的である（大阪地判平成19年2月13日判タ1253号122頁、前掲名古屋地判平成25年5月31日等）。

---

7) 最一判平成24年2月9日民集66巻2号183頁は、国家斉唱時の起立斉唱等に係る職務命令違反を理由とする免職処分以外の懲戒処分について差止めの訴えを適法としている。
8) 当事者訴訟としての確認の訴えの適法性を肯定した裁判例として、前掲最一判平成24年2月9日のほか、最二判平成25年1月11日民集67巻1号1頁（医薬品ネット販売訴訟）がある。
9) 処分差止訴訟と義務不存在確認訴訟との関係等については、山本隆司「改正行政事件訴訟法をめぐる理論上の諸問題」論究ジュリ8号71頁、同「行政処分差止訴訟および義務不存在確認訴訟の適法性」論究ジュリ3号117頁、常岡孝好「行政判例研究」自治研究90巻10号121頁、北村和生「道路運送法上の公示をめぐる紛争(2)」法教408号90頁が示唆に富む。

第 22 講
廃棄物処理、墓地をめぐる紛争

家原　尚秀

I　はじめに

　廃棄物の処理及び清掃に関する法律（以下「廃掃法」という）は、廃棄物の排出の抑制、処理等により、「生活環境の保全及び公衆衛生の向上を図ること」、墓地、埋葬等に関する法律（以下「墓埋法」という）は、墓地等の管理等が「国民の宗教的感情に適合し、且つ公衆衛生その他公共の福祉の見地から、支障なく行われること」を、それぞれ目的として規定しており（廃掃法1条、墓埋法1条）、両法ともに「公衆衛生」との文言が入っているという共通性が認められる。しかしながら、その位置付けは異なり、環境法の個別法である廃掃法においては、生活環境の保全と併せて、公衆衛生の向上を図ることが最終的な目的の1つとされているのに対し、墓埋法においては、公共の福祉の1項目として公衆衛生が挙げられているにすぎない（墓埋法1条）。

　各法が規定する事業についてみると、一般廃棄物の収集又は運搬業は市町村長の許可（廃掃法7条）、産業廃棄物処理施設の設置は都道府県知事の許可（同法15条）、墓地、納骨堂又は火葬場の経営は都道府県知事の許可（墓埋法10条）をそれぞれ要するものとされ、いずれも許可制がとられている。しかし、汚物又は不要物を対象とする廃棄物処理業と、個人の信仰ないし宗教の対象となる死体を扱う墓地及び埋葬とでは、規制の内容が大きく異なるのは当然であり、後述するように法の仕組みも大きく異なる。他方で、廃棄物処理業については、社会の高度化に伴って、産業廃棄物処理施設等の設置が社会問題となり、その設置等をめぐって周辺住民と

の間での紛争が多く発生しており、また、墓地についても、高齢化に伴って不足し、新たに設置されることが多くなり、その設置等をめぐり周辺住民との紛争が生じる例が増えてきているといわれている[1]。

　以下では、廃棄物処理に関しては、廃棄物処理施設の設置許可処分及び廃棄物の収集・運搬業の許可処分について、墓地に関しては、墓地等経営許可処分について、主として処分の名宛人以外の者が抗告訴訟を提起する場合を念頭におき、まずは実務上問題となることの多い原告適格について検討し、併せて、紙幅の許される範囲で他の論点について検討を加えることとする。なお、民事の差止請求や損害賠償請求が提訴されることも多いが、本書でカバーすべき範囲を超えるため、他書に譲ることとした。

II　廃棄物処理をめぐる訴訟

（本章では、以下、廃掃法を「法」、廃掃法施行令を「施行令」、廃掃法施行規則を「規則」と略記する。）

1　概説

(1)　廃棄物の区分と処理責任の所在

　法は、事業活動に伴って生じた廃棄物のうち一定のものを「産業廃棄物」と定義し（法2条4項、施行令2条ないし2条の3）、それ以外の廃棄物を「一般廃棄物」として、廃棄物を一般廃棄物と産業廃棄物とに区分して、処理体系を定めている。

　まず、一般廃棄物については、市町村による処理の原則が定められてお

---

[1]　北村喜宣「判批」法学セミナー増刊速報判例解説9号316頁は、「墓地が計画されると、墓地反対運動が形成されるのは、ほとんど通例といってよいほどになっている。」とする。なお、廃棄物処理施設や墓地は「嫌忌施設」などといわれることがある。これは、社会生活を営む上で必要であるが多くの人が居住地の近くにあって欲しくはないと希望する施設という意味であろうが、少なくとも墓地については、これを嫌忌するかどうかは個人の宗教観等にもよるというべきであって、一般的にそのように呼称することに多少の違和感がある。

り（法6条の2第1項）、市町村が自ら直営で処理するのが基本であるが、処理業者に委託する方法による処理も認められる（同条2項）。ただし、事業系の一般廃棄物については、排出事業者にも処理責任があると規定されているところ、この関係で、事業者の市町村長に対する協力義務の規定（法6条の2第5項、6条の3）が置かれている[2]。

次に、産業廃棄物については、事業者の自己処理が原則とされている（法11条1項）。もっとも、事業者が費用を負担して処理自体を処理業者に委託することは認められており（法12条5項・6項）、一定の場合には、地方公共団体が処理することもできる（法11条2項・3項）。産業廃棄物の処理については、保管基準、収集・運搬・処分に関する基準のほか、処理業者に委託する場合の委託基準が、法、施行令及び規則で細かく定められており（法12条の2第1項ないし6項等）、委託により処理業者が産業廃棄物の運搬又は処分を行う場合については、最終処分までの廃棄物の流れを管理するため、産業廃棄物管理票制度（マニフェスト制度）が採用されている（法12条の3）。

(2) 処理業の規制

一般廃棄物の収集・運搬及び処分（中間処分・最終処分。以下まとめて「処理」という）を業として行うためには、市町村長の許可を受けなければならず（法7条1項・6項）、産業廃棄物の処理を業として行うためには、都道府県知事の許可を受けなければならない（法14条1項・6項）[3]。また、廃棄物処理施設の設置については、かつては一般廃棄物、産業廃棄物ともに届出制が採られていたが、平成3年の法改正によって、都道府県知事の許可を受けなければならないとされた（法8条、15条）[4]。

---

2) この点について、北村・環境法458頁は、排出事業者は、市町村の一般廃棄物処理計画に従い、その事業系一般廃棄物を処理することにより自らの処理責任を果たすことになると整理している。
3) なお、産業廃棄物の埋立処分業の許可については、規則10条の5第2号によって、当該産業廃棄物の最終処分場を有することが基準となっており、処分業の許可を受ける前に、最終処分場の設置許可処分を得て建物を完成しておく必要がある（北村・環境法466頁）。

上記各許可については、許可要件及び基準並びに欠格要件が、規則によってそれぞれ詳細に定められており、度重なる法改正によって規制が強化されてきた。また、手続的には、平成9年の法改正によって、廃棄物処理施設の設置許可処分について生活環境影響調査における意見聴取手続が導入され、事業者に対し、申請書の添付資料として生活環境影響調査書の提出を義務付けるほか、その縦覧、関係市町村からの意見聴取、利害関係者[5]の意見書提出等の手続規定が導入された（法8条3項ないし6項、法15条3項ないし6項）。なお、一定規模以上の廃棄物の最終処分場の設置等については、環境影響評価法に基づく環境影響評価の対象事業となっている。

　以下、主として、廃棄物処理施設の設置許可処分、廃棄物の収集・運搬業の許可処分について、審理上問題となる点について概説する。

2　審理上の問題点

(1)　本案前の争点（原告適格）

　本案前の争点としては、原告適格が問題となることが多い。

　ア　廃棄物処理施設の設置許可処分

　処理施設の周辺住民が事業者に対してされた設置許可処分の取消し等を求めて提訴した場合、当該住民らに原告適格が認められるか否かが問題となる。

　この点について直接判断したものではないが、最三決平成15年1月24日集民209号59頁は、法15条2項（ただし、平成9年法律法第85号による改正前のもの。現行法は法15条の2が許可要件を定めている）が、産

---

[4]　もっとも、市町村が一般廃棄物処理計画に従って処理するために設置する一般廃棄物処理施設については、都道府県知事に対する届出制がとられている（法9条の3）。

[5]　利害関係者には、広く廃棄物処理施設予定地の周辺に居住する者のほか、その周辺で事業を営んでいる者が含まれると解されている（廃棄物処理法編集委員会編著『廃棄物処理法の解説〔平成24年度版〕』109頁（日本環境衛生センター、2012））。

業廃棄物処理施設の設置許可の要件として、1号で「厚生省令（産業廃棄物の最終処分場については、総理府令、厚生省令）で定める技術上の基準に適合していること」、2号で「産業廃棄物の最終処分場である場合にあっては、厚生省令で定めるところにより、災害防止のための計画が定められていること」を求めていたところ、これらは周辺地域に災害が発生することを未然に防止する目的の規定であると解した上で、「同項（法15条2項）は、管理型最終処分場について、その周辺に居住し、当該施設から有害な物質が排出された場合に直接的かつ重大な被害を受けることが想定される範囲の住民の生命、身体の安全等を個々人の個別的利益としても保護すべきものとする趣旨を含むと解するのが相当である」として、周辺住民が産業廃棄物処理施設の設置不許可処分の取消訴訟に補助参加する利益を肯定した。上記最決は、補助参加の理由としての法律上の利益の有無を判断したものであるが、取消訴訟における第三者の原告適格に関する判断枠組みを用いて検討したものであり、設置許可処分の取消訴訟について周辺住民の原告適格を認めることにつながる判断であると評されていた[6]。

ただし、下級審の裁判例は、上記最決以前から、生命、身体の安全等について直接的かつ重大な被害を受けることが想定される範囲の周辺住民等の原告適格を認めていた（横浜地判平成11年11月24日判タ1054号121頁、福島地判平成14年5月21日訟月49巻3号1061頁）が、平成16年の行訴法改正後は、保護法益を生命、身体の安全等に限定せず、周辺住民の健康又は生活環境に係る利益（東京高判平成21年5月20日判例秘書06420253）や、周辺住民の健康維持に係る利益（名古屋地判平成18年3月29日判タ1272号96頁、その控訴審名古屋高判平成19年3月29日判例秘書06220401）に言及する裁判例が現れ、行訴法の改正により原告適格が拡大されたとの評価がされていた[7]。

---

6) 塩入みほも・百選Ⅱ〔第6版〕402頁、細川俊彦「産廃処理施設不許可処分の取消訴訟への補助参加の利益」民商129巻3号399頁参照。
7) 改正行政事件訴訟法施行状況検証研究会第13回会議（平成24年）資料「改正行政事件訴訟法施行状況検証研究会　報告書について」（http://www.shojihomu.or.jp/gyoso/shiryo20120720.pdf）88頁参照。

そして、最三判平成26年7月29日裁時1609号1頁は、産業廃棄物の最終処分場の周辺住民が、産業廃棄物処分業等の許可処分の無効確認等を求めた事案において、処分場の中心地点から約1.8kmの範囲内の地域に居住する者につき、処分場から有害な物質が排出された場合にこれに起因する大気や土壌の汚染、水質の汚濁、悪臭等による健康又は生活環境に係る著しい被害を直接的に受けるものと想定される地域に居住するものということができ、著しい被害を直接的に受けるおそれのある者に当たるとして、原告適格を認める判断を示した。上記最判は、判断理由中において周辺住民の「生命、身体に危害が及ぼされるおそれ」について言及しつつも、保護法益としては、生命、身体の安全等という利益に触れることなく、健康や生活環境という利益のみによって原告適格を肯定する判断を示していること、原告適格の個別判断において、生活環境影響調査書で調査の対象とされた地域に居住地が含まれているか否かを重要な考慮要素としていることなどの特徴があり、今後これらの点を含めて検討する必要があるが、いずれにせよ、この分野において、従来の裁判例よりも原告適格を柔軟に認める方向性を強く示したものということができるであろう。

　イ　廃棄物の収集・運搬業の許可処分

　廃棄物処理業のうち処分業については、その用に供する施設の周辺住民等の原告適格が問題となることが多いところ、その判断基準は廃棄物処理施設設置許可処分の場合とほぼ同様であると解される[8]。

　他方、廃棄物の収集又は運搬業については、既に許可処分を受けている事業者（以下「既存許可業者」という）が、新たな事業者に対してされた許可処分の取消しを求める場合があり、この場合には既存許可業者の原告適格が問題となる。

　この点について、最三判平成26年1月28日民集68巻1号49頁は、

---

[8]　近時の具体例として、大阪地判平成18年2月22日判例秘書06150333、その控訴審大阪高判平成19年1月24日判例秘書06220674（産業廃棄物処分業許可処分の差止訴訟について判断したもの）、さいたま地判平成19年2月7日判例地方自治297号22頁（産業廃棄物処分業の変更許可処分について判断したもの）を参照されたい。

法の趣旨・目的、一般廃棄物処理の事業の性質、その事業に係る許可の性質及び内容等を総合考慮し、法は、当該区域における需給の均衡が損なわれ、その事業の適正な運営が害されることにより、当該区域の衛生や環境が悪化し、ひいては当該区域の住民の健康や生活環境に被害や影響が及ぶ危険が生じる事態を防止するため、市町村の許可において、その事業に係る営業上の利益を個々の既存許可業者の個別的利益としても保護すべきものとする趣旨を含むと判示し、既存許可業者の原告適格を肯定した。

　従前、既存許可業者の原告適格を認めるためには、処分の根拠法規に、業者間の適正配置基準や需給調整を定める規定等、既存許可業者に利益保護につながるような規定が存在することを要するとの見解が有力であった[9]。廃棄物の収集又は運搬業の許可処分については、適正配置規制等の需給調整規定が明示的に定められているものではないため、下級審の裁判例では、既存許可業者の営業上の利益は、一般廃棄物の適正な処理という公益の実現に伴って付随的に生ずる事実上の利益、反射的利益にすぎないとして、既存許可業者の原告適格が否定されていたが[10]、最高裁は、上記のとおり、根拠法令の規定の文言のみによることなく、法令の趣旨・目的、その仕組み等を実質的、柔軟に解釈し、需給調整の仕組みが設けられているなどと解して、原告適格を肯定したものと解される。

　(2) **本案の審理**
　ア　法は、処理業の許可及び廃棄物処理施設の設置許可の申請について、法の定める基準に適合していると認めるときでなければ、許可をしてはならないと規定している（法8条の2第1項、法14条5項・10項）ため、当該許可処分の取消訴訟では、主として、上記申請が法令の定める具体的な要件や基準に適合していたか否かが、本案の争点となる。
　なお、上記許可処分については警察許可の性質を有すると解されてお

---

[9] 実務的研究106頁。
[10] 広島地判昭和55年6月18日判時992号38頁、鹿児島地判平成22年5月25日判例秘書06550609、その控訴審福岡高宮崎支判平成22年11月24日判例秘書96529827。

り、効果裁量の有無について、環境省の通達によれば、「法の定める要件に適合する場合においても、なお都道府県知事に対して、許可を与えるか否かについての裁量権が与えられているものではない」として、否定されている（環境省大臣官房廃棄物・リサイクル対策部産業廃棄物課長通知「産業廃棄物処理業及び特別管理産業廃棄物処理業並びに産業廃棄物処理施設の許可事務の取扱いについて」（平成12年9月29日付け衛産第79号、最終改正平成18年2月16日付け環廃産発第060216003号、平成18年9月4日付け環廃産発第060904003号）、和歌山地判平成12年12月19日判例地方自治220号109頁等参照）。

イ　原告らが具体的に主張し得る処分の違法事由は、自己の法律上の利益に関係のあるもの、すなわち原告らの権利利益を保護する趣旨で設けられた法規に違反した場合に限られる（行訴法10条1項）ところ、廃棄物処理施設の設置許可処分の取消訴訟において、申請者の経理的基礎に係る要件（法15条の2第1項3号等）の欠如が、周辺住民にとって「自己の法律上の利益に関係する違法」に当たるかという問題がある。

千葉地判平成19年8月21日判時2004号62頁は、上記規定は、「設置者の経理的な基礎が不十分であることにより不適正な産業廃棄物の処分や同処理施設の設置及び維持管理が行われることを防ぐため」のものであって、一次的には公益保護目的の規定であるとしつつも、「周辺住民が生命又は身体等に係る重大な被害を直接に受けるおそれのある災害等が想定される程度に経理的基礎を欠くような場合」には、もはや公益を図る趣旨にとどまらず、周辺住民の安全を図る趣旨から、周辺住民個人の法律上の利益に関係のある事由について定めているというべきであるとして、行訴法10条1項の主張制限にかからないと判示し、当該事業者については、周辺住民の生命又は身体等に係る重大な被害を直接に受けるおそれのある災害等が想定される程度に経理的基礎を欠く状態にあったと認定して、同要件の欠如を理由に設置許可処分を違法と判断した[11]。

11)　ただし、控訴審判決（前掲東京高判平成21年5月20日）は、法15条3項ないし6項の手続規定違反を理由に処分を違法とし、経理的基礎に係る要件については判断をしなかった。

(3) 義務付け訴訟

平成16年の行訴法改正により、いわゆる非申請型の義務付け訴訟（行訴法37条の2）が導入されており、産業廃棄物処分場をめぐる訴訟では、この新しい訴訟類型が活用された例がある。

まず、福岡高判平成23年2月7日判時2122号45頁では、産業廃棄物処理場の周辺住民が、当該処分場において処理基準に適合しない産業廃棄物の処分がされており、その結果、原告らの生活環境上の保全上の支障が生じ、又は生ずるおそれがあるとして、県知事に対し、主位的に法19条の8第1項に基づき、県知事が前記支障の除去等の措置を講ずべきこと、予備的に法19条の5第1項に基づき、県知事が本件処分場の事業者に対して前記支障の除去等の措置を講ずべきことを命ずる（措置命令）ことの、義務付け訴訟を提起したところ、主位的請求については、緊急の支障の除去等の措置を講ずる必要があるなどの所定の要件に該当しないとして棄却したものの、予備的請求については、鉛で汚染された地下水が周辺住民の生命、健康に損害を生ずるおそれがあり、上記損害を避けるために他に適当な方法がないことなどの事情に照らすと、県知事が上記措置命令をしないことは、著しく合理性を欠くものであって、裁量権の範囲を超え若しくはその濫用となるとして、請求を認容した。

次に、福島地判平成24年4月24日判時2148号45頁では、県知事が事業者に対してした産業廃棄物管理型最終処分場及び汚泥等の焼却施設の各設置許可処分について、各施設の周辺住民が、事業者について法15条の3第1項1号に規定する設置許可の取消事由が生じたとして、県知事に対し上記各処分を取り消すことの義務付けを求めた訴訟において、事業者の「役員」に該当する者が有罪判決を受けて刑に処せられたことから法15条の3第1項1号に規定する処分の取消事由が生じており、このような場合は行政庁に裁量の余地がなく、県知事は各処分を取り消すべきことが法令の規定から明らかであるとして、請求を認容した。

義務付け訴訟においては、行訴法37条の2第1項の訴訟要件の有無が問題となるが、訴訟要件である「重大な損害」要件について、前掲福岡高判平成23年2月7日は、最終処分場の地下に基準を大幅に超過した鉛を

含有する水が浸透しているという事実を踏まえて具体的に「損害のおそれ」を判断しているのに対して、前掲福島地判平成24年4月24日は、有害物質による汚染の有無については判断せずに、原告らが主張するような処分を取り消すべき事情があると仮定した場合に、一般的、類型的にみて「損害のおそれ」が認められると判断しており、判断のアプローチに違いがある[12]。

また、事業者に対する民事上の差止請求を選択することも可能であるため、補充性の要件が問題となるところ、いずれの裁判例ともに民事上の請求が可能であるとしても「他に適当な方法」があるとはいえないとして、この要件を肯定した[13]。

(4) 差止訴訟

平成16年の行訴法改正により、差止訴訟（行訴法37条の4）が導入されたところ、産業廃棄物処分場をめぐる訴訟では、処分がされる前の手段として、周辺住民から、処分業許可処分や処理施設設置許可処分に対する差止訴訟が提起されることがある。

差止訴訟においては、適法性要件である「重大な損害」要件（同条1項）が問題となる。上記要件について、最一判平成24年2月9日民集66巻2号183頁（国歌斉唱義務不存在確認等請求事件）は、国民の権利利益の実効的な救済及び司法と行政の権能の適切な均衡の双方の観点から、「処分

---

[12] 「重大な損害」要件が訴訟要件であることを強調するのであれば、福島地判のように一般的、類型的に判断するのが相当であると思われるが、原告適格に加えて、同要件が要求されていることにかんがみると、福岡高判のように個別具体的な事情に基づいて判断されるべきもののようにも思われる。ただし、同要件に係る裁判所の判断手法は、必ずしも定まっていない（改正行政事件訴訟法施行状況検証研究会第5回会議議事要旨4頁（http://www.shojihomu.or.jp/gyoso/giji20110617.pdf）参照）。

[13] 補充性の要件につき、平成16年改正行訴法立法担当者は、「第三者に対して直接民事上の請求をすることによってある程度の権利救済を図ることが可能であるという場合であっても、直ちにそのことだけで一般的に「他に適当な方法」がある」とはいえないとしており（小林・行訴法163頁）、前掲各裁判例も同趣旨の見解であると考えられる。

がされることにより生ずるおそれのある損害が、処分がされた後に取消訴訟等を提起して執行停止の決定を受けることなどにより容易に救済を受けることができるものではなく、処分がされる前に差止めを命ずる方法によるのでなければ救済を受けることが困難なものであることを要する」と判示しており、産業廃棄物処分場をめぐる訴訟においても、執行停止という手段では救済することが困難といえる程の損害があるといえるかが問題となる。

　この点について、前掲注8）大阪地判平成18年2月22日（その控訴審前掲注8）大阪高判平成19年1月24日）は、リサイクルセンターを設置して建設廃材の中間処理業を営むとしてされた産業廃棄物処分業の許可処分について地域住民等が差止めを求めた事案につき、リサイクルセンターにおいて処分が予定されている廃棄物の種類が廃プラスチック類、紙くず等の8種類であり、政令で定める特定管理産業廃棄物が含まれていないし、その処理の形態もいわゆる中間処理であり、焼却処理等は行われないものであること、その他リサイクルセンターの構造、設備等の具体的な事情を認定した上で、当該施設における産業廃棄物の処理によって生じ得る被害は、住民が周辺地域において生活し続け、これを反復・継続して受けるに従って増大、深刻化等する性質であることにもかんがみると、本件許可処分がされ、産業廃棄物の処理が開始されることによって直ちに生命、健康又は生活環境に係る著しい被害を受けるような事態は想定し難いとして、そのような損害は、取消訴訟を提起して執行停止を受けることにより避けることができるような性質、程度のものであり、重大な損害を生ずるおそれがないとして、訴えを却下した[14]。

(5) 執行停止

　周辺住民は、許可処分後であっても、産業廃棄物処理施設等の操業開始前に、設置許可処分等の取消訴訟の提起と併せて、執行停止（処分の効力

---

[14] これに先立ち、大阪地決平成17年7月25日判タ1221号260頁は、ほぼ同様の認定事実に基づいて、償うことができない損害が生じるとは認められないとして、仮の差止めの申立てを却下した。

停止）の申立てをすることが考えられる。

　執行停止が認められるためには、「重大な損害」要件を満たす必要があるが、差止訴訟の「重大な損害」要件が取消訴訟との役割分担を意識した規定であるのに対し、執行停止の上記要件は、平成 16 年の行訴法改正前の「回復の困難な損害」要件を緩和したものであって、その性質はやや異なる。同法改正前は、処分による損害が財産的な損害である場合には、回復の困難な損害には当たらないとされる傾向にあったが、改正法は、そのような場合でも同要件が認める可能性を高めたものと解されており、前記のように、廃棄物処理施設の設置許可処分等がされた場合には、周辺住民の生命、身体、健康等に重大な被害を及ぼす可能性が認められるところ、このような損害は、財産的な損害と比べてより回復の困難の程度が高く、損害の性質・程度ともにより深刻な結果を引き起こしかねないものであるから（行訴法 25 条 3 項参照）、執行停止の要件である「重大な損害」要件は差止訴訟の同要件に比べると肯定されやすいといえるであろう。

　この点について、奈良地決平成 21 年 11 月 26 日判タ 1235 号 91 頁は、産業廃棄物処理施設の設置許可につき、申立人らが直接被るおそれのある生命又は身体に係る重大な被害は、いったん発生すると償うことができない損害を生じさせるものであり、しかも処分の名宛人らの従前の対応にかんがみれば、その蓋然性は極めて高く、金銭賠償によって回復することは困難というべきであるとして、「重大な損害」要件を肯定し、当該設置許可の効力停止の申立てを認容した。

III　墓地をめぐる訴訟

（本章では、以下、墓埋法を「法」と略記する。）

1　概説

　人類は、原始時代においては、住居や貝塚付近に死体を埋葬していたと考えられている。その後、権力者については一定の葬所が定められ、墓地を集落から分離する兆しも現れたものの、平安時代には、仏教（浄土教

系）の活動により死者の供養の観念が形成され、檀家関係が成立し、墓地が都市や集落に入り込み、寺院境内墓地が発生した。江戸時代には国民の全てがいずれかの寺院に属するという寺請制度が採用されたことから、一般の墓地の大部分が寺院に依存することとなった。しかし、明治時代には、排仏運動が起こり、翌々年には禁止が解除されたものの明治6年には仏教に由来する火葬が禁止され、明治7年には青山、染井、雑司ヶ谷などに公営墓地が建設され、後の大規模公営墓地に発展し、その後の東京市内においては、同市が小墓地の積極的な移転方針をとったこともあって、市街地内の小規模墓地は急減した[15]。

しかし、近時は、高齢化の急速な進行に伴い、墓地の不足が顕著な状況にあり、これを受けて、都市部においては、住宅地やその周辺地で墓地が建設される例が目立ってきている。

法は、墓地等の経営について、「墓地、納骨堂又は火葬場を経営しようとする者は、都道府県知事の許可を受けなければならない。」と規定するにとどまり（法10条1項）、その許可の要件について何も規定しておらず、詳細な規定が置かれている廃掃法とは対照的である。この点について、最二判平成12年3月17日集民197号661頁（以下「平成12年最判」という）は、「墓地等の経営が、高度の公益性を有するとともに、国民の風俗習慣、宗教活動、各地方の地理的条件等に依存する面を有し、一律的な基準による規制になじみ難いことにかんがみ、墓地等の経営に関する許否の判断を都道府県知事の広範な裁量にゆだねる趣旨」であって、「法の趣旨に従い、都道府県知事が、公益的見地から、墓地等の経営の許可に関する許否の判断を行うことを予定している」としている。同規定については、明確な委任規定を設けていないものの、各地の実情に応じ、条例による許可基準等の具体化を念頭に置いた規定であると解されており、各都道府県においては、これを受けて、許可の基準や手続を明確にするための条例を制定しているため[16]、墓地をめぐる訴訟においても、各都道府県の条例を含めて

---

[15] 生活衛生法規研究会監修『逐条解説 墓地、埋葬等に関する法律〔新版第2版〕』1頁（第一法規、2012）、茨城県弁護士会編『墓地の法律と実務』3頁（ぎょうせい、1997）。

検討をする必要がある。

2　本案前の争点（原告適格）

　墓地経営許可処分の取消訴訟においては、本案前の争点として原告適格が問題となる。

(1)　平成16年の行訴法改正前の状況

　平成12年最判は、大阪府知事がした墓地経営許可について周辺住民が求めた取消訴訟において、「法10条1項自体が当該墓地等の周辺に居住する者個々人の個別的利益をも保護することを目的としているものとは解し難い。」と判示し、続けて、大阪府墓地等の経営の許可等に関する条例（昭和60年大阪府条例第3号）7条1号が、墓地及び火葬場の設置場所の基準として、「住宅、学校、病院、事務所、店舗、その他これらに類する施設の敷地から300メートル以上離れていること。ただし、知事が公衆衛生その他公共の福祉の見地から支障がないと認めるときは、その限りではない。」と規定していた点について、「同号は、その周辺に墓地及び火葬場を設置することが制限されるべき施設を住宅、事務所、店舗を含めて広く規定しており、その制限の解除は専ら公益的見地から行われるものとされていることにかんがみれば、同号がある特定の施設に着目して当該施設の設置者の個別的利益を特に保護しようとする趣旨を含むものとは解し難い。」と判示し、「墓地から300メートルに満たない地域に敷地がある住宅等に居住する者」の原告適格を否定する判断を示した。

---

16)　ただし、小早川教授は、法10条1項は「白地要件規定」であり、「案件ごとに行政庁において関連する諸事項を考慮しつつ基準を補充し、それによって判断すべきものとする趣旨」であると解しており、「法律の委任がないのに、条例で基準を付加し、それによって案件ごとの考慮に基づく基準補充の余地を狭めたり失わせたりすることは、認められない」とする（小早川光郎＝宇賀克也編『行政法の発展と変革（下）——塩野宏先生古稀記念』396頁（有斐閣、2001））。

(2) 平成16年行訴法改正

　平成12年最判については、当初は評価が分かれたものの[17]、司法制度改革推進本部の行政訴訟検討会においては、委員からは批判的な発言がされ[18]、平成16年の行訴法改正後は、多くの論者から判例変更の可能性が指摘されるようになった[19]。

　原告適格を有するか否かは、行訴法9条1項にいう「法律上の利益を有する者」に当たるかという問題で検討されることとなるが、判例は、従来から、これを当該処分により自己の権利若しくは法律上保護された利益を侵害され、又は必然的に侵害されるおそれのあるものをいうとして、法律上保護された利益説の立場をとり、当該処分を定めた行政法規が、不特定多数者の具体的利益を専ら一般的公益の中に吸収解消させるにとどめず、それが帰属する個々人の個別的利益としてもこれを保護すべきものとする趣旨を含むと解される場合には、このような利益も法律上保護された利益に当たり、処分によりそのような利益を侵害され、又は侵害されるおそれのある者は、原告適格を有すると定式化している。

　平成16年の改正法の施行後に出された最大判平成17年12月7日民集59巻10号2645頁（小田急高架化事業認可取消訴訟上告審判決。以下「平成17年最判」という）は、従来の判例の考え方を維持しつつも、行訴法9条2項の考慮要素を詳細に検討した上で、従前の判断を変更し、鉄道事

---

[17]　肯定的な見解として、早坂禧子・自治研究71巻12号120頁、批判的な見解として、山田洋・自治研究77巻3号125頁、阿部泰隆『行政訴訟要件論』65頁（弘文堂、2003）がある。ただし、批判的な論者も、原告適格を認めるのは、従来の判例の傾向からすると距離があるなどとしている（山田・前掲論文125頁、阿部・前掲書67頁）。他方、岡村周一・判評357（判時1285）号173頁は、公衆衛生の確保に関連して付近住民に原告適格が認められるべきであるとする。
[18]　司法制度改革推進本部 行政訴訟検討会（第19回）議事録（http://www.kantei.go.jp/jp/singi/sihou/kentoukai/gyouseisosyou/dai19/19gijiroku.html）参照。
[19]　塩野宏「講演 改正行政事件訴訟法の課題と展望」司法研修所論集113号28頁、福井秀夫ほか『新行政事件訴訟法——逐条解説とQ＆A』316頁（新日本法規、2004）、高木光「救済拡充論の今後の課題」ジュリ1277号16頁、高橋滋「行政訴訟をめぐる裁判例の動向と課題」曹時59巻8号2509頁、斎藤浩『行政訴訟の実務と理論』87頁（三省堂、2007）。

業認可に係る事業の予定地について何らの権利を有していない周辺住民について、原告適格を肯定した。平成17年最判が、処分が付近住民に与える「健康又は生活環境に係る著しい被害」を重視していることなどからすると、墓地設置許可処分の取消訴訟についても、従来の判例の考え方が見直される可能性があるようにも思えたが、その後もしばらく墓地の周辺住民の原告適格を肯定する判断が示されることはなかった[20]。

(3) 平成22年東京地判について

この点について、東京地判平成22年4月16日判時2079号25頁（以下「平成22年東京地判」という）は、原告適格の判断枠組みについて、平成17年最判を引用して、その見地から、周辺住民に原告適格が認められるか否か検討を試みている。同判決は、まず法10条1項の趣旨について平成12年最判と同様の説示をしたが、その上で、東京都墓地等の構造設備及び管理の基準等に関する条例（昭和59年東京都条例第125号。以下「東京都条例」という）を法と目的を共通にする関係法令に当たるとした上で[21]、東京都条例には墓地までの距離が河川等からおおむね20m以上、住宅等からおおむね100m以上であること、高燥で飲料水を汚染するおそれのない土地であること、雨水や汚水の排水路を設け適切に排水すること等、墓地周辺地域の飲料水の汚染等の衛生環境の悪化を防止することを目的とする規定や、隣接住民等に墓地経営許可手続への関与を認める規定が

---

[20] 福岡高判平成20年5月27日判例秘書06320165は、法や県知事が定めた規則は、墓地や火葬場といった施設が「嫌忌施設であるがゆえに生ずる精神的苦痛等から免れるべき利益を個別的利益として保護するものと解するのが相当である」としたが、当該訴訟の原告らについては、上記精神的苦痛等を侵害される者に当たらないとして原告適格を否定した。同判決については、平成17年の最判の枠組みを踏まえたものとは言い難く、「精神的苦痛等」の内容も明らかではない（田中孝男「判批」法学セミナー増刊速報判例解説4号30頁）との批判がある。

[21] 東京都条例は、法の下位の法令であり、墓地経営許可処分の処分根拠となった「当該法令」そのものであるため、「目的を共通にする関係法令」には当たらないとする考え方もあるかと思われる。この点については、東京都条例が法による明示的な授権規定を欠いた許可基準にすぎないことを踏まえ、平成22年東京地判が東京都条例を「関係法令」としたことに意義を見いだす見解もある（北村・前掲注1）313頁）。

あることなどを考慮し、法及び東京都条例は、墓地の周辺住民に健康又は生活環境の被害が発生することを防止し、良好な衛生環境の確保や生活環境の保全をも趣旨・目的とすると解した。そして、墓地の周辺住民等は、違法な墓地の経営に起因して生じる衛生環境の悪化による被害を直接受けるおそれがあり、そのような被害を反復、継続して受けた場合には、健康や生活環境に係る著しい被害にも至りかねないこと、本件条例の各規定は、周辺住民らの健康又は生活環境に係る著しい被害を受けないという具体的利益を保護しようとするものであり、この利益は一般的公益の中に吸収解消させることが困難であることから、法10条1項は、第一次的には公益的見地からの規制を予定しているものの、それとともに周辺住民等の健康又は生活環境に係る著しい被害を受けないという利益を個々人の個別的利益としても保護すべきものとする趣旨を有するとした。そして、墓地からおおむね100mの範囲内の地域に居住し、又は住宅を有する周辺住民等について、原告適格を有すると判断した。

その後、納骨堂の経営許可処分の取消訴訟について、平成22年東京地判とほぼ同様の判断枠組みで周辺住民の原告適格を肯定した裁判例も現れており[22]、今後も下級審裁判所において同様の判断が積み重なるか注目される。

3 本案の審理

前記のように、原告適格を肯定した事例が少ないことから、本案の審理においてどのような問題が生じ得るかは必ずしも明らかではない。平成22年東京地判についてみると、原告らからは、東京都条例上の許可基準に違反するとの主張がされたほか、処分に至る手続違反が主張されており、具体的には、東京都条例に基づく説明会や隣接住民等との協議が実施されたといえるかが問題となったが、いずれも違法とはいえないと判断さ

---

[22] 山口地判平成24年9月19日公刊物未登載、その控訴審広島高判平成25年5月16日公刊物未登載は、納骨堂から50m以内に居住している住民らの原告適格を肯定した。

れた。各都道府県によって、処分までの手続上の規定や、許可基準の具体的な定めが異なるため、その内容によって、本案の争点が異なってくるものと考えられる。また、墓地経営許可が前述のように都道府県知事の裁量処分であって、条例の定めは、その基準を定めたものにすぎないと考えるとすると、仮に当該基準が満たしていたとしても、都道府県知事には許可・不許可の裁量があるということになるから、許可処分について裁量権の逸脱・濫用がないかについても、問題になるものと考えられる[23]。

参考文献
・ 大塚直『環境法〔第3版〕』445頁以下（有斐閣、2010）。
・ 北村・環境法。

[23] 平成22年東京地判においても、原告らから墓地経営許可処分が裁量権の逸脱・濫用に当たるとの主張がされており、各主張に対する判断がされている。

第8部

営造物関係

第23講
学校関係をめぐる紛争

富澤　賢一郎

I　はじめに

　本講では、学校関係をめぐる紛争について扱う。
　学校（幼稚園、小学校、中学校、高等学校、中等教育学校、特別支援学校、大学及び高等専門学校をいう）は、教育を受ける者の心身の発達に応じて体系的な教育を組織的に行うことによって教育の目標（教育基本法2条）の達成を図る公の性質を有する施設であり（同法6条）、①国（国立大学法人法2条1項の規定する国立大学法人及び独立行政法人国立高等専門学校機構を含む）、②地方公共団体（地方独立行政法人法68条1項が規定する公立大学法人を含む）、③私立学校法3条が規定する学校法人のみが設置することができる（学校教育法2条1項）。文部科学省公表の「2013年度学校基本調査」によれば、同年5月1日現在の各学校の在校者数は、小学校667万7000人、中学校353万6000人、高等学校332万人、特別支援学校13万3000人、大学（学部）256万2000人、大学院25万5000人、高等専門学校5万8000人であり、大学・短大進学率は53.2％に上っている。このように、我々国民にとって、学校は極めて身近な存在であり、それゆえに、学校関係をめぐる紛争も多い。
　学校関係をめぐる紛争に関する実務上の論点は多岐にわたるが、本講では、実際に訴訟で問題となることの多いと考えられる事件類型として、(i)就学校の指定をめぐる紛争、(ii)学生、生徒及び児童に対する懲戒をめぐる紛争、(iii)学校の廃止をめぐる紛争を取り上げ、それぞれにつき、判例の考え方や実務の運用、当事者の主張立証上の留意点等について順次見ていく

ことにする。

Ⅱ 就学校の指定をめぐる争いについて

1 概要

(1) 就学校の指定に関する法令の定め等

まず、就学校の指定について、学校教育法等が、どのような規定を置いているのかについて、ざっと見ておくこととする。

市町村は、その区域内に住所がある学齢児童・学齢生徒を就学させるために必要な小・中学校を設置する義務を負う（学校教育法38条、49条）。公立の小・中学校は、公の施設（地方自治法244条1項）に当たるため、その設置及び管理に関する事項は、条例（学校設置条例）によって定められることになるが（同法244条の2第1項）、学校設置条例では、学校の名称及び位置が定められるのみであるため、市町村教育委員会は、就学予定者（翌学年の初めから小学校、中学校、中等教育学校又は特別支援学校に就学させるべき者をいう）のうち「認定特別支援学校就学者」[1]以外の者の保護者に対し、翌学年の初めから2月前（1月31日）までに、当該児童・生徒が就学する小学校（中学校）の入学期日を通知する（学校教育法施行令5条1項）。その際、市町村内に小学校（中学校）が2校以上ある場合には、上記通知の中で就学予定者が就学すべき小学校（中学校）を指定することとされ（同条2項）、市町村教育委員会の多くは、就学校の指定に当たり、あらかじめ通学区域を設定している。

この就学校の指定に当たっては、市町村教育委員会の判断により、あらかじめ保護者の意見を聴取することができるものとされ、意見聴取の手続

[1] 視覚障害者、聴覚障害者、知的障害者、肢体不自由者又は病弱者（身体虚弱者を含む）で、その障害が、学校教育法施行令22条の3の表に規定する程度のもの（以下「視覚障害者等」という）のうち、当該市町村の教育委員会が、その者の障害の状態、その者の教育上必要な支援の内容、地域における教育の体制の整備の状況その他の事情を勘案して、その住所の存する都道府県の設置する特別支援学校に就学させることが適当であると認める者をいう。

に関しては、必要な事項を市町村教育委員会が定めて公表するものとされている（いわゆる学校選択制。学校教育法施行規則32条1項）。さらに、指定された就学校が保護者の意向や児童・生徒の状況に合致しない場合において、市町村教育委員会が相当と認めるときは、保護者の申立てにより、当該市町村内の他の学校に変更することができ（学校教育法施行令8条）、市町村教育委員会は、就学校の指定の通知の際、変更を求める申立てをすることができる旨を明示し（同法施行規則32条2項）、併せて、変更の要件・手続に関して必要な事項を公表することとされている（同施行規則33条）。さらに、受入れ校を設置する市町村教育委員会が承認した場合には、保護者は、住所を有する市町村以外の市町村の学校に就学させることもできる（区域外就学。学校教育法施行令9条）。

　他方、認定特別支援学校就学者については、市町村教育委員会は、都道府県教育委員会に対し、翌学年の初めから3月前までに、その氏名及び特別支援学校に就学させるべき旨を通知し（学校教育法施行令11条1項）、都道府県教育委員会は、上記通知を受けた認定特別支援学校就学者の保護者に対し、翌学年の初めから2月前までに特別支援学校の入学期日を通知しなければならない（同施行令14条1項）。この際、都道府県が設置する特別支援学校が2校以上ある場合には、上記の通知の中で当該児童・生徒を就学させるべき特別支援学校を指定し（同条2項）、都道府県教育委員会は、上記の就学校の指定をした場合において、相当と認めるときは、保護者の申立により、その指定した特別支援学校を変更することができる（同施行令16条本文）。

(2) 就学校の指定をめぐる争いの具体的な例

　前記(1)でみたとおり、就学校の指定は、①認定特別支援学校就学者以外の者に対するものと、②認定特別支援学校就学者に対するものに分けることができるところ、文部科学省において、公立の小・中学校等における通学区域の弾力化、保護者や児童・生徒の希望に基づく就学校の指定の促進及び就学校変更要件の明確化の取組みが進められたことも影響し、実際の訴訟で問題となるのは後者に係るものが多いようである（なお、(i)特別支

援学校を就学校として指定することの仮の義務付けが求められた近時の事案として、①大阪地決平成19年8月10日賃金と社会保障1451号38頁（認容）、②大阪地決平成20年3月27日判例地方自治320号18頁（却下）、③大阪地決平成20年7月18日判例地方自治316号37頁（認容）等があり、逆に、(ii)特別支援学校ではない学校を就学校として指定することの仮の義務付けが求められた近時の事案として、①徳島地決平成17年6月7日判例地方自治270号48頁（認容）、②奈良地決平成21年6月26日判例地方自治328号21頁（認容）がある）。

就学校の指定に関する争いが長期化すると児童、生徒が適切な教育を受ける権利を喪失する結果となりかねず、その性質上、本案判決の確定を待っていては、実効的な権利救済を図ることができない場合がある。また、就学校指定処分の取消訴訟を本案とする執行停止の申立が認容された場合でも、そのことのみでは、児童・生徒が通学する学校のない状態になるにすぎず、実効的な権利救済を図ることができるものではない。そのため、就学校の指定に関する争いは、平成16年の行政事件訴訟法の改正によって法定された仮の義務付けの申立て（同法37条の5）がされることが多い（前記で指摘した各裁判例はいずれも仮の義務付けの申立事件である）。

そして、過去の裁判例を見ると、就学校の指定に関する仮の義務付けの申立事件においては、(i)就学校の指定の法的性質（処分性の有無）、(ii)当事者適格、(iii)「本案について理由があるとみえるとき」の要件該当性、(iv)償うことのできない損害を避けるための緊急の必要性の有無、(v)公共の福祉に重大な影響を及ぼすおそれの有無などが争点となっている。本講では、このうち、特に検討すべき点が多いと考えられる(iii)と(iv)の論点について、裁判例の考え方を見た上で、当事者の主張立証上の留意点等について検討することとする。

2 裁判例の考え方

(1) 「本案について理由があるとみえるとき」の要件該当性の判断

前記1(2)の各裁判例を概観してみると、学校教育法施行令5条1項所

定の「認定特別支援学校就学者」に該当するか否かについての市町村教育委員会の判断は、事実に対する評価が合理性を欠くなど著しく妥当性を欠き、特別支援教育の理念を没却すると認められる場合には、裁量権の範囲の逸脱又はその濫用として違法となり、その判断に当たっては、①児童・生徒及び保護者の意向、②当該市町村の設置する小学校（中学校）の施設や設備の整備状況、③指導面で専門性の高い教員が配置されているか否か、④当該児童・生徒の障害の内容・程度等に応じた安全上の配慮や適切な指導の必要性の有無・程度等を総合考慮した上、当該児童・生徒を当該市町村の設置する小・中学校に就学させることが障害のある児童・生徒等の教育のニーズに応じた適切な教育を実施するという観点から適切なものであるかどうかを慎重に検討するという判断枠組みが採用されている。

(2) 「償うことのできない損害を避けるため緊急の必要」があるか否かの判断について

行政事件訴訟37条の5第1項の「処分又は裁決がされないことにより生ずる償うことのできない損害を避けるため緊急の必要」があるか否かを判断するに当たっては当該処分又は裁決がされないことにより生ずる損害の回復の困難の程度を考慮し、当該損害の性質及び程度並びに当該処分又は裁決の内容及び性質をも勘案して（同法37条の2第2項参照）、行政庁に一定の処分又は裁決をすべき旨を命ずる義務付けの訴えに係る本案判決又は損害賠償等の事後の救済手段によるのでは救済が著しく困難又は不相当であると一応認めることができるものをいうと解される。前記1(2)の各裁判例のうち、仮の義務付けの申立を認容した事例においては、いずれも、児童・生徒は、その教育上のニーズに応じた適切な教育を受ける権利を有しており、仮の義務付けを求める学校で教育を受ける機会を失っていることは「償うことのできない損害を避けるため緊急の必要があるとき」に該当するものと判断されている。

3　当事者の主張立証上の留意点等

　前記1(2)のとおり、就学校の指定をめぐる争いについては、緊急性を要するため、行政事件訴訟37条の5第1項の仮の義務付けの申立ての形で権利の救済が求められることが多い。したがって、就学校の指定に関する紛争について依頼者から相談を受けた原告側弁護士としては、仮の義務付けの申立てをすることの要否について検討する必要があるということになる（なお、仮の義務付けの申立てをする場合の申立ての趣旨は「〇〇教育委員会は、申立人に対し、申立人の子である〇〇を就学させるべき学校として〇〇学校を仮に指定せよ。」というようなものになると考えられる）。

　また、前記1(2)のとおり、仮の義務付けの申立ての事件の審理では、特に「本案について理由があるとみえるとき」の要件該当性が争点となる場合が多いから、申立人側弁護士としては、①児童・生徒及び保護者の意向（特に、児童の意向は重要であると考えられる）、②当該市町村の設置する小学校（中学校）の施設や設備の整備状況、③指導面で専門性の高い教員が配置されているか否か、④当該児童・生徒の障害の内容・程度等に応じた安全上の配慮や適切な指導の必要性の有無・程度等の事実を踏まえた具体的な主張をすることを要する。なお、障害者基本法16条1項（平成23年法律第90号による改正後のもの）は、国及び地方公共団体は、障害者が、その年齢及び能力に応じ、かつ、その特性を踏まえた十分な教育が受けられるようにするため、可能な限り障害者である児童及び生徒が障害者でない児童及び生徒と共に教育を受けられるよう配慮しつつ、教育の内容及び方法の改善及び充実を図る等必要な施策を講じなければならない旨を定めている。また、平成25年政令第244号により学校教育法施行令の一部が改正され、視覚障害者等について特別支援学校への就学を原則とし、例外的に「認定就学者」として小・中学校に就学することを可能としていた従前の仕組みから、個々の児童・生徒について、市町村教育委員会がその障害の状態等を踏まえた総合的な観点から就学先を決定する仕組みに改められた。同改正は、就学先の決定に当たっては、市町村教育委員会が本人・保護者に対して十分な情報提供をしつつ、本人・保護者の意見を最大限尊

重し、本人・保護者と市町村教育委員会、学校等が教育的ニーズと必要な支援について合意形成を行うことを原則とすることを指摘した中央教育審議会初等中等教育分科会報告「共生社会の形成に向けたインクルーシブ教育システム構築のための特別支援教育の推進」（平成24年7月23日）を前提としたものであり（平成25年9月1日付け文科初第655号文部科学事務次官通知）、視覚障害者等の就学校の指定に当たっては、双方当事者は、これらの改正も踏まえた主張立証活動を行う必要がある。

Ⅲ 学生、生徒及び児童に対する懲戒をめぐる争いについて

1 概要

学生、生徒及び児童（以下「学生等」という）に対する処分は、大きく、①学校教育法11条に基づく懲戒処分と、②その他の処分に分けることができるが、実際の訴訟では、前者の懲戒処分の取消しを求めるものが多い。そこで、まず、学校教育法等が、学生等に対する懲戒処分について、どのような規定を置いているのかについて、ざっと見ておくこととする。

学校教育法11条本文は、校長及び教員（以下「校長等」という）は、教育上必要があると認めるときは、文部科学大臣の定めるところにより、学生等に懲戒を加えることができる旨を定めている。これを受けて、学校教育法施行規則26条は、(i)校長等が懲戒を加えるに当たっては、児童等の心身の発達に応ずる等の教育上必要な配慮をすることを要すること（1項）、(ii)懲戒のうち、退学、停学及び訓告の処分は、校長（大学にあっては、学長の委任を受けた学部長を含む。以下同じ）が行うこと（2項）、(iii)退学は、公立の小学校、中学校又は特別支援学校に在学する学齢児童又は学齢生徒を除き、①性行不良で改善の見込みがないと認められる者、②学力劣等で成業の見込みがないと認められる者、③正当の理由がなくて出席常でない者、④学校の秩序を乱し、その他学生又は生徒としての本分に反した者のいずれかに該当する児童等に対してすることができること（3項）、

(iv)停学は、学齢児童又は学齢生徒に対しては行うことができないこと（4項）を定めている。したがって、校長等は、これらの規定を根拠として、学生等に対し、懲戒処分を行うことができるところ、中でも、退学処分は、学生等の教育を受ける機会を奪う重大な不利益処分であるため、懲戒処分の中でも紛争となることが多い。そこで、本講では、この退学処分の取消訴訟をめぐる実務上の論点について検討する。

2　判例の考え方

　退学処分に関する最高裁判決としては、まず、最三判昭和29年7月30日民集8巻7号1501頁がある。同判決は、公立大学の学生の行為に対し、懲戒処分をするかどうか、懲戒処分のうちいずれの処分を選ぶかを決定するについては、当該行為の軽重のほか、本人の性格及び平素の行状、上記行為が他の学生に与える影響、懲戒処分の本人及び他の学生に及ぼす訓戒的効果等の諸般の要素を斟酌する必要があり、これらの点の判断は、学内の事情に通暁し直接教育の衝に当たる者の裁量に任すのでなければ到底適切な結果を期待することはできないとし、学生の行為に対して懲戒処分を発動するかどうか、懲戒処分のうちいずれの処分を選ぶかを決定することは、この点の判断が著しく妥当を欠くものと認められる場合を除き、原則として懲戒権者としての学長の裁量に任されているものと解することが相当であると述べている。この判決が示した判断枠組みは、その後の最三判昭和49年7月19日民集28巻5号790頁（私立大学の学生に対してされた退学処分に関するもの）、最二判平成8年3月8日民集50巻3号469頁（市立高等専門学校の学生に対してされた退学処分に関するもの）にも踏襲されており、その後の下級審裁判例も、この判断枠組みに沿って退学処分の適法性について判断している（都立高校の校長が県立高校の生徒に対してした退学処分について、上記の判断枠組みに沿って退学処分の基礎となる事実関係を認定の上、退学処分とした判断が社会通念上著しく妥当性を欠くものとは認められないと判断した近時の東京地裁の裁判例として、東京地判平成17年9月27日判例地方自治275号10頁がある）。

3　当事者の主張立証上の留意点等

(1)　前提

前記2の判例の判断枠組みによれば、退学処分の適法性は、当該事案の諸事情を総合的に観察し、校長等が懲戒の方法として退学処分を選択したことが、全く事実の基礎を欠き、あるいは、社会通念上合理性を認めることのできないものであるか否かにより判断されることになる。実際の訴訟では、①学校教育法施行規則26条が定める4個の具体的な処分事由の要件を満たすものとしてされた退学処分が全く事実の基礎を欠き、あるいは、社会通念上合理性を認めることのできないものであるか否かという点（実体的違法事由）と、②退学処分が適正な手続に従って適法に行われたか否かという点（手続的違法事由）とに分けて審理されることが多い。そこで、以下では、実体的違法事由と手続的違法事由のそれぞれにつき、当事者の主張立証上の留意点等について検討する。

(2)　実体的違法事由に関する主張立証上の留意点

退学処分の実体的違法事由の審理に当たっては、問題の退学処分が、学校教育法施行規則26条が定める4個の具体的な処分事由のうち、どの要件を満たすことを理由としてされたものであるかが早期の段階で明らかにされる必要がある。退学処分が処分要件を満たすものであることについての主張立証責任は、退学処分をした被告側にあるが、退学処分を争う原告においても、退学処分を受けた際、懲戒通知書（退学理由書）等の交付を受けているため、処分の理由を認識しているものと考えられる。したがって、原告側弁護士としては、訴え提起前の段階で、依頼者である原告から懲戒通知書の提示を求めるなどして退学処分の理由を把握し、その上で、原告をはじめとする関係者から詳細な事情聴取を行うなどして、退学処分に至った具体的な事情に関する訴訟資料を収集する必要がある。その上で、訴状の請求原因には、①退学の事実（処分の年月日、方法・態様、被告が指摘した退学の理由）について記載するとともに、②退学処分の違法性（退学理由として指摘されている事実の否認、退学処分が裁量権の範囲の逸脱又

はその濫用に当たることを理由付ける事実）を具体的に記載する必要がある。さらに、基本書証として、懲戒通知書や学則（この中には、賞罰に関する規定が置かれていることが通常である）を提出するほか、場合によっては、原告本人の陳述書を提出することも検討すべきである。

　他方、被告側代理人は、原告から指摘された退学処分の違法事由を踏まえて主張立証を検討することになるが、退学処分に関与した関係者のほか、学生の平素の行状等を把握しているものと考えられる者（高校であれば担任教諭、大学であれば指導教授などが考えられる）等から詳細な事情聴取を行う必要がある。なお、学校教育法施行規則144条によれば、大学の学生の退学は、教授会の議を経て学長が定めるとされている。したがって、問題となっている退学処分についても、この教授会の議事録が存在するものと考えられるから、被告側代理人は、関係者への事情聴取の際、教授会の議事録の内容も精査すべきである。その上で、答弁書では、①退学処分に至る経緯、②退学処分の適法性（学校教育法施行規則26条3項が規定する退学事由に該当する事実の主張、裁量権の範囲の逸脱又はその濫用に当たることを否定する事実の主張）を具体的に主張することになる。学校教育法施行規則が退学についてのみ4個の具体的な処分事由を定めていることからも明らかなとおり、退学処分は、他の懲戒処分と比べて、生徒の身分を剥奪する重大な措置であるから、その要件の認定につき他の処分と比較して慎重な配慮を要する。したがって、被告側において、退学処分の適法性を主張する際には、この点も踏まえ、退学処分を選択したことがなお懲戒権者の裁量権の範囲内であることを説得的に主張することを要する。

(3)　手続的違法事由に関する主張立証上の留意点

　次に、手続的違法事由に関する主張立証の際の留意点は、実体的違法事由に関する主張をする際の留意点と大きく変わらない。原告側弁護士としては、あらかじめ依頼者から詳細な事情聴取を行い、手続的違法事由としてどのような主張をするのかについて検討する必要がある。なお、実際の訴訟では、①退学の理由が明示されなかった、②弁明の機会や他にとり得る手段の模索等がされなかった、③教授会（職員会議）を経ることなく処

分がされたなどの主張がされることが多い（前掲東京地判平成 17 年 9 月 27 日では、原告からこれらの主張がされている）。もっとも、手続的違法事由としていたずらに多くの主張がされると争点が不明確になり、本来審理の中心とされるべき事項についての当事者と裁判所の認識の齟齬を生じさせることにもなりかねないので注意を要する。前掲最三判昭和 49 年 7 月 19 日は、学生の退学処分を行うに当たり、当該学生に対して学校当局の執った措置が本人に反省を促すための補導の面において欠けるところがあったとしても、それだけで退学処分が違法となるものではなく、その点をも含めた諸般の事情を総合的に観察して、退学処分の選択が社会通念上合理性を認めることができないようなものではない限り、その処分は、学長の裁量権の範囲内にあるものというべきである旨判示しているところであり、原告側弁護士としては、同判決の判断内容も考慮して、手続上の瑕疵として主張する内容を検討すべきである。

4　退学処分をめぐるその他の論点

　国・公立大学の学長が学生に対してした退学処分は、取消訴訟の対象である行政処分に当たるというのがこれまで確立した判例であったが、国立大学法人法（平成 15 年法律第 112 号）、地方独立行政法人法（同年法律第 118 号）の施行によって国・公立大学が法人化された現在においては、国立大学法人と学生との関係は一般の学校法人立（いわゆる私立）の大学と同様の在学契約関係にすぎず、処分性が否定されるという見解が有力に主張されている[2]。この見解を前提とすると、退学処分の取消しを求める抗告訴訟は、訴訟要件を欠き不適法であるから、退学とされたことに不服のある学生は、学生の地位（身分）を有することの確認を求める民事訴訟（この場合の請求の趣旨は「原告が、○○大学の学生としての身分を有すること

---

2)　塩野Ⅲ 100 頁。国立大学法人に対して入学許可を求める訴えにつき、その在学関係は私立大学と同様の在学契約関係であるとし、同訴えを在学契約締結の承諾の意思表示を求める趣旨と解して本案判断をしたものとして、東京高判平成 19 年 3 月 29 日判タ 1273 号 310 頁がある。

を確認する」となる）を提起し、その中で、学長が原告に対してした退学の判断が裁量権の範囲の逸脱又はその濫用であることを主張し、裁判所に対して権利の救済を求めることになる。もっとも、国・公立大学法人は、上記改正後も行政主体性が認められ[3]、国・公立大学の学校施設が「行政主体により直接に公の用に供されたものであること」は法人化後も変化がないものと解されていること[4]、国・公立大学は、国等が設立し、国等に財源措置が義務付けられて、主務大臣等が必要な関与を行う法人であること等に照らすと、国・公立大学は、法人化後も、公共の施設として、行政主体が公の目的に供しているものであって、学生は、このような公の目的の施設の供用対象である市民として大学を利用する権利を有しているということも可能であるように思われる。このような理解を前提とすれば、法人化後の国・公立大学は、依然として公の教育施設として一般市民の利用に供されるものであり、学生に対する退学処分は、市民としての公の施設の利用関係からこれを排除するものであることを理由に、依然として処分性を有するということが可能であると解される（このように解した場合の請求の趣旨は、「○○大学学長が平成○○年○○月○○日付けで原告に対してした退学処分を取り消す。」となる）。

IV 学校の廃止をめぐる争いについて

1 概要

「公の施設」である小・中学校の廃止は、普通地方公共団体の長の担任事務であるが（地方自治法149条7号）、これについては、条例（いわゆる学校廃止条例）をもって定められる（同法244条の2）。

公立の小・中学校の統廃合等を理由として実施される学校の廃止は、それによって通学に不利益を受ける児童・生徒が生ずるため、紛争に至る

---

[3] 塩野III 99頁。
[4] 塩野III 225頁。

ケースが多く、この点に関する裁判例も多数に上る。

　公立の小・中学校の廃止を争う手段としては、①学校廃止条例の制定行為に引き続いて市町村教育委員会が行う就学校指定・変更処分に対する取消訴訟を提起する方法、②学校廃止条例の規定が無効であることを前提に、廃止の対象とされた学校で教育を受ける地位を有していることの確認を求める当事者訴訟を提起する方法、③学校廃止条例の制定行為が行政処分に当たることを前提に、その取消訴訟を提起する方法が考えられるところである。もっとも、①の方法（就学校の指定・変更処分の取消訴訟）については、問題の学校廃止条例が施行されると、廃止の対象の学校が存在しなくなるため、処分の取消しを求める訴えの利益を欠くのではないかという問題がある（東京高判平成8年11月27日判時1594号19頁参照）。また、上記②の方法（当事者訴訟）についても、以下の問題点を指摘することができる。すなわち、原告が勝訴した場合、敗訴した被告が判決で命じられた内容を履行するには、学校廃止条例の廃止を内容とする条例を制定し、廃止の対象の学校を再度設置する必要がある。しかしながら、このことは、学校廃止条例を対世的に取り消す判決をした場合の効果と変わらないところ、当事者訴訟は、第三者効（行訴法32条）を有する抗告訴訟とは異なり、訴訟の当事者間でのみ効力を生ずるため、原告と異なる意見を有する第三者（学校廃止条例を前提に、新たな学校に通学している児童・生徒やその保護者等）の利益と対立する場合がある。そのような場合に、十分な利益調整を行うことなく、判決の拘束力を理由として学校廃止条例を廃止する条例を制定すると、同条例の廃止に反対する上記保護者等から、同条例が無効であることを前提に、廃止前の条例に基づき設置された学校で児童・生徒が教育を受ける地位を有していることの確認を求める当事者訴訟が提起され、紛争が複雑化するおそれがある。

　以上の点を考慮すると、学校の廃止に不満を持つ児童・生徒の保護者から相談を受けた原告側弁護士としては、学校廃止条例の制定行為を行政処分とみて、その取消訴訟を提起することの可否を検討してみる必要があるということができる。このように、行政訴訟では、権利救済を求める上で選択可能な訴訟形式は1つではないから、原告側弁護士としては、実効的

な権利救済のためにもっとも合理的な訴訟形式を選択する必要がある（しかも、それは1つではない場合もある）。このような判断をするに当たっては、文献や先例が乏しい場合もある上、抗告訴訟では出訴期間の制限（行訴法14条）があるために短期間での極めて難しい判断を迫られる。しかしながら、はしがきでも触れられていたように、法律実務家としての力量が試されるやりがいを感じる作業であるということができよう。

2　判例の考え方

　学校の廃止の問題に関する最高裁判決としては、最一判平成14年4月25日判例地方自治229号52頁がある。この判決は、東京都千代田区内の全ての区立小学校をいったん廃止し、新たに区立小学校8校を設置することを内容とする条例が制定され、それに伴い、千代田区教育委員会が、同条例で廃止される小学校の就学児童について、新たに設置される小学校に就学の指定処分をしたところ、廃止される小学校在学中であった児童の保護者が、同校の廃止を不服として、①千代田区を被告として学校廃止条例の取消し及び損害賠償を、②千代田区教育委員会を被告として、就学校の指定処分の取消しを求めた事案に関するものである。

　同判決では、学齢児童の保護者は、特別区が社会生活上通学可能な範囲内に設置する小学校において、その子らに法定年限の普通教育を受けさせる権利ないし法的利益を有するが、具体的に特定の区立小学校で教育を受けさせる権利ないし法的利益を有するとはいえないとして、廃止条例の制定行為が抗告訴訟の対象となる行政処分に当たらないとした原審の判断を正当として是認した。

　同判決は、学校廃止条例による小学校の廃止により、社会生活上通学可能な範囲内に公立の小学校が1つもない学齢児童が生じるような場合でない限り、当該条例は、学齢児童の保護者の上記権利ないし法的利益に影響を及ぼすものではなく、その制定行為は、抗告訴訟の対象とするに足りる法的効果を有するものではないと判断したものであり[5]、学校の廃止をめぐる紛争において重要な先例的価値を有するということができる（な

お、学校廃止条例に関するものではないが、条例の制定行為の処分性について判断した最高裁判決として、最二判平成18年7月14日民集60巻6号2369頁（町営の水道料金の改定条例に関するもの）、最一判平成21年11月26日民集63巻9号2124頁がある）。

3　当事者の主張立証上の留意点等

(1)　原告の主張立証上の留意点

前掲最一判平成14年4月25日の判断枠組みによれば、学校廃止条例の制定行為は一般に処分性が否定されるものの、同条例の制定により学齢児童・生徒にとって社会生活上通学可能な範囲内に公立の小・中学校が1つもない状態になった場合には処分性が認められ、抗告訴訟の対象になるということになる。このように、学校廃止条例の制定行為の処分性は、問題の条例の制定により「社会生活上通学可能な範囲内」に公立の小・中学校が1つも存しない状態になったということができる否かが判断のメルクマールとなるから、学校廃止条例の制定行為の取消訴訟を提起する原告は、処分性を基礎付ける具体的な事実として、原告において「社会生活上通学可能な範囲内」に公立の小学校（中学校）が1つもない状態になったこと）を主張する必要がある。

なお、「社会生活上通学可能な範囲内」であるか否かは、いわゆる規範的要件（評価的要件）であるから、原告としては「社会生活上通学可能な範囲内に学校が存在しない」という抽象的な主張をするだけでは不十分であり、同主張を基礎付ける具体的事実を主張することを要する。もっとも、この「社会生活上通学可能な範囲」の基準について、前掲最一判平成14年4月25日は明確な基準を示しておらず、学校教育法やその下位法令にも手掛かりとなる規定は存在しない。したがって、原告としては、過去の先例等を踏まえ、(i)通学の距離、(ii)通学路の適性、(iii)気候、(iv)生活圏、(v)地勢などに着目して具体的な事実を主張することになろう。このう

5)　古田孝夫・最判解民事篇平成21年度（下）855頁参照。

ち、(i)の通学距離に関しては、義務教育諸学校等の施設費の国庫負担等に関する法律施行令4条1項2号が、公立の小・中学校を適正な規模にするために統合する場合の通学距離の基準として、小学校はおおむね4km以内、中学校はおおむね6km以内と定めており、この基準は、当時の児童・生徒の歩く時間や、疲労度を考慮して定めたものといわれているから（この基準は「公立小・中学校の統合方策について」（昭和31年11月17日付け文初財第503号文部事務次官通達）に記載されている）、社会生活上通学可能な通学距離の限度を考える上で参考になるものと思われる。もっとも、例えば、大量の降雪のある地域や台風が頻繁に上陸する地域では通学距離の延長による児童・生徒の負担は重いと考えられ、通学距離の延長が児童・生徒に与える影響は、全国一律に決することができる性格のものではないことに留意する必要がある。

次に、上記(ii)の通学路の適性に関しては、①通学路の起伏やその整備の状況（通学専用道路の有無等）、②通学路の交通状況（通学経路の交通事故の発生率等）、③通学路周辺の環境（風俗営業等の店舗の存在の有無等）などが主張を構成する上で問題となる。原告側弁護士としては、これらの点について事案に即して主張し、併せて、自らの主張を裏付ける証拠（通学路の状況については写真等が考えられる）を提出することになろう。

(2) 被告の主張立証上の留意点

これに対し、被告は、原告の主張も踏まえて、通学距離、通学路の適性、生活圏、地勢等に照らして、児童・生徒に対して過度の負担を課すものではないことを具体的に主張することになる。学校廃止条例の立案に当たっては、従前の学校を廃止することで生じる児童・生徒への影響も調査・検討しているはずであるから、被告側代理人は、担当者に対してその検討結果を聴取し、併せて、当時の立案の資料を書証として提出することが求められる。また、児童・生徒の通学を容易にするための手段（例えばスクール・バス等の交通機関の設置が考えられる）に対する助成策を実施している等の事情がある場合には、その点も主張すべきである。

(3) その他の論点

学校廃止に関する紛争の他の論点としては、原告適格の問題がある。前掲最一判平成 14 年 4 月 25 日の事案は、現に小学校に就学中の児童の保護者が原告となって提起されたものであるところ、現に廃校となる小学校に児童を通学させている保護者のみが学校廃止条例の抗告訴訟（無効確認訴訟）の原告適格を有し、廃止対象とされた学校の卒業生の保護者や未就学児童の保護者については、原告適格を欠くと判断した裁判例（大津地判平成 4 年 3 月 30 日判タ 794 号 86 頁）がある。卒業生については、廃止対象の学校に通学する利益があるとはいえないから原告適格を認めることは困難であると解されるが（事案は異なるが、市の設置する特定の保育所を廃止する条例の制定行為が抗告訴訟の対象となる行政処分に当たると判断した前掲最一判平成 21 年 11 月 26 日は、原告らに係る保育の実施期間がすべて満了していることを理由に訴えの利益が失われたとして不適法却下している。）、就学予定児童の保護者に関しては、当該児童・生徒が、私立の小・中学校への入学を予定しているような事情がある場合を除き、原告適格を肯定する余地があるものと思われる[6]。

---

[6] このような指摘をするものとして、福井秀夫「公立小中学校廃止の法的論点」自治研究 78 巻 11 号 83 頁がある。

参考文献

本文掲記のもののほか、
- 平山大「規制改革と教育」ジュリ 1250 号 43 頁。
- 春日修「特別支援学校就学指定に関する仮の義務付け申立事件」判例地方自治 326 号 50 頁。
- 池村好道「国立大学法人における在学関係と入試の法理論」判例地方自治 337 号 110 頁。
- 髙橋滋「行政判例研究 横浜市立保育園廃止条例制定行為取消請求事件」自治研究 87 巻 2 号 143 頁。
- 下井康史「小学校廃止条例を争う訴訟形式」日弁連法務研究財団編『法と実務 7』185 頁（商事法務、2008）。
- 山本隆司『判例から探求する行政法』414 頁（有斐閣、2012）。
- 川内劦「条例の処分性についての一考察——保育所廃止条例の処分性を中心に」修道法学 34 巻 1 号 458 頁。

第 24 講
公共施設等の利用をめぐる紛争

馬場　俊宏

I　はじめに

　国や地方公共団体は、公園、公民館及び学校等の様々な施設を管理しており、住民によるこれらの施設の利用をめぐって紛争が生じることがある。

　本講では、実務上問題となることが比較的多い、地方公共団体が設置する公の施設の利用（地方自治法 244 条 1 項）や行政財産の目的外使用（同法 238 条の 4 第 7 項）をめぐる紛争を取り上げることとし、II において、公共施設等に関する概念等について簡単に整理した上で、III において、公の施設の利用に関する処分に関する論点を検討し、IV において、行政財産の目的外使用に関する処分に関する論点について検討することとする。

II　公共施設等に関する概念等について

1　講学上の概念等 [1]

(1)　公共用物と公用物

　講学上、一般的に、「公物」とは、国又は地方公共団体等の行政主体により、直接、公の目的に供される有体物をいうとされている。そして、公

---

1)　塩野 III 346 頁、宇賀・概説 III 467 頁、内野俊夫「公物の目的外使用」新大系（25）491 頁、概観（4）1 頁。

物は、公衆の使用に供することが行政目的であり、直接に公衆により使用される「公共用物」（道路、河川、海岸、公園等）と、特定の行政目的を遂行するための手段として行政主体自身が使用する「公用物」（庁舎やその敷地、学校やその敷地、公務員宿舎等）に分類されている。

ただし、公物の有効利用という観点から、例えば、公立学校の校庭や図書館等の休日開放、庁舎最上階の展望室としての一般開放等のように、従前は専ら公用物として使用されてきたものを公衆の使用に供する現象も見られるようになり、公用物と公共用物の区別は相対化している。

(2) 公共用物の使用関係

公共用物の使用関係は、一般使用（自由使用）、許可使用及び特許使用に区別される。

一般使用（自由使用）とは、公共用物の基本的な使用形態であり、他人の共同使用を妨げない限度で、その用法に従い、許可等を要せずに自由に使用することをいい、道路の通行や公園の散歩等がこれに当たるとされている。

許可使用とは、基本的には自由使用の範疇に属するが、その範囲を超えて他人の共同使用を妨げたり、公共用物の管理に支障を及ぼしたりするおそれや、公共の秩序維持に支障を生じさせるおそれがある使用がされる場合に、多数人の使用関係の調整や公共用物の管理に対する支障の防止という観点（公物管理の観点）、又は公共の秩序維持に対する支障の防止という観点（公物警察の観点）から、そのような使用を一般的に禁止した上で、特定の場合に申請に基づく許可によって禁止を解除して、その使用を許すことをいい、道路交通法上の道路使用許可やいわゆる公安条例に基づく集団行動に対する許可等がこれに当たるとされている。訴訟においては、この許可使用が問題となることが多い。

特許使用とは、公共用物の本来の用法を超えて、特定の者に特別の排他的使用権を設定して使用を許すことをいい、道路法や都市公園法上の占用許可等がこれに当たるとされている。

(3) 公用物の使用関係

公用物は、本来的に、特定の行政目的の遂行のために使用されるものであり、私人の使用が予定されていないものである。ただし、公用物であっても、その用途又は目的を妨げない限度において、私人が公用物の管理者の許可を得て使用することができ、このような使用は、一般に行政財産の目的外使用といわれている。

2 地方自治法上の概念等

(1) 財産の分類

地方自治法は、財産管理という観点から、地方公共団体の財産を「公有財産」、「物品」及び「債権」並びに「基金」に分類する（同法237条1項）とともに、地方公共団体の所有に属する不動産等である公有財産（同法238条1項）について、公共用財産（公共用に供する又は供することと決定した財産）及び公用財産（公用に供する又は供することと決定した財産）で構成される「行政財産」と、それ以外の財産である「普通財産」に分類している（同条3項・4項）。なお、公共用財産と公用財産の分類は、講学上の公共用物と公用物の分類と概ね一致する。

行政財産のうち、公共用財産については、地方自治法に加え、個別の公物管理法（道路法や都市公園法等）がその管理を規律しているが、公用財産については、個別の公物管理法は制定されていない。

また、行政財産は、その用途又は目的を妨げない限度においてその使用を許可すること（以下「目的外使用許可」という）ができる（地方自治法238条の4第7項）とされており、公共用財産及び公用財産のいずれについても、目的外使用許可がされることがあり得る。このような目的外使用許可がされる場合としては、一般的に、①当該行政財産を利用する者のため、当該行政財産に食堂や売店等の厚生施設等を設置する場合、②公の目的のために行われる講演会や研究会等の用に短期間利用させる場合、③国や他の地方公共団体等において公用又は公共用に供するため特に必要と認められる場合等が想定されている[2]。

(2) 公の施設

地方自治法は、地方公共団体が住民の福祉を増進する目的をもってその利用に供するために設置した施設を「公の施設」（同法244条1項）としている[3]。公の施設は、例えば、病院であれば建物・医療器具等と医師等、図書館であれば建物・蔵書等と司書等のように、物的要素と人的要素から構成されるものである[4]。

そして、地方公共団体は、正当な理由がない限り、住民が公の施設を利用することを拒んではならず（地方自治法244条2項）、住民が公の施設を利用することについて、不当な差別的取扱いをしてはならない（同条3項）とされている。「正当な理由」に該当するかどうかは、個別具体的に判断されることになるが、一般的には、公の施設の利用に当たり使用料を払わない場合、公の施設の利用者が予定人員を超える場合、その者に公の施設を利用させると他の利用者に著しく迷惑を及ぼす危険があることが明白な場合、公の施設の利用に関する規定に違反して公の施設を利用する場合等は、「正当な理由」に該当するとされている[5]。

また、地方公共団体は、法律又はこれに基づく政令に特別の定めがあるものを除くほか、公の施設の設置及びその管理に関する事項は、条例でこれを定めなければならない（地方自治法244条の2）とされている。

---

2) 松本・地方自治法954頁。
3) 昭和38年の地方自治法改正までは、「営造物」という概念が用いられており、これは、国又は地方公共団体等の行政主体により公の目的に共用される人的手段及び物的施設の総合体を意味するものとされていた。
4) ただし、道路や河川のような公の施設も存在し、人的要素は必須のものではない（松本・地方自治法1034頁）。
5) 松本・地方自治法1035頁。

III 公の施設の利用に関する処分をめぐる紛争について

1 概要

　地方公共団体が地方自治法244条1項に基づき設置した公の施設の中には、市民会館や公民館のように、住民による集会の用に供するために設置された施設も存在するところ、このような施設については、同法244条の2に基づき制定された条例において、集会を開催するためには使用許可を得る必要があるとされていることが一般的である。

　そして、集会を開催するための市民会館等の使用許可申請に対し、地方公共団体が、地方自治法244条2項に規定する「正当な理由」を具体化して規定した条例の不許可事由に該当するとして、不許可処分をしたり、あるいは一旦は使用許可をしたものの、使用許可を取り消す処分をしたりした場合、使用許可申請をした者が、上記使用不許可処分又は使用許可の取消処分（以下「使用不許可処分等」という）の取消しを求める行政訴訟を提起したり、上記使用不許可処分等が違法であることを理由とする国家賠償訴訟を提起したりすることがある。なお、一般に、使用不許可処分等は、「行政庁の処分」（行訴法3条2項）に該当すると解されている（地方自治法244条の4）[6]。

　このような訴訟においては、憲法21条1項が集会の自由を保障していることに照らして、地方公共団体が、集会の用に供するために設置された公の施設における集会の開催を制限することが許されるか、許されるとすればどのような要件の下に許されるのかが問題となる。

---

[6]　塩野Ⅲ 395頁。

2 判例の考え方等

(1) メーデー事件判決（最大判昭和28年12月23日民集7巻13号1561頁）

　最高裁は、メーデーのための皇居外苑（公共用財産[7]）の使用許可申請について厚生大臣がした不許可処分の取消訴訟において、公共用財産の管理者は、当該公共用財産の種類に応じ、また、その規模、施設を勘案し、その公共用財産としての使命を十分達成せしめるよう適正にその管理権を行使すべきであって、管理権に名を借り、実質上表現の自由又は団体行動権を制限する目的に出た場合はもちろん、管理権の適正な行使を誤り、実質上これらの基本的人権を侵害したと認められるに至った場合には、違憲の問題が生じ得るとした。

　その上で、最高裁は、当該事案においては、厚生大臣は、約50万人が長時間充満することなどにより、公園自体が著しい損壊を受けることが予想され、公園の管理保存に著しい支障を被るのみならず、長時間にわたり一般国民の公園としての本来の利用が全く阻害されることになること等の防止という国民公園の管理上の必要性から使用を許可しなかったのであって、何ら表現の自由又は団体行動権自体を制限することを目的としたものとは認められないし、管理権の適正な行使を誤ったとも認められないとして、上記不許可処分は適法であるとした。

　メーデー事件判決は、公共用財産の物理的な管理に支障が生じたり、一般国民による公共用財産の共同使用に支障が生じたりすることを防止するという公物管理の観点からされた使用不許可処分の適法性について最高裁が判断した事例であるということができる[8]。

---

7) 当時の国有財産法においては「公共福祉用財産」という類型であったが、その後、「公共用財産」（国有財産法3条2項2号）という類型に置き換えられた。
8) 近藤崇晴・最判解民事篇平成7年度（上）299頁。

(2) 泉佐野市民会館事件判決（最三判平成 7 年 3 月 7 日民集 49 巻 3 号 687 頁）

　最高裁は、「関西新空港反対全国総決起集会」開催のための市民会館（公の施設）の使用許可申請に対し、市立泉佐野市民会館条例が使用不許可事由として定める「公の秩序をみだすおそれがある場合」に該当するとしてされた不許可処分が違法であることを理由とする国家賠償訴訟において、集会の用に供される公の施設の管理者が、公の施設の種類、規模、構造、設備等からみて利用を不相当とする事由が認められないにもかかわらず、その利用を拒否し得るのは、利用の希望が競合する場合のほかは、施設をその集会のために利用させることによって、他の基本的人権が侵害され、公共の福祉が損なわれる危険がある場合に限られるとした。

　そして、基本的人権としての集会の自由の重要性と、当該集会が開かれることによって侵害されることのある他の基本的人権の内容や侵害の発生の危険性の程度を衡量して、その規制が必要かつ合理的なものとして肯認される限りは、集会の自由を不当に侵害するものではなく、憲法 21 条に違反しないとした。また、このような衡量をするに当たっては、集会の自由の制約は、基本的人権のうち精神的自由を制約するものであるから、経済的自由の制約における以上に厳格な基準の下にされなければならないとし、上記条例の「公の秩序をみだすおそれがある場合」については、市民会館における集会の自由を保障することの重要性よりも、集会が開かれることによって、人の生命、身体又は財産が侵害され、公共の安全が損なわれる危険を回避し、防止することの必要性が優越する場合をいうものと限定して解すべきであり、その危険性の程度としては、単に危険な事態が生じる蓋然性があるというだけでは足りず、明らかな差し迫った危険の発生が具体的に予見されることが必要であるとした。

　その上で、最高裁は、当該事案においては、集会が開かれたならば、集会の実質上の主催者と目されるグループと他のグループとの間で暴力の行使を伴う衝突が起こるなどの事態が生じ、その結果、市民会館の職員、通行人、付近住民等の生命、身体又は財産が侵害される事態が生じることが客観的事実によって具体的に明らかに予見されたとして、上記不許可処分

は適法であるとした。

　泉佐野市民会館事件判決は、集会の用に供する公の施設について、正当な理由なくその利用が拒否されれば、憲法の保障する集会の自由が不当に制限されることから、公物管理の観点からの不許可事由が存在しない場合に、公共の秩序維持に対する支障の防止という公物警察の観点からされた使用不許可処分について、上記のような厳格な基準により判断すべきことを示したものということができる。

(3) 上尾市福祉会館事件判決（最二判平成8年3月15日民集50巻3号549頁）

　最高裁は、何者かに殺害されたJR関係労働組合幹部の合同葬に使用するためにされた福祉会館（公の施設）の使用許可申請に対し、上尾市福祉会館設置及び管理条例が使用不許可事由として定める「会館の管理上支障があると認められるとき」に該当するとしてされた不許可処分が違法であることを理由とする国家賠償訴訟において、集会の用に供される公の施設の管理者は、当該公の施設の種類に応じ、また、その規模、構造、設備等を勘案し、公の施設としての使命を十分達成せしめるよう適正にその管理権を行使すべきであるとした。そして、上記条例の「会館の管理上支障があると認められるとき」という規定は、会館の管理上支障が生じるとの事態が、許可権者の主観により予測されるだけでなく、客観的に予測される場合に初めて使用を許可しないことができることを定めたものと解すべきであるとした。

　その上で、最高裁は、当該事案においては、合同葬の際にその主催者と対立する者らの妨害による混乱が生じるおそれがあるとは考え難い状況にあり、警察の警備等によってもなお混乱を防止することができない特別な事情があったとはいえず、福祉会館の物的構造等に照らせば、これを合同葬に使用することがその設置目的やその確立した運営方針に反するとはいえないという事情の下では、会館の管理上支障があるとの事態が生じることが客観的な事実に照らして具体的に明らかに予測されたものとはいえず、上記不許可処分は違法であるとした。

上尾市福祉会館事件判決は、泉佐野市民会館事件判決も踏まえ、個別具体的な事案について、使用目的が公の施設の設置目的に反するという公物管理の観点及び公共の秩序維持に支障が生じるという公物警察の観点のいずれからも、管理上の支障が客観的具体的に明らかに予測されないとして、使用不許可処分を違法としたものということができる。

3　審理・判断の方法

(1)　判断枠組み

　地方公共団体は、正当な理由がない限り、住民が公の施設を利用することを拒んではならず（地方自治法244条2項）、住民が公の施設を利用することについて、不当な差別的取扱いをしてはならない（同条3項）とされているところ、憲法21条1項が集会の自由を保障していることからして、集会の用に供する公の施設の利用を拒否する場合は、上記「正当な理由」を厳格に解すべきであり、公の施設の使用不許可処分等の適法性については、上記各最高裁判決が示した判断枠組みを踏まえて審理・判断していくことになる。

　そして、公の施設の使用不許可処分等の取消訴訟においては、地方自治法244条2項の文言からしても、正当な理由が存在することについて、被告（地方公共団体）が主張立証責任を負うものと解される。

(2)　営利目的の利用

　上記各最高裁判決は、政治目的等の非営利目的での集会のための公の施設の利用に関するものであるところ、商品展示会等の営利目的のイベントについても、上記のような厳格な判断枠組みを採用すべきかが問題になる。この点について判断した最高裁判例は見当たらないが、仮に営利目的のイベントに集会の自由の保障が及ぶとしても、このようなイベントについては、経済的自由の側面が強いのであるから、政治目的等の非営利目的での集会に比べて、より緩やかな枠組みで判断することも許容されるものと解される[9]。

名古屋地判平成13年1月31日判タ1085号199頁は、自動車部品等の展示会開催のためにされた国際展示場（公の施設）の使用許可申請に対し、名古屋市国際展示場条例2条2項が使用を許可してはならない事由として定める「管理上の支障があるとき」に該当するとしてされた不許可処分の取消訴訟において、上記展示会は、集団としての意思形成や具体的行動をとることを目的としたものではなく、基本的には営業活動の自由等の経済的自由に関する催事にすぎないから、上記不許可処分については、施設の使用目的、使用形態その他の事情からみて合理的な裁量の範囲内でされたものであるかという基準によれば足りるとした上で、当該事案においては、展示会が開かれた場合には、過去の混乱や被害の程度等に照らして、施設の使用目的に支障を来す具体的なおそれがあるとして、裁量権の範囲を逸脱した違法はないとしている（ただし、厳格な基準を適用したとしても、使用を許可しないことができる場合であるとも判示しており、どのような判断基準をとるかによって結論が左右されない事案であった）。

(3) 公の施設該当性

　地方自治法244条2項は、地方公共団体が設置する公の施設がその設置目的に従って使用される場合に適用されるが、公の施設に該当しない施設の使用や、設置目的外での公の施設の使用は、行政財産の目的外使用（同法238条の4第7項）の規律に服することになり、そのいずれに該当するかによって、使用許可に関する判断枠組みが異なってくることになる。

　使用許可申請の対象となった施設が公の施設に該当するか否かや、その使用目的が施設の設置目的に従っているか否かが争われることは多くないが、東京高判平成13年3月27日判時1786号62頁は、市庁舎内に設置され「市民フォーラム」と命名された会議室の使用許可申請に対する不許可処分が違法であることを理由とする国家賠償訴訟において、上記会議室は、住民の福祉を増進することを本来の目的として設置されたものでは

---

9) 吉野夏己『紛争類型別 行政救済法〔第3版〕』183頁（成文堂、2012）。

なく、公用財産である市庁舎の一部を休日に限って開放するものにすぎないから、公の施設には該当しないとして、行政財産の目的外使用の枠組みで上記不許可処分の違法性について判断している。

4 具体的な事例

泉佐野市民会館事件判決の後の裁判例[10]としては、①原発建設の是非を問う自主管理住民投票を行うための町営体育館及び公民館等（公の施設）の使用許可申請に対する不許可処分が違法であることを理由とする国家賠償訴訟において、泉佐野市民会館事件判決と同様の判断枠組みを示した上で、上記自主管理住民投票自体には何ら危険性がなく、住民の生活の平穏を害するような混乱が発生する危険性も認められないから、上記不許可処分が違法であるとしたもの（新潟地判平成7年10月31日判タ903号121頁）、②同性愛者の団体からの青年の家（公の施設）の利用申込みに対する不承認処分が違法であることを理由とする国家賠償訴訟において、男女別室宿泊の原則を同性愛者に適用すると、その宿泊利用を一切拒否することになり、一定の条件を付するなどしてより制限的でない方法により利用権との調整を図ろうと検討した形跡がないなどとして、上記不承認処分が違法であるとしたもの（東京高判平成9年9月16日判タ986号206頁）、③住民訴訟の判決について報告する集会を行うための生涯教育センター（公の施設）の使用許可申請に対する不許可処分が違法であることを理由とする国家賠償訴訟において、泉佐野市民会館事件判決と同様の判断枠組みを示した上で、上記集会の開催により、参加者、生涯教育センターの職員、通行人、付近住民等の生命、身体又は財産が侵害され、公共の安全が損なわれるような事態が生じるとは考えにくいなどとして、上記不許可処分が違法であるとしたもの（盛岡地判平成14年7月19日判タ1123号110頁）がある。

---

10) それ以前の裁判例については、近藤・前掲注8）296頁参照。

5 仮の救済制度

(1) 概要

公の施設の使用許可申請に対する使用不許可処分等がされる場合、使用不許可処分等がされる日と、許可申請に係る施設の使用予定日との間には、それほど期間がないことが多く、上記使用不許可処分等の取消訴訟を提起しても、訴訟係属中に施設の使用予定日が経過し、訴えの利益が失われてしまう（前掲最大判昭和28年12月23日）ことになる。

このような場合、国家賠償訴訟に訴えを変更して事後的な救済を求めることも可能である（行訴法21条）が、より実効的な権利救済という観点から、使用不許可処分等を受けた者が、取消訴訟の提起と併せて、執行停止の申立て（同法25条）又は仮の義務付けの申立て（同法37条の5）をすることがあり、これらの申立てがどのような場合に認められるかが問題になる。

(2) 執行停止の申立て

ア 概要

一旦は公の施設の使用許可を受けた者が、その使用許可の取消処分を受けた場合、同取消処分の執行停止決定がされれば、従前の使用許可に基づき公の施設を使用することができることになる。

イ 要件

執行停止の申立てについては、「重大な損害を避けるため緊急の必要があるとき」に該当することが、申立人が主張立証すべき積極要件とされ、「公共の福祉に重大な影響を及ぼすおそれがあるとき」又は「本案について理由がないとみえるとき」に該当することが、相手方が主張立証すべき消極要件とされている（行訴法25条2項・4項）。

ここで、執行停止については、個々の事案の実情に即した適切な判断を確保し、国民の権利利益のより実効的な救済を図るため、平成16年法律84号による行訴法の改正（以下「平成16年改正」という）により、同法25条2項の「回復の困難な損害」の要件が「重大な損害」の要件に改め

られるとともに、「重大な損害」を判断するに当たっての考慮事項が同条3項に規定された。平成16年改正の趣旨を踏まえれば、原状回復の可能性や金銭賠償の可能性も考えると、必ずしも回復の困難な損害に当たらない場合でも、具体的状況の下において、損害の回復の困難の程度を考慮し、損害の性質及び程度並びに処分の内容及び性質をも勘案して、損害が重大であると判断されれば、「重大な損害」要件が認められるものと解される[11]。一般的にいえば、公の施設の使用許可の取消処分については、これによる損害の性質等からすれば、既に同程度の代替施設を確保しているといった事情が存在しない限り、「重大な損害」要件は比較的容易に認められるであろう。

一方、上記取消処分の執行停止が認められれば、事実上本案訴訟で原告が勝訴したのと同様の効果が生じることになるので、「本案について理由がないとみえるとき」の判断には多少の慎重さが要求されるとされている[12]。

　ウ　具体的な事例

公の施設の使用許可の取消処分の執行停止について明示的に述べた最高裁判例は見当たらないが、平成16年改正後、同取消処分の執行停止について判断した裁判例[13]としては、①在日朝鮮人を主体とする団体等が主催する舞台公演開催のための市民会館（公の施設）の使用許可申請に対し、一旦は使用許可がされたが、倉敷市文化施設条例が使用不許可事由として定める「施設等の管理上支障があると認めるとき」に該当するとしてされた使用許可の取消処分の執行停止申立てが認容されたもの（岡山地決平成18年10月24日判例秘書06150496）、②集会開催のための公園（公の施設）の使用承認申請に対し、一旦は使用承認がされたが、公園の管理に支障が生じると認められることを理由としてされた使用承認の取消処分の執行停止申立てが認容されたもの（東京高決平成19年3月1日判例秘書06220413）、③在日朝鮮人を主体とする団体等が主催する舞台公演開催の

11）　小林・行訴法281頁、条解492頁。
12）　塩野Ⅱ206頁、宇賀・概説Ⅱ288頁。
13）　それ以前の裁判例については、近藤・前掲注8）296頁参照。

ための市民会館（公の施設）の使用許可申請に対し、一旦は使用許可がされたが、仙台市民会館条例が使用不許可事由として定める「会館の管理上支障を及ぼすおそれがあるとき」に該当するとしてされた使用許可の取消処分の執行停止申立てが認容されたもの（仙台高決平成19年8月7日判タ1256号107頁）、④映画の上映のための区民会館の使用許可申請に対し、一旦は使用許可がされたが、興行的使用を目的とすること及び催物の実施が法令等に違反する行為を前提としてされる蓋然性が極めて高いことを理由としてされた使用許可の取消処分の執行停止申立てについて、「本案について理由がないとみえるとき」の要件に該当するとして、申立てが却下されたもの（東京高決平成20年10月20日判例地方自治338号21頁）がある。

(3) 仮の義務付けの申立て

ア　概要

公の施設の使用許可申請に対して使用不許可処分を受けた者が、使用不許可処分の執行停止決定を得たとしても、当該施設を使用することができるようになるわけではない[14]ので、実効的な権利救済を求めるためには、上記不許可処分の取消しの訴え（行訴法3条2項）及び使用許可処分の義務付けの訴え（いわゆる申請型義務付けの訴え。同法3条6項2号、37条の3）を提起するとともに、使用許可処分の仮の義務付けの申立て（同法37条の5第1項）をする必要がある。

イ　要件

仮の義務付けの申立てについては、「償うことのできない損害を避けるため緊急の必要があるとき」及び「本案について理由があるとみえるとき」に該当することが、申立人が主張立証すべき積極要件とされ、「公共の福祉に重大な影響を及ぼすおそれがあるとき」に該当することが、相手方が主張立証すべき消極要件とされている（行訴法37条の5第1項・3項）。

ここで、平成16年改正においては、国民の権利利益の救済範囲の拡大

---

[14]　塩野Ⅱ210頁、宇賀・概説Ⅱ292頁。

を図る観点から、抗告訴訟の新たな類型として義務付けの訴え（行訴法3条6項、37条の2、37条の3）が設けられるとともに、迅速かつ実効的な権利救済を可能とするため、仮の義務付けの制度（同法37条の5第1項）が新設された。そして、仮の義務付けの申立てについては、本案訴訟である義務付けの訴えの訴訟要件である「重大な損害」よりも厳格な要件として、「償うことのできない損害」要件が規定されているところ、ここでいう「償うことのできない損害」とは、「重大な損害」よりも損害の回復の困難の程度が比較的著しい場合をいい、金銭賠償のみによって損害を甘受させることが社会通念上著しく不合理と評価される程度の損害を指すものと解される[15]。

　ウ　具体的な事例

　公の施設の使用許可処分の仮の義務付けについて明示的に述べた最高裁判例は見当たらないが、上記使用許可処分の仮の義務付けについて判断した裁判例としては、①在日朝鮮人を主体とする団体等が主催する舞台公演開催のためのシンフォニーホール（公の施設）の使用許可申請に対し、岡山シンフォニーホール条例が使用不許可事由として定める「ホールの管理上支障があると認めるとき」に該当するとして不許可処分がされたところ、使用許可処分の仮の義務付け申立てが認容されたもの（岡山地決平成19年10月15日判タ1259号182頁）、②脱原発を訴えるデモ行進の出発地として用いるための日比谷公園（公の施設）の一時使用許可申請に対し、公園管理上の支障があることを理由として不許可処分がされたため、使用許可処分の仮の義務付け申立てをしたところ、申請に係る日時における公園の利用状況や収容能力を前提とする限り、公園管理上の支障が具体的かつ明らかに予測されるから、「本案について理由があるとみえるとき」の要件を満たさないとして、申立てが却下されたもの（東京高決平成24年11月5日判例地方自治377号23頁）がある。

---

[15]　小林・行訴法290頁、条解676頁。

Ⅳ 行政財産の目的外使用に関する処分をめぐる紛争について

1 概要

　住民が、地方公共団体の行政財産のうち、公の施設（地方自治法244条1項）に該当するものをその設置目的に従って利用する場合は、上記Ⅲで述べた規律に服することになるが、公の施設に該当しない施設（主に公用財産に該当する施設）を使用する場合や公の施設を設置目的外で使用する場合については、地方自治法238条の4第7項に規定する行政財産の目的外使用の規律に服することになる。

　そして、例えば、公用財産である庁舎の一区画を団体の事務所として用いるための目的外使用許可申請や、公の施設である学校をその設置目的である学校教育以外の目的で用いるための目的外使用許可申請に対し、地方公共団体が不許可処分をした場合、使用許可申請をした者が、上記不許可処分の取消しを求める行政訴訟を提起したり、上記不許可処分が違法であることを理由とする国家賠償訴訟を提起したりすることがある。なお、一般に、目的外使用不許可処分は、「行政庁の処分」（行訴法3条2項）に該当すると解されている（地方自治法238条の7）[16]。

　このような訴訟においては、地方公共団体による行政財産の目的外使用不許可処分について、どのような判断枠組みでその違法性を判断すべきかが問題となる。

2 判例の考え方等

　最高裁は、最三判平成18年2月7日民集60巻2号401頁において、公立学校教職員の職員団体による教育研究集会開催のための中学校の体育

---

[16] 塩野Ⅲ398頁。

館等の使用許可申請に対し、同中学校及びその周辺の学校や地域に混乱を招き、児童生徒に教育上悪影響を与え、学校教育に支障を来すことが予想されることを理由としてされた不許可処分が違法であることを理由とする国家賠償訴訟について、学校施設の目的外使用を許可するか否かは、原則として管理者の裁量に委ねられており、学校教育上支障がない場合であっても、行政財産である学校施設の目的及び用途と目的外使用の目的、態様等との関係に配慮した合理的な裁量判断により使用許可をしないこともできるとした。

そして、管理者の裁量判断は、許可申請に係る使用の日時、場所、目的及び態様、使用者の範囲、使用の必要性の程度、許可をするに当たっての支障又は許可をした場合の弊害若しくは影響の内容及び程度、代替施設確保の困難性等の許可をしないことによる申請者側の不都合又は影響の内容及び程度等の諸般の事情を総合考慮してされるものであり、上記判断の適否に関する司法審査は、その判断が裁量権の行使としてされたことを前提とした上で、その判断要素の選択や判断過程に合理性を欠くところがないかを検討し、その判断が、重要な事実の基礎を欠くか、又は社会通念に照らし著しく妥当性を欠くものと認められる場合に限って、裁量権の範囲を逸脱し又はこれを濫用したものとして違法となるとすべきであるとした。

その上で、最高裁は、当該事案においては、上記不許可処分は、重視すべきでない考慮要素を重視するなど、考慮した事項に対する評価が明らかに合理性を欠いており、他方、当然考慮すべき事項を十分考慮しておらず、その結果、社会通念に照らし著しく妥当性を欠き、裁量権の範囲を逸脱した違法なものであるとした。

上記最高裁判例は、行政財産の目的外使用を許可するか否かの判断が管理権者の裁量に委ねられていることを明らかにするとともに、その判断が裁量権の範囲を逸脱し又はこれを濫用したものであるかについての司法審査方法を示したものということができる[17]。

---

17) 裁量処分の司法審査に関する最高裁判例については、内野・前掲注1）496頁、川神裕「裁量処分と司法審査」判時1932号11頁を参照。

なお、最二判平成 19 年 12 月 7 日民集 61 巻 9 号 3290 頁は、一般公共海岸区域（公共用物）について、個別の公物管理法である海岸法 37 条の 4 に基づきされた占有許可（法的性格は行政財産の目的外使用許可と同様である）の申請に対してされた不許可処分の取消訴訟において、一般公共海岸区域の占有を許可するか否かは海岸管理者の裁量に委ねられているとした上で、当該事案においては、上記不許可処分は、考慮すべきでない事項を考慮し、他方、当然考慮すべき事項を十分考慮しておらず、その結果、社会通念に照らし著しく妥当性を欠き、裁量権の範囲を逸脱し又はこれを濫用した違法なものであるとしており、その判断枠組みは、前掲最三判平成 18 年 2 月 7 日と共通している。

3　審理・判断の方法

　行政財産の目的外使用許可処分は、管理者の裁量処分と解されているところ、裁量権の範囲を逸脱し又はこれを濫用したことを基礎付ける事実については、原告（使用許可申請者）が主張立証責任を負うものと解され[18]、前掲最三判平成 18 年 2 月 7 日も、使用を拒否する正当な理由を管理者において立証しなければならないとした原判決の説示部分は法令の解釈を誤っているとしている。

　したがって、行政財産の目的外使用の不許可処分を受けた者は、前掲最三判平成 18 年 2 月 7 日で示された管理者の裁量権行使に当たっての考慮事項等を踏まえて、管理者が裁量権の範囲を逸脱し又はこれを濫用したことを基礎付ける事実を主張立証すべきことになる。

4　具体的な事例

　前掲最三判平成 18 年 2 月 7 日の後の裁判例としては、①公立学校の教職員の職員団体による教育研究集会開催のための養護学校施設の使用許可

[18]　実務的研究 179 頁。

申請に対する不許可処分が違法であることを理由とする国家賠償訴訟において、前掲最三判平成 18 年 2 月 7 日と同様の判断枠組みを示した上で、上記不許可処分は裁量権の範囲を逸脱してされた違法なものであるとしたもの（東京高判平成 19 年 1 月 31 日判タ 1263 号 280 頁）、②部落解放同盟の支部が事務所として使用するための人権文化センター内の一部分の使用許可申請に対する不許可処分の取消訴訟において、前掲最三判平成 18 年 2 月 7 日と同様の判断枠組みを示した上で、同和政策の転換や人権文化センターの位置付けの変化等からすれば、裁量権の範囲の逸脱又は濫用は認められないとしたもの（大阪地判平成 20 年 3 月 27 日判タ 1300 号 177 頁）がある。

5　仮の救済制度

　行政財産の目的外使用許可申請に対して使用不許可処分を受けた者は、実効的な権利救済を求めるために、上記不許可処分の取消しの訴え（行訴法 3 条 2 項）及び目的外使用許可処分の義務付けの訴え（いわゆる申請型義務付けの訴え。行訴法 3 条 6 項 2 号、37 条の 3）を提起するとともに、目的外使用許可処分の仮の義務付けの申立て（同法 37 条の 5 第 1 項）をすることができる。

　上記の仮の義務付けの申立てについて公刊された裁判例は見当たらなかったが、「償うことのできない損害」の要件については、上記Ⅲ5(3)で述べたところと同様であり、「本案について理由がないとみえるとき」の要件については、行政財産の目的外使用許可は管理者の裁量判断に委ねられていることからして、公の施設の使用許可に比べれば、上記要件を認めるハードルは高くならざるを得ないであろう。

Ⅴ　おわりに

　本講においては、地方公共団体による公の施設の使用不許可処分等及び行政財産の目的外使用不許可処分をめぐる紛争に関する論点について検討

したが、上記のとおり、公の施設の使用不許可処分等と行政財産の目的外使用不許可処分では、その判断枠組みが異なるので、実務においては上記の相違を踏まえた主張立証を行っていくことが必要になろう。

第 25 講

上水道・下水道に関する紛争

渡邉　哲

I　はじめに

1　上水道と下水道

(1)　上水道の意義

上水道[1]とは、導管及びその他の工作物により、水を人の飲用に適する水として供給する施設の総体をいう（水道法3条1項）。

上水道は、国民の日常生活に直結し、その健康を守るために欠くことのできないものであり、その布設及び管理を適正かつ合理的に行うとともに、その整備を計画的に行うことは、公衆衛生の向上と生活環境の改善とに寄与するものであって（同法1条、2条1項）、高い公共性を有することから、上水道事業は、原則として市町村が水道事業者となり、これを経営するものとされている（同法6条2項）。

(2)　下水道の意義

一方、下水道とは、下水（生活若しくは事業に起因し、若しくは付随する廃水又は雨水）を排除するために設けられる排水管、排水渠その他の排水施設、これに接続して下水を処理するために設けられる処理施設等の総体をいう（下水道法2条1号・2号）ところ、そのうち、主として市街地に

---

[1]　水道法上は「水道」であるが、本講では下水道との区別を明確にするため、便宜的に「上水道」との用語を用いる。

おける下水を排除し、又は処理するために地方公共団体が管理する下水道で、終末処理場を有するものなどであり、かつ、汚水を排除すべき排水施設の相当部分が暗渠(きょ)である構造のものを「公共下水道」という（同条3号。以下単に「下水道」という）。

　下水道もまた、その整備を図ることは、都市の健全な発達や公衆衛生の向上に寄与し、水質の保全に資するものであり（同法1条）、高い公共性を有することから、市町村又は都道府県がその管理を行うものとされている（同法3条、25条の2、26条）。

2　上水道と下水道の利用関係の法的性質

　上記1のとおり、上水道事業と下水道事業は、いずれも原則として地方公共団体がこれを行う点においては共通するものであるが、その利用関係の法的性質は、以下のように異なるものと理解されており、このことが、上水道・下水道に関する訴訟形態等の差違に現れることとなる（詳細は後記Ⅱ、Ⅲ）。

(1)　上水道の利用関係

　水道法14条は、水道事業者に対し、料金その他の供給条件につき、普通契約条款に相当する供給規程[2]を定めることを義務付けるとともに、水道法上、水道事業者と需要者との間で給水契約を締結することを前提とする規定（同法15条）も存する。

　これらに照らせば、上水道の利用関係は、その高度の公共性ゆえ、契約自由の原則に対して種々の制約が加えられている（例えば、同法15条による給水義務等）ものの、基本的には、水道事業者は上水道により常時水を供給する義務を負い、需要者はこれに対し料金の支払義務を負うことを内容とする給水契約を基礎とする私法上の契約関係であると解される（大阪

---

[2]　地方公共団体が水道事業者である場合、「水道事業給水条例」や「水道条例」として定められるのが通常である。

地決平成 2 年 8 月 29 日判時 1371 号 122 頁、福岡地判平成 4 年 2 月 13 日判時 1438 号 118 頁、甲府地決平成 4 年 6 月 11 日判例地方自治 101 号 18 頁）。

(2) 下水道の利用関係

これに対し、下水道事業は、上水道事業とは異なり、地方公共団体の独占事業とされている（下水道法 3 条）ほか、下水道の供用が開始された場合においては、その排水区域内の土地の所有者等には、当該土地の下水を下水道に流入させるために必要な排水設備を設置することが義務付けられており（同法 10 条 1 項）、その使用に当たって管理者である地方公共団体の承諾や許可等を必要としない。

これらに照らせば、下水道の利用関係は、下水道管理者である地方公共団体と土地の所有者等との間の契約関係であるとはいえず、公法上の法律関係であると解される（東京地判昭和 43 年 3 月 28 日判タ 222 号 211 頁、東京地判昭和 60 年 6 月 28 日判時 1166 号 55 頁、東京地判平成 4 年 10 月 9 日判時 1452 号 47 頁）。

Ⅱ 上水道に関する紛争

1 給水義務（水道法 15 条 1 項）に関する紛争

(1) 給水義務

水道事業者は、給水区域内の需要者から給水契約の申込みを受けたときは、正当の理由がなければ、これを拒んではならず（水道法 15 条 1 項）、これに違反した者には、刑事罰が科されることとされている（同法 53 条 3 号）。

(2) 「正当の理由」に関する裁判例

ア　最高裁判例の考え方

最一判平成 11 年 1 月 21 日民集 53 巻 1 号 13 頁は、水道法 15 条 1 項にいう「正当の理由」とは、水道事業者の正常な企業努力にもかかわらず

給水契約の締結を拒まざるを得ない理由を指すものと解されるが、具体的にいかなる事由がこれに当たるかについては、同項の趣旨、目的のほか、法全体の趣旨、目的や関連する規定に照らして合理的に解釈するのが相当であると判示した上で、同判決は、水道事業者である町が水道水の需要の増加を抑制するためマンション分譲業者との給水契約の締結を拒否した事例につき、次のように判示して、「正当の理由」を肯定した。

　すなわち、市町村は、上水道事業を経営するに当たり、当該地域の自然的社会的諸条件に応じて、可能な限り水道水の需要を賄うことができるように、中長期的視点に立って適正かつ合理的な水の供給に関する計画を立て、これを実施しなければならず、当該供給計画によって対応することができる限り、給水契約の申込みに対して応ずべき義務があり、みだりにこれを拒否することは許されないものというべきであるが、他方、水が限られた資源であることを考慮すれば、市町村が正常な企業努力を尽くしてもなお水の供給に一定の限界があり得ることも否定することはできないのであって、給水義務は絶対的なものということはできず、給水契約の申込みが上記のような適正かつ合理的な供給計画によっては対応することができないものである場合には、「正当の理由」があるものとして、これを拒むことが許されると解すべきであるとした上で、水道事業を経営する町がマンション分譲業者からの420戸分の給水契約の申込みに対し契約の締結を拒んだことは、当該町が、全国有数の人口過密都市であり今後も人口の集積が見込まれ、認可を受けた水源のみでは現在必要とされる給水量を賄うことができず、認可外の水源から取水して給水量を補っているが当該取水は不安定であり、多額の財政的負担をして種々の施策を執ってきているが容易に上記状況が改善されることは見込めず、このまま漫然と新規の給水申込みに応じていると近い将来需要に応じきれなくなり深刻な水不足を生ずることが予測されるという事実関係の下においては、新たな給水申込みのうち、需要量が特に大きく、住宅を供給する事業を営む者が住宅を分譲する目的であらかじめしたものについて給水契約の締結を拒むことにより、急激な水道水の需要の増加を抑制するためのやむを得ない措置であって、上記措置には「正当の理由」があるものというべきであるとした。

ただし、同判決は、当該町における具体的な給水状況を踏まえた上で、420戸という当該具体的給水申込みに対する給水契約の拒否を適法と判断したものであるから、このような分譲業者による大口の給水申込みに対しては、異なる事情の下においても給水拒否が許されるものと直ちにいうことはできないことには留意が必要であろう。

  イ　その他「正当の理由」を肯定した裁判例
  (ア)　建築基準法違反の建築物で特定行政庁からその使用禁止と除去の命令を受けている建築物についての給水契約の申込みを拒否した事例

大阪地決平成2年8月29日判時1371号122頁は、「正当の理由」の解釈は、原則として、水道法の所期する目的と関連する限度においてなされなければならないが、水道事業者に給水契約の申込みに対し承諾義務を課し、給水を強制することが法秩序全体の精神に反する結果となり、公序良俗違反を助長することになるような場合には、必ずしも水道事業固有の事由に基づく場合でなくとも、給水契約の締結を拒み得る「正当の理由」があると判断される場合もあるとした上で、当該事例においては、建築基準法違反行為の態様、程度が誠に著しく、かかる行為を放置することは公共の利益に重大な悪影響を及ぼすというべきところ、これと給水契約を締結することは、かかる違反行為を直接に助長、援助することとなって公序良俗に違反するというべきであり、法秩序全体の精神からしても到底許容されないとして「正当の理由」があるとした[3]。

  (イ)　条例に基づく供給条件としての水道加入金の納入を拒絶することを明示してした給水契約の申込みを拒否した事例

甲府地判平成9年2月25日判タ946号227頁は、条例に基づく供給条件としての水道加入金の合理性を認めた上で、合理的な理由がないのに

---

[3]　なお、傍論ではあるが、大阪高判昭和43年7月31日判時547号50頁も、建築基準法違反の建築が公共の安全を害すべきことはいうまでもないが、これに給水を拒むときは、既に入っている善意の居住者からは生活用水を奪うことになるほか、公衆衛生上も憂慮すべき結果を惹起するに至ることも否定できないところであるから、かような諸点について慎重な措置を十分に講じた上であれば、同法違反の建築物に対する給水拒絶も現行法上許されると解する余地もないわけではないと判示している。

同加入金の納入を拒絶することを明示してした給水契約の申込みについて、当該町がこれを拒否したことは、正当として是認すべきものであるから、「正当の理由」があると判示した。

もっとも、その控訴審東京高判平成9年10月23日判タ1011号208頁は、水道法15条1項は、需要者からの給水契約の申込みが供給規程に定める供給条件に従っていることを当然の前提とするものであると解されるから、需要者から供給規程に定める供給条件に従わず、あるいは上記供給条件とは異なる契約条件を示した給水契約の申込みを受けた場合には、同項の規定によって、これを受諾すべき義務が生ずるものとはいえないとして、同項の適用を否定した上で、仮に、同項の適用があるとしても、当該事実関係の下においては、当該給水申込みの承諾を拒否したことにつき「正当の理由」があることは明らかであると判示した。

ウ 「正当の理由」を否定した裁判例

㋐ 地方公共団体の定める宅地開発指導要綱（いわゆるマンション建設指導要綱）に従わない建設業者との給水契約の締結を拒否した事例

最二決平成元年11月8日集刑253号399頁は、水道事業者としては、たとえ指導要綱に従わない事業主らからの給水契約の申込みであっても、給水契約を締結して給水することが公序良俗違反を助長することとなるような事情もないのであるから、その締結を拒むことは許されないというべきであり、当該給水契約の締結を拒む「正当の理由」はない旨判示した。

また、東京地八王子支判平成4年12月9日判タ813号216頁も、水道事業者が申込者に給水することを義務付けることがかえって公序良俗を害する場合には、水道事業者が給水を拒絶しても、これを違法であるということはできないが、指導要綱は法律及び条例と異なり相手方の任意の履行を期待する行政指導の方針を示す内部準則に過ぎず、これに従わなかったからといって直ちに公序良俗違反となるものではない旨判示しており、東京地八王子支決昭和50年12月8日判時803号18頁も、指導要綱の条件に従わないということは直ちに「正当の理由」に当たるとはいえない旨述べている。

(イ)　土地の所有者が、その不法占拠者に対する給水の中止を請求した事例

大阪地判昭和42年2月28日判時475号28頁、その控訴審前掲大阪高判昭和43年7月31日は、上記事例につき、水道法15条にいう給水を拒否できる正当な理由とは、専ら水道法の有する公共目的にのみ従って解決されるべきものであり、土地の不法占拠者であるということは給水を拒否する正当な理由には当たらないと判示した。

2　料金に関する紛争

(1)　料金に関する規律

上記Ⅰ2(1)のとおり、水道事業者と利用者との間の上水道の利用関係は、私法上の契約関係であると解されるが、上水道事業の有する高度の公共性に照らし、水道事業者において、その料金を自由に決定・変更することができるとするのは妥当ではない。

そこで、水道法は、水道事業者は、料金その他の供給条件について、供給規程を定めなければならないとした上で（同法14条1項）、供給規程について、①料金が、能率的な経営の下における適正な原価に照らし、公正妥当なものであること、②料金が、定率又は定額をもって明確に定められていること、③特定の者に対して不当な差別的取扱いをするものでないことなどの要件に適合するものであることを求めている（同条2項）。

さらに、料金を変更するに当たっては、水道事業者が地方公共団体である場合は、事後に厚生労働大臣へ届け出なければならず（同条5項）、水道事業者が地方公共団体以外の者である場合には、事前に厚生労働大臣の認可を受けなければならない（同条6項・7項）。

(2)　料金の支払に関する訴訟

上水道の利用関係は、上記Ⅰ2(1)のとおり、私法上の契約関係と解されるから、市町村が水道事業者である場合においても、利用者が任意に料金を支払わない場合には、給付訴訟等を提起するなどして債務名義を得た上で、強制執行を行うこととなる。

逆に、利用者が、水道事業者から請求を受けた料金額を争い、又は支払済みの料金の返還を求める場合には、債務不存在確認訴訟や不当利得返還請求訴訟を提起することとなる。

(3)　料金体系に関する訴訟

　ア　上水道の料金には、いくつかの料金区分が設定されていることが多く、代表的な例としては、利用者の給水管の口径の大小で区分する口径別料金体系と、利用者の使用形態（一般用、営業用、浴場営業用等）で区分する用途別料金体系とがある（水道法施行規則12条の3参照）。

　口径別料金体系は、個々のサービスの供給に必要な費用に準拠して（個別原価主義）、水道料金を決定しようとするところから考案されたもので、単位時間内の給水サービスの受益度が概ね流量比に合致していることから、利用者の給水管の口径の大小によって、水道料金を決定しようとする体系である。費用負担の公平や客観性、明確性という点で用途別料金体系よりも優れているといわれている。

　他方で、用途別料金体系は、給水絶対量の不足を奢侈的、娯楽的、副次的利用に高率の料金を課して使用の規制を行い、生活用水（必需用水）を確保するとともに、一般国民の生活用水の料金を低廉にしようとするものであり、この料金体系によると、一般用と浴場営業用の料金に比べ、営業用の料金が高くなり、格差が生じることになるが、大阪地判昭和45年3月20日判時609号29頁は、条例及び同施行規程において一般用及び浴場営業用料金に比べて営業用料金が高く設定することも、公共の福祉に基づく合理的な差別であり、憲法14条に違反しないと判示している。

　イ　近年の料金体系に関する訴訟としては、町営の水道事業において、町の住民基本台帳に登録していない利用者（別荘所有者）に対する基本料金を他の利用者の基本料金に比して大幅に増額改定した条例の規定の効力が争われた事例がある。

　最二判平成18年7月14日民集60巻6号2369頁は、上記事例につき、当該地方公共団体の住民ではないが、その区域内に事務所、事業所、家屋敷、寮等を有し、その地方公共団体に対し地方税を納付する義務を負う者

など住民に準ずる地位にある者が公の施設を利用することについて、当該公の施設の性質やこれらの者と当該地方公共団体との結び付きの程度等に照らし合理的な理由なく差別的取扱いをすることは、住民が公の施設を利用することについて、不当な差別的取扱いをしてはならない旨規定する地方自治法244条3項に違反するものというべきであるとした上で、利用者の上水道使用量に大きな格差があるにもかかわらず、ホテル等の大規模施設に係る利用者を含む別荘所有者以外の利用者の1件当たりの年間料金の平均額と別荘所有者の1件当たりの年間料金の負担額がほぼ同一水準になるようにするとの考え方に基づいて別荘所有者の基本料金を定めたという上記改正条例による上水道料金の改定は、地方自治法244条3項にいう不当な差別的取扱いに当たり、同部分の規定は無効である旨判示した。

　なお、原審（東京高判平成14年10月22日判時1806号3頁）は、地方公共団体における上水道事業において、利用者は、供給規程を定める条例の施行によってその後にされる個別的行政処分を経ることなく、その条例の内容に従った給水契約上の義務を課されることになるから、供給規程に係る条例の制定行為は、抗告訴訟の対象となる行政処分に当たるとしたが、前掲最二判平成18年7月14日は、当該改正条例の制定行為をもって行政庁が法の執行として行う処分と実質的に同視することはできないとして、これを否定した。

3　指定給水装置工事事業者の指定に関する紛争

(1)　指定給水装置工事事業者の指定

　水道事業者は、上水道利用者の給水装置[4]の構造及び材質が政令で定める基準に適合することを確保するため、当該水道事業者の給水区域において給水装置工事を適正に施行することができると認められる者を「指定

---

4) 給水装置とは、需要者に水を供給するために水道事業者の施設した配水管から分岐して設けられた給水管及びこれに直結する給水用具をいう（水道法3条9項）。

給水装置工事事業者」として指定をすることができる（水道法16条の2第1項）。

指定給水装置工事事業者の指定は、給水装置工事の事業を行う者の申請により行い（同法25条の2）、水道事業者は、その申請をした者が所定の要件に適合していると認めるときは、指定給水装置工事事業者の指定をしなければならない（同法25条の3第1項）。他方、水道事業者は、指定給水装置工事事業者が所定の要件に該当するときは、その指定を取り消すことができる（同法25条の11）。

(2) 裁判例

この点に関連する裁判例としては、いずれも上記各規定の制定以前のものではあるが、市水道事業管理者が市水道条例及びこれに基づく規程によってする市水道給水工事代行店の指定は行政処分に当たるとした上で、同指定義務の確認訴訟を不適法として却下したものがある（横浜地判昭和54年4月23日判時941号27頁、その控訴審東京高判昭和56年10月27日判時1027号31頁）。

そのほか、市水道事業給水条例及びこれに基づく規程による給水工事公認業者の公認申請に対して市水道事業管理者のした却下決定につき、裁量権の範囲を超えたものとして違法であるとしたものもある（大阪地判昭和54年12月20日判タ407号122頁、その控訴審大阪高判昭和56年4月21日判タ441号133頁）。

これらの裁判例が判示するところは、現在の水道法の規定の下でも同様に妥当するものと思われる。

III　下水道に関する紛争

1　使用義務に関する紛争

(1)　下水道を使用する義務

上記I2(2)で述べたとおり、下水道法10条1項は、公共下水の供用

が開始された場合においては、その排水区域内の土地の所有者、使用者又は占有者に対し、遅滞なく、当該土地の下水を公共下水道に流入させるために必要な排水設備を設置することを義務付けており、下水道管理者は、上記の置義務に違反する者に対し、必要な措置を命令することができ（同法38条1項）、これに違反する場合には、罰則の適用もある（同法46条）。

また、排水設備の設置義務は代替的作為義務と考えられるため、行政代執行の措置を講ずることも可能と解される。

(2) 下水道を使用させる義務

それでは、逆に、下水道管理者は、その排水区域内の土地の所有者等に対し、下水道を使用させる義務を負うか。

この点、前掲東京地八王子支判平成4年12月9日は、相手方に下水道を使用させることが下水道法の趣旨目的にそぐわない結果をもたらし、あるいは、これが公序良俗違反を助長する特段の事情のある場合には、その使用を拒否することができるが、その使用を開始前から拒否することについて上記特段の事情がある場合とは、その者に下水道を使用させないことによる公衆衛生上の害悪を考慮してもなお、下水道使用を事前に阻止するのもやむを得ないというような極めて例外的な事態のみしか想定できない旨判示した。

また、長野地判平成20年7月4日判タ1281号177頁も、下水道事業の目的、下水道法10条1項が公共下水道の排水区域内の土地の所有者等に対し、排水設備を設置して当該下水道を使用することを強制していることに加え、下水道が国民生活に直結するものであること、下水道事業については自由競争に任せず、地方公共団体たる市町村にその管理を許していることからすれば、下水道の排水区域内の土地の所有者等は、当該下水道を使用する権利を有し、これについて管理者たる地方公共団体の承諾や許可等を何ら必要とするものではなく、他方、事業主である地方公共団体は、これらの者に下水道を使用させる義務があるのはもとより、下水道の使用を励行すべき立場にあるというべきである旨判示した。

これらの裁判例に照らせば、下水道の管理者が、下水道の排水区域内の

土地の所有者等に対し、その使用を拒むことは原則として許されず、許される場合があるとしても、極めて例外的な場合に限られるといえよう。

2 使用料に関する訴訟

(1) 使用料に関する規律

　下水道の使用者は、その使用により現実に多大の便益を享受しているから、その管理に要する経費については全額を公費負担とするより、むしろその一部を使用者に負担させることが実質的に費用負担の公平の原則に合致するが、上記1(1)のとおり、下水道については、下水道法10条1項によりその使用を強制しているため、使用料徴収の範囲及び方法等については地域の実情に即するよう特に十分な配慮をすることが必要である。

　そこで、下水道法では、下水道管理者は、条例で定めるところにより、下水道を使用する者から使用料を徴収することができるとした上で（同法20条1項）、使用料は、①下水の量及び水質その他使用者の使用の態様に応じて妥当なものであること、②能率的な管理の下における適正な原価を超えないものであること、③定率又は定額をもって明確に定められていること、④特定の使用者に対し不当な差別的取扱いをするものではないことを求めている（同条2項）。

(2) 使用料の徴収に関する紛争

　ア　下水道の使用関係は、上記Ⅰ2(2)のとおり、公法上の法律関係であるから、その使用料の請求は納入通知としてなされ（地方自治法施行令154条）、その納期限までに納付しない者には期限を指定して督促がなされ（地方自治法231条の3第1項）、さらに、その指定された期限までに納付しないときは、地方税の滞納処分の例により処分がなされることとなる（同条3項、同法附則6条3号）。

　そのため、使用料の徴収に関して争う者は、通常、上記納入通知ないし滞納処分の取消訴訟を提起したり（東京地判平成23年12月9日公刊物未登載、さいたま地判平成25年9月25日判例秘書06850693[5]）、支払済みの使

用料については不当利得返還請求訴訟を提起することになろう（東京地判平成4年10月9日判時1452号47頁）。

また、上記の各処分については、審査請求前置が取られている（納入通知につき、地方自治法229条6項、督促及び滞納処分につき、同法231条の3第9項）から、審査請求を経ずに提起された取消訴訟は不適法として却下されることとなる（前掲東京地判平成23年12月9日、その控訴審東京高判平成24年7月24日公刊物未登載）。

イ　それでは、逆に、地方公共団体において、地方自治法231条の3に基づく手続によらず、例えば、納入通知処分の取消訴訟において、反訴として滞納使用料を請求することは許されるか。

この点、京都地判昭和32年3月7日行集8巻3号432頁は、営造物の使用料につき、地方自治法が強制徴収の方法を定めている以上、地方公共団体の長は営造物の使用料につき滞納者があるときは、必ず右の方法によって徴収すべきであって、裁判所に訴えを提起して請求することを得ないものといわなければならないと判示している。

もっとも、同判決は、昭和38年の改正前の地方自治法の下のものであり、現行の地方自治法225条、231条の3等の規定を前提とするものではなく、上記改正後の東京地判昭和47年10月11日判タ291号312頁は、通常の給付訴訟による下水道使用料の請求を適法な訴えとした上で請求を認容したようであり、なお検討の余地があろう。

(3)　使用料の算定に関する紛争

ア　下水道の使用料は、通常、汚水の排出量に応じて決定されるよう規定される（下水道法20条2項参照）が、その汚水の排出量の算定に当たり、上水道又は工業用水を使用した場合には、その使用水量をもって汚水の排出量とし、上記以外の水（例えば、井戸水）を使用した場合には、一定の基準や使用者の申告等に基づき、その汚水の排出量を認定するものと規定

---

5)　ただし、東京地判昭和60年6月28日判時1166号55頁は、下水道使用料の納入通知は、使用料納入義務の履行の催告であり、納入義務を実体的に確定する効果を持った処分ではないとする。

されていることが多い。

イ　この点、上水道の使用量をもって汚水の排出量とみなすことの適否につき、前掲東京地判昭和47年10月11日は、下水道料金は原則として汚水の排出量に比例して算定されるべきものであるが、一般に使用される水は、蒸発する分等若干の誤差は当然予想されるが、そのほとんど全てが様々な経緯を辿るにしても、そのまま下水として排除されるのが通例と考えられる上、上水道の使用量と汚水の排出量との誤差を明らかにするには、人的、物的諸設備のために多大の費用の増加を招くことが認められるから、上水道の使用量をもって汚水の排出量とみなす旨の規定に違法はないと判示した。

また、東京地判平成4年10月9日判時1452号47頁も、ほぼ同様の理由により、上水道の使用量が下水道の使用料額算定の基礎となる汚水の排出量とみなされ、所定の申告によらなければこれを覆すことができないとする条例の規定が下水道法に適合すると判示した。

ウ　一方、名古屋高判平成25年1月16日判例秘書06820011は、井戸水使用量を計測できない場合の放流量の認定基準を定めた規程につき、同基準により算定した放流量は、井戸水世帯の井戸水使用量（計測器により計測された実使用量）との比較で、これを15％以上も上回っており、許容される合理的な格差の範囲を逸脱し、下水道法20条2項1号・4号に違反する旨判示した。

Ⅳ　おわりに

上水道・下水道に関する紛争は、東京地裁でもさほど多くなく、裁判例の蓄積も多いとはいえないが、各裁判例において、上水道・下水道事業の趣旨・目的や公共性、その利用関係の法的性質に遡って検討・判断する態度は共通しており、これらの事案を処理するに当たり、参考になると思われる。

参考文献

- 水道法制研究会編『新訂 水道法逐条解説』（日本水道協会、2003）。
- 下水道法令研究会編著『逐条解説 下水道法〔第3次改訂版〕』（ぎょうせい、2012）。
- 概観（4）。
- 概観（10）。
- 大橋寛明・ジュリ1165号106頁。
- 中川丈久・平成11年度重判34頁。

第26講
公共用物(道路、公園、公有水面など)をめぐる紛争

　　　　　　　　　　　　　　　　　財賀　理行

I　はじめに

1　公共用物とは

　一般に、国、地方公共団体その他これに準ずる行政主体により直接に公の用に供される有体物のことを「公物」という。このうち、行政目的を遂行するための手段として行政主体自身が利用する公物(官公署の庁舎やその敷地など)を「公用物」と呼ぶのに対し、直接に一般公衆の共同使用に供されるものを「公共用物」と呼んでいる。例えば、道路、河川、海岸、港湾、公園などがこれに当たる。

2　公共用物の使用関係とこれをめぐる紛争の類型

　公共用物の使用関係として、以下のような分類がされることがある。
① 　一般使用(自由使用)
　一般公衆が、当該公共用物の本来の目的に従って、他人の共同使用を妨げない限度において自由に(許可を要することなく)これを使用する場合
② 　許可使用
　当該公共用物の本来の目的に従った使用であるが、他人の共同使用を妨げ、又は社会公共の秩序を害するおそれがある場合に、その自由な使用を制限し、特定の場合に制限を解除する場合

③ 特許使用

　当該公共用物の本来の目的を超え、特定の者に特別の（排他的な）使用を認める場合

　このうち、①一般使用（自由使用）をめぐっては、公物を一般公衆の共同使用に供し、又はこれを廃止する場面などにおいて、紛争が生じ得る。また、②許可使用や③特許使用をめぐっては、公共用物を使用するための許可を得ようとする者がこれを拒まれた場面、あるいは、特定の者による公共用物の使用が許可されることでその他の者が何らかの不利益を受ける場面などにおいて、しばしば紛争が生じる。このほか、許可を得ることなく公共用物の本来の目的に沿わない使用がされているのに対し、その管理権者などが監督権限を行使するような場面でも、紛争が生じることがあるであろう。

　本講では、このような公共用物の使用などをめぐる紛争のうち、特に道路や公園、公有水面などに関して実務上しばしば見られる類型のものについて概観する。

Ⅱ　道路などの供用開始や供用廃止をめぐる争い

1　概要

　河川や海岸などは、自然に形成されて利用されている公物であり、「自然公物」に分類される。これに対し、人の手によって加工されて公の用に供されることとなる道路や都市公園などは、「人工公物」に分類され、このような人工公物である公共用物は、公衆の利用が可能となる時点を明確にするため、供用開始という行為が行われる。この場合に、当該公共用物の敷地の所有者であると主張する者や、その供用開始によって環境悪化などの影響を受けると主張する周辺住民などが、その適法性を争う例が見られる。

　また、公の用に供されている公共用物について、供用する必要性が失われたり、当該敷地を他の目的のために使用する必要が生じたりした場合に

は、供用廃止という行為が行われるが、従前この公共用物を利用し利益を享受していた者が、これを争う例も見られる。

2 審理における問題点

(1) 処分性

ア　公共の用に供されるに至るまでの手続について、道路法に基づく道路を例にとると、まず①路線の指定（一般国道の場合。同法5条）又は認定（都道府県道及び市町村道の場合。同法7条、8条）がされ、次いで②道路の区域の決定及びその公示（同法18条1項）がされた後、③供用開始の公示（同条2項）がされて、道路が公共の用に供されることとなる。

路線の指定又は認定は、路線を特定する行為であり、これにより当該路線に属する道路が道路法上の道路となるとともに、その道路の道路管理者が決定する。もっとも、路線の指定又は認定に当たっては、路線名、起点、終点、重要な経過地等を明らかにすれば足り（同法5条2項、9条）、これにより道路の具体的な区域や構造等が示されるものではないから、これを抗告訴訟の対象となる行政処分に当たると見るのは難しいであろう（処分性を否定した裁判例として、東京地判昭和54年9月13日判時963号20頁、鳥取地判昭和55年3月13日行集31巻3号426頁などがある）。

次いで、道路の区域の決定がされると、これにより道路を構成する敷地の幅及び長さによって示される平面的区域が定まり、この区域内の土地には道路法が全面的に適用されることとなる。そして、その効果として、道路管理者による当該土地に関する権原の取得前でも、土地の形質の変更や工作物の新築などにつき、道路管理者の許可を受けなければならないといった制限が課せられる（同法91条）。このような点から、道路の区域の決定については、抗告訴訟の対象となる行政処分に当たるとした裁判例が多いようである（東京高判昭和42年7月26日行集18巻7号1064頁など）。

さらに、道路を公の目的に供する旨の行政主体の意思的行為として、供用開始の公示がされることになる。これについては、単なる事実上の行為に過ぎないとする見解もあるが、一般的には抗告訴訟の対象となる行政処

分に当たると解されており[1]、裁判例でも、これを抗告訴訟の対象となる行政処分に当たることを前提としていると思われるものが多い（前掲鳥取地判昭和55年3月13日、東京地判平成24年3月21日判例秘書06730211など）。

イ　一方、路線の廃止（道路法10条）は、その路線の対象となっている道路を道路法上の道路ではないものとする行為で、これにより、当該路線について定められていた道路の区域や、当該道路についての供用行為も自動的に消滅する。

これについても、抗告訴訟の対象となる行政処分に当たるとするのが通説的見解であり、裁判例の大勢である（福岡高那覇支判平成2年5月29日判時1376号55頁など）。

(2) **原告適格**

ア　供用開始処分の取消しなどを求める訴えにつき、当該土地に所有権を有すると主張する者の原告適格は、これを比較的認めやすいであろう（道路の供用開始処分の無効確認訴訟につき前掲鳥取地判昭和55年3月13日、都市公園法2条の2に基づく都市公園の供用開始処分の取消訴訟につき神戸地判昭和62年10月26日判タ680号134頁など）。

これに対し、道路などの供用開始によりその生命や身体の安全及び生活利益を害されるおそれがあると主張する周辺住民の原告適格については、道路法などの根拠法規がこれらを個々人の個別的利益としても保護すべきものとする趣旨を含んでいるといえるかが問題となり、前掲東京地判平成24年3月21日はこれを否定した。

イ　道路についての路線廃止処分の取消しなどを求める訴えの原告適格に関しては、公道の使用関係の法的性質につき、一般公衆は、道路が公共用物として公の用に供された結果、その反射的利益として道路を使用する自由を与えられるにすぎないとの理解を前提とすると、単に一般公衆として当該道路を利用するにすぎない者について、その原告適格を認めること

---

1) 塩野Ⅲ370頁、宇賀・概説Ⅲ479頁、503頁。

は難しい。もっとも、特定の者が居住又は事業などのため使用している土地が1つの道路にしか接しておらず、当該道路がその者の生活又は事業などのため必須のものとなっており、当該道路が廃止されると生活上又は業務上著しい支障が生ずるというような特別の事情がある場合には、原告適格を認める余地があるということができ（最三判昭和62年11月24日集民152号247頁など参照）、例えば、福岡高宮崎支判平成18年1月27日判例秘書06121080は、市道に面した場所でホテルを経営する法人が提起した当該市道の路線廃止処分の無効確認を求める訴えにつき、市町村道を少なくとも日常的に利用する者は、その路線廃止処分の無効確認を求めるにつき法律上の利益を有するとした上、このホテルを訪れる顧客は当該市道を通行してホテルに至るのが一般的であったから、この法人は事業者として当該市道を日常的に利用していた者であるということができるとして、上記訴えの原告適格を肯定した。

(3) 処分の適法性（本案）

ア 道路の供用を開始するためには、道路の敷地などについて、道路管理者が所有権、使用権などの権原を取得していること、及び、道路としての物的施設が一般交通の用に供して差し支えない程度に備わっていることが必要であるとされる。最一判昭和44年12月4日民集23巻12号2407頁は、道路法に定める道路を開設するためには、道路敷地につき所有権その他の権原を取得した上で供用開始の手続に及ぶことが必要であり、他人の土地につき何らの権原を取得せずに供用の開始をすることは許されないと判示しており、これと同様の見解に立って道路の供用開始処分の効力を否定した裁判例として、那覇地判昭和54年1月31日行集30巻1号136頁、前掲鳥取地判昭和55年3月13日などがある。権原を取得することなくされた都市公園の供用開始処分に関しても、前掲神戸地判昭和62年10月26日は、これを違法なものであるとした。

イ 路線の廃止について、道路法10条1項は、都道府県知事又は市町村長が「一般交通の用に供する必要がなくなつたと認める場合」をその要件として定めている。この規定の趣旨について、鹿児島地判平成21年9

月15日判例秘書06450962(市道の路線廃止処分に関するもの)は、市町村長をして市町村道の具体的な利用状況を十分勘案させた上、当該市町村道を一般交通の用に供する必要がないか否かの判断を適正に行わせ、もって当該市町村道について路線廃止処分をするか否かについての市町村長の合理的な裁量権の行使を要求しているものであるとし、路線の廃止は当該路線に係る道路の機能が失われた場合に限り許されるとする原告の主張を排斥している。

Ⅲ 道路などの使用許可をめぐる争い

1 概要

　前述のとおり、許可使用とは、当該公共用物の本来の目的に従った使用であるが、他人の共同使用を妨げ、又は社会公共の秩序を害するおそれがある場合に、その自由な使用を制限し、特定の場合に制限を解除するという使用形態であり、例えば、道路における集団示威行進のように一般交通に著しい影響を及ぼす行為については、道路交通法77条1項4号やいわゆる公安条例により、所轄警察署長などの許可を要することとされているのがその典型である。また、都市公園についても、その設置及び管理に関し必要な事項は条例又は政令で定めるとする都市公園法18条を受けて、条例により、都市公園における物品販売や集会、興業などの行為につき長の許可を受けなければならないこととしていることがある。このほか、公営のホールなど地方自治法244条にいう「公の施設」に関しても、その管理について定めた条例において、使用許可を受けるべきものとされている例が多い。

　この許可の申請に対して不許可処分がされた場合や、許可処分に条件が付された場合などに、これを争う事例がしばしば見られる。

2　審理における問題点

(1)　仮の救済

ア　例えば、集団示威行進の許可申請に対して不許可処分がされた場合に、集団示威行進が予定されている日を経過してしまえば、不許可処分の取消しを求める訴えの利益は否定されることとなる。したがって、集団示威行進を予定している日が迫っているようなときに、その目的を達するためには、不許可処分の取消し及び許可処分の義務付けを求める訴えを提起するとともに、許可処分の仮の義務付けの申立て（行訴法37条の5第1項）をすることが必要となる。

仮の義務付けがされる要件として、当該処分がされないことにより生ずる償うことのできない損害を避けるため緊急の必要があり、かつ、本案について理由があるとみえることが求められるため、仮の義務付けの申立てに当たっては、迅速性とともに、上記のような比較的厳しい要件を充足することの主張及び疎明ができるよう、十分な準備をしておかなければならない。また、特に時期が切迫しているような場合には、裁判所が迅速な対応をとれるよう、申立人においては、申立書を提出するのに先立ち、そのような申立てを予定している旨を裁判所に予告しておくことが望ましいであろう。

イ　仮の義務付けの決定に際しては当事者の意見をきかなければならないこととされているため（行訴法37条の5第4項、25条6項ただし書）、仮の義務付けの申立てを受理した裁判所は、速やかに相手方（地方公共団体など）の意見聴取のための手続をとらなければならない。訴状や申立書などを郵便で相手方に送達していたのでは間に合わないような場合には、相手方に連絡して来庁してもらい、窓口で交付して送達するとともに、少しでも相手方の検討時間を確保するため、これに先立ち申立書などをファクシミリで送信するといった方策もとられることがある。

相手方の意見の提出期限を極めて短時間に設定せざるを得ないこともあるため、不許可処分をした行政庁の属する地方公共団体などにおいても、申立てがされることが予想される場合には、そのような態勢を整えておく

ことが必要である。

　ウ　さらに、申立てを受理した裁判所としては、可能であれば、抗告審をも視野に入れたタイムスケジュールを組むことが望ましい。この場合、高等裁判所に事前に連絡するなどして、抗告審の判断が迅速に得られるよう配慮することも必要であろう。

(2) 許可における条件（附款）部分のみの取消し

　ア　道路交通法77条3項は、同条1項の許可をする場合において、必要があると認めるときは、所轄警察署長は、当該許可に道路における危険を防止し、その他交通の安全と円滑を図るために必要な条件を付すことができる旨規定しており、例えば、集団示威行進の許可処分がされるに当たり「西側歩道を行進すること」といった条件（附款）が付されることがある。

　このような場合に、許可処分全体ではなく附款部分のみを抗告訴訟の対象とすることができるかについて、多くの裁判例は、その附款が当該行政行為の重要な要素でなく、これに無効又は取消しの原因となる瑕疵があるときは、その附款のみを抗告訴訟の対象とすることができるものとして扱っている（大阪地決昭和43年6月14日行集19巻6号1066頁など）。

　イ　一方、特定の日時に特定の進路で集団示威行進をすることを目的とする許可申請に対し、日時や進路を大きく変更した上で許可処分がされたような場合には、申請の本質的な部分を否定したものとして、処分全体を抗告訴訟の対象とすべきこともあるであろう。

(3) 処分の適法性（本案）

　ア　最三判昭和57年11月16日刑集36巻11号908頁は、道路における集団行進に対し道路法77条1項4号の規定による許可を拒むことができるのは、当該集団行進の予想される規模、態様、コース、時刻などに照らし、これが行われることにより一般交通の用に供されるべき道路の機能を著しく害するものと認められ、しかも、同条3項の規定に基づき警察署長が条件を付与することによっても、かかる事態の発生を阻止するこ

とができないと予測される場合に限られるとしている。

　また、市の条例に基づく市福祉会館の使用不許可処分の適否に関して、最二判平成8年3月15日民集50巻3号549頁は、公の施設として集会の用に供する施設が設けられている場合、住民等は、その施設の設置目的に反しない限りその利用を原則的に認められることになるので、管理者が正当な理由もないのにその利用を拒否するときは、憲法の保障する集会の自由の不当な制限につながるおそれがあるから、その管理者は、当該公の施設の種類に応じ、また、その規模、構造、設備等を勘案し、公の施設としての使命を十分達成せしめるよう適正にその管理権を行使すべきであるとした上、同条例において使用を許可しない事由として規定された「会館の管理上支障があると認められるとき」とは、そのような事態が許可権者の主観により予測されるだけでなく、客観的な事実に照らして具体的に明らかに予測される場合に初めて、使用を許可しないことができることを定めたものと解すべきであるとしている。

　不許可処分の適法性に関しては、このような観点も参考にしながら主張、立証を行うことになるであろう。

　イ　市の設置した公の施設であるホールにおいて公演を実施するための使用許可申請につき、右翼団体の抗議活動による混乱などが生じるおそれを理由に不許可処分がされたのに対し、同処分の取消し及び許可処分の義務付けの訴えの提起と共に許可処分の仮の義務付けが申し立てられた事案において、岡山地決平成19年10月15日判時1994号26頁は、公演を実施できなくなることによる精神的苦痛や基本的自由の侵害に対する損害は金銭賠償によってたやすく回復できるとは考えられないなどとして、償うことのできない損害を避けるため緊急の必要があるとした上、前掲最二判平成8年3月15日の判示を踏まえて、公演が実施された場合に、警察の適切な警備によってもなお混乱を防止することができない事態が生ずることが客観的な事実に照らして具体的に明らかに予測されるものとは認め難く、本案について理由があるとみえるとして、申立てを認容した。

　ウ　近時の裁判例として、東京地決平成24年11月2日判例秘書06730834は、集団示威運動としてのデモ行進の集合場所及び出発地点

とするための都市公園の一時的使用につき不許可処分がされたのに対し、同処分の取消し及び許可処分の義務付けの訴えの提起と共に許可処分の仮の義務付けが申し立てられた事案において、一時的使用は、使用関係の調整、公園の管理に支障を及ぼすことの防止又は公共の秩序維持に支障が生ずることの防止の観点から許否が判断されるものというべきであり、その判断については、集会の用に供される当該公園の管理者において、当該公園の公園としての性格に応じ、また、その規模、構造、設備等を勘案し、公園としての使命を十分達成せしめるよう適正にその管理権を行使すべきところ、これらの点からみて使用を不相当とする事由が認められるか否か、これが認められない場合には、使用の希望が競合するなど使用関係の調整の必要があるか否かを具体的に検討すべきであるとした上、当該事案においては、客観的事実に照らして公園管理上の支障が具体的かつ明らかに予測されるとして、上記不許可処分は適法であるとした。

なお、この事案において、デモ行進は2012年11月11日に予定されていたが、申立人は、集団示威運動許可申請等の準備の都合上、実施予定日の1週間程度前までには公園の一時的使用の許可を受けなければならない旨主張していたようである。同年10月30日に仮の義務付けの申立てがされたのに対し、東京地裁の決定は同年11月2日（金）、抗告審の決定（抗告棄却）は同月5日（月）にされており（東京高決平成24年11月5日判例秘書06720827）、このような迅速な判断ができるようにするためには、前記(1)で述べたような工夫が不可欠であるといえる。

Ⅳ　公有水面の埋立免許をめぐる争い

1　概要

特許使用（当該公共用物の本来の目的を超え、特定の者に特別の（排他的な）使用が認められる場合）の例として、一般に、道路の占用許可（道路法32条）、河川の流水の占用許可（河川法23条）や河川区域内の土地の占用許可（同法24条）、都市公園の占用許可（都市公園法6条）などが挙げら

れる。一方、公有水面埋立法2条に基づく公有水面の埋立免許は、公有水面（河、海、湖、沼その他の公共の用に供する水流又は水面にして国の所有に属するもの（同法1条））を埋め立てて新たな土地を造成する権利を与えた上、工事の竣功認可の告示がされると、埋立免許を受けた者にその埋立地の所有権を取得させるというものであり（同法24条）、上記の各占用許可とはやや趣を異にするが、これを特許使用の一類型と見ることも可能であろう。

公有水面の埋立免許をめぐっては、埋立てがされることにより不利益を受けると主張する第三者がその取消しなどを求めて訴えを提起する事案がしばしば見られる。

2 審理における問題点

(1) 原告適格

ア　公有水面の埋立免許は、一定の公有水面の埋立てを排他的に行って土地を造成する権利を付与する処分であり、当該公有水面に関し権利利益を有する者（公有水面の占用許可を受けた者、漁業権者や入漁権者など、公有水面埋立法5条各号に列挙された者）は、埋立免許によりその権利利益を直接奪われる関係にあるから、埋立免許の取消しを求める訴えにつき原告適格を有する（最三判昭和60年12月17日集民146号323頁）。

イ　一方、埋立免許に基づいて埋立工事がされる水面の周辺における漁業権などを有する者や、その周辺に居住する者の原告適格については、これを否定した裁判例が多い（前掲最三判昭和60年12月17日、神戸地判昭和54年11月20日行集30巻11号1894頁など）。もっとも、埋立免許の差止めを求める訴えに関して、広島地判平成21年10月1日判時2060号3頁は、慣習排水権者（公有水面埋立法5条4号）のほか、埋立予定地である公有水面がある湾が面する行政区画に居住し、その景観による恵沢を日常的に享受していると推認される者につき、瀬戸内海環境保全特別措置法の規定なども考慮した上でその原告適格を肯定しており、注目される。

(2) 埋立工事の差止めを求める民事訴訟などの適法性

ア 埋立免許を受けた者が埋立工事を行うことに対し、その差止めを求める民事上の訴えが提起されたり、工事禁止の仮処分の申立てがされたりすることがあるが、その適法性につき、特に、行政庁の処分その他公権力の行使に当たる行為については民事保全法に規定する仮処分をすることができないとする行訴法44条との関係で問題となる。

イ これについて、津地判昭和44年9月18日判時601号81頁は、埋立免許を受けた者による埋立工事を全面的に禁止することは、実質上免許処分の効力を停止する作用を営むことになるから、そのような内容の仮処分は、行訴法44条の制定趣旨にかんがみ許容されない旨判示している。

しかし、札幌地決昭和50年3月19日判タ325号263頁は、埋立免許に基づく埋立工事自体は、埋立免許を受けた者が埋立権の行使として実施する事実行為にほかならず、行政機関による公権力の作用としてされるものではない、埋立権は、その行使につき公益上の観点から制約を受けるものの、結局財産的な価値を有する私権にすぎず、埋立の実施はこのような私権の行使であって権力的な作用には該当しないなどとして、仮処分によって公有水面の埋立工事を差し止めることは同条に何ら抵触しないとしており、このほか、国が都道府県知事の承認（公有水面埋立法42条1項）を受けて行う埋立工事の差止めの仮処分を求める申立てを適法とした福岡高決平成17年5月16日判時1911号106頁など、これを適法とする裁判例が大勢のようである。

ウ 埋立工事の施工方法が不適切であるために、周辺の水域に悪影響が生じるなどして現実に権利を害される者がいる場合に、埋立免許の取消しを求める訴えについての原告適格がなければその救済手段がないこととなるのは相当でないから、工事禁止の仮処分をおよそ不適法とすることには疑問がある。

もっとも、埋立免許の効力を争う行訴法上の手段があるにもかかわらず、仮処分により埋立免許の効力そのものを争うような場合には、少なくともそのような主張は許されないものとして扱うのが相当であると思われる。

Ⅴ 監督処分をめぐる争い

1 概要

　道路法71条は、道路管理者は、道路法上の許可を受けている者又は道路法上の違法状態がある者に対して、許可の取消しなどのほか、工作物の除却や原状回復などの必要な措置をとることを命ずる監督処分をすることができる旨規定しており、河川法75条、都市公園法27条などにも同様の規定が置かれている。

　このような監督処分をめぐっては、その名宛人となった者がこれを争う事案のほか、平成16年の行訴法改正により処分の義務付けの訴えが法定されたことを受けて、第三者が原告となり、行政庁が違反者などに対する監督処分をすることの義務付けを求める事案も見られるようになっている。

2 審理における問題点

(1) 行政代執行法に基づく代執行と仮の救済

　例えば、都市公園内にテントを設置するなどしてこれらを起居の場所とし、日常生活を営んでいる者に対し、都市公園法27条1項に基づき上記テントの除却命令がされたにもかかわらず義務者がこれを履行しない場合、このような代替的な作為義務について、他の手段によってその履行を確保することが困難であり、かつその不履行を放置することが著しく公益に反すると認められるときは、行政代執行法による代執行の対象となる[2]。

　このように、監督処分とこれに続く代執行がされるおそれがあるときには、代執行がされてしまう前に救済を得る必要があり、その方法として、

---

[2] 広岡隆『行政代執行法〔新版〕』80頁以下（有斐閣、1981）。

監督処分の仮の差止めの申立て、監督処分がされた後であればその効力停止の申立てや続行処分としての代執行（戒告、代執行令書の通知）の執行停止の申立てなどが考えられる（裁判例として、大阪地決平成18年1月25日判タ1221号229頁など）。

　この場合も、Ⅲ2(1)で述べたとおり、迅速な判断ができるようにするための工夫が必要となる。

(2) 監督処分の義務付けの訴え

　ア　例えば、河川区域内の土地を所有しキャンプ場を経営している者が、他の業者の行った違法な河川工事により河川の流路が変更されたため、キャンプ場が溢水の危険にさらされているとして、河川管理者が上記違反業者に対し河川法75条の監督処分を発することを求めたいというような場合には、「行政庁が一定の処分をすべきであるにかかわらずこれがされないとき」（行訴法3条6項1号）に当たるとして、いわゆる非申請型義務付けの訴えを提起することが考えられる。

　イ　非申請型義務付けの訴えの審理に際しては、まず、どのような処分の義務付けを求めるのかという処分の特定の問題が生じ得る。

　上記の事例では、単に「河川法75条に基づく監督処分」の義務付けを求めるというだけでは、審理の対象が不明確になるほか、認容判決がされた場合に、河川管理者がどのような処分をすることを義務付けられるのかが特定できないといった不都合が生じるおそれもある。一方で、あまりに処分の内容を特定しすぎると、違反状態を是正し危険を除去するためにどのような監督処分をするのが適切であるかという河川管理者の裁量的な判断を封じることにもつながりかねない。なお、これに関連して、改正行政事件訴訟法施行状況検証研究会では、河川法75条に基づく原状回復命令などの義務付けの訴えにおいて、命令をどのような形で発することを求めるのかにつき、測量をしてその範囲を図面上特定するよう裁判所から求められたとの事例が紹介されている[3]が、ここまでの特定が必要であるのかどうかは、異論もあり得るところであろう。

　ウ　また、非申請型義務付けの訴えの要件として、処分がされないこと

により「重大な損害」を生ずるおそれがあることが必要とされる（行訴法37条の2第1項）。

　これについては、違反状態が放置されることによる現実的な危険を具体的に主張、立証しなければならないのか、それとも、訴えの適法性という入口段階での審査にすぎないものとして、一般的、抽象的な危険の存在を主張、立証すれば足りるのかという問題もある。

　エ　このような事例における処分の特定の程度や「重大な損害」の主張立証の在り方などについては、裁判例もいまだ十分に蓄積されていない状況にあるが、国民の権利利益のより実効的な救済手続の整備を目的とした平成16年の行訴法改正の趣旨も踏まえて、事案ごとに適切な審理の方法を模索していくことが求められる。

参考文献
・　道路法令研究会編著『道路法解説〔改訂4版〕』（大成出版社、2007）。
・　道路交通法研究会編著『最新　注解　道路交通法〔全訂版〕』（立花書房、2010）。
・　国土交通省都市局公園緑地・景観課監修＝都市公園法研究会編著『都市公園法解説〔改訂新版〕』（日本公園緑地協会、2014）。
・　山口真弘＝住田正二『公有水面埋立法』（日本港湾協会、1954）。
・　河川法研究会編著『逐条解説　河川法解説〔改訂版〕』（大成出版社、2006）。
・　中野哲弘編『国有財産訴訟の実務』（新日本法規出版、1994）。

---

3)　改正行政事件訴訟法施行状況検証研究会第5回会議議事要旨3頁（http://www.shojihomu.or.jp/gyoso/giji20110617.pdf）（高橋滋編『改正行訴法の施行状況の検証』147頁（商事法務、2013））。

第9部

情報公開関係

第 27 講
情報公開訴訟

定塚　誠

I　はじめに

　国の行政機関が保有する文書の情報公開については、平成 13 年 4 月 1 日に施行された「行政機関の保有する情報の公開に関する法律」（平成 11 年法律第 42 号。以下「行政情報公開法」という）が定めている。また、独立行政法人等の特殊法人が保有する文書の情報公開については「独立行政法人等の保有する情報の公開に関する法律」（平成 13 年法律第 140 号）が、地方公共団体が保有する文書の情報公開については各公共団体における情報公開に関する条例が定めている。

　情報公開は、主権者たる国民が、民主主義国家において的確な自己統治をするために必要な情報を得るためのものであり、国民の知る権利ないし政府の説明責任（アカウンタビリティ）を前提とするものであるが、憲法の規定から直接に情報公開請求権が導かれるものではなく、情報公開のためにいかなる請求権を認め、その要件や手続をどのようなものにするかは、法律や条例に委ねられていると解されている（最三判平成 13 年 12 月 18 日民集 55 巻 7 号 1603 頁参照）。

　このように、情報公開請求権という権利は、法律や条例の定めによって創設的に発生するものであるから、法律実務家にとっては、その法律や条例の定めた内容や手続に関する条文の解釈論が重要な意味を持つことになる。それは各不開示事由（行政情報公開法 5 条参照。なお「非開示」という用語が用いられることも少なくないが、この稿では、行政情報公開法の文言に従い「不開示」という用語を用いる）の解釈論や不開示事由の立証責任など

はもとより、部分開示（同法6条参照）やいわゆるグローマー拒否（同法8条参照）など法令等によって創設された特殊な手続の解釈論においても同様である。

　そして、情報公開をめぐる訴訟に関しては、原告適格、理由付記、理由の差替え、訴訟物、立証責任など種々の訴訟法上の問題があり、また、たとえば、訴訟においていわゆるインカメラ審理の手続（裁判官室のことを"camera"といい、インカメラ審理とは裁判官室で見ること、すなわち一般に判断者が非公開で証拠等を調べることをいう）が定められていないことから、裁判所が不開示とされた情報や文書の内容を把握することができないまま審理を進めざるを得ないなどの実務上の問題もある。

　そこで、以下、行政情報公開法を中心として、情報公開に関する行政訴訟に携わる法律実務家にとって重要と思われる論点について概観してみる。

II　不服申立ての方法

1　行政不服審査法に基づく不服申立て

　行政情報公開法に基づく開示不開示の決定は、行政不服審査法所定の「行政庁の処分」に該当するから、この決定に不服がある者は、同法5条又は6条により、審査請求又は異議申立てができる。ただし、上記の開示不開示の決定については、不服申立前置主義は採用されていないので、直ちに訴訟を提起することができる。

　ところで、行政情報公開法に基づく開示不開示の決定に対し行政不服審査法に基づく不服申立てがあったときは、原則として内閣府に設置された「情報公開・個人情報保護審査会」に諮問しなければならないとされている（行政情報公開法18条、情報公開・個人情報保護審査会設置法2条参照）。この「情報公開・個人情報保護審査会」は、当該処分が違法かどうかと共に当不当についても調査審議することができる（行政不服審査法1条1項）が、特筆すべきは、同審査会は、諮問庁に対し、情報公開等の対象とされ

た文書等の提示を求めることができ、諮問庁はこれを拒めないとして（情報公開・個人情報保護審査会設置法 9 条 1 項・2 項）、非公開でその記載内容を見分するいわゆるインカメラ審理をする権限与えていることである。もとより、審査会は、この提示された文書等を誰にも開示はしないが（同条 1 項後段）、諮問に対する答申書（同法 16 条）において、結論に至る理由がかなり詳細に記載されることが多いので、その中でインカメラ審理によって得た文書の記載の概要がある程度判明することが少なくない。

そこで、開示不開示の決定に不服がある者は、審査請求又は異議申立てをすると、情報公開・個人情報保護審査会の答申書を通じて、文書の記載の概要を知ることで、訴訟をするかどうかを決めたり、また、訴訟における争点を絞ったりすることが可能になるという実際上の利点がある。

2 取消訴訟等

開示不開示の決定は、行政処分であるから、その処分に不服がある情報公開請求者は、取消訴訟を提起してこれを争うことができる（行政事件訴訟法 3 条 2 項参照）。また、取消しの訴えと共に開示の義務付けを求める訴えが併合提起されることもあるが、この義務付けの訴えは、同法 3 条 6 項 2 号のいわゆる申請型義務付け訴訟であると解されるから、不開示決定の取消請求が認容されることが訴訟要件となり、取消訴訟が認容されなければ却下される（同法 37 条の 3 第 1 項 2 号参照）。

なお、開示請求に対する応答がされていない場合には、不作為の違法確認の訴え（同法 3 条 5 項）や、義務付けの訴え（同法 37 条の 3 第 1 項 1 号）を提起することができる。

III 取消訴訟における問題点

1 原告適格

一般に、開示不開示の決定の名宛人には原告適格が認められる。

問題は、決定の名宛人でない第三者の原告適格であるが、行政情報公開法は、開示請求に係る行政文書に第三者に関する情報が記録されているときは、開示不開示の決定をするに当たって、意見書提出の機会を与える旨の規定を設けており（13条1項・2項）、開示に反対する旨の意見書を提出した第三者に対しては、開示決定をした旨及びその理由を通知し、開示決定の日と開示の実施の日との間に2週間以上の期間をおくこととしている（同条3項）。これは、行政情報公開法が、このような第三者が、開示の差止めや決定の取消しを求めて争う機会を担保しようとするものであると解されるから、原則としてこのような第三者には、取消訴訟や差止訴訟等の原告適格が認められることになろう。

　これ以外の第三者や、上記のような規定がない条例に基づく決定については、原告適格の有無は、個別の事案において、当該第三者が開示不開示の決定の取消しを求めるにつき、行訴法9条1項にいう法律上の利益を有するか否かで決せられることになる。条例の事案について、原告適格を肯定したものとして、最三判平成13年11月27日集民203号783頁、これを否定したものとして最二判平成13年7月13日訟月48巻8号2014頁などがある。

　なお、情報公開訴訟の係属中に原告が死亡した場合は、相続人等に承継されることはなく当然に終了すると解される（最三判平成16年2月24日集民213号567頁参照）。

2　訴えの利益

(1)　不開示決定の取消訴訟継続中に開示された場合

　不開示決定に対する取消訴訟継続中に、行政機関が不開示決定を職権で取り消し、不開示とした文書を開示した場合は、その不開示決定の取消しの訴えは、訴えの利益を失うと解される（最三判平成15年11月11日民集57巻10号1387頁）。

　しかしながら、不開示決定に対する取消訴訟継続中に、当該不開示部分を含む行政文書が書証として提出されても、情報開示請求権者は、法律や

条例の定める所定の手続により当該公文書を閲覧したり写しの交付を受けることを求める法律上の利益を有するというべきであるから、当該公文書の不開示決定の取消しを求める訴えの利益は消滅しないとされる（最一判平成14年2月28日民集56巻2号467頁）。

同様に、訴訟継続中に、訴えを提起した原告が、訴訟手続外において当該文書を入手し内容を知悉したからといって、そのことから不開示決定取消の訴えについて訴えの利益が消滅することにはならないと解される（横浜地判平成15年2月5日判例地方自治245号16頁参照）。

(2) 取消訴訟継続中に不開示決定が変更された場合

不開示決定の取消訴訟継続中に、行政機関が、一部を開示する旨の一部変更決定をした場合について、当初の不開示決定は、一部変更決定により変更され、その不開示決定の取消請求は、一部変更決定によって変更された不開示決定の取消しを求めるものと解され、当該開示部分については、前述のとおり訴えの利益を失うが、当該取消訴訟とは別に、一部変更決定そのものの取消しを求める訴えの利益はないと解すべきであろう（福岡地判平成2年3月14日行集41巻3号509頁参照）。

また、行政機関が行政情報公開法8条に基づくいわゆるグローマー拒否（当該行政文書が存在しているか否かを答えるだけで不開示情報を開示することになる場合に、行政文書の存否を明らかにしないで当該開示請求を拒否すること）により不開示決定をし、その取消訴訟が係属中に、行政機関が当該決定を職権で全部取り消して、別途、不開示情報に該当するとして不開示決定をした場合は、行政情報公開法8条に基づく決定に対する取消訴訟は、その決定を職権によって取り消したことによって訴えの利益が消滅すると解することになろう（東京地判平成16年6月16日判例秘書5932545参照）。

3　不開示決定の理由付記及び理由の差替え

(1)　理由付記の内容・程度

　行政手続法8条1項本文は、行政庁は、申請により求められた許認可等を拒否する処分をする場合は、申請者に対し、同時に、当該処分の理由を示さなければならないと定めている。したがって、行政機関が、行政情報公開法9条2項に基づいて、開示請求のあった文書の一部又は全部について不開示の決定をする場合には、その理由を示さなければならない。そして、多くの情報公開条例には、同様の理由付記についての規定が設けられており、その場合も同様に、文書の一部又は全部を不開示とした理由を示さなければならない。

　一般に、行政処分に理由を付記することが法令上要求されている趣旨は、処分庁の判断の慎重やその合理性を担保してその恣意を抑制することと、相手方に処分の理由を知らせて不服申立ての便宜を与えることにあるとされているところ、行政処分にどの程度の理由を記載すべきかは、当該処分の性質と理由付記を命じた法令の規定の趣旨、目的に照らして判断されるべきであると解されている（最二判昭和38年5月31日民集17巻4号617頁参照）。そして、最一判平成4年12月10日集民166号773頁は、情報公開条例に基づく不開示決定についての理由付記についてであるが、当該条例が、不開示の理由を付記することを要求している趣旨は、不開示理由の有無について実施機関の判断の慎重と公正妥当を担保してその恣意的な判断を抑制するとともに、処分理由を開示請求者に知らせることによって、その不服申立てに便宜を与えることにあるのであるから、付記すべきことが要求される理由の程度は、開示請求者において、同条例所定の不開示事由のどれに該当するのかをその根拠とともに了知しうる程度のものでなければならず、単に、不開示の根拠規定を示すだけでは、当該公文書の種類、性質、開示請求書の記載と相まって開示請求者がそのような事柄を当然知りうるような場合を除き、同条例の要求する理由付記としては十分ではないとして、不開示の理由として該当条文だけが記載されているものを違法であると判断した。

(2) 理由付記の補足による瑕疵の治癒

　情報公開請求に対する全部又は一部の不開示決定の通知において、上記のように必要とされる内容・程度の理由付記がされていなかった場合に、その後に理由を補足することによって瑕疵が治癒されるかどうかという問題がある。この点について、前掲最一判平成4年12月10日は、公文書不開示決定通知書に理由を付記すべきものとしている旧東京都公文書の開示等に関する条例（昭和59年東京都条例第109号）7条4項の趣旨からすれば、後日、開示請求者に対して不開示理由の説明が口頭でされたとしても、それによって、理由付記の不備という瑕疵が治癒されたということはできない旨判示した。

(3) 訴訟における理由の差替え

　理由付記に関しては、全部又は一部の不開示決定について取消訴訟が提起された場合に、被告側が、不開示決定に付記した理由以外の理由を主張できるか否か、すなわち処分理由の差替えが許されるか否かという問題がある。すなわち情報公開をめぐる訴訟においては、たとえば個人情報（行政情報公開法5条1号）であるとして不開示決定をしたが、訴訟において事務事業情報（同条6号）にも該当するというように、理由を追加したり差し替えたりすることが考えられ、それが許されるかという問題である。

　この点は、一般に取消訴訟の訴訟物をどのように考えるべきか、さらに情報公開請求において全部又は一部の不開示決定がされた場合のその決定の取消訴訟の訴訟物をどのように考えるべきかという問題と関連する。すなわち、一般に行政処分の取消訴訟の訴訟物は、当該行政処分の違法性自体あるいは違法性一般であると解されており、一般に判決の既判力は当該訴訟物について生じると解されていることから、その訴訟物に関する主張、すなわち当該行政処分の違法性に関する主張は、当該訴訟において尽くさせる必要があるからである。

　この点について、最二判平成11年11月19日民集53巻8号1862頁は、旧逗子市情報公開条例（平成2年逗子市条例第6号）5条(2)ウにいう「争訟の方針に関する情報」に該当することを理由として付記した不開示

決定の取消しを求める訴訟において、被告側が、同決定が適法であることの根拠として、上記の理由に加えて同条例の5条(2)アにいう「意思決定過程における情報」に該当することを主張することについて、実施機関の判断の慎重と公正妥当を担保してその恣意を抑制すると共に公開請求者の不服申立ての便宜を図るという不開示決定の通知に理由付記を求める条例の規定（同条例9条4項前段）の趣旨は、不開示決定の通知書に理由を具体的に記載して通知させること自体をもってひとまず実現されるところ、同条例の規定をみても、上記の趣旨を超えて、ひとたび不開示決定の通知書に理由を付記した以上、実施機関が当該理由以外の理由を不開示処分の取消訴訟において主張することを許さないものとする趣旨をも含むと解すべき根拠はないとみるのが相当であるとして、被告側が不開示決定の通知書に記載した理由以外の理由を主張することは許されるとした。

　このような理由の追加や差替えは、一見すると開示請求者に不利のように見えるが、不開示事由ごとに訴訟物が別であるとか行政庁の第一次判断権が行使された事由ごとに訴訟物が別であると考えるならば、理由の追加や差替えを許さない代わりに、ある事由により不開示とされた決定について取消訴訟で勝訴しても、再度、別の事由で不開示決定が可能となり、さらにそれに対して取消訴訟を提起しなければならないということになりかねないから、理由の追加や差替えを許容して一度の取消訴訟で開示すべきかどうかを判断してもらえることは、実際上、開示請求者にとっても利益であるといえよう。

4　主張立証責任

(1)　文書の存否の主張立証責任

　一般に、当該行政文書を保有していないことを理由とする不開示決定がされた場合に、その不開示決定の取消しを求める訴訟においては、開示請求者が、行政機関が当該行政文書を保有していることについて主張立証責任を負うと解されている（最二判平成26年7月14日裁時1607号5頁参照）。ただし、実務上は、東京高判平成23年9月29日判時2142号3頁が述

べるように、国や地方公共団体においては、一般に文書管理規程等が整備されているので、開示請求者において、過去のある時点において当該行政機関の職員が当該行政文書を職務上作成し又は取得し、当該行政機関がそれを保有するに至ったことを主張立証した場合には、当該行政文書が、当該行政機関の職員が組織的に用いるものとして一定水準以上の管理体制下に置かれたことを前提として、通常は、その状態がその後も継続していると事実上推認されることから、当該行政機関において、前記推認を妨げる事情を主張立証することになろう。

また、一般に、文書が存在しないという理由で不開示決定がされた場合、実務上は、開示請求者が、法令上そのような文書の作成が義務付けられていることや、上記のように過去に作成又は取得された事実など行政庁が当該文書を保有していることを事実上推認させる事実等を主張立証し、それらについて、行政機関側が、そもそもそのような文書を作成又は取得したことがないのか、いったん作成又は取得はしたがその後廃棄したのか、物理的には存在するが行政情報公開法や情報公開条例の対象としての「行政文書」「公文書」等に該当しないというのかなどについて具体的に主張するというような運用がされていることが多いようである。

(2) 不開示事由の主張立証責任
ア　原則

不開示事由の主張立証責任については、一般的には、それが処分の適法性についての立証であり、また、実質的にも行政機関側がその文書を保有して内容を把握し不開示事由該当性について主張立証することができることから、原則として行政機関側に、不開示事由に該当する事実があることの主張立証責任があると解されている。

この点につき、最三判平成6年2月8日民集48巻2号255頁は、大阪府水道部が事業の遂行のために行った懇談会等に係る支出伝票と添付書類が旧大阪府公文書公開等条例（昭和59年大阪府条例第2号）8条4号（企画調整等事務）又は5号（交渉等事務）に該当するとして知事がした不開示決定について、同各号の不開示事由に該当するというためには、そのこと

を実施機関側において、裁判所の判断を可能とする程度に具体的な主張立証をする必要があるとしている。

　　イ　例外

　上記の一般的な主張立証責任については、具体的な不開示事由を規定する文言などにより例外があり得る。すなわち、例えば行政情報公開法5条は、不開示事由を列挙しているところ、1号本文・5号・6号は「……おそれがあるもの」、2号本文は「……に関する情報であって、次に掲げるもの。」として「イ……おそれがあるもの　ロ……と認められるもの」と規定し、正面から「おそれがある」か否か、「認められる」か否かを判断する仕組みとされているのに対し、3号及び4号は、「……おそれがあると行政機関の長が認めることにつき相当の理由がある情報」とされており、明らかにこれらとは異なる規定の仕方をしている。このような規定の仕方をした理由に関して、立法担当部署は、3号については、「公にすることにより、国の安全が害されるおそれ、他国等との信頼関係が損なわれるおそれ又は国際交渉上不利益を被るおそれがある情報については、一般の行政運営に関する情報とは異なり、その性質上、開示・不開示の判断に高度の政策的判断を伴うこと、我が国の安全保障上又は対外関係上の将来予測としての専門的・技術的判断を要することなどの特殊性が認められ」[1]、また、4号については、「公にすることにより、犯罪の予防、鎮圧、捜査等の公共の安全と秩序の維持に支障がある情報については、その性質上、開示・不開示の判断に犯罪等に関する将来予測としての専門的・技術的判断を要することなどの特殊性が認められる」[2]ことから、これらの情報については、「司法審査の場においては、裁判所は、本号に規定する情報に該当するかどうかについての行政機関の長の第一次的な判断を尊重し、その判断が合理性を持つ判断として許容される限度内のものであるか（「相当の理由」があるか）どうかを審理・判断するのが適当であると考えられることから、このような規定としたところである。」[3]と説明してい

---

1)　総務省行政管理局編『詳解情報公開法』62頁（財務省印刷局、2001）。
2)　総務省行政管理局編・前掲注1) 69頁。
3)　総務省行政管理局編・前掲注1) 62頁。同69頁も同旨。

る。このような考え方を明示した裁判例として、東京地判平成15年9月16日訟月50巻5号1580頁、仙台高判平成16年9月30日判例秘書5920949、名古屋高判平成17年3月17日訟月52巻8号2446頁などがある。

　すなわち、情報公開請求権は、前述したとおり（Ⅰ参照）、法律や条例によって創設的に発生するものであるから、立証責任や審理の方法についても、法律や条例に立法担当者の考え方が示されているものは、基本的に、当事者や裁判所はこれに従って主張立証や審理判断をすることになろう。

　ウ　不開示事由の主張立証の実際

　行政機関による不開示事由該当性の具体的な主張立証については実際上は難しい問題がある。すなわち、文書の内容を具体的かつ詳細に示した上で不開示事由該当性を主張立証してもらえば迅速かつ充実した審理が可能となるが、それでは、当該文書を公開することに等しくなり、法が不開示事由を定めた趣旨が没却されることになりかねない。そこで、当該文書には一般にどのような情報が記載され、その情報がどのような性格や内容のものであるかを類型的に明らかにすることにより、不開示事由に該当することを主張立証するという手法が採られることが多い（最一判平成6年1月27日民集48巻1号53頁、最一判平成6年1月27日集民171号135頁参照）。

　この点、Ⅱ1で述べたように、行政不服審査法に基づく不服申立てがあったときは、原則として内閣府に設置された「情報公開・個人情報保護審査会」に諮問されることになり、同審査会では、いわゆるインカメラ審理を行うことができるとされていることから、その答申書には、当該文書の記載の概要が示されることが少なくない。そして、不開示決定に対する取消訴訟等を審理する裁判所には、インカメラ審理の権限が与えられていないことから、不開示決定を受けた開示請求者が、行政不服審査法に基づく不服申立てを行い、情報公開・個人情報保護審査会の答申書を得て、それを書証として提出されることになれば、取消訴訟を担当する裁判官も開示請求者も、当該文書の記載の概要などを知ることができ、争点を絞って

より充実かつ迅速な審理をすることが可能になろう。

Ⅳ 不開示事由と部分開示

1 不開示事由の解釈

(1) 基本的な考え方

　Ⅰで述べたように、情報公開は、国民の知る権利ないし政府の説明責任（アカウンタビリティ）を前提とするものであるが、憲法の規定から直接に情報公開請求権が導かれるものではなく、情報公開のためにいかなる請求権を認め、その要件や手続をどのようなものにするかは、法律や条例に委ねられており（前掲最三判平成13年12月18日参照）、情報公開請求権は、法律や条例によって創設的に発生するものであるから、それらで定められた不開示事由については、請求権を定めた法律や条例の目的や趣旨を踏まえた上で、その文言に即して判断することになる。

　この点につき行政情報公開法に関して明示した裁判例として、東京地判平成17年12月9日判例秘書6034695、情報公開条例について判断した裁判例として、大阪地判平成4年6月25日判時1463号52頁、東京高判平成11年9月8日判時1716号40頁、名古屋地判平成16年7月15日判例地方自治266号13頁などがある。

(2) 裁量の有無

　前述したように（Ⅲ4(2)イ参照）、法律や条例の文言が、行政機関の裁量的な判断を前提とし、条文が定める不開示情報に該当するか否かについて行政機関の長の第一次的な判断を尊重すべき旨定めている場合には、当事者や裁判所はこれに従って主張立証し審理判断することになる。

　このように、一般に、不開示事由について行政機関に裁量があると解すべきか否かは、当該条例の文言や趣旨の解釈によることになろう。

　この点については、不開示情報を「公開をしないことができる。」と規定していた旧大阪府公文書公開等条例（昭和59年大阪府条例第2号）につ

き、最三判平成 13 年 3 月 27 日民集 55 巻 2 号 530 頁は、同条例 9 条 1 号（個人識別情報）に該当するものについては、実施機関は、当該情報が記録されている公文書の公開をしてはならず、当該情報をみだりに公にすることのないよう最大限の配慮をしなければならないものとされているが（同 5 条）、同条例 8 条 4 号（意思形成過程情報）、5 号（事務事業情報）に該当するにすぎないものについては、実施機関は当該情報が記録されている公文書の公開をしないことができるとされているにすぎず、実施機関において、住民の公文書の公開を求める権利が十分に保障されるように条例を解釈し、運用しなければならないとする同条例 3 条の趣旨も踏まえて、その裁量判断により、同条例 8 条 4 号・5 号に該当する情報が記載されている公文書を公開することは、同条例の許容するとこである旨判示している。

　なお、個々の不開示事由の解釈とは別に、行政情報公開法 7 条は、「行政機関の長は、開示請求に係る行政文書に不開示情報が記録されている場合であっても、公益上特に必要があると認めるときは、開示請求者に対し、当該行政文書を開示することができる。」と定めている。この規定に基づいて開示することをしなかったことが違法になるのは、この条文によって行政機関の長が与えられた裁量権の範囲を逸脱又は濫用した場合に限られると解される（東京高判平成 14 年 10 月 30 日判例秘書 5721066 参照）。

(3) 個別の不開示事由の解釈について

　前記 I で述べたとおり、情報公開請求権は、法律や条例によって創設的に発生するものであるから、その法律や条例を制定した際の制定者の意思が重要な意味を持つことになる。そこで、法律や条例を制定した担当部局の解説や立法時の資料などを参照して、その趣旨目的を踏まえた不開示事由の文言の解釈論として、定められた不開示事由の外延を検討することになる。もとより条文の解釈論であるから、その条項の解釈論を示した裁判例が重要な意味を持つことはいうまでもない。

　具体的には、行政情報公開法の各不開示条項の解釈については、立法担当部局である総務省行政管理局編の『詳解情報公開法』（財務省印刷局、

2001）の解説、立法時の関係資料（たとえば畠基晃『情報公開法の解説と国会論議』（青林書院、1999）に記載されている各種資料）、立法経緯及び裁判例等が詳述されている宇賀克也教授の『新・情報公開法の逐条解説〔第6版〕』（有斐閣、2014）などに基づいてこの作業を行うことになろう。なお、情報公開条例については、各条例制定時の資料があればそれを参照することになるが、行政情報公開法と同じ文言を用いていることが少なくないので、その場合には、行政情報公開法の各条項の解釈論が参考になる。

2　部分開示

　行政情報公開法は、開示請求に係る行政文書の一部に不開示情報が記録されている場合の開示の方法について、同法6条1項・2項で定めており、同様の規定を置く情報公開条例も少なくない。

(1)　一般的な部分開示

　行政情報公開法6条1項は、一般的な部分開示の方法について定め、同条2項は、同法5条1号にいう個人識別情報が記録されている文書についての例外的な取扱いについて定めている。

　すなわち、6条1項本文は、開示請求に係る行政文書の一部に「不開示情報」が記録されている場合において、「不開示情報が記録されている部分」を容易に区分して除くことができるときは、この部分を除いて開示する義務を定めている。これは、独立した一体的な「不開示情報」ごとに不開示とすればよく、独立した一体的な「不開示情報」をさらに細分化してその一部を開示する義務まで定めてはいないことを示すものであると解される。この点について、前掲最三判平成13年3月27日は、行政情報公開法6条1項と同様の規定のみを有する旧大阪府公文書公開等条例（昭和59年大阪府条例第2号）に関し、「その文理に照らすと、1個の公文書に複数の情報が記録されている場合において、それらの情報のうちに非公開事由に該当するものがあるときは、当該部分を除いたその余の部分についてのみ、これを公開することを実施機関に義務付けているにすぎず、同条

は、非公開事由に該当する独立した一体的な情報を更に細分化し、その一部を非公開とし、その余の部分にはもはや非公開事由に該当する情報は記録されていないものとみなして、これを公開することまで義務付けているものと解することはできないから、実施機関においてこれを細分化することなく一体として非公開決定をしたときに、住民等は実施機関に対し、同条を根拠として、公開することに問題のある箇所のみを除外してその余の部分を公開するように請求する権利はなく、裁判所もまた、当該非公開決定の取消訴訟において、実施機関がこのような態様の部分公開をすべきであることを理由として当該非公開決定の一部を取り消すことはできない。」と判示している。

そして、さらに細分化して開示することを求めることができない「独立した一体的な情報」とは具体的に何をいうかについて、上記最三判平成13年3月27日は、知事の交際費に関する「歳出額現金出納簿」、「支出証明書」、「債権者の領収書」及び「請求書兼領収書」につき、「歳出額現金出納簿」については、各交際費の支出ごとにその年月日、摘要、金員の受払等の関係記載部分が「独立した一体的な情報」をなし、「支出証明書」については、各交際費の支出ごとにこれに対応する支出証明書に記載された情報が全体として当該交際費に係る知事の交際に関する独立した一体的な情報をなし、「債権者の領収書」及び「請求書兼領収書」については、各交際費の支出ごとにこれに対応する領収書又は請求書兼領収書に記録された情報が担当者のメモ書き部分も含めて全体として当該交際費に係る知事の交際に関する独立した一体的な情報をなすとみるべきものであるから、これらを更に細分化してその一部のみを非公開とし、その余の部分を公開しなければならないとすることはできない旨判示している。

なお、最三判平成13年5月29日集民202号235頁、最一判平成14年2月28日民集56巻2号467頁、最一判平成14年2月28日集民205号671頁、最三判平成15年11月11日集民211号349頁、最三判平成19年4月17日集民224号97頁参照。

(2) 個人識別情報の部分開示

　行政情報公開法6条2項は、上記の6条1項の一般的な部分開示方法の例外として、行政文書に5条1号の個人識別情報が記録されている場合は、その情報のうち、氏名、生年月日その他の特定の個人を識別することができることとなる記述等の部分を除くことにより、公にしても、個人の権利利益が害されるおそれがないと認められるときは、当該部分を除いた部分は、5条1号の情報に含まれないものとみなして6条1項を適用するとしている。すなわち、個人を識別する情報を含む独立した一体的な情報については、上記の6条1項の原則どおりその独立した一体的な情報全体を1つの不開示情報と捉えて部分開示をするのではなく、個人を識別する氏名等の部分を削除して残りの部分は不開示情報に含まれないものとして部分開示をすることになる。

参考文献
- 総務省行政管理局編『詳解情報公開法』(財務省印刷局、2001)。
- 宇賀克也『新・情報公開法の逐条解説――行政機関情報公開法・独立行政法人等情報公開法〔第6版〕』(有斐閣、2014)。
- 畠基晃『情報公開法の解説と国会論議』(青林書院、1999)。
- 概観 (11)。

第10部

住民訴訟関係

第 28 講
住民監査請求手続

谷口　豊

I　はじめに

　普通地方公共団体には、定数を 4 人（都道府県及び政令指定都市）又は 2 人（その他の市及び町村）とする監査委員が置かれる（地方自治法（以下本講において「法」という）195 条）。監査委員は、普通地方公共団体の財務に関する事務の執行及び経営に係る事業の管理を監査する（法 199 条 1 項）。

　普通地方公共団体の住民は、当該団体の長や職員などについて、違法若しくは不当な公金の支出、財産の取得、管理若しくは処分、契約の締結若しくは履行若しくは債務その他の義務の負担（以下「財務会計上の行為」という）があると認めるとき、又は違法若しくは不当に公金の賦課若しくは徴収若しくは財産の管理を怠る事実（以下「怠る事実」という）があると認めるときは、これらを証する書面を添え、監査委員に対し、監査を求め、当該行為を防止し、若しくは是正し、若しくは当該怠る事実を改め、又は当該行為若しくは怠る事実によって当該団体のこうむった損害を補塡するために必要な措置を講ずべきことを請求することができる（法 242 条 1 項）。さらに、普通地方公共団体の住民は、以上の住民監査請求を経た後、住民訴訟を提起することができる（法 242 条の 2 第 1 項・2 項）。

　住民訴訟について上記のような住民監査請求前置主義が採られたのは、地方公共団体の内部にその事務全般にわたって当否の監査を行うことを任務とする監査委員という機関が設けられている以上、財務事項に係る違法も、まず行政権の内部的事項として同機関によって是正が図られるべきで

あり、これによって是正しえない場合に司法的解決を求めることとするのが、地方自治の本旨に合致し、また裁判所の負担軽減にもつながることによるとされている[1]。

このように、住民監査請求は、住民訴訟の前提となるものであるが、それ自体、地方公共団体の内部で税務行政の違法又は不当を糺すという意義を有するものでもある。なお、住民監査請求の制度に類似するものとして、直接請求の1つとして設けられた事務の監査請求（法75条）があり、両者は、住民が監査委員の監査を請求し、監査委員が監査結果を明らかにするという点において、類似しているということができる。もっとも、事務の監査請求は、住民が、政治参与の権利として、地方公共団体の行政運営上生ずる問題に関連してその究明をするために一般的に請求するもので、監査の公表によって責任の所在及び行政の適否を明白なものとすることを本来の目的とするのに対し、住民監査請求は、地方公共団体の職員による違法又は不当な行為等により地方公共団体の住民として損失を被ることを防止するために、住民全体の利益を確保する見地から、職員の違法、不当な行為等の予防、是正を図ることを本来の目的とするものである。このような趣旨、目的の相違に対応して、事務の監査請求においては、選挙権を有する者の50分の1以上の連署という多数の住民の参加を必要とし、地方公共団体の事務全般について監査を請求することができ、請求期間につき特に制限がなく、事実を証する書面の提出も必須とされていないのに対し、住民監査請求においては、住民1人でも請求をすることができるものとするが、請求の対象は具体的な機関又は職員の具体的な財務会計上の行為又は怠る事実に限ることとし、請求期間については制限を設け、事実を証する書面が必要であるとされ、終局的には当該行為又は怠る事実の違法性の判断とそれに対する予防、是正の具体的措置とを裁判所にゆだね、司法的統制に服させることとしている[2]。

住民監査請求の制度の意義等は以上のとおりであるが、住民監査請求前

---

1) 三好達「住民訴訟の諸問題」鈴木忠一＝三ヶ月章監修・木川統一郎ほか編『新・実務民事訴訟講座9 行政訴訟1』316頁（日本評論社、1983）、最二判昭和62年2月20日民集41巻1号122頁。

I　はじめに

置主義の下、適法な住民監査請求を経由することが住民訴訟の訴訟要件となっているという構造からすると、住民監査請求自体の適法性（各要件の充足）をどの程度厳格に解するかという点に関する解釈態度は、住民訴訟において裁判所が本案判断に入ることにするかどうかという問題と表裏をなすことになる。この点に関し、かつては、「住民訴訟の訴権は、憲法上の地方自治の保障から住民が当然に享有する権利といったものではなく、個々の住民の法律上の利益にかかわらない事項、したがって法律上の争訟に当たらない事項につき、一定の立法目的の下に、法により創設された訴権であるから、その出訴要件、出訴事項その他に係る規定は、徒に類推あるいは拡張して解せられるべきものではない」との見解[3]が実務的には支配的であったように思われる。しかしながら、以下で検討するとおり、判例の動向をみると、適法性に関する厳格な解釈態度は徐々に変化しているという評価も可能であり（その先駆的なものは下記の判例①に付された反対意見であるといえよう）、近時では、「明文の根拠がないのに解釈によって適法要件を創設することは条理上当然と認められる最小限の範囲にとどめるべきである」旨の見解[4]も有力に主張されている。住民監査請求の適法性を検討するに当たっては、このような点にも留意する必要があると考えられる。

II　住民監査請求の要件

1　各種要件（法242条1項）

　法242条1項の要件のうち、実務上よく問題となるものとしては、①請求した者が当該普通地方公共団体の「住民」に当たるか否か、②住民監

---

2)　松本・地方自治法299頁、987頁、後掲する最三判平成2年6月5日民集44巻4号719頁。
3)　三好・前掲注1）308頁。
4)　藤山雅行「基本行為に対する住民訴訟と派生行為に対する住民訴訟との関係」大藤敏編『現代裁判法大系28　住民訴訟』143頁（新日本法規、1999）。

査請求の対象が財務会計上の行為等に当たるか否か、③住民監査請求の対象が特定しているといえるか否か、④再度の監査請求が許されるか否かなどがある。本稿では、上記③及び④の点を取り上げる。

2　住民監査請求における対象の特定の程度

(1)　判例の考え方

　最三判平成2年6月5日民集44巻4号719頁（判例①）は、法242条1項は、普通地方公共団体の住民に対し、当該普通地方公共団体の執行機関又は職員による一定の具体的な財務会計上の行為又は怠る事実（以下、財務会計上の行為又は怠る事実を「当該行為等」という）に限って、その監査と非違の防止、是正の措置とを監査委員に請求する権能を認めたものであって、それ以上に、一定の期間にわたる当該行為等を包括して、これを具体的に特定することなく、監査委員に監査を求めるなどの権能までを認めたものではないと解するのが相当であるとした上、住民監査請求においては、対象とする当該行為等を監査委員が行うべき監査の端緒を与える程度に特定すれば足りるというものではなく、当該行為等を他の事項から区別して特定認識できるように個別的、具体的に摘示することを要し、また、当該行為等が複数である場合には、当該行為等の性質、目的等に照らしこれらを一体とみてその違法又は不当性を判断するのを相当とする場合を除き、各行為等を他の行為等と区別し、特定して認識できるように個別的、具体的に摘示してしなければならないと判示した。そして、住民監査請求の対象が前記程度に特定されているといえるか否かを判断する資料に関して、住民監査請求の対象とされている具体的な行為等が前記程度に特定されているか否かは、監査請求書及びこれに添付された事実を証する書面の記載、監査請求人が提出したその他の資料等を総合して判断すべきものであると判示した。もっとも、同判決には園部逸夫裁判官の反対意見が付されており、その骨子は、住民監査請求は住民が監査委員の職権の発動を促すことを認めたものにすぎず、住民監査請求においては対象の特定は不要であり、監査委員は対象が特定されない場合であっても特定されてい

ない対象について何らかの監査を行うべきであって、対象の特定を欠くことを理由として却下することは許されないというもの（いわゆる端緒説）であった。

その後、最一判平成16年11月25日民集58巻8号2297頁（判例②）は、監査請求においては、対象とする当該行為等を、他の事項から区別し特定して認識することができるように、これを個別的、具体的に摘示することを要するが、監査請求の対象が特定の当該行為等であることを監査委員が認識することができる程度に摘示されているのであれば、これをもって足りるのであり、このことは、対象とする当該行為等が複数である場合であっても異ならないと判示した（最三判平成16年12月7日判タ1173号188頁も同旨）。

また、最三判平成18年4月25日民集60巻4号1841頁（判例③）は、対象となる当該行為が複数であるが、当該行為の性質、目的等に照らしこれらを一体とみてその違法性又は不当性を判断するのを相当とする場合には、対象となる当該行為とそうでない行為との識別が可能である限り、個別の当該行為を逐一摘示して特定することまでが常に要求されるものではないと判示した。

(2) 実務上の留意点

ア 判例①により、住民監査請求においては、その対象が特定されていることが請求の適法要件であり、対象の特定を欠く請求については、監査委員において監査をする義務を負うものではないとの立場が確立されたということができる。もっとも、判例①の多数意見の判旨を杓子定規に解釈すると、相当厳格な特定が要求されていると見る余地があり、実務においても、複数の財務会計上の行為等を対象とする場合に個々の行為等の厳格な特定を求める傾向もないではなかった。このような状況の下で登場したのが判例②及び③であり、対象の特定については必要以上に厳しく求めるべきではないとの方向性が示されたといえる。

イ 住民監査請求の対象が特定されているかどうかは、基本的には、監査請求人が提出した監査請求書及びこれに添付された事実を証する書面

（法242条1項）の記載や、監査請求人が提出したその他の資料等を総合して判断することになる。したがって、審理に当たっては、これらのものを基本的な書証として提出する必要がある。特定の程度は、住民監査請求の対象が特定の行為等であることを監査委員が認識することができる程度に適示されているかどうかにより決せられるが、一般論としていえば、監査委員において、住民監査請求の対象の特定のために別途の調査を遂げることなく、当該請求において具体的にいかなる財務会計上の行為等が問題とされているかを理解し、当該行為等について監査を行うことができる程度に請求の対象の摘示がされているかどうかを、社会通念に従って判断すべきこととなる。監査委員が監査を行うためにその対象を選択しなければならないようなものや、監査委員が住民監査請求の対象を独自に探索しなければ監査を行うことができないようなものは、請求の対象の特定を欠くものとされよう[5]。

ウ　上記の一般論を実際に適用して特定性の有無を判断するに当たっては、①対象とされる財務会計上の行為等それ自体の類型（公金の支出なのか、財産の取得・管理・処分なのか、契約の締結・履行なのかなど。なお、公金の支出については、支出負担行為、支出命令及び支出（狭義）から構成されるが（法232条の3、232条の4）、これらを明確に区別しないでされた監査請求であっても特定を欠き不適法となるものではないとされている（最三判平成14年7月16日民集56巻6号1339頁））に加えて、②財務会計上の行為等の社会的な類型（例えば、裏金作りを目的とした多数の架空支出なのか、1つの事業を構成する一連の支出なのかなど）[6]や、③住民監査請求に先行する調査の存否とその内容、④住民監査請求時点において既に行われている財務会計上の行為等なのか、将来のものかといった視点を踏まえて分析することが有用であると考えられる。

例えば、判例①の事案は、監査請求書に、「昭和55年度から同57年度までの間に水道企業管理者、水道部長、同総務課長の職にあった者は、右

---

[5]　増田稔・最判解民事篇平成16年度（下）723頁。
[6]　古閑裕二「住民監査請求の特定性と同一性」判タ826号60頁。

各年度において、名義を仮装し、会議接待を行ったとして、会議接待費又は工事諸費の名目のもとに、3年間で5000万円以上の金額を不当に支出し、又は部下の不当支出を決裁した。」などと記載し、事実を証する書面としてこれに関する新聞記事を添付したという事案であった。このような架空支出型の事案では、対象となる財務会計上の行為等の外延が不明確になりやすく、特定性の判定はやや厳格性を帯びることになろう。上記のような住民監査請求を行う場合、住民としては、情報公開条例に基づいて会計文書の開示を受けた上、監査請求の対象となる支出の年月日や金額等を具体的に摘示すべきことになると思われる。

　他方、判例②の事案は、県が県庁全体の複写機使用料に係る支出について内部調査を行い、特定の4年度については架空使用であるにもかかわらず支出された金額が合計4億2021万2000円であるとの発表がされていたことに関して、違法支出による県の損害の填補に必要な措置を求める監査請求が行われ、事実を証する書面として、関連する新聞記事が添付されていたという事案であった。地方自治体による先行調査が存在する事案においては、知事等に対して当該内部調査の内容を明らかにさせることにより、監査委員において特定のために別途の調査を遂げることなく、監査請求の対象とされた支出を具体的に把握することができるから、特定性が認められやすくなることになろう。

　また、判例①の趣旨に従えば、当該行為等の一体性の有無、すなわち、当該行為等の性質、目的等に照らしてこれらを一体とみてその違法又は不当性を判断するのを相当とする場合かどうかという点についても検討をすることを要する。判例③の事案は、住民が、市の施行する予定の土地区画整理事業が違法であると主張して、市が作成した特定年度の決算書の抜粋等を添付して、同年度に同事業のために支出された公金を市に返還し、今後も当該事業に対して公金を支出しないよう適切な措置を求める旨の監査請求につき、一体性を肯定した上、特定性が肯定された例である。一体性が肯定され得る例としては、①上記のように、普通地方公共団体が1つの事業を実施した場合に、当該事業が違法であり、これにかかわる経費の支出全体が違法であるとして住民監査請求をする場合や、②普通地方公共

団体の長がその職員に対して給与条例主義に違反した一定の基準により違法に給与を支給したとして住民監査請求する場合などが考えられる[7]。

3 同一の住民による再度の監査請求の適否

(1) 判例の考え方

　同一住民が、同一の財務会計上の行為又は怠る事実に関して、再度の住民監査請求をすることが許されるか否かについて、最二判昭和62年2月20日民集41巻1号122頁（判例④）は、法242条4項の規定による監査委員の監査の結果が請求人に通知された場合において、請求人である住民は、監査の結果に対して不服があるときは、住民訴訟を提起すべきものであり、同一住民が先に監査請求の対象とした財務会計上の行為又は怠る事実と同一の行為又は怠る事実を対象とする監査請求を重ねて行うことは許されていないとした。また、監査委員は、監査請求の対象とされた行為又は怠る事実につき違法、不当事由が存するか否かを監査するに当たり、住民が主張する事由以外の点にわたって監査することができないとされているものではなく、住民の主張する違法、不当事由や提出された証拠資料が異なることによって監査請求が別個のものになるものではないし、住民訴訟は監査請求の対象とした違法な行為又は怠る事実について提起すべきものとされているのであって、当該行為又は怠る事実について監査請求を経た以上、訴訟において監査請求の理由として主張した事由以外の違法事由を主張することは何ら禁止されていないので、主張する違法事由が異なるごとに監査請求を別個のものとしてこれを繰り返すことを認める必要も実益もないとして、先の監査請求と同一の行為又は怠る事実を対象とする監査請求であっても、新たに違法、不当事由を追加し、又は新証拠を資料として提出する場合には、別個の監査請求として適法である旨の主張を排斥した。

　他方、最三判平成10年12月18日民集52巻9号2039頁（判例⑤）は、

---

[7] 青柳馨・最判解民事篇平成2年度228頁。

監査委員が適法な監査請求を不適法であるとして却下した場合に、当該請求をした住民は、同請求において対象とした財務会計行為と同一の財務会計行為を対象として再度の監査請求をすることができるかにつき、監査委員が適法な監査請求により監査の機会を与えられたにもかかわらずこれを却下して監査を行わなかったため、当該行為又は怠る事実の違法、不当を普通地方公共団体の自治的、内部的処理によって予防、是正する機会を失した場合には、当該請求をした住民に再度の監査請求を認めることにより、監査委員に重ねて監査の機会を与えることが住民監査請求制度の目的に適合するものと考えられ、また、当該請求をした住民が、却下の理由に応じて必要な補正を加えるなどして、当該請求に係る財務会計上の行為又は怠る事実と同一の行為又は怠る事実を対象とする再度の監査請求に及ぶことは、請求を却下された者として当然の所為ということができるところ、当該請求をした住民が住民訴訟を提起せずに再度の監査請求に及んだ場合において、その再度の監査請求が当初の監査請求とその対象を同じくすることを理由としてこれを不適法であるとするのは、出訴期間等の点で当該住民から住民訴訟を提起する機会を不当に奪うことにもなって著しく妥当性を欠くというべきであるとして、監査委員が適法な住民監査請求を不適法であるとして却下した場合には、当該請求をした住民は、適法な住民監査請求を経たものとして、直ちに住民訴訟を提起することができるのみならず、当該請求の対象とされた財務会計上の行為又は怠る事実と同一の財務会計上の行為又は怠る事実を対象として再度の住民監査請求をすることも許されると判示した。

(2) 実務上の留意点

ア 同一の住民が、先行する住民監査請求において対象とした財務会計行為又は怠る事実と同一のものを対象として、再度、住民監査請求を行うことができるかどうかについては、明文の規定を欠いているが、判例④により、再度の住民監査請求においてその違法又は不当とする事由が異なるとしても、不適法であるとする立場が確立されたということができる。これに対して、判例⑤は、先行する住民監査請求が適法であるのに不適法で

あるとした却下された場合については、判例④の射程外であり、再度の住民監査請求を行うことができることを明らかにした。

　イ　住民監査請求の対象が同一かどうかについては、まず、先行する住民監査請求と再度の監査請求のそれぞれにおいて、どのような財務会計上の行為等が監査請求の対象となっているかを把握する必要があるが、この点については、住民監査請求の対象の特定と同様に、基本的には、監査請求人が提出した監査請求書及びこれに添付された事実を証する書面の記載や、監査請求人が提出したその他の資料等を総合して判断し、請求人の意思解釈を行うことになる。そして、住民監査請求の同一性の有無については、原則として、このようにして把握された監査請求の対象となる財務会計上の行為又は怠る事実の異同によって判断がされることになろう。

　例えば、監査請求書上は、単に公金の支出を対象とする旨の記載しかなく、これを支出（狭義）のみに限定する趣旨か否かが必ずしも明らかでないことが往々にして見受けられるが、このような住民監査請求の意思解釈については、①既に支出命令や支出（狭義）が完了した後に監査請求がされた場合であれば、通常は、当該監査請求の対象は、一連の行為、すなわち、支出負担行為、支出命令及び支出（狭義）の全てを含むものと解釈し、それを前提として同一性の有無を検討することになろう[8]。②逆に、支出負担行為のみがされている段階で監査請求がされ、その結果が出された場合は、その後の支出命令や支出（狭義）について監査請求をする機会を付与するという観点からは、同一性を欠くものとすべきであるという見解もあり得ると思われる。他方、公金の支出を対象とする監査請求がされた後、公金の支出が違法であることに基づいて発生する実体法上の請求権を行使しないことの怠る事実を対象とする監査請求がされた場合、両者は財務会計上の行為等の類型としては別のものではあるが、特段の事情（別段の意思）がない限り、前者の監査請求には後者も対象とする趣旨も含まれていると解することが相当であろう（上記判例④）。

---

[8]　富越和厚「住民監査請求の範囲（重複監査禁止の基準）」大藤編・前掲注4）58頁、藤山・前掲注4）135頁。

III 監査請求期間

1 各種要件（法242条2項）

法242条2項の要件のうち、実務上よく問題となるものとしては、①財務会計上の行為（当該行為）に関する1年の監査請求期間の起算日、②怠る事実の監査請求における監査請求期間、③監査請求期間の徒過に関する正当な理由の各点がある。

2 当該行為に関する起算日

監査請求について、当該行為のあった日又は終わった日から1年を経過することができないとして、期間制限が設けられているのは、普通地方公共団体の機関・職員の行為は、たとえそれが違法・不当なものであったとしても、いつまでも争いうる状態にしておくことは法的安定性の見地から見て好ましいことではないので、なるべく早く確定させようという理由によるものである[9]。また、当事者の知不知にかからせた主観的な短期のものについて定めがないのは、住民訴訟が客観訴訟であり、対象となる行為が行われたことについて個々の住民について個別的に告知されないことによるものと解される[10]。

(1) 判例の考え方

①公金の支出を構成する支出負担行為、支出命令及び支出（狭義）について、最三判平成14年7月16日民集56巻6号1339頁（判例⑥）は、監査請求期間はそれぞれの行為のあった日から各別に計算すべきものであ

---

[9] 松本・地方自治法990頁、判例⑩として後掲する最二判昭和63年4月22日判タ669号122頁。
[10] 杉山正己「監査請求期間遵守の正当事由」大藤敏編『新版 裁判住民訴訟』242頁（三協法規、2005）。

ると判示した。②概算払（法232条の5第2項）による公金（補助金）の支出について、最三判平成7年2月21日判タ874号120頁は、支出金額を確定する精算手続の完了を待つまでもなく、公金の支出がされた日（正確には、その支出負担行為、支出命令及び支出がされた日）を起算日とすべき旨を判示した。③資金前渡（法232条の5第2項）について、最二判平成18年12月1日民集60巻10号3847頁は、資金前渡職員のする普通地方公共団体に債務を負担させる行為及び支払は、支出負担行為、支出命令及び支出（狭義）と並んで、法242条1項にいう「公金の支出」に当たると判示した。④賃貸者契約の締結につき、最三判平成14年10月15日判タ1110号138頁（判例⑦）は、当該行為の「あつた日」は、一時的行為のあった日を意味するのに対し、当該行為の「終わつた日」は、継続的行為についてその行為が終わった日を意味するとした上、賃貸借契約の締結を対象とする監査請求については、契約締結の日を起算日とすべき旨を判示した。

(2) 実務上の留意点

　監査請求書上、住民監査請求の対象である公金の支出が特定されているように見える場合であっても、なお概括的なものにとどまり、違法又は不当として主張されているのが、支出負担行為、支出命令又は支出のいずれなのか不明確であって、その法的性格があいまいな場合が極めて多い。このような状況にあって、上記の各判例は、住民訴訟において問題とされる公金の支出につき、分析的に把握して特定しておく必要性をいうものであると解される。もっとも、実際上は、当該行為の違法・不当をいう監査請求は、支出負担行為を監査請求の対象とし、その違法をいう趣旨のものが多いように思われる。

　監査請求書が上記の意味における特定を欠くときは、住民訴訟を提起するに際し、これを分析的に把握して特定し、訴状に記載することが望ましいし、訴状においても同様のままであるときは、裁判所としては、審理の初期の段階において、原告に対して、適切な釈明を行う必要がある。このことは、起算日の検討のみならず、当該行為のそれぞれに関する違法事由

の分析にも有用である。

3　怠る事実と監査請求期間

(1)　判例の考え方

　法242条2項の文言上、「当該行為」があった場合の監査請求期間は制限されているが、「怠る事実」はその制限の対象とされていない。最三判昭和53年6月23日判時897号54頁は、法242条1項所定の怠る事実に係る監査請求については同条2項の適用はないと解すべきであると判示し、怠る事実に係る監査請求についての原則的な考え方を示した。

　その後、最二判昭和62年2月20日（上記判例④）は、監査請求の対象を当該行為が違法、無効であることに基づいて発生する実体法上の請求権の不行使という怠る事実として構成することにより、同項の定める監査請求期間の制限を受けずに当該行為の違法是正等の措置を請求し得るものとすれば、法が監査請求に期間制限を設けた趣旨が没却されることから、普通地方公共団体において違法に財産の管理を怠る事実があるとして同条1項の規定による住民監査請求があった場合に、同監査請求が、当該普通地方公共団体の長その他の財務会計職員の特定の財務会計上の行為を違法であるとし、当該行為が違法、無効であることに基づいて発生する実体法上の請求権の不行使をもって財産の管理を怠る事実としているものであるとき（いわゆる「不真正怠る事実」）は、当該監査請求については、前記怠る事実に係る請求権の発生原因である当該行為のあった日又は終わった日を基準として同条2項の規定を適用すべきであると判示した。

　なお、怠る事実に同条2項の適用がある場合の基準日に関して、最三判平成9年1月28日民集51巻1号287頁（判例⑧）は、財務会計上の行為が違法、無効であることに基づいて発生する実体法上の請求権が前記財務会計上の行為がされた時点ではいまだ発生しておらず、又はこれを行使することができない場合には、前記実体法上の請求権が発生し、これを行使することができることになった日を基準として同項の規定を適用すべきものと解するのが相当であるとした。また、最三判平成19年4月24

日民集 61 巻 3 号 1153 頁は、財産の管理を怠る事実に係る実体法上の請求権が除斥期間の経過により消滅するなどして怠る事実が終わった場合には、当該怠る事実の終わった日から 1 年を経過したときは、これを対象とする住民監査請求をすることができないとした。

他方、当該地方公共団体の財務会計行為が介在するいわゆる談合事案について、最三判平成 14 年 7 月 2 日民集 56 巻 6 号 1049 頁（判例⑨）は、実体法上の請求権の行使を怠る事実を対象としてされた監査請求につき、監査委員が当該怠る事実の監査を遂げるためには、特定の財務会計上の行為の存否、内容等について検討しなければならないとしても、当該行為が財務会計法規に違反して違法であるか否かの判断をしなければならない関係にはない場合には、当該監査請求に同条 2 項の規定は適用されないと判示した。

(2) 実務上の留意点

上記判例④の下においては、怠る事実に係る住民監査請求が監査請求期間の制限を受けるか否かについては、監査請求書に記載のある実体法上の請求権が、「当該普通地方公共団体の長その他の財務会計職員の特定の財務会計上の行為を違法であるとし、当該行為が違法、無効であることに基づいて発生する実体法上の請求権の不行使をもって財産の管理を怠る事実としているもの」か否かを判定する必要がある。

実務的にみると、上記の判定が必ずしも容易ではない場合もあり、例えば、いわゆる談合の事案については、上記の判定について下級審の判断が分かれていたところ、上記判例⑨により、「監査委員が……当該行為が財務会計法規に違反して違法であるか否かの判断をしなければならない関係にはない場合」か否かという基準が導入され、決着を見た。談合のように、財務会計上の行為（契約の締結）が介在するとはいえ、もっぱら談合自体の不法行為法上の違法を主張することもできる事案については、この基準が適合するものと思われる。なお、上記判例⑨は、「監査請求の対象として何を取り上げるかは、基本的には請求をする住民の選択に係るものであるが、具体的な監査請求の対象は、当該監査請求において請求人が何

を対象として取り上げたのかを、請求書の記載内容、添付書面等に照らして客観的、実質的に判断すべき」と判示しており、当該行為が客観的には財務会計法規に違反する違法なものであるといい得るか否かによって決せられるものではないとしている点に注意を要する。

4　正当理由

(1)　判例の考え方

　法242条2項ただし書は、「正当な理由」がある場合は、当該行為のあった日又は終わった日から1年を経過したときでも、監査請求をすることができる旨を規定している。同規定の趣旨について、最二判昭和63年4月22日判タ669号122頁（判例⑩、用地買収のため予算外の支出がされた事案）は、地方自治法242条2項本文は、普通地方公共団体の執行機関、職員の財務会計上の行為は、たとえそれが違法、不当なものであったとしても、いつまでも監査請求ないし住民訴訟の対象となり得るとしておくことが法的安定性を損ない好ましくないとして、監査請求の期間を定めたものであるが、「当該行為が普通地方公共団体の住民に隠れて秘密裡にされ、1年を経過してからはじめて明らかになつた場合等」にも前記の趣旨を貫くことは相当でないことから、同項ただし書は、「正当な理由」があるときは、例外として、当該行為のあった日又は終わった日から1年を経過した後であっても、普通地方公共団体の住民が監査請求をすることができることにしたのであると判示し、さらに、「右のように当該行為が秘密裡にされた場合、同項但書にいう『正当な理由』の有無は、特段の事情のない限り、普通地方公共団体の住民が相当の注意力をもつて調査したときに客観的にみて当該行為を知ることができたかどうか、また、当該行為を知ることができたと解される時から相当な期間内に監査請求をしたかどうかによつて判断すべきもの」と判示した（なお、上記判決は、監査委員が誤って「正当な理由」があるとしてこれを受理し、監査を行ったとしても、そのことによって監査請求の期間を徒過した監査請求が適法となるものではないことも判示している）。

その後、最一判平成 14 年 9 月 12 日民集 56 巻 7 号 1481 頁（判例⑪、全国紙が、市議会委員会で使途が不明な支出がある旨の指摘がされた事実を報道した事案）は、普通地方公共団体の住民が相当の注意力をもって調査を尽くしても、客観的にみて住民監査請求をするに足りる程度に財務会計上の行為の存在又は内容を知ることができなかった場合には、「正当な理由」の有無は、特段の事情のない限り、当該普通地方公共団体の住民が相当の注意力をもって調査すれば客観的にみて前記の程度に当該行為の存在及び内容を知ることができたと解される時から相当な期間内に監査請求をしたかどうかによって判断すべきであると判示した（最三判平成 14 年 9 月 17 日判タ 1107 号 185 頁（予算説明書・決算説明書に事業費に関する記載がある事案）も同旨）。

　そして、前掲判例⑦は、普通地方公共団体の一般住民が相当の注意力をもって調査したときに客観的にみて前記の程度に当該行為の存在及び内容を知ることができなくても、監査請求をした者が前記の程度に当該行為の存在及び内容を知ることができたと解される場合には、正当な理由の有無は、そのように解される時から相当な期間内に監査請求をしたかどうかによって判断すべきものであると判示した上で、市有地の賃貸借契約についてされた監査請求につき、不動産鑑定士である監査請求人が、弁護士を通じて入手した内部資料に基づいて、前記賃貸借契約に係る権利金及び賃料が適正な額より低いとする旨の意見を明らかにすることができたのであるから、そのころには既に前記契約の締結について監査請求をするに足りる程度にその内容を認識していたというべきであるとして、その時点から 64 日後にされた監査請求は相当な期間内にされたものといえないと判示した。

　その後、上記判例⑪に従って事例判断をしたものとして、最一判平成 17 年 12 月 15 日判タ 1200 号 140 頁（判例⑫、一部の住民が先行して情報公開請求をしていた事案）、最一判平成 18 年 6 月 1 日判タ 1227 号 145 頁（判例⑬、再就職者の給与上乗せ問題が地元有力新聞により報道された事案）、最一判平成 20 年 3 月 17 日判タ 1267 号 152 頁がある。

(2) 実務上の留意点

上記判例⑩は「正当な理由」につき一応の判断基準を示したが、①「秘密裡」の意義（a説：ことさらに隠ぺいされていた場合に限るか、b説：住民が相当の注意力をもって調査したときに客観的にみて当該行為を知ることができない場合一般を含むか）、②起算点とすべき時期（a説：住民が当該行為の存在を知っただけで足りるか、b説：住民が存在及び内容を知ったことが必要か）、③監査請求をしなければならない相当な期間とはどの程度か（許容される上限の期間いかん）といった問題につき、なお議論の余地を残した。

しかし、その後に現れた上記判例⑪は、上記①及び②の問題につき、いずれもb説の立場を採ることを明らかにし、その後の判例でもこれらが踏襲され、判例の立場はほぼ固まったということができる。

もっとも、②の起算点とすべき時期、すなわち、「一般住民が相当の注意力をもって調査したときに客観的にみて前記の程度に当該行為の存在及び内容を知ることができ」たとすべき時期の認定判断の在り方については、なお見解が分かれ得る状況にある。その認定判断に当たっては、まずは、原告側から、実際に住民が問題を認識したとする契機（地方自治体が発行する広報誌や新聞報道の記事といった受動的な情報入手である場合もあろうが、情報公開条例に基づく情報公開請求を行うという能動的な情報入手を試みた場合もあろう）を主張立証させ、それに対して、被告側から、より早い時期において当該行為の存在と内容を知ることができたといえる契機があったことについての主張立証を促し（なお、情報公開請求をすれば当該行為の存在と内容を知ることができたのにそれをしなかった場合については議論がある[11]）、さらに、当該行為が問題とされるに至ったそれ以外の経緯（議会における議論の状況）等も踏まえた上で、事案に即した適切な判断をすることが求められよう（判例⑫及び判例⑬に付された泉徳治裁判官の反対意見を参照）。

他方、③の監査請求をしなければならない相当な期間については、具体的な事案の内容を捨象して一律に論じることはできないと考えられるが、

---

11) 古閑裕二「監査請求期間と正当な理由」新大系（25）368頁。

住民が相当の注意力をもって調査したときに客観的にみて当該行為の存在及び内容を知ることができた時点から約3か月を経過した場合につき否定的に解したものがあり（上記判例⑪）、比較的厳格に解釈される傾向にある。

Ⅳ おわりに

　住民監査請求及び住民訴訟については、法令の規定が必ずしも十分ではないことから、判例によって法解釈が発展してきた分野であるが、最高裁判所の判例にも反対意見が付されていることが少なくない。審理に当たっては、先例となる判例が示した法理部分の字義に必要以上に囚われることなく、事案の特性を十分に吟味できるだけの主張立証が尽くされた上で、判断が行われることが重要であると考えられる。

第 29 講

住民訴訟（4 号請求）

貝阿彌　亮

I　はじめに

1　住民訴訟制度の概要

　地方自治法 242 条の 2 に規定する住民訴訟は、地方公共団体の住民が、その住民たる地位に基づいて提起する訴訟であり、「公共団体の機関の法規に適合しない行為の是正を求める訴訟で、選挙人たる資格その他自己の法律上の利益にかかわらない資格で提起するもの」（行政事件訴訟法 5 条）、すなわち民衆訴訟に当たる。

　このような客観訴訟としての民衆訴訟は、本来的に法律上の争訟に該当するものではないから、これを認めるか否かは立法政策に委ねられており、「法律に定める場合において、法律に定める者に限り」、提起することができるものである（行政事件訴訟法 42 条）。住民訴訟制度を設けるか否かも立法政策の問題であって[1]、住民訴訟の対象や形態等も、専ら同訴訟制度を創設した地方自治法の規定によって決せられることとなる。

　具体的には、住民訴訟の対象となる行為は、地方自治法 242 条の 2 第 1 項、242 条 1 項において、「公金の支出」、「財産の取得、管理若しくは処分」、「契約の締結若しくは履行」、「債務その他の義務の負担」（以上を併せて「当該行為」ということがある）又は「公金の賦課若しくは徴収若し

---

[1]　地方自治の本旨との関係につき、最大判昭和 34 年 7 月 20 日民集 13 巻 8 号 1103 頁参照。

くは財産の管理を怠る事実」(「怠る事実」ということがある。また、「当該行為」と併せて「財務会計行為」という)であることが規定されており、また、住民訴訟の形態については、同法242条の2第1項において、①当該執行機関又は職員に対する当該行為の全部又は一部の差止めの請求（1号）、②行政処分たる当該行為の取消し又は無効確認の請求（2号）、③当該執行機関又は職員に対する当該怠る事実の違法確認の請求（3号）、④当該職員又は当該行為若しくは怠る事実に係る相手方に損害賠償又は不当利得返還の請求をすること（賠償命令の対象となる者の場合には賠償命令をすること）を当該地方公共団体の執行機関又は職員に対して求める請求（4号）の4類型が規定されている。そのほか、住民訴訟には、住民監査請求の前置（同法242条の2第1項、242条1項)[2]、出訴期間の遵守（同法242条の2第2項）、別訴の禁止（同条第4項）等の特有の訴訟要件が設けられている。

　以上のような規定に適合しない訴えは、不適法なものとして却下されることとなるのであり、住民訴訟を提起し又は審理するには、まずもって、住民訴訟の根拠規定である地方自治法242条の2等の内容を十分に理解し、当該訴えがその規定に則ったものであるか否かを確認することが大切である。

2　住民訴訟の目的等

　住民訴訟制度の目的は、一般に、①住民の直接の参政手段、②公共的利益の擁護手段、③違法な地方財務行政に対する司法統制の手段を設けること等にあると解されている（最一判昭和53年3月30日民集32巻2号485

---

[2]　前置される住民監査請求は、適法なものでなければならない。実務上、住民訴訟において、その前提となるべき住民監査請求の適法性（監査請求対象の特定、監査請求期間の遵守等）や、住民監査請求の対象と住民訴訟の対象との同一性が争われる例が散見され、これらを欠くことを理由に訴えが却下される例も少なくない。住民訴訟の提起を視野に入れている場合には、住民監査請求をする段階から、住民訴訟を含む制度全体の仕組みを十分に理解した上で、法定の要件に従った請求をするように留意する必要がある。

頁参照)。

　ところで、住民訴訟と同様に地方公共団体の事務処理の是正を求める直接参政制度として、地方自治法は、事務の監査請求制度を設けている（同法12条2項）。同制度によれば、住民は、事務の執行一般について監査を請求することができるが、その請求のためには有権者総数の50分の1以上の者の連署が必要とされ、また、監査の結果は、代表者への送付及び公表等がされるにとどまり、執行機関等に対する法的拘束力を有するものではなく（同法75条）、その最終的な解決は民主政の過程に委ねられている。このような仕組みは、地方自治法が基本的に採用する間接民主制と直接参政制度との調和を図ったものといえる。これに対し、住民訴訟は、住民が1人でも提起することができる上、終局的には裁判所による法的・強制的解決が予定されているのであって、直接的かつ強力な是正手段ということができる。このような住民訴訟の特殊性は、前記のとおり対象が財務会計行為に限定されており、財務会計行為であれば、その行為規範が法定されており又は客観的に設定しやすく、その違法性の有無は裁判所による司法的判断になじみやすいし、選挙等の民主政の過程による政治的解決に委ねなくても、個々の住民の訴訟提起に基因して民主的基盤を持たない裁判所による直接の統制を認めるのに支障がないこと、また、財務会計行為は地方公共団体の財産に直接影響するため、強制力を持つ解決手段が要請されること等に根拠が求められよう。

　その意味では、住民訴訟制度の在り方は、地方行政上の問題についての民主政の過程による政治的解決と裁判所による司法的解決との役割分担の観点から定められているともいえる。それゆえ、単にその範囲を拡張して司法的統制を及ぼすことだけが、直ちに住民の利益の適切な実現を意味するわけではないのであって、前記のとおり、法定された住民訴訟の要件の内容や趣旨を十分に理解した上で、これに則った訴訟追行及び審理をすることが求められる。

　実務上、住民訴訟を広く一般行政上の事項を対象として提起し地方行政の是正を求めようとする、「住民訴訟の一般的利用」ともいえる事案や、他方で、主観的行政訴訟における訴訟上の制約（訴訟類型に応じて、処分

性、原告適格その他の訴訟要件が要求される）に基因して、原告の個人的利益の実現を目的としながら住民訴訟を提起する、「住民訴訟の主観的利用」ともいえる事案が散見される。地方公共団体の財務会計行為の違法を問う住民訴訟の形をとっている限り、そのような訴えが直ちに不適法となるわけではないが、いかなる財務会計行為のいかなる財務会計法規上の違法を主張するのかが明らかでないなど、住民訴訟の枠組みの下での審理・判断に困難を要する例も少なくない。地方自治法において選挙をはじめとする直接・間接の参政制度が設けられ、また、行政事件訴訟法において公法関係における個人的利益の救済のための主観訴訟の仕組みが規定されている中にあって、住民訴訟において、広く住民が個人的利益の有無にかかわらずに訴えを提起することができるものとされ、差止請求や請求権行使の義務付け請求といった強力な手段が比較的緩やかな要件[3]の下で認められているのは、客観訴訟として地方行政の客観的な法適合性の確保を目的としているからにほかならない。そして、法がこのような客観訴訟を特に認める実質的根拠は、前記のとおり、財務会計行為を対象とすることにあるのであるから、住民訴訟の審理については、このような観点からの適切な範囲設定が要請されるものといえよう。

3 本講の内容

本講では、住民訴訟の4類型のうち最も提起数の多い、いわゆる4号請求（地方自治法242条の2第1項4号に基づく請求）を取り上げ、実務上問題となることの多い幾つかの事項について、判例の考え方や実務上の運用を概説した上で、当事者の主張立証上の留意点について説明することとしたい。

---

3) 例えば、行政事件訴訟法上の差止めの訴えは、処分により「重大な損害」が生ずるおそれがあることが要件とされているが（同法37条の4第1項本文）、住民訴訟としての差止請求には、限定的な消極的要件（地方自治法242条の2第6項）が設けられているにとどまり、このような積極的な損害発生要件は設けられていない。

Ⅰ　はじめに

Ⅱ 判例の考え方、実務上の運用

1 請求の趣旨

　4号請求は、①地方公共団体の住民が原告となって、②当該地方公共団体の執行機関又は職員を被告として、③当該職員又は当該行為若しくは怠る事実に係る相手方に対して損害賠償又は不当利得返還の請求をすること（③'賠償命令の対象となる者の場合には賠償命令をすること）を求める請求である（地方自治法242条の2第1項4号）。

　したがって、4号請求の請求の趣旨は、次のようなものとなろう。

　「被告は、○○（「当該職員又は当該行為若しくは怠る事実に係る相手方」に当たる者）に対し、○○円及びこれに対する平成○年○月○日から支払済みまで年○分の割合による金員を請求せよ。」（同号本文の場合）

　「被告は、○○（前同）に対し、○○円及びこれに対する平成○年○月○日から支払済みまで年○分の割合による金員の賠償を命令せよ。」（同号ただし書の場合）

　なお、4号請求は、平成14年法律第4号による地方自治法の改正（以下「平成14年改正」という）により、その形態が従前のものから大幅に変更されている。平成14年改正前の4号請求は、いわゆる「代位請求」であり、地方公共団体が有する実体法上の請求権を住民が当該地方公共団体に代位して行使するものとして構成され、当該職員又は当該行為若しくは怠る事実に係る相手方個人（例えば、都道府県知事や市町村長個人）を被告として、当該地方公共団体への金員の支払等を直接請求することとされていたが、改正後の4号請求は、上記のとおり、地方公共団体の執行機関又は職員を被告として、請求権の行使や賠償命令をすることを求める「義務付け請求」として構成されている。したがって、平成14年改正前の事案の裁判例を参照する場合には、その被告や請求の趣旨が現在の4号請求とは異なることに留意する必要がある[4]。

2　訴額

　住民訴訟の訴額算定の基礎となる利益は、地方財務行政の是正により原告を含む住民全体の受けるべき利益であって、その性質上、その価額の算定は極めて困難であるから、4号請求の訴額は、請求額や原告の数にかかわらず、民事訴訟費用等に関する法律4条2項に準じて、一律に160万円となる（前掲最一判昭和53年3月30日参照）。

　ただし、4号請求の対象とする財務会計行為が複数あり、それぞれが独立して請求の原因とされているような場合には、複数の請求がされていると見るべきであり、各請求がそれぞれ160万円の訴額であるものと解すべきであろう。

3　被告適格

　4号請求の被告適格は、「当該普通地方公共団体の執行機関又は職員」が有する[5]。したがって、例えば、地方公共団体自体を被告としたり、平成14年改正前のように「当該職員」又は「当該行為若しくは怠る事実に係る相手方」個人を被告としたりする訴えは、現行法上の4号請求としては不適法である。

　4号請求の被告適格を有する「執行機関又は職員」とは、当該訴訟で義務付けが求められている損害賠償等の請求又は賠償命令をする権限を有する執行機関又は職員をいうものと解される。そして、地方公共団体において、損害賠償又は不当利得返還の請求をする権限（地方自治法240条2項、242条の3第1項参照）や賠償命令をする権限（同法243条の2第3項・4項）を有するのは長であるから、4号請求の被告適格は、通常の場合、

---

[4]　他方、「当該職員」の意義や財務会計行為の違法の判断方法等については、改正の前後で特に解釈に変更は生じないものと考えられる。

[5]　なお、1号請求及び3号請求についても「当該執行機関又は職員」が被告適格を有するが、2号請求については、当該行政処分をした処分庁の所属する地方公共団体が被告適格を有すること（地方自治法242条の2第11項、行政事件訴訟法43条1項・2項、11条1項）に注意が必要である。

当該地方公共団体の長（都道府県知事、市町村長、特別区の区長等）が有する。ただし、これらの権限が長以外の者に委任されている場合（同法153条、180条の2）には、当該委任を受けた執行機関又は職員が被告適格を有する。また、「執行機関」はもとより、「職員」についても、個人としてではなく、その権限を有する地位にある者として被告となるのであり、当該地位にある者に変動が生じた場合であっても、被告の変更が生じるわけではなく、新たに当該地位に就いた者が当然に被告として訴訟追行をすることになる。

なお、原告が4号請求の被告とすべき者を誤って訴えを提起した場合、行政事件訴訟法15条に基づく被告の変更許可手続の対象となると解される（地方自治法242条の2第11項、行政事件訴訟法43条3項、40条2項）[6]。ただし、実務上は、請求の趣旨及び原因を含む訴状全体の記載内容から判断して合理的に確定されるべき被告に訴状の記載を改めるのであれば、被告の変更許可手続によるまでもなく、表示の訂正の方法がとられることもあり得よう。

4　対象行為

前記Ⅰのとおり、住民訴訟の対象となる行為は、「公金の支出」、「財産の取得、管理若しくは処分」、「契約の締結若しくは履行」、「債務その他の義務の負担」又は「公金の賦課若しくは徴収若しくは財産の管理を怠る事実」、すなわち財務会計行為に限られているから、財務会計行為に当たらない行為を対象とする訴えは、不適法として却下されることとなる。

この財務会計行為とは、住民訴訟制度の目的に照らし、財務的処理を直接の目的とする財務会計上の行為又は事実としての性質を有するものに限

---

[6] 平成14年改正前の4号請求につき、最一判平成11年4月22日民集53巻4号759頁参照。なお、住民訴訟の出訴期間は監査結果通知日から30日以内等と短いため（地方自治法242条の2第2項）、いったん訴えを取り下げて改めて正しい被告を相手に訴えを提起するという方法をとることはできない場合が多いであろう。

られ、それ以外の一般行政上の行為又は事実は住民訴訟の対象とはならないものと解するのが、通説・判例（最一判平成2年4月12日民集44巻3号431頁等）である。紙幅の関係上、本講では財務会計行為該当性の具体的な判断の在り方[7]までは立ち入らないが、住民訴訟の対象について財務会計行為としての性質を有するか否かという観点からの適切な範囲設定が要請されるのは前記Iのとおりであり、また、これまでに相当数の裁判例が蓄積されているところであるから、住民訴訟を提起し又は審理する際には、財務会計行為該当性について十分に検討することが求められる。

なお、地方公共団体の有する損害賠償請求権又は不当利得返還請求権の不行使は「財産の管理を怠る事実」に該当するから、4号請求が「怠る事実の相手方」に対して損害賠償又は不当利得返還の請求をすることを求めるものである場合には、財務会計行為該当性の問題は生じないのが通常であろう。

5　請求又は賠償命令の相手方

4号請求において、被告に行使を求める請求又は賠償命令の相手方は、「当該職員」又は「当該行為若しくは怠る事実に係る相手方」と規定されている（地方自治法242条の2第1項4号）。なお、4号請求が提起された場合、被告は、請求又は賠償命令の相手方とされている者に対して、遅滞なく訴訟告知をしなければならない（同条第7項）。

(1)　「当該職員」の意義

地方自治法242条の2第1項4号に規定する「当該職員」は、同項及び242条1項の文理上、違法な財務会計行為をした者を指しているから、4号請求が「当該職員」を請求又は賠償命令の相手方とする趣旨である場合、その者は、違法と主張されている財務会計行為を行う権限を有する者

---

[7]　西川・リーガル239頁、大藤敏編『新版 裁判住民訴訟法』1頁（三協法規、2005）等参照。

でなければならない。最二判昭和62年4月10日民集41巻3号239頁は、平成14年改正前の4号請求の事案につき、「『当該職員』とは、……当該訴訟においてその適否が問題とされている財務会計上の行為を行う権限を法令上本来的に有するとされている者及びこれらの者から権限の委任を受けるなどして右権限を有するに至つた者を広く意味し、その反面およそ右のような権限を有する地位ないし職にあると認められない者はこれに該当しない」旨を判示しており、その内容は、現行法上の4号請求にも当てはまる。「当該職員」を請求又は賠償命令の相手方とする趣旨の4号請求において、その相手方がこのような権限を有する地位ないし職にあると認められない場合には、当該訴えは、法定の住民訴訟の類型に該当しない不適法なものであるといえよう[8]。

　この「当該職員」とは、地方公共団体に対して実体法上の損害賠償義務又は不当利得返還義務を負う者の趣旨であるから、機関としての職員ではなく、財務会計行為をした職員個人を指す。したがって、その者が職員としての地位を失ったとしても、「当該職員」に当たることに変わりはない。

　ところで、地方自治法上、執行機関の権限のほとんどは地方公共団体の長に属するものとされているが、能率的な地方行政の執行のためには、長の権限の下部機関等への分配が不可欠であり、そのような分配の方法として、一般に、権限の委任や専決等の方法がとられている。4号請求の対象とされる財務会計行為についてこのような権限の分配がされている場合に、誰が「当該職員」に該当するかが問題となる。

　ア　権限の委任がある場合

　財務会計行為を行う権限が委任されている場合、前掲最二判昭和62年4月10日に照らせば、受任者が「当該職員」に該当することは明らかである。

---

8) 東京地判平成18年10月11日判例秘書L06134099参照。ただし、現行法上の4号請求において「当該職員」該当性は本案の問題であるとする見解もある。
　なお、「当該職員」がしたとされる行為がそもそも財務会計行為に該当しない場合には、前記4のとおり、住民訴訟の対象外の行為を対象とする訴えとして、不適法である。

また、委任者についても、当該財務会計行為を行う権限を法令上本来的に有するものとされている以上、「当該職員」に該当すると解されている（最三判平成5年2月16日民集47巻3号1687頁）。ただし、委任者が有する財務会計上の権限は、受任者を指揮監督することであるから、委任者については、受任者が財務会計上の違法行為をすることを阻止すべき指揮監督上の義務に違反し、故意又は過失により同受任者が財務会計上の違法行為をすることを阻止しなかった場合に限り、自らも財務会計上の違法行為をしたものとして、地方公共団体に対して損害賠償責任を負うものであること（上記最三判）に注意が必要である。

　イ　専決の場合
　地方公共団体の内部において、訓令等の事務処理上の明確な定めにより、当該財務会計行為につき法令上権限を有する者からあらかじめ専決することを任され、その権限行使についての意思決定を行うとされている者（専決権者）も、「当該職員」に該当すると解されている（最二判平成3年12月20日民集45巻9号1503頁）。

　また、専決させた者についても、当該財務会計行為を行う権限を法令上本来的に有するものとされている以上、「当該職員」に該当すると解されている（上記最二判）。ただし、委任者の場合と同様、専決させた者については、専決権者が財務会計上の違法行為をすることを阻止すべき指揮監督上の義務に違反し、故意又は過失により同専決権者が財務会計上の違法行為をすることを阻止しなかった場合に限り、自らも地方公共団体に対して損害賠償責任を負うものであること（上記最二判）に注意が必要である。

(2)　「当該行為若しくは怠る事実に係る相手方」の意義

　「当該行為若しくは怠る事実に係る相手方」とは、財務会計行為たる「当該行為若しくは怠る事実」（この怠る事実には損害賠償請求権又は不当利得返還請求権の不行使が含まれる）の相手方として、地方公共団体に対して損害賠償又は不当利得返還の義務を負うと主張されている者を意味する。したがって、4号請求が「当該行為……相手方」を請求の相手方とする趣旨である場合、原告が相手方として特定した者が「当該行為……相手方」

に該当するか否かは通常問題とならず、その者の損害賠償又は不当利得返還の義務の有無が本案の問題として検討される[9]。

なお、職員が「当該職員」に該当しない場合であっても、その違法行為によって地方公共団体が損害を受けたから、当該地方公共団体は同職員に対して損害賠償を請求すべきところ、その請求権の行使を怠っていると主張して、同職員を「怠る事実に係る相手方」として4号請求を提起する例もある。このような場合には、当該請求権の有無が本案の問題として審理されることになると考えられる。いずれにしても、地方公共団体の職員を請求又は賠償命令の相手方として4号請求を提起する場合には、その職員を「当該職員」とする趣旨か、「怠る事実に係る相手方」とする趣旨かを明確にすべきである。

(3) 賠償命令の対象者

「当該職員」又は「当該行為若しくは怠る事実に係る相手方」が地方自治法243条の2第3項の規定による賠償命令の対象となる者（同条第1項に規定された者）である場合[10]には、被告に対し、賠償命令をすることのみを求めることができ、損害賠償又は不当利得返還の請求をすることを求めることはできない（同法242条の2第1項4号ただし書）。なお、本案の問題として、賠償命令には故意又は重過失（現金については故意又は過失）が要件とされていることに注意が必要である。

6 監査請求期間の遵守（怠る事実に係る監査請求期間の制限の有無）

住民訴訟を提起するには適法な住民監査請求を経ることが必要であるから、住民監査請求が監査請求期間を徒過した不適法なものである場合に

---

[9] 一般的な給付請求訴訟における被告適格の有無の問題（原告によって請求権の相手方と主張されている者であれば、被告適格を有し、その請求権の有無は本案の問題となる）と同様の考え方である。
[10] 地方公共団体の長は、賠償命令の対象者には含まれないと解されている（最一判昭和61年2月27日民集40巻1号88頁参照）。

は、これを前提とする住民訴訟も不適法なものとして却下されることとなる。実務上、住民訴訟において監査請求期間の遵守の有無が争われる例が少なくないことから、法律上の監査請求期間の定め及びこれに関する判例の考え方を理解しておくことが大切である。

すなわち、住民監査請求は、「当該行為」のあった日又は終わった日から1年を経過したときは、正当な理由があるときを除き、することができないものとされている（地方自治法242条2項）。

他方、「怠る事実」は継続的性質を有するから、怠る事実に係る住民監査請求については、期間制限が及ばないのが原則である（最三判昭和53年6月23日集民124号145頁）。しかし、地方公共団体において違法に財産の管理を怠る事実があるとして住民監査請求があった場合に、同監査請求が、当該地方公共団体の長その他の財務会計職員の特定の財務会計上の行為を違法であるとし、当該行為が違法、無効であることに基づいて発生する実体法上の請求権の不行使をもって財産の管理を怠る事実（いわゆる不真正怠る事実）としているものであるときは、監査請求期間を設けた法の趣旨を没却しないよう、当該監査請求については、同怠る事実に係る請求権の発生原因たる当該行為のあった日又は終わった日を基準として、監査請求期間の制限が及ぶ（最二判昭和62年2月20日民集41巻1号122頁）。ただし、実体法上の請求権の不行使をもって財産の管理を怠る事実と構成してされた住民監査請求につき、監査委員がその監査を遂げるためには、特定の財務会計上の行為の存否、内容等について検討しなければならないとしても、当該行為が財務会計法規に違反して違法であるか否かを判断しなければならない関係にはない場合には、監査請求期間の制限は及ばない（最三判平成14年7月2日民集56巻6号1049頁）[11]。

---

[11] そのほか、怠る事実と監査請求期間の制限との関係の詳細については、清水知恵子「真正怠る事実と不真正怠る事実」新大系（25）570頁参照。

7　財務会計行為の違法の意義

(1)　財務会計行為の「違法」と 4 号請求の要件との関係

　ア　一般に、住民訴訟上の請求は、「違法」な財務会計行為（当該行為又は怠る事実）があるときに認められ（地方自治法 242 条の 2 第 1 項）、その「違法」とは、財務会計法規上の義務に違反することを意味するものと解されている。

　イ　ところで、4 号請求において被告に行使を求める損害賠償請求権及び不当利得返還請求権は、いずれも民法に基づくものであるから、民法上の発生要件を充足する必要がある（賠償命令を求める場合には、地方自治法 243 条の 2 所定の賠償命令の要件を充足する必要がある）。例えば、実務上主張されることの多い不法行為に基づく損害賠償請求権について見れば、①違法性、②故意又は過失、③損害の発生及び④相当因果関係が必要である。

　「当該職員」を請求又は賠償命令の相手方とする 4 号請求は、当該職員がした違法な財務会計行為により地方公共団体が被った損害の賠償の請求等を求めるものであるから、前記アの「違法」（財務会計法規上の義務違反）と、損害賠償請求権の発生原因たる上記①の違法性とは、重なることとなろう。

　これに対し、「怠る事実に係る相手方」を請求又は賠償命令の相手方とする 4 号請求の場合、前記アの「違法」（財務会計法規上の義務違反）とは、損害賠償請求権等の請求権の行使を怠る事実（不行使）の違法[12]であり、損害賠償請求権の発生原因たる上記①の違法性とは異なる（ただし、いわゆる不真正怠る事実の場合には、上記①の違法性として、特定の財務会計上の行為が財務会計法規に違反して違法であるか否かが問題となるから、「当該職員」を請求又は賠償命令の相手方とするのと類似の状況が生じることになる）。

---

[12]　請求権の不行使の違法性を否定した例として、最二判平成 16 年 4 月 23 日民集 58 巻 4 号 892 頁。

(2) 先行行為の違法と財務会計行為の違法との関係

　財務会計行為の違法の原因として、先行行為（特に非財務会計行為）の違法が主張されることが少なくない。地方公共団体の行為の多くは何らかの財務的処理を伴うものであるから、財務会計行為がされた機会を捉えてあらゆる先行行為の違法を主張することができるとすると、結局地方公共団体の事務一般に審理が及ぶこととなり、住民訴訟の対象を財務会計行為に限定した地方自治法の趣旨に反する一方[13]、先行行為の違法が一切考慮されないとなれば、結局違法な公金支出も許容することとなり、地方財務行政の適正確保を目的とする住民訴訟の意義が損なわれかねない。

　この問題につき、判例は、平成14年改正前の4号請求により「当該職員」に損害賠償責任を問うことができるのは、先行する原因行為に違法事由が存する場合であっても、同原因行為を前提としてされた同職員の行為自体が財務会計法規上の義務に違反する違法なものであるときに限られるとしており（最三判平成4年12月15日民集46巻9号2753頁）、このような解釈は、平成14年改正後の4号請求における「当該職員」の損害賠償責任の有無の判断においても異なるところはないものと考えられる[14]。

　いかなる場合に当該職員の行為が財務会計法規上の義務に違反するかは、当該職員の権限や先行行為との関係等の具体的事情に応じた個別的判断によることとなるが、例えば、先行行為が無効である場合や、違法な先行行為につき当該職員が是正権限を有している場合には、当該職員が当該先行行為を前提に財務会計行為を行うことは財務会計法規上の義務に違反

---

[13] なお、同様の問題意識は、地方公共団体の職員を「怠る事実に係る相手方」とする4号請求において、地方公共団体の実体法上の損害賠償請求権の発生原因として、同職員がした非財務会計行為の違法が主張される場合にも生じる。このような場合には、同職員が地方公共団体との関係で負う不法行為法上の義務の内容の解釈や、故意・過失、損害及び因果関係の有無の認定等を通じて、適切な解決が図られることとなろう。

[14] 住民訴訟における「違法性の承継」の問題と称されることがあるが、あくまでも当該職員自身の財務会計法規上の義務違反の有無を問題とするのであるから、先行行為の違法を理由に固有の瑕疵がない後行行為が違法になるかを問題とする講学上の違法性の承継とは異なる（福岡右武・最判解民事篇平成4年度536頁参照）。

する違法なものとなり得る一方、そのような場合でなければ、先行行為が著しく合理性を欠き、予算執行の適正確保の見地から看過し得ない瑕疵があるような場合でない限り、先行行為に違法があっても、当該職員の財務会計行為が財務会計法規上の義務に違反する違法なものとはいえないのが通常であろう（上記最三判参照）[15]。

8　2段目の訴訟

4号請求において、損害賠償又は不当利得返還の請求を命ずる判決が確定した場合においては、地方公共団体の長は、当該判決が確定した日から60日以内の日を期限として、当該請求に係る損害賠償金又は不当利得の返還金の支払を請求をしなければならず、同期限までに支払がないときには、当該地方公共団体は、当該損害賠償又は不当利得返還の請求を目的とする訴訟（いわゆる2段目の訴訟）を提起しなければならない（地方自治法242条の3第1項・2項）[16]。この2段目の訴訟は、当該地方公共団体と「当該職員又は当該行為若しくは怠る事実に係る相手方」とされた者個人との間の通常の民事訴訟であるが、後者には訴訟告知がされており、4号請求訴訟の判決の参加的効力が及ぶから（同条4項）、この2段目の訴訟によって4号請求訴訟の目的が実現されることが予定されている。

Ⅲ　原告側の主張立証上の留意点

1　訴訟要件の充足の確認

既に見たとおり、4号請求訴訟を適法に提起するには、①適法な住民監査請求の前置（監査請求対象の特定の有無、監査請求期間の遵守の有無、監査請求の対象と住民訴訟の対象との同一性の有無が問題となる例が多い）、②出

---

[15]　判例の分析につき、西川・リーガル264頁、大藤・前掲注7）14頁参照。
[16]　賠償命令をすることを命ずる判決が確定した場合の2段目の訴訟については、地方自治法243条の2第4項ないし7項・11項参照。

訴期間の遵守（監査結果通知日から30日以内等と短いことに注意が必要である）、③法定の訴訟形態の充足（被告適格、財務会計行為該当性、「当該職員」該当性が問題となる例が多い）、④別訴禁止等の、住民訴訟に特有の訴訟要件を充足する必要がある。実務上、本案の審理に至る前に、このような訴訟要件の充足の有無が問題となることが少なくないし、実際に訴訟要件を欠くことを理由に訴えが却下される例も散見される。原告においては、地方自治法の定める住民訴訟の仕組みを十分に理解し、住民監査請求の段階から、以上のような訴訟要件を充足していることを逐一精査した上で、訴えを提起することが大切である。

2 財務会計行為の特定

住民訴訟は、「公金の支出」、「財産の取得、管理若しくは処分」、「契約の締結若しくは履行」、「債務その他の義務の負担」又は「公金の賦課若しくは徴収若しくは財産の管理を怠る事実」すなわち財務会計行為を対象とするものであるから、これを提起する原告は、当該請求が具体的にいかなる執行機関又は職員によるいかなる財務会計行為を対象とするものであるかを特定しなければならない。

実務上、総体的な政策決定の違法や非財務会計行為の違法を主張するにとどまっていたり、一連の行政過程を羅列するにとどまっていたりして、いかなる財務会計行為を対象としているのか明確ではない訴えが散見される。住民において地方公共団体内部の財務的処理の過程を詳細に把握することは容易ではないから、訴え提起段階ではある程度概括的な特定にとどまるのはやむを得ないにしても、原告において得られる情報に基づいて、可能な限り、当該住民訴訟において対象とする財務会計行為を特定するように努めるべきである。対象とする財務会計行為が定まらなければ、本案において検討すべき財務会計法規上の義務の内容も定まらないし、そもそも、訴訟要件の充足の有無（住民監査請求の前置の有無や「当該職員」該当性等）の検討もできないからである。

なお、これに関連して、地方公共団体の職員を請求又は賠償命令の相手

方とする場合には、同職員を「当該職員」とする趣旨か、「怠る事実に係る相手方」とする趣旨かを明確にすべきである（前記Ⅱ5⑵参照）。

3　財務会計行為の違法の主張

　住民訴訟上の請求は、「違法」な財務会計行為（当該行為又は怠る事実）があるときに認められ（地方自治法242条の2第1項）、その「違法」とは、財務会計法規上の義務に違反することを意味するから（前記Ⅱ7⑴参照）、原告においては、前記2のとおり特定した財務会計行為について、いかなる財務会計法規上の義務に違反するのかを具体的に明示して主張する必要がある。

　原告が財務会計行為として債権の管理を怠る事実を主張する場合には、債権管理に係る財務会計法規上の義務は比較的明確であるから（地方自治法240条）、その主張の明確性が問題となることは少ないが（当該債権の有無が主たる争点となる）、原告が財務会計行為として当該行為を主張する場合には、いかなる財務会計法規上の義務違反があるのかを具体的に明示するよう留意すべきである。実務上、単に抽象的に違法というにとどまっていたり、先行行為等に係る非財務会計法規上の義務違反の主張に終始したりして、当該行為についていかなる財務会計法規上の義務違反を主張するのかが判然としない場合が見られるが、このような主張は、住民訴訟においては失当といわざるを得ないであろう。

　実務上、財務会計法規上の義務違反の根拠として主張されることが多い法令上の規定として、地方自治法第2編第9章に規定する支出、契約及び財産等の財務に係る諸規定（例えば、随意契約によることができる場合を制限する同法234条2項、同法施行令167条の2）のほか、給与法定主義を定める同条204条の2、最少経費最大効果及び必要最少限度支出の原則を定める同法2条14項及び地方財政法4条、補助事業等により取得した財産の処分の制限を定める補助金等に係る予算の執行の適正化に関する法律22条等がある。また、「先行行為が著しく合理性を欠き、そのために予算執行の適正確保の見地から看過し得ない瑕疵」があるのに、これを前

提に後行の財務会計行為をしたとして、当該財務会計行為に財務会計法規上の義務違反がある旨を主張する例も見られる（前記Ⅱ7⑵参照）。

Ⅳ　被告側の主張立証上の留意点

1　財務的処理の過程の主張

　住民訴訟において、対象となる財務会計行為や「当該職員」等の特定を、訴えを提起する原告がすべきなのは当然である。しかしながら、住民である原告にとって、報道や情報公開制度等により自ら得られる情報だけでは、地方公共団体内部の財務的処理の過程を具体的に把握するのは容易ではない。そのため、原告による上記事項の特定の程度や正確性には限界があり、それが審理の遅延の原因となりかねないし、裁判所においても客観的事実関係に即した判断ができなくなるおそれがある。したがって、迅速かつ的確な審理を実現するため、当該地方公共団体の執行機関又は職員である被告には、訴訟の初期の段階において、客観的事実として、当該事案に係る財務的処理の過程（いかなる財務会計職員が、いかなる法令上の根拠に基づいて、いつ、いかなる財務会計行為をしたか）を具体的に明らかにすることが望まれる。なお、住民監査請求の対象と住民訴訟の対象とには同一性が要求されるから、住民訴訟において被告が財務的処理の過程を明らかにしたからといって、そのために当該住民訴訟の対象が拡大するわけではない。

2　主張立証の在り方

　4号請求において、財務会計行為の違法や相手方に対する実体法上の請求権の原因事実については、原告側が主張立証責任を負うものと解される。もっとも、平成14年改正により4号請求の被告が地方公共団体の執行機関又は職員とされたのは、1つには、地方公共団体の執行機関又は職員が当事者となることによって、当該地方公共団体自らがその財務的処理

に係る意思決定の根拠や経緯を裁判上明確にし得る上、当該地方公共団体が有する証拠や資料の活用が容易になり、審理の充実や真実の追究に資することが期待されたからであると解される[17]。したがって、原告のみならず被告においても、財務会計行為の適法性等について、自ら積極的な主張立証をしていくことが期待され、それがひいては、適切な審理及び判断の実現につながるものと思われる。

3　訴訟告知及び補助参加

　4号訴訟が提起された場合、被告である当該地方公共団体の執行機関又は職員は、遅滞なく、「当該職員又は当該行為若しくは怠る事実の相手方」（すなわち、請求又は賠償命令の相手方とされている者）に対して、訴訟告知（民事訴訟法53条1項）をしなければならないから（地方自治法242条の2第7項）、これを失念しないように留意すべきである。

　そして、訴訟告知を受けた者は、当該訴訟に補助参加（民事訴訟法42条）等をすることができる。また、訴訟告知を受けた者が当該訴訟に参加したか否かにかかわらず、原則として参加的効力が生じ（民事訴訟法53条4項、46条）、2段目の訴訟に同効力が及ぶこととなる（地方自治法242条の3第4項）。4号請求において、被告の属する地方公共団体と、義務付けを求められている請求又は賠償命令の相手方とは、実体法上の請求権の存否について利害が対立する関係にあり、被告によって当該相手方にとって十分な主張立証がされるとは限らないから、訴訟告知を受けた当該相手方が当該訴訟に参加して、自己の主張立証を尽くすべき場合も少なくないであろう。

---

[17]　平成13年12月4日衆議院総務委員会「地方自治法等の一部を改正する法律案に対する附帯決議」（第153回国会）参照。

V　おわりに

　以上のとおり、住民訴訟は、客観訴訟であるが故に、通常の主観訴訟たる行政事件訴訟とは異なる特有の訴訟要件等の仕組みを持っており、これらの解釈についての判例法の蓄積も進んでいる。4号請求をはじめとする住民訴訟の訴訟追行や審理をするに当たっては、このような住民訴訟の仕組みや解釈を十分に理解した上で、住民訴訟制度の目的に即した充実した主張立証及び審理を進めていくことが期待される。

第11部

手続の違法

第30講
行政手続等の瑕疵をめぐる紛争

馬場　俊宏

I　はじめに

　取消訴訟においては、行政処分の違法事由として、当該行政処分が法律上の処分要件を満たしていないという実体的違法に加え、当該行政処分に至る行政手続に瑕疵が存在するという手続的違法が主張されることも少なくない。

　一般に、行政手続とは、行政機関が行政作用を行うときの事前手続を意味し、行政処分手続、行政立法手続及び行政指導手続等がこれに該当するとされている。本講においては、行政処分の準備的行為として行われる情報収集活動を「行政調査」と呼び、行政処分に至る事前手続のうち、行政調査を除くものを「行政手続」と呼ぶこととして、IIにおいて、行政手続の瑕疵と行政処分の効力に関する論点を検討し、IIIにおいて、行政調査の瑕疵と行政処分の効力に関する論点を検討することとする。

II　行政手続の瑕疵と行政処分の効力

1　概要

　一般に、各国の行政手続においては、①告知・聴聞（行政処分をする前に、相手方にその内容及び理由を知らせ、その言い分を徴すること）、②文書閲覧（聴聞に際し、行政処分の相手方に対して当該事案に関する行政側の文書等の記録の閲覧の機会を与えること）、③理由付記（行政処分に際し、その理

由を処分書に付記して相手方に知らせること）、④審査基準の設定・公表（行政処分をする際によるべき基準を設定し、これを事前に公表しておくこと）がいわば適正手続4原則とでもいうべきものとして普遍化しているとされている。

　我が国においては、行政運営における公正の確保と透明性の向上を図り、もって国民の権利利益の保護に資することを目的として、平成5年に行政手続に関する一般法である行政手続法が制定され、同法は、上記の適正手続4原則について、聴聞又は弁明の機会の付与（以下「聴聞等」という）の手続（同法13条）、文書等の閲覧（同法18条）、理由の提示（同法8条、14条）、審査基準又は処分基準（以下「審査基準等」という）の設定・公表（同法5条、12条）として立法化している。

　このように行政手続法が定めている各手続に違反して行政処分がされた場合、当該行政処分が法律上の処分要件を満たしていたとしても、手続上の違法のみを理由に当該行政処分を違法なものとして取り消すことができるか、取り消すことができるとして、どのような場合に取り消すべきであるかが問題となる。

2　行政手続法制定前の判例の考え方等

　行政手続法制定前において、行政手続に瑕疵が存在した場合の行政処分の効力に関する最高裁判例[1]として、道路運送法に基づく免許申請の審査手続において主張立証の機会を十分に与えなかったという瑕疵が問題となった最一判昭和46年10月28日民集25巻7号1037頁（個人タクシー事件）及び最一判昭和50年5月29日民集29巻5号662頁（群馬中央バス事件）、温泉法に基づく処分の審査手続における温泉審議会の意見聴取の瑕疵が問題となった最二判昭和46年1月22日民集25巻1号45頁（温泉審議会事件）、教員の懲戒免職処分の審査手続における教育委員会の会議公開の瑕疵が問題となった最三判昭和49年12月10日民集28巻10号

---

[1]　行政手続法制定前の裁判例については、概観（10）213頁参照。

1868頁（旭丘中学校事件）、理由付記に関する一連の判例（最二判昭和38年5月31日民集17巻4号617頁、最三判昭和60年1月22日民集39巻1号1頁、最一判平成4年12月10日判タ813号184頁等）がある。

　そして、上記各最高裁判例を踏まえ、行政手続の瑕疵と行政処分の効力については、以下のような考え方が示されている。すなわち、手続的瑕疵が行政処分の取消事由となるか否かは、手続を定めた法規の解釈問題であるところ、その解釈指針は、当該法規が手続に実体とは別個独立の価値を付与しているか否かという点にあり、①手続法規が行政処分の内容的な適正を図ることのみを目的として手続を定めている場合には、手続はいわば実体に奉仕又は従属する地位に置かれているのであるから、手続違反があったとしてもそのことのみをもって、実体と無関係に取消事由になるとは解し難く、これに対し、②手続法規が行政処分の内容的な適正のみならず手続自体の公正をも図る趣旨である場合や、内容的な適正とは無関係に手続の公正のみを図ることを目的とする場合には、当該法規が手続に実体とは別個独立の価値を付与していると考えられるから、手続違反があって、それが当該法規の目的である手続の公正を害する程度に至っているときには、手続とは無関係に取消事由になると解され、ここでいう手続の公正を害する程度に至っているか否かは、手続違反の程度によって決することになるが、手続が相関連する一連のものとして規定されている場合には、違反のあった手続がその中で占める重要性等を考慮して、一連の手続全体の公正が害されたか否かを検討することになり、また、その手続違反の程度を検討するに当たっては、その違反が処分内容に与える影響も考慮要素の1つとなるというものである[2]。

　上記の考え方は、上記各最高裁判例とも整合性を有するものとして妥当

---

[2]　最高裁判所事務総局行政局監修『行政裁判資料第71号　行政手続法関係執務資料』7頁（法曹会、1997）、田中健治「行政手続の瑕疵と行政処分の有効性」新大系（25）196頁、薄井一成「行政処分の手続的瑕疵の効果」法教360号16頁。そのほか、行政手続の瑕疵と行政処分の効力に関する比較的最近の文献として、大橋洋一「行政手続と行政訴訟」曹時63巻9号2039頁、戸部真澄「行政手続の瑕疵と処分の効力」自治研究88巻11号55頁がある。

なものと考えられる。そして、行政手続法は、行政手続の瑕疵と行政処分の効力について特段の規定を置いていないから、同法の定める手続に違反した瑕疵が存在する場合の行政処分の効力については、上記の考え方を前提としつつ、これに同法の定める各手続規定の趣旨をも考慮して、その効力を判断することになろう。

3 行政手続法制定後の判例の考え方等

(1) 聴聞等の手続
ア 趣旨・目的

行政手続法13条1項は、許認可等を取り消す不利益処分(同項1号イ)、名宛人の資格又は地位を直接に剥奪する不利益処分(同号ロ)、法人に対して役員の解任、従業員の解任又は会員の除名を命じる不利益処分(同号ハ)等については、処分によってもたらされる不利益の程度が大きいので、正式な意見陳述手続である聴聞手続を執らなければならないとし(同項1号)、その他の不利益処分(例えば、営業停止処分等)については、略式の意見陳述手続である弁明の機会の付与手続を執らなければならないとしている(同項2号)。なお、上記の聴聞手続と弁明の機会の付与手続の振り分けは原則的なものであって、90日以上の運転免許停止処分について聴聞を行わなければならないとする道路交通法104条の2第1項のように、個別法において、別個の定めが置かれている場合もある。

上記の聴聞等の手続は、処分の公正の確保と処分に至る行政手続の透明性の向上を図り、もって当該処分の名宛人の権利保護を図る観点から、公正・透明な手続を法的に保障しつつ、処分の原因となる事実について、名宛人が防御権を行使する機会を付与することを趣旨・目的とするものと解される。

イ 判例の考え方等

行政手続法制定後、聴聞等の手続に瑕疵が存在する場合の行政処分の効力について明示的に述べた最高裁判例は見当たらないが、上記のとおり、聴聞等の手続は、不利益処分の名宛人に対して防御権を行使する機会を付

与することによって手続の公正を図ることを趣旨・目的とするものであるから、聴聞等の手続を経ることなく不利益処分がされた場合や、形式的には聴聞等の手続を経ているものの、その手続において全く審理の対象とされなかった事実に基づいて不利益処分がされた場合には、防御権を行使する機会が不利益処分の名宛人に全く付与されていないといえるから、手続違反が手続の公正を害する程度に至っているものとして、当該不利益処分は違法となるものと解される[3]。

　一方、行政手続法が定める聴聞等の手続の方式（同法15条から31条まで）に瑕疵が存在する場合については、後記(2)で文書等の閲覧の手続に瑕疵が存在する場合について述べるところと同様、聴聞等の手続が行政手続法の期待する機能の下に公正に実施されず、名宛人による防御権行使が実質的に妨げられたといえるほどの瑕疵がある場合に限り、手続違反が手続の公正を害する程度に至っているものとして、当該不利益処分は違法となるものと解される[4]。

　下級審裁判例としては、①薬事法に基づく医療用具の回収命令処分について、弁明の機会の付与がされていないという瑕疵があるので、処分要件を満たしているかにはかかわりなく、上記処分は違法であり取消しを免れないとしたもの（長野地判平成17年2月4日判タ1229号221頁）、②生活保護廃止処分について、生活保護法62条4項に基づく弁明の機会の付与がされていないという手続上の違法があるので、上記処分は取り消されるべきであるとしたもの（福岡地判平成21年3月17日判タ1299号147頁）、③と畜場法に基づくと畜場設置許可取消処分について、聴聞の手続がされていないという手続上の違法があるので、上記処分は取り消されるべきであるとしたもの（東京地判平成25年2月26日判例秘書06830516）があり、いずれも聴聞等の手続を経ていないという手続上の瑕疵を理由に処分を取り消している。

---

[3] 田中・前掲注2) 208頁、南博方＝高橋滋編『注釈行政手続法』291頁（第一法規、2000）。
[4] 薄井・前掲注2) 17頁。

(2) 文書等の閲覧

ア　趣旨・目的

　行政手続法18条1項は、当事者及び当該不利益処分がされた場合に自己の利益を害されることとなる参加人は、聴聞の通知があった時から聴聞が終結する時までの間、行政庁に対し、当該事案についてした調査の結果に係る調書その他の当該不利益処分の原因となる事実を証する資料の閲覧を求めることができるとしている。なお、聴聞手続ではなく、弁明の機会の付与手続が執られる場合には、上記の閲覧請求権は認められていない。

　上記の文書等の閲覧は、許認可取消処分等の不利益処分の場合には、当事者等の権利利益に重大な影響があるので、聴聞手続を執らなければならないとするとともに、より手厚い反論防御の機会を与える必要があるため、聴聞手続において、名宛人に文書等の閲覧を認め、名宛人がそこで得た情報に基づき意見を述べ、自己に有利な証拠を提出することができるようにして、防御権の充実を図ることを趣旨・目的とするものと解される。

イ　判例の考え方等

　行政手続法制定後、文書等の閲覧の手続に瑕疵が存在する場合の行政処分の効力について明示的に述べた最高裁判例は見当たらないが、上記のとおり、文書等の閲覧は、基本的にそれのみで不利益処分の名宛人の権利利益を保護することを趣旨・目的とするのではなく、むしろ、聴聞等の手続の実施と相まって、名宛人の防御権行使を保障することを趣旨・目的とするものである。

　したがって、文書等の閲覧の手続に瑕疵がある場合については、不利益処分の名宛人から効果的な反論の機会を奪い、防御権の行使を実質的に妨げたといえるような場合に限り、手続違反が手続の公正を害する程度に至っているものとして、当該処分は違法となるものと解される[5]。

　下級審裁判例としては、健康保険法に基づく保険医療機関指定取消処分等について、聴聞手続において閲覧を求められた文書の一部の閲覧拒否が

---

[5]　薄井・前掲注2) 17頁、大橋・前掲注2) 2046頁、南＝高橋・前掲注3) 254頁、室井力ほか編著『コンメンタール行政法1 行政手続法・行政不服審査法〔第2版〕』182頁（日本評論社、2008）。

されたが、上記閲覧拒否部分に記載されている事項は、聴聞手続における争点とは直接関係せず、防御権の行使が実質的に妨げられたとはいえないから、上記処分は違法とはいえないとしたもの（大阪地判平成20年1月31日判タ1268号152頁）がある。

(3) 理由の提示

ア　趣旨・目的

行政手続法8条1項本文及び14条1項本文は、許認可申請に対する拒否処分及び不利益処分をする場合、同時に当該処分の理由を示さなければならないとしている。

上記の理由の提示は、行政庁の判断の慎重と合理性を担保してその恣意を抑制するとともに、処分の理由を名宛人に知らせて不服の申立てに便宜を与えることを趣旨・目的とするものと解される。

イ　判例の考え方等

許認可申請に対する拒否処分や不利益処分をするに当たっての理由付記については、行政手続法制定前の一連の最高裁判例（前掲最二判昭和38年5月31日、最二判昭和38年12月27日民集17巻12号1871頁、最二判昭和47年3月31日民集26巻2号319頁、最三判昭和47年12月5日民集26巻10号1795頁、最一判昭和49年4月25日民集28巻3号405頁、前掲最三判昭和60年1月22日、前掲最一判平成4年12月10日）により、①理由付記の趣旨は、行政庁の判断の慎重と合理性を担保してその恣意を抑制するとともに、処分の理由を名宛人に知らせて不服の申立てに便宜を与えることにあり、理由付記の不備は当該処分の取消事由になる、②理由付記の程度は、処分の性質と理由付記を命じた個々の法律の趣旨・目的に照らして判断される、③処分理由はその記載自体から明らかでなければならず、適用法条を摘示するだけで当該法条の適用の基礎となった具体的な事実関係を当然に知り得るような例外的な場合を除き、単に適用法条を摘示するだけでは足りず、当該法条の適用の基礎となった具体的な事実関係や事実に対する法条の適用関係を摘示しなければならない、④理由付記は処分の公正さをも担保する趣旨を含むものであるから、処分の名宛人がその理由

を推知することができるか否かといった主観的事情は影響しない、⑤理由付記の不備について、処分後に追完することは認められないという判例法理が形成されていたとされる[6]。

　行政手続法における理由の提示の趣旨・目的に照らせば、理由付記に関する上記の判例法理は、同法に基づく理由の提示についても妥当するものと解される。そして、行政手続法制定後、最高裁は、不利益処分についての理由の提示を規定した行政手続法14条に関し、同条1項本文に基づいてどの程度の理由を提示すべきかについては、同項本文の趣旨に照らし、当該処分の根拠法令の規定内容、当該処分に係る処分基準の存否及び内容並びに公表の有無、当該処分の性質及び内容、当該処分の原因となる事実関係の内容等を総合考慮して決定すべきであるとの一般論を示すとともに、建築士法に基づく一級建築士免許取消処分について、同法上の処分要件は抽象的であり、処分選択も行政庁の裁量に委ねられていること、処分基準が意見公募手続を経るなど適正を担保する手厚い手続を経た上で定められて公にされていること、その処分基準は多様な事例に対応するためにかなり複雑なものとなっており、処分の原因となる事実及び根拠法条に加えて、処分基準の適用関係が示されなければ、いかなる理由に基づいてどのような処分基準の適用によって当該処分が選択されたのかを知ることができないこと、当該処分は建築士としての資格を直接に剥奪する重大な不利益処分であることを指摘し、このような事情の下では、処分基準の適用関係まで示されなければ、同項本文の理由提示を欠くものとして、当該処分は違法となるとしている（最三判平成23年6月7日民集65巻4号2081頁）。また、この判例が示した一般論は、申請拒否処分についての理由の提示を規定した行政手続法8条においても同様に該当するものと解される。

　上記のとおり、行政手続法8条又は14条に基づく理由の提示を欠く行政処分は違法なものとなるが、どの程度の理由の提示が必要とされるかについては、前掲最三判平成23年6月7日が示した一般論を踏まえて、個

---

6)　藤原静雄「理由付記判例にみる行政手続法制の理論と実務」論究ジュリ3号69頁、本多滝夫「行政手続法における理由の提示と瑕疵の効果」龍谷法学45巻4号202頁。

別に判断していくことになる。

　そして、行政手続法 8 条に関する下級審裁判例としては、理由の提示を欠くとしたものに、①競馬法に基づく馬主登録申請に対する拒否処分に関する東京地判平成 10 年 2 月 27 日判タ 1015 号 113 頁、②医師法に基づく医師国家試験受験資格認定申請に対する拒否処分に関する東京高判平成 13 年 6 月 14 日判タ 1121 号 118 頁、③道路運送法に基づく旅客運賃等の変更認可申請に対する却下処分に関する大阪地判平成 19 年 3 月 14 日判タ 1252 号 189 頁、④廃棄物処理法に基づく浄化槽汚泥の収集運搬業許可申請に対する不許可処分に関する福岡地判平成 25 年 3 月 5 日判時 2213 号 37 頁がある。これに対し、理由の提示を欠くとはいえないとしたものに、①厚生年金保険法に基づく遺族厚生年金不支給処分に関する東京地判平成 14 年 11 月 5 日判時 1821 号 20 頁、②農業振興地域整備法に基づく開発許可申請に対する不許可処分に関する仙台高判平成 18 年 1 月 19 日判例秘書 06120009、③被爆者援護法に基づく原爆症認定申請に対する却下処分に関する名古屋地判平成 19 年 1 月 31 日判例秘書 06250032、大阪地判平成 23 年 12 月 21 日判例秘書 06650752 及び大阪地判平成 24 年 3 月 9 日判例秘書 06750570 がある。

　また、行政手続法 14 条に関する下級審裁判例としては、理由の提示を欠くとしたものに、①風営法に基づく風俗営業許可取消処分に関する盛岡地判平成 18 年 2 月 24 日判例地方自治 295 号 82 頁、②道路運送法に基づく輸送施設使用停止処分に関する大阪地判平成 19 年 2 月 13 日判タ 1253 号 122 頁、③道路運送法に基づく一般貸切旅客自動車運送事業許可取消処分に関する大阪地判平成 24 年 6 月 28 日判例秘書 06750347、④都市計画法に基づく建築物使用停止命令に関する東京高判平成 24 年 12 月 12 日判例秘書 06720649、⑥介護保険法に基づく通所リハビリテーション事業所の指定取消処分に関する名古屋高判平成 25 年 4 月 26 日判例秘書 06820251 がある。これに対し、理由の提示を欠くとはいえないとしたものに、①銃刀法に基づく銃砲所持許可取消処分に関する水戸地判平成 23 年 7 月 29 日判例地方自治 363 号 77 頁、②柔道整復師法に基づく柔道整復師免許取消処分に関する東京高判平成 24 年 1 月 18 日判例秘

書06720334、③道路運送法に基づく輸送施設使用停止処分に関する東京地判平成24年1月31日判例秘書06730287、④介護保険法に基づく居宅サービス事業者指定取消処分に関する熊本地判平成24年1月31日判例秘書06750045、⑤食品衛生法に基づく回収命令に関する東京高判平成24年6月20日判例秘書06720287がある。

　ウ　処分理由の差替えとの関係

　処分理由の差替えとは、行政庁の処分時における事実認定や根拠法規の解釈適用に誤りがあった場合等に、取消訴訟の審理過程において、行政庁側が処分時には考慮していなかった新たな事実上又は法律上の根拠を処分の適法性を基礎付ける事由として訴訟上主張することをいう。

　取消訴訟の訴訟物は処分の違法性一般であり、行政庁は、特段の理由のない限り、当該処分の効力を維持するための一切の法律上及び事実上の根拠を主張することが許され（最三判昭和53年9月19日判時911号99頁）、処分の同一性を失わない限り、処分理由の差替えは原則として自由であると解されている[7]。そして、行政手続法が理由の提示を要求する趣旨は、理由提示の不備がそれのみで独立の処分の取消事由となり、しかもこの瑕疵の治癒が容易に認められないと解されていることで一応担保されているといい得ることから、処分時における理由の提示の要否及びその程度と訴訟における処分理由の差替えの可否とは、必ずしも直接関係するものではないと解されている[8]。

　そして、最二判平成11年11月19日民集53巻8号1862頁は、情報公開条例に基づく公文書公開請求に対する拒否処分について、当該条例の理由付記の規定が、ひとたび理由を付記した以上、当該理由以外の理由を非公開決定処分の取消訴訟に置いて主張することを許さないものとする趣旨をも含むと解すべき根拠はないとして、理由の差替えを認めている。

　一般論としては、理由の差替えを認めるべきか否かは、理由提示の機能を担保するという要請と、紛争の一回的解決や理由の差替えが認められな

---

[7]　実務的研究204頁。
[8]　実務的研究205頁、塩野Ⅱ177頁、最高裁判所事務総局行政局監修・前掲注2)24頁。

いことによる公益上の要請との調和をいかに見出すかの問題に帰結することになる。この問題については、申請拒否処分については、紛争の一回的解決の観点等から理由の差替えを認めるが、不利益処分については、処分の名宛人の防御権行使を保障するために聴聞等の手続が設けられた趣旨が没却されることになることから、基本的な事実の同一性の範囲を超える理由の差替えを認めないという考え方が示されている[9]。

(4) 審査基準等の設定・公表

ア　趣旨・目的

行政手続法5条1項及び3項は、行政庁は審査基準（申請により求められた許認可等をするかどうかをその法令の定めに従って判断するために必要とされる基準。同法2条8号ロ）を定め、これを法令により申請の提出先とされている機関の事務所における備付けその他の適当な方法により公にしておかなければならないとし、同法12条1項は、行政庁は、処分基準（不利益処分をするかどうか又はどのような不利益処分とするかについてその法令の定めに従って判断するために必要とされる基準。同法2条8号ハ）を定め、これを公にしておくよう努めなければならないとしている。

上記の審査基準及び処分基準の設定・公表は、基準を定立させることによってその内容の検証及び行政庁内での共有を図り、これにより申請や不利益処分の適正な処理を確保するとともに、申請者等に対してどのような場合に許認可や不利益処分がされるのかについて一定の予見可能性を与え、行政庁の判断過程の透明性を向上させることを趣旨・目的とするものと解される。

なお、行政手続法は、審査基準については設定・公表を義務付けているが、処分基準については設定・公表を努力義務にとどめているから、処分基準が設定・公表されていなかったとしても、直ちに同法違反となるものではなく、処分基準の設定・公表の手続に瑕疵が存在しても、不利益処分

---

[9] 宇賀・概説Ⅱ250頁、大橋・前掲注2) 2063頁、最高裁判所事務総局行政局監修・前掲注2) 25頁、室井ほか編著・前掲注5) 164頁。

の効力に影響を及ぼすものではないと考えられる。

　イ　判例の考え方等

　行政手続法制定後、審査基準の設定・公表の手続に瑕疵が存在する場合の行政処分の効力について明示的に述べた最高裁判例は見当たらないが、上記のとおり、審査基準の設定・公表は、申請の適正な処理を確保するとともに、判断過程の透明性を向上させることを趣旨・目的とするものであるものの、それのみで手続的公正の確保を図っているものではなく、行政手続法8条に定める理由の提示と相まって手続的公正を図るものである。

　したがって、審査基準の設定・公表のみではなく、理由の提示という手続までみて、その手続全体の公正が害されたといえるか否かを判断すべきであり、理由の提示がきちんとされている以上は、審査基準の設定・公表を欠いた申請拒否処分がされた場合でも、このことから直ちに当該処分が違法になるとはいえないものと解される[10]。

　下級審裁判例としては、審査基準の設定に関し、①廃棄物処理法に基づく一般廃棄物収集運搬業許可申請に対する不許可処分について、審査基準を定めていなくとも処分が違法とならないとした大阪高判平成15年8月28日判例秘書05821210、②道路交通法に基づく運転免許更新処分について、審査基準を定めていなくとも処分が違法とならないとした東京高判平成17年12月26日判例秘書06020860、③地方自治法に基づく行政財産の目的外使用申請に対する不許可処分について、審査基準が定められていないから処分が違法であるとした那覇地判平成20年3月11日判時2056号56頁、④農業振興地域整備法に基づく開発許可申請に対する不許可処分について、審査基準を定めていなくとも処分が違法とならないとした前掲仙台高判平成18年1月19日がある。また、審査基準の公表に関し、①医師法に基づく医師国家試験受験資格認定申請に対する拒否処分について、審査基準が公にされていないから処分が違法であるとした前掲東京高判平成13年6月14日、②児童福祉法に基づく保育所入所措置申

---

[10] 田中・前掲注2) 209頁、最高裁判所事務総局行政局監修・前掲注2) 11頁。これに対し、大橋・前掲注2) 2057頁、薄井・前掲注2) 18頁は、審査基準の設定・公表の瑕疵が直ちに取消事由となるとしている。

請に対する入所保留処分について、審査基準が公にされていないから処分が違法であるとした大阪地判平成14年6月28日判例秘書05750738がある。

　なお、行政手続法5条2項は、審査基準を定めるに当たっては、許認可等の性質に照らしてできる限り具体的なものとしなければならないと規定しているところ、審査基準の具体化義務に関する下級審裁判例として、①被爆者援護法に基づく原爆症認定申請に対する却下処分について、審査基準の具体化義務に違反しないとした仙台高判平成20年5月28日判夕1283号74頁、②競業者に対してされたたばこ事業法に基づく製造たばこ小売販売業許可処分について、審査基準の具体化義務に違反しないとした熊本地判平成23年12月14日判夕1389号134頁がある。

4　審理・判断の方法

　行政手続法又は個別法が行政手続を法定し、適正手続を保障している趣旨からすれば、行政処分が手続上適法にされていることについては、被告（行政主体）が主張立証責任を負うものと解される。ただし、手続要件はその範囲が必ずしも明確でないことから、実務上は、被告が先行的に手続上の適法性を主張立証するのではなく、原告から行政手続に関する違法事由の指摘があった場合に、被告が手続上の要件を満たしていることを主張立証するという運用がされている[11]。

　そして、手続上の瑕疵が行政処分の違法性をもたらすか否かについては、上記で述べたとおり、行政手続を定めた個別の法規の趣旨・目的を踏まえ、手続違反の程度、違反のあった手続が一連の手続に占める重要性及び処分内容への影響の程度等からして、当該手続違反が上記の趣旨・目的に照らして手続の公正を害する程度に至っているか否かを個別具体的に検討していくことが必要になろう。

---

[11]　時岡泰「審理手続」雄川一郎ほか編『現代行政法大系5（行政争訟2）』153頁（有斐閣、1984）、実務的研究168頁。

Ⅲ 行政調査の瑕疵と行政処分の効力

1 概要

　行政調査については、行政機関の意思決定の準備的行為であって、通常の行政処分とは異なる特色があることから、個別法に手続的規制を委ねることとされたため、行政手続法の適用から除外されており（同法3条1項14号）[12]、行政調査を一般的に規律する法律は存在しない。また、行政調査のうち、相手方の任意の協力によりされる任意調査については、当該行政機関の所掌事務の範囲内であれば、特別の法律の根拠は必要とされないが、相手方の抵抗を排除して調査を実施する実力強制調査と、調査拒否に対する罰則や不利益措置を背景として間接的に調査を強制する間接強制調査については、個別法に基づく法律の根拠が必要となる。

　そして、行政処分の準備的行為としてされた行政調査に瑕疵が存在する場合、当該行政処分が法律上の処分要件を満たしていたとしても、行政調査の違法のみを理由に当該行政処分を違法なものとして取り消すことができるか、取り消すことができるとして、どのような場合に取り消すべきであるかが問題となる。

2 判例の考え方等

(1) 行政調査の瑕疵

　個別法において、行政調査の具体的な方法や範囲が規定されている場合に、当該方法や範囲に違反してされた行政調査に瑕疵があることについては問題ない。

　一方、行政調査の具体的方法や範囲が法定されていない場合について、最三決昭和48年7月10日刑集27巻7号1205頁（荒川民商事件）は、

---

[12]　宇賀克也『行政手続法の解説〔第6次改訂版〕』69頁（学陽書房、2013）。

税務職員の質問検査権行使の要件に関し、質問検査の範囲、程度、場所等実定法上特段の定めのない実施の細目については、質問検査の必要があり、かつ、これと相手方の私的利益との衡量において社会通念上相当な限度にとどまる限り、権限ある税務職員の合理的な選択に委ねられており、実施の日時・場所の事前通知、調査の必要性の個別的・具体的な告知も、質問検査を行う上で法律上一律の要件とされているものではないとしている。

上記最高裁判例を踏まえれば、法律の規定に基づかない任意調査の具体的方法や範囲、あるいは強制調査の具体的方法や範囲のうち法律で規定されていない細目的部分については、行政庁の裁量に委ねられており、比例原則等に照らし、その裁量権の範囲を逸脱し又はこれを濫用したと認められない限り、行政調査に瑕疵があるとはいえないものと考えられる[13]。

なお、従前、実務において行政調査の瑕疵が問題となる事案の多くは税務調査に関するものであったところ、平成23年の国税通則法改正によって、同法74条の次に「第7章の2　国税の調査」の章が新設され、税務調査に先立ち、課税庁が原則として事前通知を行うこと（同法74条の9及び10）、税務調査の結果を通知又は説明すること（同法74条の11）等の税務調査手続が整備された[14]。前掲最三決昭和48年7月10日に照らせば、従前は、税務調査の事前通知をするか否か等は税務職員の裁量に委ねられていたものと解されるが、国税通則法の上記改正後は、同法に基づく事前通知がされていない税務調査については瑕疵があることになる。

(2) 行政調査の瑕疵と行政処分の効力

上記(1)で述べたところによれば、行政調査に瑕疵があると判断される場合は必ずしも多くないと考えられるものの、仮に行政調査に瑕疵が存在した場合に、その調査を基礎としてされた行政処分の効力にどのような影響を及ぼすかが次に問題になる。

---

13)　塩野Ⅰ264頁、曽和俊文「行政調査」法教226号23頁。
14)　平成23年の国税通則法改正については、小幡純子「税務手続の整備について」ジュリ1441号88頁参照。

一般に、行政調査は、行政機関による情報収集活動として行われるものであり、その結果、行政処分がされることもされないこともあり得るだけでなく、行政調査過程に瑕疵があっても、その瑕疵が収集された情報の内容に影響を与えるわけでもないから、その限りにおいて、行政調査と行政処分は、相対的に独立した制度であって、行政調査の瑕疵は当然には行政処分の違法を構成しないものということができる[15]。ただし、行政調査は、行政処分に向けた1つの過程を構成しているところ、適正手続の観点からすれば、行政調査にいかなる瑕疵が存在したとしても、これを基礎としてされた行政処分の効力に何らの影響も及ぼさないというのは相当でないと考えられる。

　行政調査に瑕疵がある場合の行政処分の効力について明示的に述べた最高裁判例は見当たらないが、下級審裁判例[16]の中には、税務調査の瑕疵と更正処分等との関係について、税務調査手続は、課税庁が課税要件の内容をなす具体的事実の存否を調査するための手続にすぎず、この調査手続自体が課税処分の要件となることはいかなる意味においてもあり得ないから、調査手続が違法であっても、それに基づく課税処分は、それが客観的な所得に合致する限りにおいては適法であって、取消しの対象とはならないとして、税務調査手続の瑕疵は更正処分等の取消事由にはおよそなり得ないとするもの（大阪地判昭和59年11月30日判タ564号227頁）も存在する。しかし、下級審裁判例においては、公序良俗に違反するなど税務調査手続の違法性の程度が重大な場合には、これによって収集された資料を当該課税処分の資料として用いることが許されない結果、他の資料によっては当該処分を適法なものとすることはできず、当該処分が違法となるとするもの（東京地判昭和61年3月31日判時1190号15頁、那覇地判昭和63年8月10日行集39巻7・8号790頁、水戸地判平成2年6月19日税資176号1282頁、富山地判平成9年3月26日税資222号1285頁）、又は、全く調査を欠き、あるいは公序良俗に反する方法で課税処分の基礎資料を

---

15) 塩野Ⅰ265頁。
16) 税務調査に関する裁判例については、概観(2) 383頁、司法研修所編『租税訴訟の審理について〔改訂新版〕』101頁（法曹会、2002）を参照。

収集するなど税務調査手続に重大な違法がある場合には、当該処分が違法となるとするもの（大阪地判平成2年4月11日判タ730号90頁、大阪地判平成5年12月24日税資199号1397頁、仙台高判平成7年7月31日税資213号372頁、広島地判平成16年7月28日税資254号9707順号、東京高判平成18年3月29日税資256号10356順号）が多い。

　上記各裁判例に照らせば、行政処分に先行する行政調査が公序良俗に反する方法により行われるなどその違法性の程度が重大な場合には、行政処分に至る一連の手続の公正が害されたものとして、当該行政処分も違法になるものと解される。

3　審理・判断の方法

　行政手続について述べたところと同様、行政処分の前提となる行政調査が適法にされていることについては、被告（行政主体）が主張立証責任を負うものと解され[17]、原告から、行政調査に関する違法事由の指摘があれば、被告において、行政調査が適法にされていることを主張立証することになる。

　そして、行政調査の瑕疵が行政処分の違法性をもたらすか否かについては、公序良俗に違反する方法で行われるなど行政調査に重大な瑕疵が存在するか否かを個別具体的に検討していくことが必要になろう。

Ⅳ　おわりに

　本講においては、行政手続及び行政調査の瑕疵をめぐる紛争に関する幾つかの論点について検討したが、実務においては、本講で取り上げた判例等の考え方を踏まえ、適切な主張立証を行い、迅速に紛争を解決していくことが重要になろう。

---

[17]　司法研修所編・前掲注16）98頁。

● 事項索引

◆ あ行

明渡裁決 ……………………………… 307
異議の申し出に理由がないとした法務大
　臣の裁決 …………………………… 5
医業停止処分 ………………………… 341
違憲立法審査権 …………………… 87, 91
医師免許取消処分 …………………… 341
遺族年金 ……………………………… 41
一部の取消し ………………………… 201
一般使用（自由使用） ……………… 451
一般対応の必要経費 ………………… 114
一般的な部分開示 …………………… 481
一般に公正妥当と認められる会計処理の
　基準 ………………………………… 124
一般廃棄物 …………………………… 379
移転価格税制 ………………………… 150
移転除却通知の違法事由 …………… 293
移転除去通知 …………………… 290, 291
　　――の違法事由 ………………… 292
　　――の抗告訴訟と原告適格等 … 292
医道審議会 …………………………… 341
委任 ……………………… 92, 93, 95, 510, 512
違反行為 ……………………………… 322
違反点数制度 ………………………… 325
違反点数の付加行為 ………………… 330
違法性の承継 …………………… 290, 309, 517
違法な支出 …………………………… 129
違法な所得 …………………………… 109
インカメラ審理 ……………… 469, 470, 478
隠ぺい ………………………………… 182
訴えの主観的予備的併合 …………… 316
訴えの利益 …… 31, 106, 216, 247, 253, 303,
　309, 341, 355, 377, 427, 471, 472
運転免許停止処分 …………… 320, 326, 328
運転免許取消処分 …………… 320, 326, 329
運転免許の更新処分 …… 321, 333, 334, 335,
　336
映画フィルムリース事件 …………… 101
映画リース …………………………… 230
益金 …………………………………… 123
延納 …………………………………… 166
オウブンシャホールディング事件 … 101
大嶋訴訟 …………………………… 88, 90
公の施設 ……………………………… 419
怠る事実 ………………………… 505, 515

◆ か行

外国税額控除 ………………………… 148
外国税額控除制度 …………………… 230
開発許可 …………………… 244, 246, 257
開発行為 ……………………………… 244
家屋の評価 …………………………… 206
各区分所得 …………………………… 116
拡張適用 ……………………………… 97
確認の訴え …………………………… 377
確認の利益 ……………………… 331, 333
過誤納金 …………………………… 105, 225
家事関連費 …………………………… 115
貸倒損失 ……………………………… 139
貸倒引当金 …………………………… 140
家事費 ………………………………… 115
過少申告加算税 ……………………… 168
課税処分取消訴訟の訴訟物 ………… 103
課税単位 ……………………………… 111
課税標準 ………………………… 116, 123
課税要件 …………………… 98, 99, 100
　　――の根幹 …………………… 112
課税要件法定主義 …………………… 92
課税要件明確主義 …………………… 93
仮装 ……………………………… 100, 183
仮装行為 ……………………………… 236
学校廃止条例 ………………………… 409
　　――の制定行為 ………………… 412

事項索引　543

| 仮換地指定処分 282
| ——の違法事由 284
| ——の抗告訴訟と原告適格 283
| ——の手続の違法性 286, 289
| ——の取消訴訟と訴えの利益 284
仮滞在 22
仮の義務付け 372, 457
| ——の申立て 401, 429, 434
仮の差止め 372
| ——の申立て 351
環境影響評価 381
環境影響評価法 381
監査請求期間 514
監査請求書 490, 495, 497, 499
簡素性 88
換地処分 293
| ——の違法事由 295
| ——の抗告訴訟と原告適格等 294
換地予定地的仮換地指定処分 285, 289
鑑定意見書 210
監督処分 463
管理支配基準 113
既存許可業者の原告適格 383
寄附金 135
義務付け訴訟 386
客観訴訟 504
客観的な交換価値 198, 200, 204, 208
キャピタルゲイン 119
吸収説 105, 106
給水契約 437, 438
供給規程 437, 442
行政財産 418
| ——の目的外使用 431
行政裁量 364
行政事件訴訟法44条 462
強制退去手続の瑕疵 15
行政代執行法 463
| ——に基づく代執行 311
強制調査 540
行政調査 526

——の瑕疵と行政処分の効力 539
行政手続 526
——の瑕疵と行政処分の効力 526
行政手続法 527
行政不服審査法に基づく不服申立て 469
供用開始 452, 454, 455
——の公示 453
供用廃止 453
許可使用 451, 456
許可制 378
組合 277
組合の設立認可 277
——の違法事由 282
——の抗告訴訟と原告適格 278, 281
組合の設立認可等の違法事由 279
繰越欠損金 142
グレゴリー事件判決 101
経済的帰属説 111
形式的当事者訴訟 312
契約自由の原則 100
下水道 436
下水道管理者 438, 446
決定 104
原価 130
減額再更正 106
減価償却費 131
原告適格 17, 214, 248, 254, 266, 281, 302, 381, 470
原処分主義 196
建築確認 245, 253
建築主事 245, 257
建築物等の移転、除却 290
建築物等の移転・除去 291
権利確定主義 112, 113, 124
権利取得裁決 307
権利発生主義 112, 113
行為計算の否認 145
公共下水道 437
公共用物 417, 451
公金の支出 491
交際費等 137

工事禁止の仮処分 …………………… 462
公示の処分性 ………………………… 376
更新時の講習 …………………… 323, 324
更正処分 ……………………………… 104
厚生労働大臣の裁定 …………………… 39
公的年金制度 …………………………… 39
公売 …………………………………… 219
公物 …………………………………… 451
公平主義 ……………………………… 199
合法性の原則 ………………………… 95
公有水面の埋立免許 ………………… 461
公用物 …………………………… 417, 451
効率性 ………………………………… 88
国内に居住地を有すること …………… 73
個人識別情報の部分開示 …………… 483
固定資産課税台帳 …………………… 195
固定資産税 …………………………… 195
固定資産評価基準 …………………… 195
固定資産評価審査委員会 …………… 196
個別対応の必要経費 ………………… 114
固有概念 ……………………………… 97

◆ さ行

裁決主義 …………………………… 352, 355
再更正 ……………………………… 104, 105
財産評価基本通達 …………………… 161
最低生活費の認定 ……………………… 63
在特不許可処分 …………………… 24, 33
財務会計行為 …………………… 505, 510
　　――の違法 …………………… 516, 520
　　――の特定 …………………………… 519
債務確定主義 ………………………… 114
在留期間 ………………………………… 11
　　――の更新 ………………… 11, 13, 14
在留資格 …………………………… 11, 12
　　――の変更 ………………… 11, 13, 14
在留資格証明書 ………………………… 17
在留資格認定証明書 …………………… 17
在留特別許可 …………………… 23, 32
　　――に係るガイドライン …………… 7

――の義務付けの訴え ……………… 10
裁量 …………………………………… 479
裁量基準（審査基準） ……………… 366
裁量権の逸脱、濫用 …………… 371, 375
裁量処分 ………………… 343, 347, 433
裁量的判断 …………………………… 91
差押禁止財産 ………………………… 219
差止訴訟 ……………………………… 387
差止めの訴え ………………………… 377
産業廃棄物 …………………………… 379
市街地宅地評価法 ……………… 206, 207
事業計画 ……………………………… 279
事業計画の決定 ……………………… 280
　　――の違法事由 ……………… 280, 282
　　――の抗告訴訟と原告適格 … 280, 281
事業所得と給与所得 ………………… 116
事業認定手続 ………………………… 300
自己の法律上の利益 ………………… 252
資産の評価損 ………………………… 141
事情判決 ……………………… 287, 295, 311
実額反証 ……………………………… 107
執行停止 …………………… 31, 306, 311, 388
　　――の申立て …………… 349, 358, 427
実質所得者課税の原則 ……………… 111
指定給水装置工事事業者 …………… 444
私的自治の原則 ……………………… 100
事務の監査請求 ……………………… 487
借用概念 ……………………………… 97
収益還元価格 ………………………… 198
収益事業 ……………………………… 122
重加算税 ……………………………… 182
就学校の指定 ………………………… 399
重婚的内縁関係者 …………………… 44
住所 …………………………… 98, 234
重大な損害 …………… 349, 358, 427, 465
集団示威行進 …………………… 456, 457
収入の認定 …………………………… 67
収入要件 ……………………………… 50
住民監査請求 …………………… 505, 518
住民監査請求前置主義 ……………… 486

住民訴訟	504	水道加入金	440
収用委員会	307	水道事業者	436, 442
収用又は使用の裁決	307	ストックオプション	173
収容令書	3, 23	税額計算	116
需給調整規制	360	生活環境影響調査	381
主張立証責任	475	生活環境影響調査書	381, 383
出訴期間	33, 304, 308, 316, 518	「生活に困窮する者」の意義	62
出入国管理	3	生計維持要件	50
出入国管理令	5	生計同一要件	50
主任審査官	3	清算金	296
照応原則違反	288, 295	清算金決定	
照応の原則	284	――の違法事由	297, 298
――と合意による換地	285, 289	――の抗告訴訟	296
障害等級要件	55	正当な理由	169
障害年金	52	税務調査	540
条件（附款）	458	――の瑕疵	541
上水道	436	世帯単位の原則	69
譲渡所得	118	設計の概要の認可	280
――の計算	119	専決	513
使用不許可処分	420	先行行為の違法	517
情報公開・個人情報保護審査会	469, 478	増額再更正	105
情報公開条例	468, 474, 479, 481	総額主義	103, 104
情報公開請求権	468	相続財産の評価	160
使用料	447	相続税	153
職業の自由	364	――の課税価格	156
初診日要件	53	――の課税財産	157
所得の年度帰属	112	――の申告	164
処分基準	343, 346, 536	――の納税義務者	154
処分性	264	――の納付	165
処分の特定	464	争点主義	103, 104
処分理由の差替え	9, 107, 535	訴額	509
申告納税方式	104	組織再編税制	144
審査基準	536	訴訟告知	522
審査基準等の設定・公表	536	訴訟物	9
審査請求	246, 253	租税回避	228
真正怠る事実	515	――の否認	99
申請型の義務付けの訴え	336, 337	租税回避行為	228
真の合意	100	――の否認	100, 101
審理方式	9	租税関係法規の解釈	93
推計課税	107	租税公平主義	87

租税債権の一般的優先の原則 ……………… 212
租税平等主義 ……………………… 87, 163
租税法規の解釈 …………………………… 96
租税法の法源 ……………………………… 95
租税法律主義 …… 89, 90, 92, 93, 99, 162, 229
損金 ……………………………………… 123
損失 ……………………………………… 139
損失補償に関する訴え ……………………… 312

◆ た行

退学処分 ………………………………… 405
退去強制手続 ……………………… 20, 23
退去強制令書 ……………………………… 23
退去強制令書発付処分 ……………… 15, 16
第三者の原告適格 ………………… 373, 471
退職所得 ……………………………… 117, 118
第二次納税義務 ………………………… 220
滞納処分 ……………………………… 212, 447
代表者 …………………………………… 197
宅地の評価 ……………………………… 206
他事考慮 ………………………………… 376
タックス・ヘイブン …………………… 151
短期滞在 ………………………………… 14
地方税 …………………………………… 194
懲戒処分 …………………………… 354, 404
超過差押え ……………………………… 218
聴聞手続 ………………………………… 369
聴聞等の手続 …………………………… 529
通達 …………………………………… 95, 96
償うことのできない損害 ………… 351, 430
──を避けるため緊急の必要 ……… 402
つまみ申告 ……………………………… 189
低額譲渡 ………………………………… 127
定住者 …………………………………… 22
適正な時価 ……………… 198, 200, 203, 208
当該行為 ………………………………… 504
──若しくは怠る事実に係る相手方
 ……………………………………… 513
当該職員 ………………………………… 511
同族会社 ………………………………… 145

──の行為計算の否認 …………………… 94
登録価格 ………………………………… 196
──の適否の判断枠組み ……………… 197
道路の区域の決定 ……………………… 453
督促 ……………………………………… 447
特別審理官 ………………………………… 3
──による口頭審理 …………………… 4
都市計画 ………………………………… 262
都市計画事業 ……………………… 263, 265
都市計画施設 …………………………… 264
土地区画整理組合 ……………………… 276
土地区画整理事業 ……………………… 275
土地区画整理審議会 …………………… 279
土地収用法の目的 ……………………… 299
土地調書 …………………………… 306, 310
特許使用 …………………………… 452, 460
取消しの範囲 …………………………… 201
取引 ……………………………………… 128

◆ な行

難民 ………………………………………… 24
難民該当性 ……………………………… 10
難民審査参与員 …………………………… 21
難民認定 ………………………………… 22
難民認定申請 ……………………… 20, 27
難民認定制度 …………………………… 20
難民認定手続 …………………………… 21
難民不認定処分 …………………… 23, 24, 31
2段目の訴訟 ……………………… 518, 522
入国警備官による違反調査 ……………… 3
入国審査官 ………………………………… 3
──による審査 ………………………… 15
任意調査 ………………………………… 540
年金記録の訂正 ………………………… 56
年金原簿訂正請求 ……………………… 57
納骨堂の経営許可処分 ………………… 394
納税義務者 …………………………… 111, 122
納税申告 ………………………………… 104
納入通知 ………………………………… 447
納付告知 ………………………………… 221

事項索引　547

◆ は行

廃棄物処理施設の設置許可処分 ……… 381
廃棄物の収集・運搬業の許可処分 …… 383
配偶者要件 …………………………………… 42
賠償命令 …………………………………… 514
判断の基準時 ……………………………… 317
非課税所得 ………………………………… 110
被告適格 …………………………………… 509
被告の変更 ………………………………… 510
非申請型義務付けの訴え ……………… 464
必要経費 …………………………… 107, 114
　　──の年度帰属 …………………… 114
否認 ………………………………………… 228
費用 ………………………………………… 130
費用収益対応の原則 …………………… 114
平等原則 …………………………………… 376
平等主義 …………………………………… 199
費用弁償的な性質 ……………………… 110
ファイナイト再保険 …………………… 235
不開示事由の主張立証責任 …………… 476
賦課課税方式 …………………………… 104
不確定概念 ………………………………… 93
不真正怠る事実 ………………………… 515
物件調書 …………………………………… 310
物納 ………………………………………… 167
不当利得 …………………………………… 105
不服申立前置 ……………………………… 40
部分開示 …………………………………… 481
文書等の閲覧 …………………………… 531
文書の存否の主張立証責任 …………… 475
併存説 ……………………………………… 105
弁護士登録 ……………………………… 352
弁護士の顧問料収入 …………………… 117
包括的所得概念 ………………… 108, 109
法務大臣による在留特別許可 ………… 4
法律上の争訟 …………………………… 504
法律的帰属説 …………………………… 112
保険医登録の取消処分 ………………… 346
保険医療機関指定取消処分 …………… 345
保護の補足性 ……………………………… 69
補助参加 …………………………………… 522
墓地経営許可処分 ……………………… 391
保留地 ………………………………… 296, 297
本案について理由があるとみえるとき
　………………………………………………… 401

◆ ま行

マクリーン判決 ………………… 6, 11, 13
民衆訴訟 …………………………………… 504
民法上の概念 ……………………………… 98
無差別平等の原則 ………………………… 73
無償による資産の譲渡等 ……………… 126
無償による資産の譲受け ……………… 128
免許証の有効期間 ……………… 321, 325
目的外使用許可 ………………………… 418
目的外使用不許可処分 ………………… 431

◆ や行

役員給与等 ……………………………… 133
優良運転者 ……………………… 322, 336
　　──の優遇措置 ……………………… 323
容積率 …………………………… 254, 256
養老保険 ………………………………… 175
4号請求 …………………………………… 508

◆ ら行

立証責任 ……………… 26, 106, 203, 208, 521
立法府の政策的、技術的な判断 ……… 91
理由
　　──の差替え ………………… 473, 474
　　──の提示 …………………………… 532
理由付記 ………………………… 473, 532
　　──の補足 ………………………… 474
類推適用 …………………………… 96, 97
累積点数 ………………………… 326, 330
連結納税制度 …………………………… 143
連帯納付義務 …………………………… 165
路線価方式 ……………………………… 206
路線の廃止 ……………………… 454, 455

● 判例索引

最三判昭和 27 年 5 月 6 日民集 6 巻 5 号 518 頁 ································ 217
仙台高決昭和 28 年 5 月 20 日行集 4 巻 5 号 1240 頁 ·························· 293
最大判昭和 28 年 12 月 23 日民集 7 巻 13 号 1561 頁 ··············· 421, 427
最三判昭和 29 年 7 月 30 日民集 8 巻 7 号 1501 頁 ································ 405
仙台高判昭和 29 年 10 月 29 日行集 5 巻 10 号 2436 頁 ······················· 284
最二判昭和 30 年 1 月 28 日民集 9 巻 1 号 60 頁 ···································· 40
最大判昭和 30 年 3 月 23 日民集 9 巻 3 号 336 頁 ······················ 89, 90, 92
最三判昭和 30 年 5 月 24 日刑集 9 巻 7 号 1093 頁 ································ 340
最二判昭和 30 年 10 月 28 日民集 9 巻 11 号 1727 頁 ···························· 285
最三判昭和 31 年 4 月 24 日民集 10 巻 4 号 417 頁 ································ 216
最二判昭和 31 年 7 月 20 日民集 10 巻 8 号 1006 頁 ······························ 284
大阪地判昭和 31 年 12 月 24 日行集 7 巻 12 号 3109 頁 ······················· 147
京都地判昭和 32 年 3 月 7 日行集 8 巻 3 号 432 頁 ································ 448
最一判昭和 32 年 9 月 19 日民集 11 巻 9 号 1608 頁 ······························ 105
高松地判昭和 32 年 10 月 11 日行集 8 巻 10 号 1823 頁 ······················· 147
最一判昭和 32 年 12 月 26 日民集 11 巻 14 号 2470 頁 ·························· 284
最二判昭和 33 年 3 月 28 日民集 12 巻 4 号 624 頁 ·································· 95
最一判昭和 33 年 5 月 24 日民集 12 巻 8 号 1115 頁 ······························ 220
福岡高判昭和 33 年 10 月 30 日行集 9 巻 12 号 2822 頁 ······················· 292
東京地判昭和 33 年 12 月 23 日行集 9 巻 12 号 2727 頁 ·············· 146, 147
最大判昭和 34 年 7 月 20 日民集 13 巻 8 号 1103 頁 ······························ 504
千葉地判昭和 34 年 9 月 18 日行集 10 巻 9 号 1828 頁 ·························· 292
最三判昭和 34 年 11 月 10 日民集 13 巻 12 号 1493 頁 ······················ 5, 32
東京高判昭和 34 年 11 月 17 日行集 10 巻 12 号 2392 頁 ············ 146, 147
最一判昭和 35 年 3 月 31 日民集 14 巻 4 号 663 頁 ································ 216
東京地判昭和 35 年 9 月 8 日行集 11 巻 9 号 2611 頁 ···························· 292
最二判昭和 35 年 10 月 7 日民集 14 巻 12 号 2420 頁 ···························· 110
最三判昭和 35 年 11 月 29 日民集 14 巻 13 号 2882 頁 ·························· 294
最大判昭和 36 年 9 月 6 日民集 15 巻 8 号 2047 頁 ································ 111
最二判昭和 36 年 12 月 1 日集民 57 号 17 頁 ··· 108
最三判昭和 36 年 12 月 12 日民集 15 巻 11 号 2731 頁 ················ 285, 289
最三判昭和 37 年 3 月 16 日集民 59 号 393 頁 ······································· 112
東京地判昭和 37 年 5 月 24 日判時 308 号 19 頁 ···································· 218
東京高判昭和 37 年 6 月 28 日行集 13 巻 6 号 1216 頁 ·························· 355
最三判昭和 38 年 3 月 3 日訟月 9 巻 5 号 668 頁 ···································· 107
最二判昭和 38 年 5 月 31 日民集 17 巻 4 号 617 頁 ··············· 473, 528, 532
東京地判昭和 38 年 9 月 17 日行集 14 巻 9 号 1575 頁 ·························· 305

判例索引　549

最三判昭和 38 年 10 月 29 日集民 68 号 529 頁 …… 109
大阪地判昭和 38 年 10 月 31 日行集 14 巻 10 号 1880 頁 …… 296
最二判昭和 38 年 12 月 27 日民集 17 巻 12 号 1871 頁 …… 532
長崎地決昭和 39 年 6 月 29 日行集 15 巻 6 号 1098 頁 …… 291
東京地決昭和 39 年 7 月 13 日行集 15 巻 7 号 1413 頁 …… 306
最大判昭和 39 年 11 月 18 日民集 18 巻 9 号 1868 頁 …… 109
最三判昭和 40 年 3 月 2 日民集 19 巻 2 号 177 頁 …… 287
最二決昭和 40 年 9 月 8 日刑集 19 巻 6 号 630 頁 …… 113,125
東京地判昭和 40 年 12 月 15 日行集 16 巻 12 号 1916 頁 …… 146
福岡高判昭和 40 年 12 月 21 日行集 16 巻 12 号 1942 頁 …… 147
最大判昭和 41 年 2 月 23 日民集 20 巻 2 号 271 頁 …… 264, 280
最二判昭和 41 年 6 月 24 日民集 20 巻 5 号 1146 頁 …… 126, 127
横浜地判昭和 41 年 10 月 20 日行集 17 巻 10 号 1172 頁 …… 296
大阪地判昭和 42 年 2 月 28 日判時 475 号 28 頁 …… 442
最大判昭和 42 年 5 月 24 日民集 21 巻 5 号 1043 頁 …… 64, 78
最二判昭和 42 年 5 月 26 日訟月 13 巻 8 号 990 頁 …… 104
大阪地判昭和 42 年 7 月 15 日判時 513 号 66 頁 …… 308
東京高判昭和 42 年 7 月 26 日行集 18 巻 7 号 1064 頁 …… 453
最三判昭和 42 年 9 月 19 日民集 21 巻 7 号 1828 頁 …… 106
最二判昭和 43 年 3 月 8 日民集 22 巻 3 号 551 頁 …… 316

東京地判昭和 43 年 3 月 28 日判タ 222 号 211 頁 …… 438
長崎地判昭和 43 年 4 月 30 日行集 19 巻 4 号 823 頁 …… 295
大阪地決昭和 43 年 6 月 14 日行集 19 巻 6 号 1066 頁 …… 458
大阪高判昭和 43 年 6 月 28 日行集 19 巻 6 号 1130 頁 …… 92
大阪高判昭和 43 年 7 月 31 日判時 547 号 50 頁 …… 440, 442
最三判昭和 43 年 10 月 8 日集民 92 号 525 頁 …… 219
最一判昭和 43 年 10 月 17 日訟月 14 巻 12 号 1437 頁 …… 126, 141, 142
最三判昭和 43 年 10 月 29 日集民 92 号 715 頁 …… 292
最一判昭和 43 年 10 月 31 日集民 92 号 797 頁 …… 119
最一判昭和 43 年 11 月 7 日民集 22 巻 12 号 2421 頁 …… 287
最大判昭和 43 年 11 月 13 日民集 22 巻 12 号 2449 頁 …… 129
最三判昭和 43 年 12 月 17 日集民 93 号 685 頁 …… 298
大阪高判昭和 43 年 12 月 26 日判タ 230 号 206 頁 …… 127
鳥取地判昭和 44 年 3 月 10 日訟月 15 巻 5 号 576 頁 …… 215
宇都宮地判昭和 44 年 4 月 9 日行集 20 巻 4 号 373 頁 …… 305
最一判昭和 44 年 7 月 3 日訟月 15 巻 10 号 1194 頁 …… 129
津地判昭和 44 年 9 月 18 日判時 601 号 81 頁 …… 462
東京地判昭和 44 年 10 月 29 日判時 577 号 62 頁 …… 216
最一判昭和 44 年 12 月 4 日民集 23 巻 12 号 2407 頁 …… 455
最二判昭和 45 年 1 月 30 日集民 98 号 173 頁 …… 292

大阪地判昭和 45 年 3 月 20 日判時 609 号
29 頁 ················· 443

最一判昭和 45 年 7 月 16 日判時 602 号 47
頁 ················· 129

最一判昭和 45 年 12 月 24 日民集 24 巻 13
号 2243 頁 ················· 226

最二判昭和 46 年 1 月 22 日民集 25 巻 1 号
45 頁 ················· 527

福岡高判昭和 46 年 2 月 17 日行集 22 巻 1・
2 号 68 頁 ················· 295

最大判昭和 46 年 7 月 14 日刑集 25 巻 5 号
690 頁 ················· 340

最一判昭和 46 年 10 月 28 日民集 25 巻 7
号 1037 頁 ················· 365, 527

最三判昭和 46 年 11 月 9 日民集 25 巻 8 号
1120 頁 ················· 109

最三判昭和 46 年 11 月 30 日民集 25 巻 8
号 1389 頁 ················· 293

最二判昭和 47 年 3 月 31 日民集 26 巻 2 号
319 頁 ················· 532

名古屋地判昭和 47 年 5 月 24 日行集 23 巻
5 号 322 頁 ················· 295

東京地判昭和 47 年 9 月 18 日訟月 18 巻
12 号 1908 頁 ················· 222

東京地判昭和 47 年 10 月 11 日判タ 291 号
312 頁 ················· 448, 449

最三判昭和 47 年 12 月 5 日民集 26 巻 10
号 1795 頁 ················· 532

最二判昭和 47 年 12 月 8 日集民 107 号
319 頁 ················· 287

東京地判昭和 47 年 12 月 25 日行集 23 巻
12 号 946 頁 ················· 78

最三判昭和 47 年 12 月 26 日民集 26 巻 10
号 2013 頁 ················· 158

最三判昭和 47 年 12 月 26 日民集 26 巻 10
号 2083 頁 ················· 119

広島地判昭和 48 年 1 月 17 日行集 24 巻 1・
2 号 1 頁 ················· 373

東京地判昭和 48 年 1 月 30 日判タ 302 号
283 頁 ················· 125

最二判昭和 48 年 2 月 2 日集民 108 号 153
頁 ················· 284

東京高判昭和 48 年 3 月 14 日行集 24 巻 3
号 115 頁 ················· 147

最一判昭和 48 年 4 月 26 日民集 27 巻 3 号
629 頁 ················· 112

最一判昭和 48 年 6 月 21 日訟月 19 巻 10
号 51 頁 ················· 41

大阪地決昭和 48 年 6 月 25 日訟月 20 巻 7
号 75 頁 ················· 311

最三決昭和 48 年 7 月 10 日刑集 27 巻 7 号
1205 頁 ················· 539, 540

東京高判昭和 48 年 7 月 13 日行集 24 巻 6・
7 号 533 頁 ················· 305

最二判昭和 48 年 11 月 16 日民集 27 巻 10
号 1333 頁 ················· 96

東京高判昭和 48 年 11 月 21 日判時 731 号
26 頁 ················· 356

最二判昭和 48 年 12 月 14 日訟月 20 巻 6
号 146 頁 ················· 146

東京高判昭和 49 年 1 月 31 日訟月 20 巻 6
号 172 頁 ················· 134

最二判昭和 49 年 3 月 8 日民集 28 巻 2 号
186 頁 ················· 113, 125

最一判昭和 49 年 4 月 25 日民集 28 巻 3 号
405 頁 ················· 532

最三判昭和 49 年 7 月 19 日民集 28 巻 5 号
790 頁 ················· 405, 408

東京高判昭和 49 年 10 月 29 日行集 25 巻
10 号 1310 頁 ················· 146

最二判昭和 49 年 11 月 8 日判時 765 号 68
頁 ················· 355

最三判昭和 49 年 12 月 10 日民集 28 巻 10
号 1868 頁 ················· 527

広島地判昭和 49 年 12 月 17 日行集 25 巻
12 号 1614 頁 ················· 316

東京地判昭和 49 年 12 月 20 日訟月 21 巻
3 号 694 頁 ················· 224

札幌地決昭和 50 年 3 月 19 日判タ 325 号
263 頁 ················· 462

広島地判昭和 50 年 4 月 23 日判時 794 号
　58 頁 ……………………………………… 224
最三判昭和 50 年 5 月 27 日民集 29 巻 5 号
　641 頁 ……………………………………… 119
最一判昭和 50 年 5 月 29 日民集 29 巻 5 号
　662 頁 ………………………………… 365, 527
最三判昭和 50 年 6 月 27 日集民 115 号
　211 頁 ……………………………………… 219
最二判昭和 50 年 8 月 27 日民集 29 巻 7 号
　1226 頁 ……………………………… 221, 224
長野地決昭和 50 年 11 月 29 日訟月 22 巻
　2 号 531 頁 ………………………………… 316
東京地八王子支決昭和 50 年 12 月 8 日判
　時 803 号 18 頁 …………………………… 441
札幌高判昭和 51 年 1 月 13 日訟月 22 巻 3
　号 756 頁 ……………………………… 94, 146
広島高判昭和 51 年 3 月 1 日行集 27 巻 3
　号 297 頁 …………………………………… 316
最一判昭和 51 年 3 月 4 日集民 117 号 141
　頁 …………………………………………… 355
最三判昭和 51 年 7 月 13 日判時 831 号 29
　頁 …………………………………………… 132
東京地判昭和 51 年 7 月 20 日訟月 22 巻
　11 号 2621 頁 ……………………………… 147
最三判昭和 51 年 9 月 28 日集民 118 号
　457 頁 ……………………………………… 288
最二判昭和 51 年 10 月 1 日訟月 22 巻 10
　号 2469 頁 ………………………………… 125
最一判昭和 52 年 3 月 31 日訟月 23 巻 4 号
　802 頁 ………………………………… 105, 227
東京地判昭和 52 年 5 月 19 日行集 28 巻 5
　号 482 頁 …………………………………… 296
最三判昭和 52 年 7 月 12 日訟月 23 巻 8 号
　1523 頁 …………………………………… 147
名古屋地判昭和 52 年 11 月 14 日訟月 23
　巻 13 号 2338 頁 …………………………… 128
東京高判昭和 52 年 11 月 30 日訟月 24 巻
　1 号 177 頁 ………………………………… 138
最二判昭和 52 年 12 月 23 日集民 122 号
　779 頁 ……………………………………… 278

広島地判昭和 53 年 1 月 19 日判タ 366 号
　297 頁 ……………………………………… 227
大阪地判昭和 53 年 1 月 27 日訟月 24 巻 5
　号 1136 頁 ………………………………… 217
最二判昭和 53 年 2 月 10 日訟月 24 巻 10
　号 2108 頁 ………………………………… 227
東京高判昭和 53 年 2 月 21 日行集 29 巻 2
　号 165 頁 …………………………………… 354
最二判昭和 53 年 2 月 24 日民集 32 巻 1 号
　43 頁 …………………………………… 113, 125
大阪高判昭和 53 年 3 月 30 日判時 925 号
　51 頁 ………………………………………… 127
最一判昭和 53 年 3 月 30 日民集 32 巻 2 号
　485 頁 ………………………………… 505, 509
最二判昭和 53 年 4 月 21 日訟月 24 巻 8 号
　1694 頁 ………………………………… 94, 146
最三判昭和 53 年 6 月 23 日集民 124 号
　145 頁 ………………………………… 498, 515
東京高判昭和 53 年 8 月 1 日行集 29 巻 8
　号 1401 頁 ………………………………… 296
最三判昭和 53 年 9 月 19 日判時 911 号 99
　頁 …………………………………………… 535
最大判昭和 53 年 10 月 4 日民集 32 巻 7 号
　1223 頁 ……………………………… 6, 11, 32, 344
東京高判昭和 53 年 11 月 30 日訟月 25 巻
　4 号 1145 頁 ……………………………… 146
那覇地判昭和 54 年 1 月 31 日行集 30 巻 1
　号 136 頁 …………………………………… 455
水戸地判昭和 54 年 2 月 13 日行集 30 巻 2
　号 183 頁 …………………………………… 278
広島高判昭和 54 年 2 月 26 日行集 30 巻 2
　号 265 頁 …………………………………… 227
最一判昭和 54 年 3 月 1 日集民 126 号 197
　頁 …………………………………………… 285
東京地判昭和 54 年 3 月 5 日訟月 25 巻 7
　号 1941 頁 …………………………… 127, 137
横浜地判昭和 54 年 4 月 23 日判時 941 号
　27 頁 ………………………………………… 445
大阪地判昭和 54 年 6 月 28 日行集 30 巻 6
　号 1197 頁 ………………………………… 136

広島高判昭和 54 年 6 月 28 日行集 30 巻 6 号 1194 頁 …… 227
東京地判昭和 54 年 9 月 13 日判時 963 号 20 頁 …… 453
神戸地判昭和 54 年 11 月 20 日行集 30 巻 11 号 1894 頁 …… 461
大阪地判昭和 54 年 12 月 20 日判タ 407 号 122 頁 …… 445
東京高決昭和 55 年 2 月 5 日行集 31 巻 2 号 113 頁 …… 358
鳥取地判昭和 55 年 3 月 13 日行集 31 巻 3 号 426 頁 …… 453, 454, 455
東京地判昭和 55 年 5 月 26 日訟月 26 巻 8 号 1452 頁 …… 134
広島地判昭和 55 年 6 月 18 日判時 992 号 38 頁 …… 384
最三判昭和 55 年 7 月 1 日民集 34 巻 4 号 535 頁 …… 165
最一判昭和 55 年 7 月 10 日民集 34 巻 4 号 596 頁 …… 287
福岡高宮崎支判昭和 55 年 9 月 29 日行集 31 巻 9 号 1982 頁 …… 146, 147
最三判昭和 55 年 11 月 25 日民集 34 巻 6 号 781 頁 …… 328
東京地判昭和 55 年 12 月 22 日税資 115 号 882 頁 …… 187
最一判昭和 56 年 3 月 19 日訟月 27 巻 6 号 1105 頁 …… 297
大阪高判昭和 56 年 4 月 21 日判タ 441 号 133 頁 …… 445
最二判昭和 56 年 4 月 24 日民集 35 巻 3 号 672 頁 …… 106, 117
最三判昭和 56 年 7 月 14 日民集 35 巻 5 号 901 頁 …… 108
東京高判昭和 56 年 10 月 27 日判時 1027 号 31 頁 …… 445
最二判昭和 56 年 12 月 18 日集民 134 号 599 頁 …… 341
東京高判昭和 57 年 9 月 28 日税資 127 号 1068 頁 …… 187

最三判昭和 57 年 11 月 16 日刑集 36 巻 11 号 908 頁 …… 458
東京地判昭和 58 年 2 月 9 日行集 34 巻 2 号 179 頁 …… 278
最三判昭和 58 年 4 月 5 日判タ 497 号 86 頁 …… 355
最一判昭和 58 年 4 月 14 日民集 37 巻 3 号 270 頁 …… 42, 44, 47
広島地判昭和 58 年 5 月 11 日訟月 29 巻 11 号 2099 頁 …… 294
札幌地判昭和 58 年 5 月 27 日判時 1094 号 26 頁 …… 135
仙台高決昭和 58 年 8 月 15 日判タ 511 号 181 頁 …… 258
最一判昭和 58 年 9 月 8 日集民 139 号 457 頁 …… 316
最二判昭和 58 年 9 月 9 日民集 37 巻 7 号 962 頁 …… 118
大阪高判昭和 58 年 9 月 30 日判タ 515 号 132 頁 …… 311
最一判昭和 58 年 10 月 27 日民集 37 巻 8 号 1196 頁 …… 191
東京高判昭和 58 年 11 月 16 日行集 34 巻 11 号 1992 頁 …… 278
大阪高判昭和 59 年 4 月 25 日判タ 534 号 165 頁 …… 218
横浜地判昭和 59 年 4 月 25 日判例地方自治 6 号 116 頁 …… 253
東京地判昭和 59 年 7 月 6 日行集 35 巻 7 号 846 頁 …… 303, 305
大阪高判昭和 59 年 7 月 19 日行集 35 巻 7 号 959 頁 …… 295
千葉地判昭和 59 年 7 月 25 日判時 1143 号 67 頁 …… 128
札幌高判昭和 59 年 8 月 9 日判時 1144 号 77 頁 …… 227
最一判昭和 59 年 9 月 6 日集民 142 号 303 頁 …… 287
千葉地判昭和 59 年 10 月 9 日税資 140 号 7 頁 …… 186

広島地判昭和 59 年 10 月 17 日行集 35 巻 10 号 1656 頁 ……… 295
最二判昭和 59 年 10 月 26 日民集 38 巻 10 号 1169 頁 ……… 254
大阪地判昭和 59 年 11 月 30 日判タ 564 号 227 頁 ……… 541
最三判昭和 60 年 1 月 22 日民集 39 巻 1 号 1 頁 ……… 528, 532
東京高決昭和 60 年 1 月 25 日行集 36 巻 1 号 26 頁 ……… 358
最一判昭和 60 年 2 月 14 日訟月 31 巻 9 号 2204 頁 ……… 43
東京地判昭和 60 年 3 月 20 日判時 1154 号 80 頁 ……… 45, 46
最大判昭和 60 年 3 月 27 日民集 39 巻 2 号 247 頁 ……… 88, 90, 91
最一判昭和 60 年 4 月 18 日訟月 31 巻 12 号 3147 頁 ……… 114
東京高判昭和 60 年 6 月 25 日判時 1172 号 30 頁 ……… 309
東京地判昭和 60 年 6 月 28 日判時 1166 号 55 頁 ……… 438, 448
大阪高判昭和 60 年 7 月 30 日行集 36 巻 7・8 号 1191 頁 ……… 136
最二判昭和 60 年 11 月 29 日集民 146 号 219 頁 ……… 285, 286
最三判昭和 60 年 12 月 17 日集民 146 号 323 頁 ……… 461
最三判昭和 60 年 12 月 17 日民集 39 巻 8 号 1821 頁 ……… 278, 286
大阪地判昭和 60 年 12 月 18 日行集 36 巻 11・12 号 1988 頁 ……… 291
大阪高判昭和 61 年 2 月 25 日判時 1199 号 59 頁 ……… 288
最一判昭和 61 年 2 月 27 日民集 40 巻 1 号 88 頁 ……… 514
東京地判昭和 61 年 3 月 31 日判時 1190 号 15 頁 ……… 541
広島高判昭和 61 年 4 月 22 日行集 37 巻 4・5 号 604 頁 ……… 294

最三判昭和 61 年 6 月 10 日集民 148 号 159 頁 ……… 246, 253
東京地判昭和 61 年 6 月 26 日判時 1200 号 58 頁 ……… 227
東京地判昭和 61 年 7 月 10 日判タ 630 号 122 頁 ……… 77, 78
最二判昭和 61 年 12 月 5 日集民 149 号 263 頁 ……… 157
最二判昭和 61 年 12 月 5 日訟月 33 巻 8 号 2149 頁 ……… 157
最二判昭和 62 年 2 月 20 日民集 41 巻 1 号 122 頁 ……… 487, 493, 498, 515
最一判昭和 62 年 2 月 26 日集民 150 号 293 頁 ……… 287
東京高判昭和 62 年 3 月 10 日税資 157 号 859 頁 ……… 186
最二判昭和 62 年 4 月 10 日民集 41 巻 3 号 239 頁 ……… 512
最二判昭和 62 年 4 月 17 日民集 41 巻 3 号 286 頁 ……… 295
最二判昭和 62 年 5 月 8 日集民 151 号 35 頁 ……… 184, 185
最三判昭和 62 年 9 月 22 日判時 1285 号 25 頁 ……… 264
最一判昭和 62 年 9 月 24 日税資 159 号 808 頁 ……… 186
神戸地判昭和 62 年 10 月 26 日判タ 680 号 134 頁 ……… 454, 455
最三判昭和 62 年 11 月 24 日集民 152 号 247 頁 ……… 455
東京地判昭和 63 年 3 月 28 日判タ 670 号 77 頁 ……… 47, 48
最二判昭和 63 年 4 月 22 日判タ 669 号 122 頁 ……… 496, 500
東京地判昭和 63 年 6 月 28 日行集 39 巻 5・6 号 535 頁 ……… 309
最二判昭和 63 年 7 月 1 日判タ 723 号 201 頁 ……… 343, 344, 347
那覇地判昭和 63 年 8 月 10 日行集 39 巻 7・8 号 790 頁 ……… 541

大阪高判昭和 63 年 9 月 30 日判時 1304 号
　82 頁 ································· 257
静岡地判昭和 63 年 9 月 30 日判時 1299 号
　62 頁 ································· 134
東京地判昭和 63 年 12 月 12 日判タ 699 号
　189 頁 ································· 45
最一判平成元年 2 月 16 日訟月 35 巻 6 号
　1092 頁 ······························· 280
最二判平成元年 2 月 17 日民集 43 巻 2 号
　56 頁 ································· 282
高松地判平成元年 3 月 30 日訟月 35 巻 9
　号 1784 頁 ····························· 293
東京地判平成元年 4 月 12 日判タ 713 号
　145 頁 ································ 216
東京地判平成元年 7 月 5 日行集 40 巻 7 号
　913 頁 ····························· 25, 26
東京地判平成元年 9 月 25 日判時 1328 号
　22 頁 ································· 141
最三判平成元年 10 月 3 日集民 158 号 31
　頁 ··································· 285
最二決平成元年 11 月 8 日集刑 253 号 399
　頁 ··································· 441
福岡地判平成 2 年 3 月 14 日行集 41 巻 3
　号 509 頁 ······························ 472
高松地判平成 2 年 4 月 9 日行集 41 巻 4 号
　849 頁 ································ 287
大阪地判平成 2 年 4 月 11 日判タ 730 号
　90 頁 ································· 542
最一判平成 2 年 4 月 12 日民集 44 巻 3 号
　431 頁 ································ 511
名古屋地判平成 2 年 5 月 25 日判タ 738 号
　89 頁 ································· 134
福岡高那覇支判平成 2 年 5 月 29 日判時
　1376 号 55 頁 ·························· 454
最三判平成 2 年 6 月 5 日民集 44 巻 4 号
　719 頁 ···························· 488, 489
水戸地判平成 2 年 6 月 19 日税資 176 号
　1282 頁 ······························· 541
大阪地決平成 2 年 8 月 29 日判時 1371 号
　122 頁 ···························· 437, 440

名古屋地判平成 2 年 10 月 31 日判時 1381
　号 37 頁 ······························· 309
東京高判平成 3 年 2 月 5 日判時 1397 号 6
　頁 ··································· 128
東京高判平成 3 年 6 月 26 日行集 42 巻 6・
　7 号 1033 頁 ··························· 141
東京高判平成 3 年 9 月 4 日判タ 767 号
　283 頁 ································ 354
最二判平成 3 年 9 月 13 日集民 163 号 267
　頁 ··································· 264
浦和地判平成 3 年 9 月 30 日判タ 773 号
　108 頁 ································ 134
名古屋地判平成 3 年 10 月 30 日判時 1434
　号 70 頁 ······························· 131
最二判平成 3 年 12 月 20 日民集 45 巻 9 号
　1503 頁 ······························· 513
最二判平成 4 年 1 月 24 日民集 46 巻 1 号
　54 頁 ································· 281
横浜地判平成 4 年 1 月 29 日行集 43 巻 1
　号 42 頁 ······························· 286
福岡地判平成 4 年 2 月 13 日判時 1438 号
　118 頁 ································ 438
最三判平成 4 年 2 月 18 日民集 46 巻 2 号
　77 頁 ································· 104
東京地判平成 4 年 3 月 11 日判時 1416 号
　73 頁 ································· 163
大津地判平成 4 年 3 月 30 日判タ 794 号
　86 頁 ································· 414
東京地判平成 4 年 4 月 14 日判時 1425 号
　61 頁 ································· 216
甲府地決平成 4 年 6 月 11 日判例地方自治
　101 号 18 頁 ···························· 438
大阪地判平成 4 年 6 月 25 日判時 1463 号
　52 頁 ································· 479
最三判平成 4 年 7 月 14 日民集 46 巻 5 号
　492 頁 ································ 119
横浜地判平成 4 年 9 月 16 日判時 1477 号
　35 頁 ································· 227
最三判平成 4 年 9 月 22 日民集 46 巻 6 号
　571 頁 ···························· 248, 254

東京高判平成 4 年 9 月 24 日行集 43 巻 8・9 号 1181 頁 ……………………… 136
東京高判平成 4 年 9 月 24 日訟月 39 巻 6 号 1139 頁 ……………………… 258
最三判平成 4 年 10 月 6 日集民 166 号 41 頁 ……………………… 280
東京地判平成 4 年 10 月 9 日判時 1452 号 47 頁 ……………… 438, 448, 449
浦和地判平成 4 年 10 月 26 日判例地方自治 111 号 84 頁 ……………………… 257
東京高判平成 4 年 10 月 26 日訟月 39 巻 8 号 1581 頁 ……………………… 227
最一判平成 4 年 10 月 29 日判時 1489 号 90 頁 ……………………… 125
最一判平成 4 年 10 月 29 日民集 46 巻 7 号 1174 頁 ……………………… 271
東京地判平成 4 年 10 月 30 日労判 624 号 51 頁 ……………………… 55
東京地八王子支判平成 4 年 12 月 9 日判タ 813 号 216 頁 ……………… 441, 446
最一判平成 4 年 12 月 10 日集民 166 号 773 頁 …………… 473, 474, 528, 532
最三判平成 4 年 12 月 15 日民集 46 巻 9 号 2753 頁 ……………………… 517
最三判平成 4 年 12 月 15 日民集 46 巻 9 号 2829 頁 ……………………… 91
東京地判平成 5 年 1 月 20 日判タ 833 号 181 頁 ……………………… 52
最三判平成 5 年 2 月 16 日民集 47 巻 3 号 1687 頁 ……………………… 513
名古屋地判平成 5 年 2 月 25 日行集 44 巻 1・2 号 74 頁 ……………………… 316
東京地判平成 5 年 3 月 3 日判タ 859 号 129 頁 ……………………… 47, 48
最三判平成 5 年 5 月 28 日集民 169 号 99 頁 ……………………… 160
東京高判平成 5 年 6 月 28 日行集 44 巻 6・7 号 506 頁 ……………………… 138
前橋地判平成 5 年 7 月 20 日判タ 858 号 132 頁 ……………………… 369

最二判平成 5 年 9 月 10 日民集 47 巻 7 号 4955 頁 ……………………… 247
最二判平成 5 年 10 月 8 日集民 170 号 1 頁 ……………………… 227
東京高判平成 5 年 10 月 14 日行集 44 巻 10 号 887 頁 ……………… 288, 298
最一判平成 5 年 11 月 25 日民集 47 巻 9 号 5278 頁 …………… 113, 124, 125
東京地判平成 5 年 11 月 29 日判例地方自治 125 号 65 頁 ……………………… 304
大阪地決平成 5 年 12 月 20 日判タ 841 号 126 頁 ……………………… 373
大阪地判平成 5 年 12 月 24 日税資 199 号 1397 頁 ……………………… 542
東京高判平成 5 年 12 月 27 日判タ 871 号 173 頁 ……………………… 286
最一判平成 6 年 1 月 27 日集民 171 号 135 頁 ……………………… 478
最一判平成 6 年 1 月 27 日民集 48 巻 1 号 53 頁 ……………………… 478
最三判平成 6 年 2 月 8 日民集 48 巻 2 号 255 頁 ……………………… 476
最三判平成 6 年 4 月 19 日集民 172 号 363 頁 ……………………… 227
名古屋地判平成 6 年 6 月 15 日訟月 41 巻 9 号 2460 頁 ……………………… 135
東京高判平成 6 年 8 月 9 日行集 45 巻 8・9 号 1727 頁 ……………………… 369
仙台地判平成 6 年 8 月 29 日訟月 41 巻 12 号 3093 頁 ……………………… 140
最三決平成 6 年 9 月 16 日刑集 48 巻 6 号 357 頁 ……………………… 129
最三判平成 6 年 11 月 22 日民集 48 巻 7 号 1379 頁 ……………………… 189
最三判平成 6 年 12 月 6 日民集 48 巻 8 号 1451 頁 ……………………… 221
最三判平成 7 年 2 月 21 日判タ 874 号 120 頁 ……………………… 497
最三判平成 7 年 3 月 7 日民集 49 巻 3 号 687 頁 ……………………… 422

最二判平成 7 年 3 月 24 日判夕 875 号 68
頁 ··· 43
東京地判平成 7 年 3 月 28 日税資 208 号
1015 頁 ······································· 170
広島地判平成 7 年 3 月 31 日判例地方自治
140 号 82 頁 ································ 296
東京地判平成 7 年 4 月 24 日判時 1551 号
105 頁 ·· 219
最二判平成 7 年 4 月 28 日民集 49 巻 4 号
1193 頁 ······································· 182
大阪地判平成 7 年 7 月 28 日判例地方自治
146 号 65 頁 ························ 278, 279
仙台高判平成 7 年 7 月 31 日税資 213 号
372 頁 ·· 542
津地判平成 7 年 9 月 21 日判例地方自治
149 号 75 頁 ································ 316
東京高判平成 7 年 10 月 19 日判例秘書
05020321 ··································· 123
東京地判平成 7 年 10 月 19 日判夕 915 号
90 頁 ·· 49
大阪高判平成 7 年 10 月 27 日判夕 892 号
172 頁 ··· 14
新潟地判平成 7 年 10 月 31 日判夕 903 号
121 頁 ·· 426
最三判平成 7 年 11 月 7 日民集 49 巻 9 号
2829 頁 ·· 39
東京高判平成 7 年 11 月 27 日税資 214 号
504 頁 ·· 170
東京高判平成 7 年 11 月 28 日行集 46 巻
10・11 号 1046 頁 ························ 92
東京高判平成 7 年 12 月 13 日行集 46 巻
12 号 1143 頁 ······························ 161
最三判平成 7 年 12 月 19 日民集 49 巻 10
号 3121 頁 ···························· 126, 127
神戸地判平成 7 年 12 月 25 日判例地方自
治 149 号 27 頁 ···························· 226
最一判平成 8 年 2 月 22 日集民 178 号 279
頁 ··· 15
最二判平成 8 年 3 月 8 日民集 50 巻 3 号
469 頁 ·· 405

最二判平成 8 年 3 月 15 日民集 50 巻 3 号
549 頁 ································· 423, 459
東京高判平成 8 年 5 月 13 日税資 216 号
355 頁 ·· 185
大阪地判平成 8 年 6 月 25 日判夕 929 号
78 頁 ··· 369
最三判平成 8 年 7 月 2 日集民 179 号 435
頁 ··· 14
最二判平成 8 年 7 月 12 日集民 179 号 563
頁 ··· 31
最大判平成 8 年 8 月 28 日民集 50 巻 7 号
1952 頁 ······································· 310
東京高判平成 8 年 10 月 23 日判時 1612 号
141 頁 ·· 141
名古屋地判平成 8 年 10 月 30 日判時 1605
号 34 頁 ······································· 77
東京地判平成 8 年 11 月 27 日判時 1594 号
19 頁 ··· 410
東京地判平成 8 年 11 月 29 日判時 1602 号
56 頁 ··· 147
最三判平成 9 年 1 月 28 日民集 51 巻 1 号
147 頁 ································· 313, 318
最三判平成 9 年 1 月 28 日民集 51 巻 1 号
250 頁 ······················· 248, 249, 254
最三判平成 9 年 1 月 28 日民集 51 巻 1 号
287 頁 ·· 498
甲府地判平成 9 年 2 月 25 日判夕 946 号
227 頁 ·· 440
富山地判平成 9 年 3 月 26 日税資 222 号
1285 頁 ······································· 541
札幌地判平成 9 年 3 月 27 日判夕 938 号
75 頁 ··· 311
名古屋高判平成 9 年 4 月 30 日行集 48 巻
4 号 323 頁 ································· 316
東京地判平成 9 年 8 月 8 日判時 1629 号
43 頁 ································· 134, 223
東京高判平成 9 年 9 月 16 日判夕 986 号
206 頁 ·· 426
東京高判平成 9 年 9 月 25 日行集 48 巻 9
号 661 頁 ···································· 150

東京高判平成 9 年 10 月 23 日判タ 1011 号 208 頁 …………………………………… 441

最三判平成 9 年 10 月 28 日訟月 44 巻 9 号 1578 頁 …………………………………… 310

最三判平成 9 年 11 月 11 日集民 186 号 15 頁 ………………………………………… 97

東京地決平成 9 年 12 月 5 日判時 1653 号 77 頁 ……………………………………… 219

東京地判平成 9 年 12 月 12 日判時 1664 号 42 頁 ……………………………………… 227

東京地判平成 10 年 2 月 27 日判タ 1015 号 113 頁 ……………………………………… 534

福岡地判平成 10 年 3 月 27 日判例地方自治 191 号 72 頁 ……………………………… 316

東京地判平成 10 年 5 月 29 日判タ 1002 号 144 頁 ……………………………………… 163

東京高判平成 10 年 7 月 1 日判タ 987 号 183 頁 ………………………………………… 125

福岡高判平成 10 年 10 月 9 日判時 1690 号 42 頁 ……………………………………… 81

大阪地判平成 10 年 10 月 16 日訟月 45 巻 6 号 1153 頁 ………………………………… 232

大阪地判平成 10 年 10 月 28 日税資 238 号 892 頁 ……………………………………… 188

最三判平成 10 年 12 月 18 日民集 52 巻 9 号 2039 頁 …………………………………… 493

大阪高判平成 10 年 12 月 25 日判時 1742 号 76 頁 ……………………………………… 14

最一判平成 11 年 1 月 21 日民集 53 巻 1 号 13 頁 ……………………………………… 438

東京高判平成 11 年 2 月 10 日判タ 1013 号 123 頁 ……………………………………… 52

最一判平成 11 年 4 月 22 日民集 53 巻 4 号 759 頁 ……………………………………… 510

最一判平成 11 年 6 月 10 日集民 193 号 315 頁 ………………… 170, 178, 179, 180

東京高判平成 11 年 6 月 21 日高民集 52 巻 26 頁 ……………………………………… 100

最一判平成 11 年 7 月 19 日判タ 1011 号 75 頁 ……………………………… 365, 370

東京高判平成 11 年 9 月 8 日判時 1716 号 40 頁 ……………………………………… 479

東京地判平成 11 年 9 月 29 日税資 244 号 981 頁 ……………………………………… 163

横浜地判平成 11 年 10 月 4 日判タ 1047 号 166 頁 ……………………………… 249, 250

最三判平成 11 年 10 月 26 日集民 194 号 907 頁 ………………………………………… 247

最二判平成 11 年 11 月 19 日民集 53 巻 8 号 1862 頁 …………………………… 474, 535

横浜地判平成 11 年 11 月 24 日判タ 1054 号 121 頁 …………………………………… 382

札幌地判平成 11 年 12 月 10 日判タ 1046 号 112 頁 …………………………………… 134

大阪高判平成 12 年 1 月 18 日訟月 47 巻 12 号 3767 頁 ………………………………… 232

最二判平成 12 年 3 月 17 日集民 197 号 661 頁 ………………………………………… 390

大阪地判平成 12 年 10 月 6 日判タ 1079 号 212 頁 ……………………………………… 167

東京地判平成 12 年 11 月 29 日判例秘書 L05530444 ……………………………………… 330

和歌山地判平成 12 年 12 月 19 日判例地方自治 220 号 109 頁 ………………………… 385

東京地判平成 12 年 12 月 21 日判時 1735 巻 52 頁 ……………………………………… 218

福井地判平成 13 年 1 月 17 日訟月 48 巻 6 号 1560 頁 ………………………………… 137

名古屋地判平成 13 年 1 月 31 日判タ 1085 号 199 頁 …………………………………… 425

最三判平成 13 年 3 月 27 日民集 55 巻 2 号 530 頁 ……………………… 480, 481, 482

東京高判平成 13 年 3 月 27 日判時 1786 号 62 頁 ……………………………………… 425

最三判平成 13 年 5 月 29 日集民 202 号 235 頁 ………………………………………… 482

東京高判平成 13 年 6 月 14 日判タ 1121 号 118 頁 …………………………… 534, 537

最二判平成 13 年 7 月 13 日訟月 48 巻 8 号 2014 頁 …………………………………… 471

大阪高判平成 13 年 7 月 26 日訟月 48 巻
10 号 2567 頁 ………………… 188
名古屋地判平成 13 年 9 月 14 日判タ 1086
号 124 頁 ………………………… 48
東京地判平成 13 年 9 月 27 日訟月 48 巻 7
号 1842 頁 ……………………… 167
東京地判平成 13 年 11 月 9 日判タ 1092 号
86 頁 …………………………… 240
最三判平成 13 年 11 月 27 日集民 203 号
783 頁 ………………………… 471
東京高判平成 13 年 11 月 28 日判時 1775
号 31 頁 ………………………… 357
名古屋地判平成 13 年 12 月 5 日判タ 1081
号 303 頁 ………………… 347, 348
大阪地判平成 13 年 12 月 14 日民集 59 巻
10 号 2993 頁 ………………… 231
最三判平成 13 年 12 月 18 日民集 55 巻 7
号 1603 頁 ……………… 468, 479
最三判平成 14 年 1 月 22 日民集 56 巻 1 号
46 頁 ……………………… 254, 255
最一判平成 14 年 2 月 28 日集民 205 号
671 頁 ………………………… 482
最一判平成 14 年 2 月 28 日民集 56 巻 2 号
467 頁 …………………… 472, 482
最一判平成 14 年 3 月 28 日民集 56 巻 3 号
613 頁 ………………………… 255
横浜地判平成 14 年 4 月 17 日判例秘書
05750556 …………………… 295
最一判平成 14 年 4 月 25 日判例地方自治
229 号 52 頁 ………… 411, 412, 414
福島地判平成 14 年 5 月 21 日訟月 49 巻 3
号 1061 頁 …………………… 382
大阪地判平成 14 年 6 月 28 日判例秘書
05750738 …………………… 538
最三判平成 14 年 7 月 2 日民集 56 巻 6 号
1049 頁 …………………… 499, 515
最三判平成 14 年 7 月 16 日民集 56 巻 6 号
1339 頁 …………………… 491, 496
盛岡地判平成 14 年 7 月 19 日判タ 1123 号
110 頁 ………………………… 426

最一判平成 14 年 9 月 12 日民集 56 巻 7 号
1481 頁 ………………………… 501
東京地判平成 14 年 9 月 13 日税資 252 号
9189 順号 ……………………… 138
最三判平成 14 年 9 月 17 日判タ 1107 号
185 頁 ………………………… 501
最三判平成 14 年 10 月 15 日判タ 1110 号
138 頁 ………………………… 497
最一判平成 14 年 10 月 17 日民集 56 巻 8
号 1823 頁 ……………………… 12
東京高判平成 14 年 10 月 22 日判時 1806
号 3 頁 ………………………… 444
東京高判平成 14 年 10 月 30 日判例秘書
5721066 ……………………… 480
東京地判平成 14 年 11 月 5 日判時 1821 号
20 頁 …………………………… 534
最三決平成 15 年 1 月 24 日集民 209 号 59
頁 ……………………………… 381
横浜地判平成 15 年 2 月 5 日判例地方自治
245 号 16 頁 ………………… 472
静岡地判平成 15 年 2 月 14 日判タ 1172 号
150 頁 ………………………… 279
名古屋地判平成 15 年 3 月 7 日判例秘書
05850356 …………………… 26, 28
最三決平成 15 年 3 月 11 日判タ 1119 号
156 頁 ………………………… 359
東京高判平成 15 年 3 月 26 日判時 1825 号
58 頁 …………………………… 357
大阪高判平成 15 年 5 月 14 日民集 59 巻
10 号 3165 頁 ………………… 231
最一判平成 15 年 6 月 26 日民集 57 巻 6 号
723 頁 ………… 198, 199, 206, 207
東京地判平成 15 年 6 月 27 日民集 60 巻 4
号 1657 頁 …………………… 171
東京地判平成 15 年 7 月 3 日判例秘書
05832771 …………………… 51, 52
東京地判平成 15 年 7 月 17 日判時 1871 号
25 頁 …………………………… 128
神戸地判平成 15 年 7 月 18 日判例秘書
05850606 …………………… 286

最二判平成 15 年 7 月 18 日集民 210 号
283 頁 ……………………… 200, 201, 207
大阪高判平成 15 年 8 月 28 日判例秘書
05821210 ……………………………… 537
東京高判平成 15 年 9 月 9 日判時 1834 号
28 頁 ……………………………… 137, 138
東京地判平成 15 年 9 月 16 日訟月 50 巻 5
号 1580 頁 …………………………… 478
東京地決平成 15 年 10 月 3 日判時 1835 号
34 頁 ……………………… 309, 311, 312
名古屋地判平成 15 年 10 月 16 日判例秘書
05850715 ……………………………… 279
東京高判平成 15 年 10 月 23 日訟月 50 巻
5 号 1613 頁 …………………………… 52
最三判平成 15 年 11 月 11 日集民 211 号
349 頁 ………………………………… 482
最三判平成 15 年 11 月 11 日民集 57 巻 10
号 1387 頁 …………………………… 471
東京高判平成 15 年 11 月 26 日判タ 1223
号 135 頁 ……………………………… 55
東京高決平成 15 年 12 月 25 日判時 1842
号 19 頁 ………………………… 310, 312
東京高判平成 16 年 1 月 14 日判時 1863 号
34 頁 …………………………… 26, 27
最三判平成 16 年 2 月 24 日集民 213 号
567 頁 ………………………………… 471
最三判平成 16 年 3 月 16 日民集 58 巻 3 号
647 頁 ………………………………… 67
名古屋地判平成 16 年 3 月 18 日判タ 1248
号 137 頁 ……………………………… 25
東京地判平成 16 年 3 月 19 日判時 1866 号
34 頁 …………………………… 47, 48
東京高判平成 16 年 3 月 30 日訟月 51 巻 7
号 1911 頁 …………………………… 123
横浜地判平成 16 年 4 月 7 日判例地方自治
256 号 34 頁 ………………………… 298
東京地判平成 16 年 4 月 22 日判時 1856 号
32 頁 …………………………… 305, 310
最二判平成 16 年 4 月 23 日民集 58 巻 4 号
892 頁 ………………………………… 516

東京地判平成 16 年 5 月 20 日判例秘書
05932120 ……………………………… 297
東京地判平成 16 年 5 月 27 日判時 1875 号
24 頁 …………………………………… 29
東京地判平成 16 年 5 月 28 日判タ 1189 号
195 頁 ………………………………… 28
東京地判平成 16 年 6 月 16 日判例秘書
5932545 ……………………………… 472
最一判平成 16 年 6 月 24 日判タ 1163 号
136 頁 ………………………………… 150
名古屋地判平成 16 年 7 月 15 日判例地方
自治 266 号 13 頁 …………………… 479
最三判平成 16 年 7 月 20 日集民 214 号
1071 頁 ………………………… 179, 180
広島地判平成 16 年 7 月 28 日税資 254 号
9707 順号 ……………………………… 542
東京高判平成 16 年 9 月 29 日民集 60 巻 4
号 1710 頁 …………………………… 171
仙台高判平成 16 年 9 月 30 日判例秘書
5920949 ……………………………… 478
京都地判平成 16 年 10 月 20 日判例秘書
L05950417 …………………………… 328
東京地判平成 16 年 10 月 22 日判例秘書
05934222 ……………………………… 18
東京高判平成 16 年 11 月 17 日判例秘書
05920960 …………………………… 123
最一判平成 16 年 11 月 25 日民集 58 巻 8
号 2297 頁 …………………………… 490
最三判平成 16 年 12 月 7 日判タ 1173 号
188 頁 ………………………………… 490
東京地判平成 16 年 12 月 17 日判例秘書
L05935116 …………………………… 330
最二判平成 16 年 12 月 24 日民集 58 巻 9
号 2637 頁 ……………………… 140, 142
最二判平成 17 年 1 月 17 日民集 59 巻 1 号
28 頁 ………………………………… 187
最三判平成 17 年 1 月 25 日民集 59 巻 1 号
64 頁 …………………………… 173, 174
長野地判平成 17 年 2 月 4 日判タ 1229 号
221 頁 ………………………………… 530

東京高判平成 17 年 2 月 9 日判例秘書
06021120 ·················· 298
横浜地判平成 17 年 2 月 23 日判例秘書
06050470 ·················· 257, 258
名古屋高判平成 17 年 3 月 17 日訟月 52 巻
8 号 2446 頁 ·················· 478
東京地判平成 17 年 3 月 25 日判タ 1210 号
98 頁 ·················· 28
最一判平成 17 年 4 月 21 日判タ 1180 号
171 頁 ·················· 44, 47, 49
福岡高決平成 17 年 5 月 16 日判時 1911 号
106 頁 ·················· 462
東京高判平成 17 年 5 月 31 日公刊物未登
載 ·················· 25
東京地判平成 17 年 5 月 31 日訟月 53 巻 7
号 1937 頁 ·················· 303
徳島地決平成 17 年 6 月 7 日判例地方自治
270 号 48 頁 ·················· 401
最二判平成 17 年 7 月 11 日民集 59 巻 6 号
1197 頁 ·················· 200, 202
東京高決平成 17 年 7 月 15 日判例秘書
06020711 ·················· 350
大阪地決平成 17 年 7 月 25 日判タ 1221 号
260 頁 ·················· 388
東京高判平成 17 年 9 月 15 日判例秘書
06021110 ·················· 347, 348
東京地判平成 17 年 9 月 27 日判例地方自
治 275 号 10 頁 ·················· 405, 408
横浜地判平成 17 年 10 月 19 日判例秘書
06050847 ·················· 250, 252
東京地判平成 17 年 10 月 25 日判例秘書
L06033944 ·················· 328
東京地判平成 17 年 11 月 16 日判例秘書
L06034348 ·················· 330
東京地判平成 17 年 11 月 25 日判時 1919
号 15 頁 ·················· 305, 309
東京地判平成 17 年 11 月 30 日判例秘書
06034575 ·················· 55
横浜地判平成 17 年 11 月 30 日判例秘書
06050551 ·················· 256, 257

東京高判平成 17 年 12 月 1 日判例秘書
06021094 ·················· 27, 30
最大判平成 17 年 12 月 7 日民集 59 巻 10
号 2645 頁 ···· 248, 266, 267, 270, 278, 303,
392
東京地判平成 17 年 12 月 9 日判例秘書
6034695 ·················· 479
最一判平成 17 年 12 月 15 日判タ 1200 号
140 頁 ·················· 501
最二判平成 17 年 12 月 19 日民集 59 巻 10
号 2964 頁 ·················· 101, 149, 230, 240, 242
東京高判平成 17 年 12 月 26 日判例秘書
06020860 ·················· 537
最一判平成 18 年 1 月 19 日民集 60 巻 1 号
65 頁 ·················· 224, 225
仙台高判平成 18 年 1 月 19 日判例秘書
06120009 ·················· 534, 537
大阪高決平成 18 年 1 月 20 日判例秘書
06121072 ·················· 350
最三判平成 18 年 1 月 24 日民集 60 巻 1 号
252 頁 ·················· 101, 132, 228, 230, 232
最三判平成 18 年 1 月 24 日集民 219 号
285 頁 ·················· 101, 128, 240
大阪地決平成 18 年 1 月 25 日判タ 1221 号
229 頁 ·················· 464
福岡高宮崎支判平成 18 年 1 月 27 日判例
秘書 06121080 ·················· 455
甲府地決平成 18 年 2 月 2 日判例秘書
06150038 ·················· 350
最三判平成 18 年 2 月 7 日民集 60 巻 2 号
401 頁 ·················· 344, 431, 433, 434
大阪地判平成 18 年 2 月 22 日判例秘書
06150333 ·················· 383, 388
最一判平成 18 年 2 月 23 日集民 219 号
491 頁 ·················· 101
東京地判平成 18 年 2 月 24 日判タ 1251 号
166 頁 ·················· 343, 345
盛岡地判平成 18 年 2 月 24 日判例地方自
治 295 号 82 頁 ·················· 534
東京高判平成 18 年 3 月 29 日税資 256 号

10356 順号 ·· 542
名古屋地判平成 18 年 3 月 29 日判タ 1272
　号 96 頁 ··· 382
最一判平成 18 年 4 月 20 日民集 60 巻 4 号
　1611 頁 ········· 168, 171, 174, 176, 181, 186
最三判平成 18 年 4 月 25 日民集 60 巻 4 号
　1728 頁 ··· 172
最三判平成 18 年 4 月 25 日民集 60 巻 4 号
　1841 頁 ··· 490
大阪地決平成 18 年 5 月 22 日判タ 1216 号
　115 頁 ··· 351
最一判平成 18 年 6 月 1 日判タ 1227 号
　145 頁 ··· 501
最二判平成 18 年 6 月 19 日集民 220 号
　539 頁 ·· 97
東京高判平成 18 年 6 月 29 日判例秘書
　06120515 ·· 147
最二判平成 18 年 7 月 7 日集民 220 号 621
　頁 ··· 198, 200
東京地判平成 18 年 7 月 13 日判例秘書
　06132759 ·· 345
最二判平成 18 年 7 月 14 日民集 60 巻 6 号
　2369 頁 ······································ 412, 443
東京高判平成 18 年 7 月 26 日訟月 54 巻
　12 号 3027 頁 ································ 45, 46
東京地判平成 18 年 7 月 28 日判例秘書
　L06133087 ·· 330
最一判平成 18 年 9 月 14 日判タ 1225 号
　166 頁 ·· 356, 357
東京地判平成 18 年 9 月 15 日判例秘書
　06133734 ·· 18
東京高判平成 18 年 9 月 20 日判タ 1240 号
　192 頁 ··· 357
東京地判平成 18 年 9 月 29 日判例秘書
　06133952 ·· 286
東京地判平成 18 年 9 月 29 日判例秘書
　06133976 ···································· 256, 257
東京地判平成 18 年 9 月 29 日判例秘書
　L06134002 ·· 330
岡山地決平成 18 年 10 月 2 日判例秘書

06150495 ·· 350
東京地判平成 18 年 10 月 11 日判例秘書
　L06134099 ·· 512
岡山地決平成 18 年 10 月 24 日判例秘書
　06150496 ·· 428
最三判平成 18 年 10 月 24 日民集 60 巻 8
　号 3128 頁 ······························ 173, 176, 181
大阪地判平成 18 年 11 月 2 日判タ 1234 号
　68 頁 ··· 16
最一判平成 18 年 11 月 2 日民集 60 巻 9 号
　3249 頁 ····················· 265, 266, 267, 272
名古屋地判平成 18 年 11 月 16 日判タ
　1272 号 79 頁 ···························· 46, 47, 49
最二判平成 18 年 12 月 1 日民集 60 巻 10
　号 3847 頁 ··· 497
最二判平成 19 年 1 月 19 日集民 223 号 35
　頁 ·· 206
大阪高判平成 19 年 1 月 24 日判例秘書
　06220674 ···································· 383, 388
東京高判平成 19 年 1 月 31 日判タ 1263 号
　280 頁 ··· 434
東京地判平成 19 年 1 月 31 日判タ 1247 号
　138 頁 ··· 10
名古屋地判平成 19 年 1 月 31 日判例秘書
　06250032 ·· 534
東京地判平成 19 年 2 月 2 日判タ 1268 号
　139 頁 ··· 26
さいたま地判平成 19 年 2 月 7 日判例地方
　自治 297 号 22 頁 ································ 383
大阪地判平成 19 年 2 月 13 日判タ 1253 号
　122 頁 ·· 377, 534
東京地決平成 19 年 2 月 13 日判例秘書
　06232436 ·· 352
東京高決平成 19 年 3 月 1 日判例秘書
　06220413 ·· 428
名古屋地決平成 19 年 3 月 2 日判例秘書
　06250159 ·· 350
最一判平成 19 年 3 月 8 日民集 61 巻 2 号
　518 頁 ··· 43, 44
大阪地判平成 19 年 3 月 14 日判タ 1252 号

189 頁 …………………………………… 371, 534
東京高判平成 19 年 3 月 29 日判タ 1273 号
　310 頁 ………………………………………… 408
名古屋高判平成 19 年 3 月 29 日判例秘書
　06220401 ………………………………………… 382
最三判平成 19 年 4 月 17 日集民 224 号 97
　頁 ………………………………………………… 482
東京地判平成 19 年 4 月 17 日判時 1986 号
　23 頁 …………………………………………… 150
最三判平成 19 年 4 月 24 日民集 61 巻 3 号
　1153 頁 ………………………………………… 498
東京地判平成 19 年 4 月 27 日判例秘書
　06231995 ………………………………………… 18
東京地判平成 19 年 5 月 23 日訟月 55 巻 2
　号 267 頁 ……………………………………… 234
東京高判平成 19 年 5 月 31 日判タ 1277 号
　91 頁 ……………………………………………… 52
東京高判平成 19 年 6 月 28 日判時 1985 号
　23 頁 …………………………………………… 150
東京高判平成 19 年 7 月 11 日判時 1991 号
　67 頁 ………………………………………… 47, 49
仙台高決平成 19 年 8 月 7 日判タ 1256 号
　107 頁 …………………………………………… 429
大阪高決平成 19 年 8 月 10 日賃金と社会
　保障 1451 号 38 頁 …………………………… 401
大阪地判平成 19 年 8 月 10 日判タ 1261 号
　164 頁 …………………………………………… 332
千葉地判平成 19 年 8 月 21 日判時 2004 号
　62 頁 …………………………………………… 385
さいたま地判平成 19 年 8 月 29 日判例秘
　書 06250288 …………………………………… 286
東京地判平成 19 年 8 月 29 日判例秘書
　06233679 ………………………………………… 29
東京地判平成 19 年 8 月 31 日判時 1999 号
　68 頁 ……………………………………………… 55
東京地判平成 19 年 8 月 31 日判時 2001 号
　28 頁 ………………………………………… 10, 34
東京高判平成 19 年 9 月 5 日判タ 1257 号
　73 頁 …………………………………………… 357
名古屋地判平成 19 年 9 月 19 日判例秘書
　06250383 ……………………………………… 256
最二判平成 19 年 9 月 28 日民集 61 巻 6 号
　2486 頁 ………………………………………… 152
岡山地決平成 19 年 10 月 15 日判時 1994
　号 26 頁 …………………………………… 430, 459
最二判平成 19 年 12 月 7 日民集 61 巻 9 号
　3290 頁 ………………………………………… 433
最三決平成 19 年 12 月 18 日判タ 1261 号
　138 頁 …………………………………………… 358
大阪地判平成 19 年 12 月 27 日判タ 1270
　号 191 頁 ……………………………………… 256
東京地決平成 19 年 12 月 28 日判例秘書
　L06235974 ……………………………………… 329
東京地判平成 20 年 1 月 16 日判時 1998 号
　30 頁 ……………………………………………… 34
東京高判平成 20 年 1 月 23 日訟月 55 巻 2
　号 244 頁 ……………………………………… 234
大阪地判平成 20 年 1 月 31 日判タ 1268 号
　152 頁 ……………………………………… 348, 532
東京地判平成 20 年 2 月 6 日判時 2006 号
　65 頁 …………………………………………… 235
東京地判平成 20 年 2 月 8 日判例秘書
　0633064 …………………………………… 27, 28, 30
大阪高判平成 20 年 2 月 14 日判例秘書
　L06320408 ……………………………………… 332
東京地判平成 20 年 2 月 21 日判例秘書
　06330828 …………………………………… 26, 29
最一判平成 20 年 2 月 28 日集民 227 号
　313 頁 ……………………………………… 68, 75
名古屋地判平成 20 年 2 月 28 日判例秘書
　06350115 ……………………………………… 344, 345
東京地判平成 20 年 2 月 29 日判時 2013 号
　61 頁 ……………………………………………… 11
那覇地判平成 20 年 3 月 11 日判時 2056 号
　56 頁 …………………………………………… 537
東京高判平成 20 年 3 月 12 日金判 1290 号
　32 頁 …………………………………………… 150
最一判平成 20 年 3 月 17 日判タ 1267 号
　152 頁 …………………………………………… 501
東京地判平成 20 年 3 月 26 日判例秘書

06331891 ……………………………… 46
大阪地決平成 20 年 3 月 27 日判例地方自
　治 320 号 18 頁 ……………………… 401
大阪地判平成 20 年 3 月 27 日判タ 1300 号
　177 頁 ……………………………… 434
東京高判平成 20 年 3 月 31 日判例地方自
　治 305 号 95 頁 ……………………… 305
東京地判平成 20 年 4 月 15 日判例秘書
　06331110 ……………………………… 29
東京地判平成 20 年 5 月 16 日判タ 1280 号
　139 頁 ……………………………… 373
福岡高判平成 20 年 5 月 27 日判例秘書
　06320165 …………………………… 393
仙台高判平成 20 年 5 月 28 日判タ 1283 号
　74 頁 ……………………………… 538
東京地判平成 20 年 5 月 29 日判タ 1286 号
　103 頁 …………………………… 280, 282
東京高判平成 20 年 6 月 19 日判例秘書
　06320334 …………………………… 303
東京地判平成 20 年 6 月 26 日判例秘書
　06331479 ……………………………… 46
長野地判平成 20 年 7 月 4 日判タ 1281 号
　177 頁 ……………………………… 446
東京地判平成 20 年 7 月 11 日判例秘書
　06331695 …………………………… 215
大阪地決平成 20 年 7 月 18 日判例地方自
　治 316 号 37 頁 ……………………… 401
大阪高判平成 20 年 7 月 31 日判時 2059 号
　26 頁 ……………………………… 249
大阪地判平成 20 年 8 月 7 日判タ 1303 号
　128 頁 …………………………… 250, 251, 252
福岡地判平成 20 年 8 月 26 日判タ 1291 号
　82 頁 …………………………… 47, 49, 52
最大判平成 20 年 9 月 10 日民集 62 巻 8 号
　2029 頁 ………… 264, 280, 290, 294, 310
最二判平成 20 年 9 月 12 日判時 2022 号
　11 頁 ……………………………… 122
最三判平成 20 年 9 月 16 日民集 62 巻 8 号
　2089 頁 …………………………… 133
最二判平成 20 年 10 月 10 日判タ 1285 号
　57 頁 ……………………………… 53
東京高決平成 20 年 10 月 20 日判例地方自
　治 338 号 21 頁 ……………………… 429
東京地判平成 20 年 11 月 27 日判時 2037
　号 22 頁 ……………………………… 235
東京地判平成 20 年 11 月 27 日判タ 1302
　号 152 頁 …………………………… 236
名古屋地判平成 21 年 1 月 29 日判例地方
　自治 320 号 62 頁 …………………… 286
大阪地判平成 21 年 1 月 30 日判タ 1306 号
　234 頁 ……………………………… 297
東京高判平成 21 年 2 月 18 日訟月 56 巻 5
　号 1644 頁 ………………… 125, 142, 188
最二判平成 21 年 2 月 27 日民集 63 巻 2 号
　299 頁 ……………………………… 335
札幌地決平成 21 年 2 月 27 日判例秘書
　06450490 …………………………… 372
岡山地判平成 21 年 3 月 3 日判例秘書
　L06450107 ………………………… 328
東京地判平成 21 年 3 月 5 日判例秘書
　06430392 …………………………… 315
福岡地判平成 21 年 3 月 17 日判タ 1299 号
　147 頁 ……………………………… 530
東京地判平成 21 年 3 月 26 日判タ 1307 号
　133 頁 ……………………………… 328
東京高判平成 21 年 4 月 16 日判例秘書
　06420674 …………………………… 373
東京地判平成 21 年 4 月 17 日判タ 1312 号
　72 頁 ……………………………… 54
京都地決平成 21 年 4 月 28 日判例秘書
　L06450656 ………………………… 329
東京高判平成 21 年 5 月 20 日判例秘書
　06420253 ……………………… 382, 385
最二判平成 21 年 6 月 5 日集民 231 号 57
　頁 ……………………………… 200, 207
東京地判平成 21 年 6 月 5 日判タ 1309 号
　103 頁 …………………………… 256, 257
東京高判平成 21 年 6 月 18 日判例秘書
　L0640715 …………………………… 297
奈良地決平成 21 年 6 月 26 日判例地方自

治 328 号 21 頁 ……………………… 401
東京地判平成 21 年 7 月 29 日判時 2055 号
　47 頁 ……………………………………… 136
東京高判平成 21 年 7 月 30 日訟月 56 巻 7
　号 2036 頁 ……………………………… 235
大阪地判平成 21 年 9 月 10 日判例秘書
　L06450576 ……………………………… 328
鹿児島地判平成 21 年 9 月 15 日判例秘書
　06450962 ………………………………… 455
大阪地判平成 21 年 9 月 25 日判タ 1323 号
　134 頁 …………………………………… 371
広島地判平成 21 年 10 月 1 日判時 2060 号
　3 頁 ……………………………………… 461
大阪地判平成 21 年 10 月 2 日判例秘書
　L06450981 ……………………………… 333
最一判平成 21 年 10 月 15 民集 63 巻 8 号
　1711 頁 ………………………………… 248
東京地判平成 21 年 10 月 16 日判タ 1337
　号 123 頁 ………………………………… 18
横浜地判平成 21 年 10 月 28 日判例秘書
　L06450667 ……………………………… 328
最一判平成 21 年 10 月 29 日民集 63 巻 8
　号 1881 頁 ……………………………… 152
大阪高判平成 21 年 11 月 11 日判例秘書
　06420888 ………………………………… 297
最一判平成 21 年 11 月 26 日民集 63 巻 9
　号 2124 頁 ………………………… 412, 414
東京高判平成 21 年 11 月 26 日判例秘書
　06420890 ………………………………… 267
奈良地決平成 21 年 11 月 26 日判タ 1235
　号 91 頁 ………………………………… 389
東京地判平成 21 年 11 月 27 日判例秘書
　06430717 ………………………………… 144
最一判平成 21 年 12 月 3 日民集 63 巻 10
　号 2283 頁 ………………………… 149, 152
最一判平成 21 年 12 月 10 日民集 63 巻 10
　号 2516 頁 ……………………………… 223
最一判平成 21 年 12 月 17 日民集 63 巻 10
　号 2361 頁 ……………………………… 258
那覇地決平成 21 年 12 月 22 日判タ 1324

号 87 頁 …………………………………… 79
東京高判平成 22 年 1 月 28 日判例秘書
　06520364 ………………………………… 315
東京地判平成 22 年 1 月 29 日判タ 1359 号
　93 頁 ……………………………… 28, 34
福岡高那覇支判平成 22 年 2 月 23 日判タ
　1334 号 78 頁 ………………………… 286
最三判平成 22 年 3 月 2 日民集 64 巻 2 号
　420 頁 …………………………………… 97
東京地判平成 22 年 4 月 16 日判時 2079 号
　25 頁 ………………………… 393, 394, 395
東京地判平成 22 年 4 月 28 日訟月 57 巻 3
　号 693 頁 ……………………………… 126
福岡地決平成 22 年 5 月 12 日判例秘書
　06550272 ………………………… 371, 372
東京地判平成 22 年 5 月 13 日 …… 250, 251
東京地判平成 22 年 5 月 13 日判例秘書
　0653057 ………………………………… 249
仙台地決平成 22 年 5 月 14 日判例秘書
　L06550266 ……………………………… 329
鹿児島地判平成 22 年 5 月 25 日判例秘書
　06550609 ………………………………… 384
東京高判平成 22 年 5 月 27 日判時 2115 号
　35 頁 …………………………………… 236
最一判平成 22 年 6 月 3 日民集 64 巻 4 号
　1010 頁 ………………………………… 213
東京地判平成 22 年 6 月 8 日判タ 1354 号
　98 頁 ……………………………… 25, 26, 28
最三判平成 22 年 7 月 6 日民集 64 巻 5 号
　1277 頁 ………………………… 96, 110, 159
最三判平成 22 年 7 月 6 日集民 234 号 181
　頁 ………………………………………… 95
最二判平成 22 年 7 月 16 日集民 234 号
　263 頁 …………………………… 161, 163
福岡高決平成 22 年 7 月 20 日判例秘書
　06520749 ………………………… 371, 372
東京高判平成 22 年 8 月 25 日判例秘書
　06520757 ………………………………… 52
東京地判平成 22 年 9 月 1 日判時 2107 号
　22 頁 ……………………………… 303, 305

判例索引　565

京都地判平成 22 年 9 月 7 日判例秘書
L06550503 ……………………… 328
東京地判平成 22 年 9 月 7 日判例秘書
06530550 ………………… 344, 345
大阪高判平成 22 年 9 月 9 日判時 2108 号
21 頁 ……………………………… 371
東京地判平成 22 年 10 月 1 日判タ 1362 号
73 頁 ………………………………… 29
最二判平成 22 年 10 月 15 日民集 64 巻 7
号 1764 頁 ……………………… 158
名古屋地決平成 22 年 11 月 8 日判タ 1358
号 94 頁 …………………… 371, 372
東京地判平成 22 年 11 月 19 日判例秘書
06530709 ……………………… 348
福岡高宮崎支判平成 22 年 11 月 24 日判例
秘書 96529827 ………………… 384
福岡高判平成 22 年 12 月 21 日判例秘書
06520840 ……………………… 175
東京地判平成 23 年 1 月 14 日判例秘書
06630116 ………………………… 46
福岡高判平成 23 年 2 月 7 日判時 2122 号
45 頁 ……………………………… 386
最二判平成 23 年 2 月 18 日集民 236 号 71
頁 …………………… 97, 98, 154, 233, 240
さいたま地判平成 23 年 2 月 23 日判例秘
書 L06650791 ………………… 333
静岡地判平成 23 年 2 月 25 日判例地方自
治 348 号 73 頁 ………………… 281
さいたま地判平成 23 年 3 月 23 日判例秘
書 06650537 …………………… 44
東京地判平成 23 年 3 月 29 日判例秘書
06630750 ……………………… 267
東京高判平成 23 年 4 月 20 日判例秘書
06620513 ………………………… 57
岐阜地判平成 23 年 5 月 19 日判例秘書
06650243 ……………………… 293
東京高判平成 23 年 5 月 26 日訟月 58 巻 5
号 2104 頁 ……………………… 56
東京高判平成 23 年 5 月 31 日判例秘書
06620256 ………………… 347, 348

最三判平成 23 年 6 月 7 日民集 65 巻 4 号
2081 頁 ………………………… 533
水戸地判平成 23 年 7 月 29 日判例地方自
治 363 号 77 頁 ………………… 534
東京地判平成 23 年 8 月 23 日判例秘書
06630439 ………………………… 53
東京地判平成 23 年 9 月 21 日判例秘書
06630545 ………………… 256, 257, 258
東京高判平成 23 年 9 月 29 日判時 2142 号
3 頁 ……………………………… 475
京都地判平成 23 年 10 月 18 日判タ 1383
号 197 頁 ………………………… 18
東京地判平成 23 年 11 月 8 日判時 2175 号
3 頁 …………………………… 51, 52
東京地判平成 23 年 11 月 8 日判例秘書
L06630706 ……………………… 72
東京地判平成 23 年 11 月 11 日判タ 1387
号 109 頁 ………………… 256, 258
東京地判平成 23 年 12 月 9 日公刊物未登
載 ………………………… 447, 448
熊本地判平成 23 年 12 月 14 日判タ 1389
号 134 頁 ……………………… 538
大阪地判平成 23 年 12 月 21 日判例秘書
06650752 ……………………… 534
東京地判平成 23 年 12 月 27 日判例秘書
L06630709 …………………… 333
最二判平成 24 年 1 月 13 日民集 66 巻 1 号
1 頁 ……………………………… 177
最一判平成 24 年 1 月 16 日集民 239 号
555 頁 ………………… 175, 180, 181
東京高判平成 24 年 1 月 18 日判例秘書
06720334 ……………………… 534
東京地判平成 24 年 1 月 18 日判例秘書
06730074 ………………… 250, 252
仙台地判平成 24 年 1 月 23 日判例秘書
L06750015 …………………… 328
大阪高判平成 24 年 1 月 24 日訟月 59 巻 9
号 2409 頁 ……………………… 309
東京高判平成 24 年 1 月 24 日判時 2214 号
3 頁 ……………………………… 310

東京地判平成 24 年 1 月 24 日判時 2147 号
44 頁 ·· 123
熊本地判平成 24 年 1 月 31 日判例秘書
06750045 ·· 535
東京地判平成 24 年 1 月 31 日判例秘書
06730287 ·· 535
大阪地判平成 24 年 2 月 3 日判時 2160 号
3 頁 ·· 376
最一判平成 24 年 2 月 9 日民集 66 巻 2 号
183 頁 ······························ 332, 351, 377, 387
最一判平成 24 年 2 月 16 日集民 240 号 19
頁 ·· 285
最三判平成 24 年 2 月 28 日民集 66 巻 3 号
1240 頁 ··· 64
東京地判平成 24 年 3 月 2 日判時 2180 号
18 頁 ·· 163, 164
大阪地判平成 24 年 3 月 9 日判例秘書
06750570 ·· 534
東京地判平成 24 年 3 月 21 日判例秘書
06730211 ·· 454
大阪地判平成 24 年 3 月 28 日判例秘書
06750450 ·· 250
最二判平成 24 年 4 月 2 日民集 66 巻 6 号
2367 頁 ··· 65
福島地判平成 24 年 4 月 24 日判時 2148 号
45 頁 ·· 386, 387
東京地判平成 24 年 5 月 17 日判例秘書
06730512 ·· 256
東京高判平成 24 年 6 月 20 日判例秘書
06720287 ·· 535
東京高判平成 24 年 6 月 27 日判例秘書
L06720685 ······································· 333
大阪地判平成 24 年 6 月 28 日判例秘書
06750347 ·· 534
東京地判平成 24 年 7 月 10 日判例秘書
06730622 ·· 278
東京地判平成 24 年 7 月 11 日判例秘書
06720737 ·· 376
東京高判平成 24 年 7 月 19 日判例秘書
06720403 ·· 303
東京高判平成 24 年 7 月 24 日公刊物未登
載 ·· 448
大阪地判平成 24 年 7 月 26 日判例秘書
06750665 ·· 217
東京高判平成 24 年 9 月 12 日訟月 59 巻 6
号 1654 頁 ·································· 25, 26
山口地判平成 24 年 9 月 19 日公刊物未登
載 ·· 394
名古屋地判平成 24 年 9 月 20 日判例秘書
06750749 ···························· 246, 250, 251, 253
東京地判平成 24 年 10 月 5 日判例秘書
06730689 ······························ 250, 251, 252
東京地決平成 24 年 11 月 2 日判例秘書
06730834 ·· 459
東京高決平成 24 年 11 月 5 日判例地方自
治 377 号 23 頁 ······························ 430, 460
最三判平成 24 年 11 月 20 日民集 66 巻 11
号 3521 頁 ·· 291
東京高判平成 24 年 12 月 12 日判例秘書
06720649 ·· 534
最二判平成 25 年 1 月 11 日民集 67 巻 1 号
1 頁 ·· 377
名古屋高判平成 25 年 1 月 16 日判例秘書
06820011 ·· 449
東京地判平成 25 年 1 月 22 日判夕 1389 号
124 頁 ·· 328
大阪地判平成 25 年 2 月 15 日判例秘書
06850441 ·· 250
東京地判平成 25 年 2 月 26 日判例秘書
06830516 ·· 530
東京高判平成 25 年 2 月 28 日判例秘書
L06820504 ·································· 163, 164
福岡地判平成 25 年 3 月 5 日判時 2213 号
37 頁 ·· 534
東京地判平成 25 年 3 月 26 日判時 2209 号
79 頁 ·· 373
鳥取地判平成 25 年 3 月 29 日金判 1419 号
51 頁 ·· 219
大阪高判平成 25 年 4 月 18 日判例秘書
06820558 ·· 376

名古屋高判平成 25 年 4 月 26 日判例秘書
06820251 ································ 534
東京高判平成 25 年 5 月 8 日判時 2200 号
44 頁 ······································ 357
札幌地判平成 25 年 5 月 9 日判例秘書
06850333 ································ 373
東京地判平成 25 年 5 月 15 日判例秘書
06830394 ································· 28
広島高判平成 25 年 5 月 16 日公刊物未登
載 ·· 394
福岡高判平成 25 年 5 月 30 日判例秘書
06820581 ································ 177
福岡高判平成 25 年 5 月 30 日判例秘書
06820582 ································ 177
名古屋地判平成 25 年 5 月 31 日判例秘書
06850315 ··························· 376, 377
東京地判平成 25 年 6 月 27 日判時 2220 号
10 頁 ······································ 368
大阪地判平成 25 年 7 月 4 日判例秘書
06850397 ······················ 375, 376, 377
最二判平成 25 年 7 月 12 日判時 2203 号
22 頁 ······································ 215
最二判平成 25 年 7 月 12 日民集 67 巻 6 号
1255 頁 ····· 198, 199, 200, 201, 207, 208, 210
大阪地決平成 25 年 8 月 15 日判例秘書
06850457 ································ 350
東京高判平成 25 年 9 月 18 日判時 2212 号
26 頁 ······································ 357
東京地判平成 25 年 9 月 24 日判例秘書
06830921 ································· 57
さいたま地判平成 25 年 9 月 25 日判例秘
書 06850693 ····························· 447

さいたま地判平成 25 年 9 月 25 日判例秘
書 L06850692 ···························· 328
最二判平成 25 年 10 月 25 日集民 244 号
67 頁 ······································ 291
東京地判平成 25 年 11 月 14 日判例秘書
06830888 ································· 57
東京地判平成 25 年 11 月 15 日判例秘書
L06830907 ······························· 328
福岡地判平成 26 年 1 月 14 日公刊物未登
載 ································ 375, 376, 377
東京高判平成 26 年 1 月 23 日判時 2220 号
3 頁 ······································· 368
最三判平成 26 年 1 月 28 日民集 68 巻 1 号
49 頁 ······································ 383
札幌地判平成 26 年 2 月 3 日判例秘書
06950040 ······················ 375, 376, 377
東京地判平成 26 年 3 月 18 日公刊物未登
載 ·· 144
大阪地決平成 26 年 5 月 23 日判例秘書
06950241 ································ 372
福岡地決平成 26 年 5 月 28 日判例秘書
06950198 ································ 372
福岡地決平成 26 年 5 月 28 日判例秘書
06950199 ································ 372
名古屋高判平成 26 年 5 月 30 日判例秘書
06920229 ···························· 376, 377
最二判平成 26 年 7 月 14 日裁時 1607 号 5
頁 ·· 475
最三判平成 26 年 7 月 29 日裁時 1609 号 1
頁 ·· 383
東京高判平成 26 年 11 月 5 日公刊物未登
載 ·· 144

裁判実務シリーズ7
行政関係訴訟の実務

2015年1月25日　初版第1刷発行

編著者　　定　塚　　　誠

発行者　　塚　原　秀　夫

発行所　　株式会社　商事法務
〒103-0025 東京都中央区日本橋茅場町 3-9-10
TEL 03-5614-5643・FAX 03-3664-8844〔営業部〕
TEL 03-5614-5649〔書籍出版部〕
http://www.shojihomu.co.jp/

落丁・乱丁本はお取り替えいたします。
© 2015 Makoto Jouzuka
Shojihomu Co., Ltd.
ISBN978-4-7857-2245-6
＊定価はカバーに表示してあります。

印刷／広研印刷㈱
Printed in Japan